제 2 전정판

경제발전론

박 승

博 英 社

제 2 전정판을 내면서

—이 책을 대학교재로 쓰는 분을 위하여—

1977년에 이 책의 초판이 나온 뒤 1990년에 전면개정판을 낸 바 있습니다. 그런데 새 천년을 맞아 제 2 전정판을 내게 되었습니다. 이번 제 2 전정판에서는 내용을 전면적으로 수정·보완하는 한편 독자에게 이해하기 쉽도록 내용과 체제를 개편하였으며 특히 한 학기 과정의 대학교재로 적합하도록 분량을 대폭 축소하였습니다.

그런데 저자가 20여 년간 강의를 해 보니 한 학기 과정으로서는 이 책의 절반도 마치기가 어려웠습니다. 그리하여 매우 중요하거나 또는 자습하기 어려운 부분에 한해서 직접 강의를 하고 나머지 부분은 자습하도록 하였으며 평가시험문제는 강의부분과 자습부분에서 각각 절반씩을 출제하였습니다. 그리고 틈틈이 국내외의 중요 현안문제에 관한 특강시간을 마련하였습니다.

한 학기 과정을 이렇게 운영해 본 결과 학생들은 더 열심히 공부해야 하는 부담이 있었지만 책 한 권을 모두 정독하여 마칠 수 있고 많은 것을 얻게 되었다는 성취감을 느끼고 이에 만족하였습니다. 저자가 이 책을 한 학기 과정의 교재로 쓰면서 직접 강의한 부분을 참고 삼아 열거하면 아래와 같습니다(숫자는 절과 항을 나타내며 괄호의 표시는 강의는 하되 교재에 있는 표나 그림으로 간명하게 요점만 설명한 경우임).

제 1 장 : 3-1, (4)
제 2 장 : 1-2, 2-1, 2-2, 3-1
제 3 장 : 2-1, 3-2
제 4 장 : (1), (5)
제 5 장 : 2, 3
제 6 장 : 2-1, (4-1), 5-2
제 7 장 : 3, 5
제 8 장 : 2, 4
제 9 장 : 2, 3
제10장 : 2, 3, 4, (5-1)
제11장 : (2), (3), (4), 5-4
제12장 : 1, 2, 3

이러한 강의부분과 자습부분의 조합은 상황에 따라 얼마든지 조정할 수 있을 것입니다. 아무쪼록 이 제 2 전정판이 후학들에게 많은 도움이 되기를 기대하는 바입니다.

2000 년 5 월

朴　昇

전정판을 내면서

이 책의 초판이 나온 것이 1977년이었으니 13년 전의 일이다. 그 동안 경제발전의 환경은 실로 놀라울 만큼 변화하였다. 그 때의 한국은 후진국이라 부르더라도 별다른 저항감이 없었다. 그런데 이제는 당당히 선진권을 향하여 질주하고 있다. 그리고 이에 못지않게 세계경제 환경도 달라진 것이다. 이러한 환경변화를 이 책에 수용할 필요가 있었다.

그뿐 아니라 10여 년간 이 책을 가지고 강의를 해 보니 적지않게 손을 대야 할 곳이 있다는 것을 저자 스스로 느꼈다. 예를 들면 별로 중요하지도 않으면서 난해한 것들은 삭제하는 것이 좋다고 생각했다. 그리고 중요한 문제가 누락되거나 소홀하게 다루어진 것들은 이를 보완할 필요가 있었다. 가령 소득분배라든가 사회복지문제라든가 또는 구조변화문제 등을 예로 들 수 있다.

그래서 이 전정판을 내게 된 것이다. 전체적으로 2개 장이 늘어났으며 1·2·10·11장 등 4개 장은 사실상 완전히 새로 쓴 것이다. 그리고 나머지 부분에 대해서도 전면적으로 보완하고 손질하였다. 그래서 결과적으로 전체의 약 절반 정도가 개필된 것이라고 보면 될 것이다.

경제발전을 공부하는 후학들에게 많은 도움이 되었으면 하는 것이 나의 바람이다.

1990년 1월

朴 昇

서　　문

이 책은 대학 및 대학원 과정의 경제발전론 참고서로서 저술된 것이다.

인류의 기록된 역사에서 1인당 소득이 증가하는 성장의 역사는 영국 산업혁명 이후의 이백여 년이지만 한국을 비롯한 오늘날의 개발도상국들에게 성장의 장이 열리기 시작한 것은 사실상 제2차 세계대전 이후에 속한다. 한국의 경우 경제성장은 역사의 오랜 세월 동안 정체되어 왔다. 5천년 역사를 가진 나라의 1인당 소득이 1960년에 고작 80달러였다는 사실이 이를 증명한다. 이렇게 얼어붙은 경제를 어떻게 녹여서 시동시킬 것인가를 가르쳐 줄 사명을 개발경제학이 지고 있는 것이다.

따라서 이미 정상적으로 움직이고 있는 경제에서 그 운동을 어떻게 계속시킬 것인가를 다루는 성장이론(Growth Theory)과 서 있는 경제를 어떻게 시동시킬 것인가를 다루는 개발이론(Development Theory)은 그 내용이 같을 수 없다. 운동의 계속과 운동의 시동 사이에는 필요한 힘의 크기, 힘이 작용방향, 힘의 작용방법 등이 당연히 달라야 하기 때문이다. 그래서 개발경제학은 보다 역사적 측면을 강조하고 한계변화보다는 구조변화를 추구하며 개체적 선택보다는 어떤 집단적 선택을 더 필요로 하는 것이다. 이런 점에서 볼 때 개발경제학을 공부함에 있어서는 다음과 같은 세 가지 측면에서의 접근이 동시에 이루어져야 한다.

첫째로, 경제의 후진성은 역사적 산물이며 역사적 측면에서 후진경제를 이해하여야 한다. 이러한 접근은 오늘의 후진적 경제현실을 역사적 인과관계에서 투시하고 후진경제가 앞으로 가야 할 방향을 잡으며 경제발전에 있어서 경제 외적 요인과 제도적 측면의 역할을 이해하는 데 필요하다. 역사적 접근을 소홀히하면 개발경제학은 방향감각을 상실할 우려가 있다.

둘째로, 후진경제의 현경제여건을 전제로 한 횡단적 접근이 뒤따라야 한다. 이것은 즉 주어진 여건 속에서 어떻게 개발효율을 극대화할 것이냐 하는 실증경제학(Positive Economics)의 접근이다. 이러한 접근을 위해서는 현대경제학에 의한 분석수단들을 충분히 이해하고 이를 선별적으로 이용하여야 한다. 이와 같은 실증경제학적 접근이 결여되면 개발경제학은 구체성과 효율을 상실할 가능성이 있다.

셋째로, 사례연구(Case Study)를 중심으로 한 경험적 접근이 필요하다. 후진경제는 나라마다 역사적 현실적 여건이 이질적이기 때문에 일반적 적응력을 갖는 만능약은 없으며 따라서 그 나라 경제의 특수성과 유형에 맞는 처방을 개발하여야 한다. 그리고 이러한 사례중심의 접근이 경험과 현실에 바탕을 두어야 할 것은 물론이다. 이러한 접근노력이 없으면 개발경제학은 실용성을 잃고 공리화할 위험이 있다.

개발경제학의 학도가 지향해야 할 세 가지의 접근방법을 제시하였지만 이들 모두를 만족스럽게 충족시킨다는 것은 물론 어려운 일이다. 더구나 개발경제학은 새로운 학문이며 아직 확고한 틀이 잡히지 않은 상태에 있기 때문에 개발경제학의 교재도 저자마다 내용이 다르고 접근방향이 다르고 또 분석방법이 다른 것이 현실이다. 저자의 욕망은 되도록 위의 세 접근방법을 조화시키고 이미 발표된 중요한 이론들을 충실히 소개하며 나아가 창의적인 내용을 담아서 미력이나마 개발경제학에 공헌하고자 하는 것이었다.

강의실에서 이 책을 교재로 쓰는 경우 1년 과정이면 충분하겠지만 한 학기에 모두 소화하는 데는 무리가 있을 것이다. 따라서 그러한 경우에는 중요하지 않거나 알기 쉬운 부분은 가려서 자습하도록 담당교수님께서 지도해 주시기를 바라는 바이다. 그리고 대학원학생이나 또는 보다 깊이 있는 연구를 하고자 하는 독자들을 위해서 중요한 모든 주제에 대해서 참고문헌을 註記하였으니 이를 충분히 활용하기를 바라마지 않는다.

나를 키워 주신 노모님과 국내외 은사님들께 이 책을 바치고 싶다. 특히 저자의 학문을 전반적으로 지도해 주신 뉴욕주립대학교의 李奉錫(Pong S. Lee) 박사, 경제개발을 무역과 외자쪽에서 지도해 주신 F.V. Walker 교수, 그리고 경제체제 및 역사적 측면에서 지도해 주신 P.J. Wiles 교수께 감사

드린다. 그리고 이 책이 나오기까지 여러 가지로 지도해 주신 중앙대학교의 任哲淳 총장님과 또 원고를 모두 읽고 내용상의 많은 오류와 편견을 지적해 주신 安忠榮 박사께 충심으로 감사드리는 바이다.

1977년 2월

朴 昇

목 차

제1장 경제발전에 대한 기본인식

제2장 경제체제와 발전이론

제 3 장 경제발전의 과정과 단계

제 4 장 역사적 측면에서 본 자본축적

제5장 횡단적 측면에서 본 자본축적

제6장 인플레이션과 통화금융정책

제7장 경제개발과 외자도입

제8장 경제개발과 무역

제 9 장 투자우선순위와 자원배분

제10장 소득분배와 사회복지

제11장 경제발전과 구조변화

제12장 한국경제의 개발모형

제 1 장

경제발전에 대한 기본인식

1. 경제발전의 개념
2. 후진경제의 유형
3. 경제개발여건과 개발의지
4. 경제발전과 역사적 경험

제 1 장

경제발전에 대한 기본인식

1. 경제발전의 개념

1-1 경제성장과 경제발전

경제성장이란 소득이 증가하는 현상을 말한다. 그런데 여기서의 '소득'이라는 말에 몇 가지 분명히 해야 할 사항이 있다. 총량소득(總量所得)인가, 1인당 소득인가, 소득의 내용은 어떤 것인가, 그리고 경제성장을 소득 대신에 소비수준의 향상이라는 소비개념으로 보면 어떤가 하는 것 등이다.

먼저 소득의 개념을 총량으로 할 것인지 1인당으로 할 것인지부터 보기로 하자. 두말 할 것도 없이 그 차이는 인구증가이다. 경제성장의 궁극적인 의미와 목적이 인간의 생활수준 향상에 있는 만큼 마땅히 1인당 소득이 중심지표가 되어야 할 것이다. 다만 총량개념이 보완적인 중요성이 있다는 사실은 유의할 필요가 있다. 인구증가는 1인당 소득을 끌어내리는 작용만 하는 것이 아니라 시장을 넓혀 주고 규모경제를 가능케 하며 기술축적을 촉진하는 등 동태적(動態的)으로 보면 성장유발적인 역할도 하기 때문이다. 이런 점에서 1인당 소득의 증가율이 같다 하더라도 인구가 감소하는 나라와 증가하는 나라는 경제성장력이 같다고 할 수 없는 것이다.

다음으로, 소득의 내용이 어떤 것인가 하는 문제이다. 현재의 국민소득 통계에 의하면 공장에서 제조한 김치는 소득으로 잡고 있지만 가정주부가 만든 김치는 제외되고 있다. 그리고 과수원의 과일은 소득이지만 우리가 산에서 따먹는 열매는 소득에 포함되지 않는다. 세계의 일부지역에서는 20 세기까지도 노예제도가 있었는데 노예가 먹는 것이 인간의 소득인가 아니면 가축의 먹이와 같은 중간재(中間財)인가 하는 것은 노예를 사람으로 인정하느냐 않느냐에 달려 있다. 그렇기 때문에 후진국일수록, 그리고 과거로 거슬러 올라갈수록 소득이 과소평가되는 경향이 있다.

이러한 문제는 어느 때 어디서나 제기될 수 있는 것이다. 따라서 소득의 개념도 특정한 역사적 상황을 전제하는 것이다. 다시 말하면 현재 이용되는 소득의 통계적 기준은 역사적 환경에 따라 달라지는 것이며 따라서 그것이 인간의 생활수준을 재는 데는 그만큼 한계가 있다는 것을 알아야 한다.

끝으로, 경제성장을 소득개념 대신에 소비개념으로 볼 수는 없는가 하는 문제이다. 소비는 소득에서 나오는 것이기 때문에 서로 표리의 관계에 있는 것이지만 소득이 없이도 차입에 의해서 소비가 가능할 뿐 아니라 저축이 많고 적음에 따라 소비규모는 달라질 수 있는 것이다. 그러나 이러한 괴리현상은 어디까지나 단기적인 현상이라 할 수 있다. 이런 점에서 경제성장의 개념을 규정함에 있어서 소득과 소비는 그 기준지표로서 서로 대체할 수 있는 것이다.

지금까지 경제성장의 개념에 대해서 언급하였다. 경제성장의 궁극적인 목적과 의의는 인간의 생활수준 향상에 있다는 점, 그래서 경제성장이란 1 인당 소득의 증가 또는 1 인당 소비수준의 향상을 의미한다는 점, 다만 인구증가를 포함한 총량소득도 보완적인 중요성을 가진다는 점, 그리고 소득에 어떤 경제활동이 포함될 것인가 하는 것은 역사환경에 의해서 결정된다는 점을 지적하였다.

그러면 다음으로는 **경제발전**(Economic Development)[1] 또는 경제개발과

1) Development란 말은 개발 또는 발전 어느 것으로 번역하여도 무방하다. 그러나 Underdeveloped Country란 말은 저발전국보다는 저개발국으로 번역하는 것이 자

경제성장(Economic Growth)의 관계는 어떤 것인가를 보기로 하자. 성장이란 말은 소득수준이나 소비수준과 같은 소득의 양적 개념이라 함은 앞서 본 바이다. 이에 대해서 발전이란 말은 소득의 양적 측면뿐 아니라 국내산업구조의 내용, 교육수준, 의료나 주택과 같은 생활의 편익환경, 사회구조와 사회제도의 발전 등 경제의 구조적 측면까지 포괄하는 개념이다. 따라서 발전이란 말이 보다 포괄적이고 종합적인 뜻을 지니고 있으며, 이런 의미에서 볼 때 발전이란 개념은 문명도란 말과 근접한 것이라 할 수 있다.

일반적인 경우로 보면 경제의 양적 변화가 구조변화를 불러오고 구조변화는 양적 변화를 결과한다. 따라서 다소의 시차를 무시하고 보면 경제의 양과 질은 그 변화과정에서 연결된 두 개의 톱니바퀴처럼 하나의 운동과정이며, 이는 마치 인체에 있어서 체중과 체력의 증대가 정상적인 성장과정에서는 밀접하게 정상관을 갖는 것과 같은 이치라 하겠다. 이러한 경우 경제분석에 있어서 성장적 측면(成長的 側面)과 개발적 측면을 굳이 구별할 필요는 없는 것이며 대부분의 국가들은 여기에 해당한다고 볼 수 있다.

그러나 소득의 증가가 경제 및 사회의 개발에 영향을 주지 못하고 경제량과 경제구조는 그 변화과정에서 서로 괴리되는 경우가 있다. 이러한 경우에는 소득은 높지만 경제개발은 낙후된 **개발 없는 성장**(Growth without Development)이 있을 수 있으며 이와 반대로 **성장 없는 개발**(Development without Growth)도 있을 수 있다. 뒤에서 보게 될 내포경제(Enclave Economy)는 전자의 예에 속한다. 즉 한 나라 경제가 한두 가지 품목의 지하자원산업 또는 커피나 사탕수수와 같은 재배산업의 생산에 매달리고 이것을 수출해서 먹고사는 나라의 경우이다.

예를 들어 GNP의 70%를 석유생산에 의존하는 산유국을 생각해 보자. 생산된 원유는 거의 전부 수출되고 여기서 얻은 외화로 밀가루에서부터 자동차까지 수입해서 생활하기 때문에 공업이나 농업과 같은 국내생산이 유발될 수가 없다. 그뿐 아니라 석유생산에서 오는 소득증가에도 불구

연스럽고 또 개발이라는 말이 보다 후진국경제를 인위적으로 노력해서 발전시킨다는 뜻을 함축한다고 보기 때문에 저자는 대부분의 경우 개발이라고 번역하여 썼다. 그러나 양자는 동의어로 써도 무방하다.

하고 국내기술개발, 교육개발, 도로·항만 등 사회간접자본의 개발은 여기에 따라가질 못한다. 이 때문에 수출산업인 석유산업은 국제경쟁력을 가지는 선진산업인 반면 여타의 국내산업부문은 낙후되어 두 부문간에 이중구조를 형성한다. 그래서 석유수출에서 오는 고소득에도 불구하고 저개발현상이 나타나는 것이다.

1-2 경제적 후진성의 의미

가난하게 사는 나라를 후진국이라 하지만 가난하게 사는 원인과 정도가 각각 다르고 보면 이에 대한 개념규정이 그렇게 간단한 것이 아니다. 구체적으로 어떤 나라가 선진국이고 어떤 나라가 후진국인가 하는 것을 구분하는 일도 같은 문제에 당면한다. 이러한 문제들은 **경제적 후진성**이란 무엇을 뜻하는가 하는 것과 관련이 된다. 경제적 후진성의 의미는 다음과 같은 세 가지의 각각 다른 측면에서 찾아볼 수 있다.

첫째로, 부존하고 있는 발전잠재력을 제대로 활용하지 못하여 그만큼 경제발전이 실현되지 못하는 경우이다. 이 때의 발전잠재력이란 지하자원·인적자원·생산자원 등을 들 수 있다. 그리고 이러한 잠재력을 제대로 활용하지 못하고 사장시키는 이유로는 사회제도나 관행의 제약, 종교적인 구속, 정치적 혼란, 인송분규 등 사회적인 갈등, 경제개발에 대한 기회포착의 실패, 국민적 개발의지 상실 등 여러 가지가 있을 수 있다. 모든 후진경제가 이러한 문제에 당면하고 있는 것은 분명하며 나아가 선진경제라 할지라도 부분적으로는 이런 문제를 안고 있다고 보아야 할 것이다.

둘째로, 절대적인 생활수준을 기준으로 하는 경우로서 인간생활에 필요한 일정수준의 생활을 보장하지 못한다는 의미에서의 후진성이다. 모든 후진경제가 이러한 빈곤문제에 당면하고 있는 것이 사실이다. 다만 이 기준에 따른다면 어떤 수준의 생활을 기준으로 할 것이냐 하는 문제가 제기된다.

셋째로, 상대적 개념으로서의 후진성이다. 즉 어느 나라가 어떤 나라보다, 그리고 어떤 지역이 어느 지역보다 후진적이라고 규정하는 것이다.

이러한 상대적인 기준에 의해서 세계 국가들을 선진권과 후진권으로 나누게 되는데 이 때 구체적으로 무엇을 상대적인 후진도의 판단기준으로 삼을 것인가 하는 것은 별개의 문제이다.

이상 후진성에 대한 세 가지의 시각을 소개하였는데 이 가운데 어느 것을 선택할 것인가 하는 것은 경제적 후진성에 대한 개념을 어떤 목적과 용도에서 정립할 것인가에 달린 문제이다. 본서에서는 일반적으로 이들 세 가지 기준을 포괄하는 의미로서 경제적 후진성을 이해할 것이지만 선진국과 후진국의 문제는 기본적으로 상대적인 관계라고 보기 때문에 세 번째 기준을 중심기준으로 삼을 것이다.

1-3 선진국과 후진국의 분류기준

경제발전도에 따라 나라와 지역을 분류한다는 것은 어느 정도 자의적일 수밖에 없고 따라서 여러 가지 무리가 따를 수 있다.

먼저 어떻게 나눌 것인가 하는 문제에 있어서는 논자에 따라 선진국과 후진국으로 나누는 사람도 있고, 선진국·중진국·후진국으로 나누는 사람도 있다. 용어 사용에 있어서 선진국(Advanced Countries)은 개발국(Developed Countries) 또는 **공업국**(Industrialized Countries) 등으로도 호칭되고 있으며, **후진국**(Backward Countries)은 **개발도상국**(Developing Countries) 또는 저개발국(Underdeveloped Countries) 등으로도 불려지고 있다. 그리고 중진국은 **준공업국**(Semi-Industrialized Countries)으로도 호칭되고 있으며, 최근의 고도성장으로 중진국권을 넘어선 나라들에 대해서는 **신흥공업국**(NICs: Newly Industrialized Countries 또는 NIEs: Newly Industrialized Economies)으로 부르기도 한다.

다음으로 어떤 기준에 의해서 나눌 것인가 하는 문제에 대해서 이용되고 있는 기준으로서는 1인당 국민소득과 **복지지수**가 있다.

(1) 1인당 국민소득

1인당 국민소득을 가지고 선진국과 후진국을 분류하는 것인데 이러한 분류에는 다음과 같은 문제점이 있다.

① 소득수준은 측정할 수 있으나 개발수준을 측정하기에는 부적합한 경우가 많다. 이 문제는 성장과 개발이 병행하지 않는 경우 더욱 그러하다.

② 소득추계에 있어서 화폐화부문은 다 포함하지만 비화폐화부문은 누락하는 경우가 많다. 예컨대 집에서 만드는 빵이나 간장의 경우이다. 이러한 소득 추계상의 문제 때문에 후진국의 소득평가가 낮게 되는 경향이 있다.

③ 소득추계가 정확하다 하더라도 이것을 나라간에 비교하는 데는 무리가 있다. 국가간의 비교에는 불가피하게 환율을 적용하게 되는데 환율은 **교역재**(Tradable Goods)의 균형가격일 뿐 사회간접자본이나 서비스와 같은 **비교역재**(Non-Tradable Goods)에까지 적용시킬 수는 없다. 노동집약산업인 서비스를 환율로 평가하면 후진국에 불리한 비교를 결과한다.

이상의 세 가지 문제점 가운데 첫번째 항목은 가장 중요한 점이라 하겠다. 그럼에도 불구하고 1인당 소득기준이 널리 이용되고 있는 것은 그것이 지니는 간편성 때문이다.

(2) 복지지수(Welfare Index)

앞서 본 바와 같은 1인당 소득기준의 문제점들을 보완하기 위해서 경제개발과 복지를 포괄적으로 측정하기 위한 노력이 국제연합의 경제사회문화기구(UNESCO), 하비슨과 마이어스(Harbison and Myers), 사무엘슨(P. A. Samuelson) 등 여러 사람에 의해서 이루어졌다.[2] 예컨대 사무엘슨은 **순경제복지**(NEW: Net Economic Welfare)의 개념을 주장하였고 일본에서는 **국민복지지표**(MEW: Measure of National Welfare)를 만들어 그 활용을 시도한 바 있다.

이러한 종합복지지수의 일반적인 내용을 총괄해 보면 1인당 소득뿐 아니라 인력개발을 나타내는 교육수준, 보건을 나타내는 의사의 수, 과학

2) F. Harbison and C. A. Myers, *Education, Manpower and Economic Growth,* New York, 1963.

수준을 나타내는 과학자와 기술자 수, 생활쾌적도를 나타내는 주택수, 사회안정도를 나타내는 소득분배의 균등도, 산업구조의 근대화를 나타내는 공업생산력 등을, 가중치를 주는 종합지수로 만들어 이것으로 경제발전도를 측정하자는 의견이다.

이러한 복지지수의 채택은 1인당 소득기준 하나에 의존하는 것보다 훨씬 정확한 분류가 가능하겠지만 종합지수의 작성에 따르는 번거로움 때문에 현실적으로는 잘 활용되지 않는다.

2. 후진경제의 유형

수많은 후진경제들은 자원·인력·산업구조·경제규모·역사적 유산·사회제도·종교·자연조건 등 여러 가지 면에서 각각 다른 여건들을 가지고 있다. 그래서 가난하다는 점에서는 서로 공통성을 가지고 있지만, 왜 가난하게 되었는가 하는 원인과 또 어떤 방법으로 가난을 물리칠 것인가 하는 처방에 있어서는 이질적이다. 이러한 이질성이 원인규명이나 대응책을 수립함에 있어 일반화하고 객관화하기 어려운 여건이 되고 있음은 물론이다.

그러나 학문은 어느 정도 일반화를 필요로 한다. 모든 대상에 대해서 개별적으로 그에 맞는 이론이나 대책을 생각한다는 것은 비능률일 뿐 아니라 불가능한 일이다. 이런 점에서 많은 후진국들을 어떤 기준에 의하여 동질적인 나라들끼리 묶어서 몇 개의 유형으로 분류할 필요가 있다. 이 분류에서 채택되는 동질성의 기준은 여러 가지를 생각할 수 있겠으나 여기서는 세 가지로 집약하고자 한다.

2-1 노동부존국과 자원부존국

첫번째의 기준은 노동력과 자연자원 중에서 어느 쪽을 더 많이 가지고 있느냐 하는 것이다. 이 기준으로 보면 **노동부존국**과 **자원부존국**으로 양분된다. 파키스탄과 중국 등 아시아 후진국은 주로 전자에 속하며, 중동 산유국과 남미의 후진국들은 대부분 후자에 속한다. 이 기준에 의한 후진국의 유형별 분류는 아래와 같은 문제와 관련하여 중요성을 갖는다.

① 농업잉여의 가능성 여부: 원시축적으로서 농업잉여(Agricultural Surplus)는 매우 중요한 의미를 갖는데, 이는 인구과잉후진국일수록 어려운 경향이 있다.

② 경제근대화전략에 있어서 공업화에 두는 비중의 차이: 노동부존국일수록 공업화를 강조하는 경향이 있다.

③ 무역구조의 차이: 노동부존국은 공업부문의 노동집약적 상품에 비교우위를 갖고, 자원부존국은 1차 산업의 자원집약산업에 특화하는 경향이 있다.

2-2 봉쇄경제 · 개방경제 · 내포경제

다음으로 국제무역과 국내경제구조의 관계에서 보면 후진국은 봉쇄경제(Closed Economy) · 개방경제(Open Economy) · 내포경제(Enclave Economy) 등으로 분류할 수 있다.

봉쇄경제는 외국무역이 없거나, 있더라도 외국무역이 비교우위산업에 특화함으로써 얻는 재화의 효용증대를 위해서가 아니고 국내 잉여재화의 처분수단으로서 존재하는 **자급자족경제**(Autarky Economy)를 말한다.

개방경제는 이와 반대의 경우이다. 즉 그 나라 경제의 문호를 대외적으로 개방하여 무역 · 외환 · 자본 · 기술 등에 있어서 외국과의 자유로운 교류가 이루어지는 경제를 말한다.

한편 내포경제는 그 나라의 총생산이 지하자원이나 **재배산업**(栽培産業) 등 1차 산업분야의 한두 가지 품목에 집중되어 이것을 수출해서 살아가는 경제를 말한다. 따라서 산업구조가 1차 산업에 편중되어 있다는 점, 그 생산물은 국내생산에 투입되지 않고 거의 대부분 수출된다는 점, 그리고 국민생활에 필요한 거의 모든 것은 그 수출대금으로 수입을 해서 조달한다는 점 등의 특징이 있다. 석유생산에 크게 의존하고 있는 산유국들이 그 대표적인 사례이다.

내포경제(內包經濟)는 외국무역에 크게 의존한다는 점에서는 개방경제와 같으며 대체로 내포경제의 무역의존도는 개방경제보다도 높다. 예컨대 내포경제의 표본이라 할 만한 일부 산유국들의 무역의존도는 100%를 초과하여 세계에서 가장 높은 무역의존도를 나타내고 있다. 그러나 개방경제와 내포경제는 아래와 같은 몇 가지 점에서 기본적으로 구조를 달리한다.

① 내포경제의 수출산업은 농업이나 광업과 같은 원시산업 중의 한두 가지 품목에 집중되고 있는 반면, 수입품목은 국민생활에 필요한 생활필수품으로부터 자본재에 이르기까지 다양하다. 대표적인 수출품으로서는 석유·커피·고무·사탕수수·주석 등을 들 수 있다.

② 내포경제의 수출산업은 본질적으로 내국인산업이라기보다는 외국산업적 성격이 있다. 외국인에 의해 투자되고 개발되거나 또는 외국인력과 기술에 의해 운영되고 있기 때문이다.

③ 내포경제에 있어서는 수출산업부문과 국내산업부문 사이에 이중구조를 형성하고 있으며 양부문 사이에 **연관효과**(Linkage Effect)가 거의 작용하지 않는다. 본질적으로 외국산업인 수출부문은 근대화산업이고 높은 생산성과 국제경쟁력을 가진 반면, 국내산업부문은 전통산업부문으로서 생산성이 낮고 국제경쟁력도 없기 때문에 산업간의 이중구조가 존재한다. 또한 국민생활에 필요한 물자는 수출산업에서 벌어들인 돈으로 외국에서 수입하여 조달하기 때문에 수출부문과 국내부문은 연관효과가 없이 서로 괴리되고 있으며 따라서 수출산업의 성장이 국내산업의 성장을 유도하기 어렵다.

④ 내포경제에 있어서는 결과적으로 소득수준에 비해서 경제적·사회적 개발이 뒤떨어지게 되며 따라서 경제개발의 애로는 **흡수능력**(제 9 장 1절 참조)의 부족으로 귀결된다. 흡수능력의 부족은 교육된 인력·기술·행정능률·근대화된 사회규범·사회간접자본 등의 결핍에서 온다. 그래서 투자를 제약하는 기본요인이 무엇인가를 비교하여 보면 대체로 선진국의 경우에는 수익성 있는 투자시장의 결핍

이고, 개방형 후진국의 경우에는 자본과 외환의 부족이며, 내포형 후진국의 경우에는 흡수능력의 부족이라고 말할 수 있다.

⑤ 내포경제에 있어서는 고용 및 임금수준면에서도 이중구조가 존재한다. 국내에 훈련된 인력이 모자라기 때문에 임금이 높은 고급전문직은 대부분 외국인이 차지하고 내국인은 주로 생산성이 낮은 전통부문에서 낮은 임금의 단순노동에 종사한다. 이 때문에 GNP의 큰 부분이 이윤이나 임금과 같은 요소소득으로서 해외에 유출된다.

지금까지 후진국경제를 봉쇄·개방·내포 등 세 가지 유형으로 나누어 보았거니와 이를 그림으로 보면 [그림 1-1]과 같다. 이 그림에서 D는 국내산업부문, E는 수출산업부문, F는 외국경제, M은 수입, X는 수출, 그리고 L은 산업의 연관효과(聯關效果)를 나타낸다.

그러면 이러한 후진경제의 유형분류는 어떤 점에서 필요한가. 이러한

[그림 1-1] 봉쇄경제 · 개방경제 · 내포경제

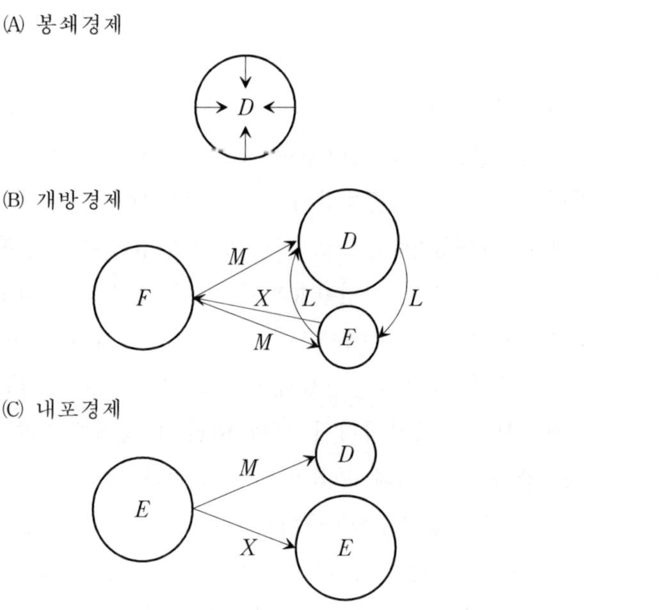

유형분류는 경제개발의 목표·수단 및 전략, 특히 투자배분정책에 있어서 중요한 의미를 갖는다.

먼저 봉쇄경제에 있어서는 무역이나 외자도입이 중요한 역할을 하지 않기 때문에 자본의 조달, 기술의 습득, 시장의 확보, 투자의 관리 등을 순국내자원으로써 해야 된다는 부담을 안고 있다. 따라서 자본조달을 위해서는 국내적인 내핍을 개방경제의 경우에 비해서 더욱 필요로 한다. 무역이 없기 때문에 자본재의 조달이 제약되며, 따라서 소비재 산업보다 자본재 산업부터 키워야 투자가 가능하다는 귀결이 된다. 한편 수출이 없는 데다가 국내자본조달을 위해서는 강제저축의 강화가 불가피하므로 국내시장이 더욱 줄어든다는 사실과 자본재부터 개발해야 경제발전을 할 수 있다는 역리 때문에 봉쇄경제하의 개발정책은 시장기능의 바탕 위에서 수행하기가 어렵다.

다음으로, 개방경제의 경우에는 자본부족·외환부족·기술부족 등 개발의 애로요인을 극복하는 데 개방체제를 어떻게 활용할 것인가 하는 것이 중요하다. 이러한 애로의 극복을 위해서는 무역의 확대 및 외자와 기술의 도입을 적극 추진해야 할 것인데 여기에도 상환능력이나 경제의 대외의존문제 등 여러 가지의 제약이 있음은 두말 할 필요가 없다. 봉쇄경제와 개방경제를 비교한다면 봉쇄경제는 시장의 제약, 국내기술의 한계성 등으로 급속한 경제개발이 어려운 데 비해서 개방경제하에서는 해외시장의 확대, 개발수입의 증대, 선진기술의 모방 등을 극대화하게 된다. 그래서 봉쇄경제가 시장경제원리를 되도록 멀리하는 데 대해서 개방경제는 시장경제원리를 효율적으로 조성하는 데 역점을 두게 된다.

끝으로, 내포경제하에서는 수출산업과 국내산업간의 이중구조를 어떻게 제거하고 양부문간의 연관효과를 어떻게 극대화하느냐 하는 것이 개발정책의 목표가 된다. 이 문제는 결국 전통적 산업인 국내산업부문을 어떻게 근대화산업으로 전환시키느냐 하는 데 귀결된다. 전술한 봉쇄경제하의 경제개발이 경제적 독립성을 그 장점으로 하고 있는 데 대해서 내포경제는 외국에의 의존성을 약점으로 하고 있으며, 특히 본질적으로 산업구조상의 취약성을 지니고 있다. 그리고 경제개발에 있어서 가장 주력해야 될 것은 투자를 수용할 수 있는 흡수능력(吸收能力)을 기르는 것이며 저축이나 외환 등은 그 다음에 따라오는 문제이다.

2-3 대규모경제와 소규모경제

경제규모의 크고 작음을 기준으로 하여 보면 후진국은 **대규모경제**(Large Scale Economy)와 **소규모경제**(Small Scale Economy)로 나누어 볼 수 있다. 여기서 말하는 규모는 시장이라는 측면과 인적·물적자원이라는 두 가지 측면에서 특히 중요성을 가진다. 따라서 규모의 크고 작음은 경제성 있는 국토의 넓이와 인구의 크기 및 총소득규모 등을 아울러 보아야 할 것이나, 이 가운데서도 총소득규모는 시장규모와 직접적으로 연결되기 때문에 가장 중요한 의미가 있다고 할 것이다.

여타의 사정이 동일하다고 본다면 대규모경제와 소규모경제는 아래와 같은 세 가지 점에서 개발전략상 차이점을 가진다.

첫째로, 외국무역에 대한 필요성은 그 나라의 경제규모와 역상관의 관계에 있다. 대규모경제의 경우에는 국내시장이 넓고 자원의 종류나 총량에 있어 소규모경제보다는 많기 때문에 수출 또는 수입에 대한 국민경제의 의존을 덜 필요로 한다. 따라서 대규모경제가 소규모경제보다는 **내향적 경제개발**(Inward-Looking Development)을 택하는 경향이 있다.

둘째로, 대규모경제는 국내시장이 넓기 때문에 **규모의 경제**(Economies of Scale)를 쉽게 실현하는 이점을 가지고 있다. 소규모경제는 수출시장의 지원이 없이는 규모의 경제 실현이 어려우며 규모의 경제를 필요로 하는 산업은 많은 경우 **자연독점**(Natural Monopoly)[3]을 결과하게 된다. 따라서 대규모경제는 기계류·철강공업·자동차공업 등 시장제약을 크게 받는 산업을 앞당겨 개발할 수 있는 이점이 있다.

셋째로, 후진국의 개발문제는 그 나라의 힘(국력)과 불가분의 관계에 있다. 그 나라의 경제적 국력을 나타내는 것은 **유량**(Flow)으로서의 소득보

3) 시장이 좁아서 규모의 경제를 갖는 생산단위 공장을 하나 이상 허용하지 않음으로써 자연적으로 이루어지는 독점을 자연독점이라 한다.

다는 저량(Stock)개념인 국부(National Wealth)이며 유량개념에 있어서도 1인당 소득보다는 GNP총량이 문제가 된다. 예컨대 오늘날의 중국이 국제무대에서 경제적·정치적 영향력을 크게 행사하고 있는 것은 1인당 소득이 높아서가 아니라 국부와 소득총량이 크기 때문이라고 볼 수 있다. 이런 점에서 대규모경제는 경제개발에 있어서 국력을 배경으로 한 여러 가지의 이점을 가진다는 사실을 지적할 수 있다.

3. 경제개발여건과 개발의지

3-1 개발여건의 역사적 비교

오늘날의 선진국도 과거 어느 땐가는 저개발국이었다. 경제개발을 좀 더 일찍 수행했다는 차이가 있을 뿐이다. 예컨대 영국을 비롯한 서구의 선진국은 18세기 후반에 공업화를 시작하였고, 일본은 19세기 후반에 경제근대화에 착수하였으며, 우리 나라를 비롯한 많은 나라들은 20세기 후반에 들어와서야 경제개발을 서두르고 있다.

그러면 백년 전 또는 이백 년 전과 오늘날은 경제개발을 수행함에 있어 어떠한 여건상의 차이를 가지고 있는가를 요약하여 보자.

① 선진국의 경제개발과정에 있어서는 평등·자유·인권 등에 대한 욕구나 소비 및 복지에 대한 기대가 경제개발에 후행하여 따라오는 결과로서의 산물이었다. 이와는 달리 오늘날의 경제개발에 있어서는 이러한 욕구와 기대가 경제개발에 선행하여 부풀어 있으며 그리하여 여러 가지의 기대와 욕구가 팽창된 속에서 경제개발을 수행해야 할 여건에 있다. 이 때문에 소비증가와 복지지출의 증가를 불가피하게 하여 자본축적에 보다 어려움을 겪고 있을 뿐 아니라 정치적·사회적 안정유지에 어려움을 겪고 있다.

② 지금 경제개발을 추진하는 나라들은 더 높은 인구증가율, 더 좁은

1인당 농토, 더 낮은 1인당 소득, 더 불공평한 소득분배라는 불리한 여건 속에서 경제개발을 수행하고 있다. 일찍이 공업화를 수행한 나라들은 인구 압력이 없는 상황에서 경제개발을 수행하였으며 인구의 증가는 경제개발의 산물로서 후행하였다. 영국의 경우 인구증가율은 산업혁명 직전인 1750년 이전에는 매 10년마다 3% 미만이었으며 1750년 이후 30년간은 매 10년마다 6%였다. 이와는 달리 오늘의 후진국은 인구가 매년 1~2%씩 늘어나는 속에서 경제개발을 하고 있으며 급속한 인구증가는 경제발전에 선행하거나 또는 병행하여 이루어지고 있다. 이처럼 인구압력이 커짐에 따라 1인당 농지도 계속 감소하여 **농업잉여**(農業剩餘)의 축적이 더욱 어려운 상황이다.

한편 공업화 초기의 1인당 소득은 과거보다 오늘이 더욱 낮다. 쿠즈네츠가 공업화 시점에서의 1인당 소득을 1965년 미 달러 가격으로 조사한 것을 보면 영국은 1765년 277달러, 프랑스는 1831년 242달러, 독일은 1850년 302달러, 미국은 1834년 474달러인 데 비해서 한국은 1965년 100달러였으며 20세기 후반에 경제개발을 시작하는 나라들의 대부분이 100달러 이하의 소득으로 시작한 것이다. 이처럼 인구 압력은 크고 1인당 농토는 좁고 1인당 소득수준은 낮기 때문에 더 많은 투자와 더 높은 경제성장을 이룩해야 하는 부담을 지고 있는 반면 저축을 동원하기는 더 어려운 상황이라 할 수 있다.

③ 18세기에 경제개발을 수행한 나라들은 시장·자원 등에 있어 **신경지**(New Frontier)의 이점을 가지고 있었다. 식민지의 개척이 그 예라 할 수 있다. 그러나 오늘날은 신경지가 거의 소진된 상황에서 경제개발을 서두르고 있으며 오히려 선진국이 누린 신경지이익의 피해자로서의 위치에 있다. 많은 후진국들이 과거에 식민지로서의 쓰라린 경험을 가지고 있으며, 이 때문에 비뚤어진 경제적·사회적 구조를 유산으로 가진 나라가 많다.

④ 오늘날의 선진국들은 정치적인 독립이 이루어진 위에서 경제근대

화가 이루어졌고, 그 당시 이들은 국제적인 역학관계에서 볼 때 선두주자 또는 중심국으로서의 이점을 누리고 있었다. 그러나 오늘날의 개도국들은 20세기에 들어서서야 정치적인 독립을 이룩했거나 아니면 정치적 독립과 경제근대화를 병행해야 할 위치에 있다. 그래서 국제적으로 주변국으로서의 불리한 위치에 있는 것이다. 오늘의 개도국과 신생국들이 민족주의와 보호주의를 주장하는 경향이 있는 원인이 여기 있다. 그리고 이러한 역사적 사실관계는 다음 장에서 언급하게 될 종속이론의 역사적 배경이 되고 있는 것이다.

⑤ 국제무역의 측면에서 본다면 일찍 공업화를 수행한 나라들은 처음부터 공업부문에 **비교우위**(比較優位)를 쉽게 가질 수 있었고, 따라서 원시산업으로부터 공업부문으로의 산업구조 이행이 순조롭게 진행될 수 있었다. 그러나 오늘날 후진국의 공업화과정은 선발공업화국들 때문에 경제개발 초기에 공업부문에서 비교우위를 가지기 어려우며, 이 때문에 적어도 상당기간 동안은 원시산업에 특화하지 않을 수 없는 여건에 있다. 이 사실은 선후진국간의 생산성 격차를 확대하는 요인이 되고 있을 뿐 아니라 공업화방향에서의 산업구조 개편을 어렵게 하는 경향이 있다.

이상과 같은 다섯 가지 사항들은 오늘날 뒤늦게 경제개발을 추진하는 나라들에게 대체로 불리한 요인들이라 하겠다. 그러나 이와 반대로 유리한 요인도 있다.

① 과거의 선두주자들은 기술·제도·관리방법·자본 등을 배우고 수입해 올 곳이 없기 때문에 이들 모든 것을 스스로 만들고 개발해야만 했다. 기계는 발명해서 쓰고 정부조직이나 은행제도도 창안해서 발전시켜 온 것이다. 그러나 뒤늦게 따라가는 나라들은 모방하고 배우고 수입해서 쓸 수 있는 유리한 환경을 지니고 있다. 기술은 배우고, 자본이 없으면 외자를 도입하고, 새로운 제도나 새로운 기계도 수입해서 쓸 수 있다. 이러한 **모방이익**(模倣利益)은 소요되는 힘과 시간을 월등하게 절감할 수 있다는 점에서 대단히 중요한 후발주자의 특권이다.

② 또 하나의 이점은 국제환경이 식민주의와 제국주의 질서에서 호혜협력의 질서로, 그리고 보호질서에서 개방질서로 바뀐 국제환경의 변화를 들 수 있다. 이러한 변화는 경제발전에 따른 선진국 수의 증가, 후진국들의 자각 그리고 교류확대에 따른 국제적 협력관계의 증진에 기인한 것이다. 이렇게 됨에 따라 국제간의 교류는 약자의 것이 강자에게 넘어가는 **역류효과**(逆流效果)보다도 서로의 이익이 증진되는 **확산효과**(擴散效果)가 커지게 되었으며 후진국들은 개방체제의 이익과 모방이익을 최대한 활용할 수 있는 기회를 갖게 된 것이다.

종합적으로 어느 쪽이 유리한가 하는 것은 유리점과 불리점 중 어느 쪽이 크냐에 달린 것이며 이 손익계산은 나라마다 다를 것이다. 예컨대 영국이 18세기 후반 이후 200년 걸려서 해 낸 경제개발을 일본은 19세기 말부터 시작하여 더 짧은 시간에 해 냈으며, 우리 나라를 비롯한 일부 국가들은 오늘날 그 소요시간을 더욱 단축하고 있다는 사실은 후발주자가 갖는 이점을 최대한 활용하였기 때문이라고 볼 수 있다. 그러나 아직도 대부분의 개도국들이 선진국과의 소득격차를 좁히지 못하고 오히려 넓혀가고 있다는 현실을 유의할 때 많은 나라들이 불리한 여건을 아직도 극복하지 못하고 있는 것이다.

오늘날의 개도국들에게 주어진 역사적인 환경을 놓고 볼 때 그 나라 국민들이 어떻게 해서 유리한 요인을 최대한 활용하여 불리한 환경을 극복할 것인가 하는 것은 경제발전의 성패를 가름하는 중요성이 있다 할 것이다.

3-2 경제개발과 저항

경제근대화가 유발하는 변화는 하나의 혁명이라 할 만한 것이다. 그래서 토인비(Arnold Toynbee)는 영국의 공업화과정을 산업혁명(Industrial Revolution)이라고 최초로 명명한 바 있다.[4] 30세의 나이에 요절한 그는 영국이 1760

4) Arnold Toynbee, *The Industrial Revolution,* Beacon Press, Boston, 1884.

년경부터 농업사회에서 공업사회로 이행하는 과정을 분석하면서 산업혁명은 사회적인 주도권을 농업에서 상공업으로, 토지자본에서 산업자본으로, 그리고 농업노동에서 공장노동으로 이행시켰다고 기술하고 있다.

경제발전과정을 몇 개의 파장으로 나누어 **제 1 파**(第 1 波)는 1만 년 전 유목사회에서 농경사회로, **제 2 파**는 18세기 후반 농경사회에서 산업사회로, 그리고 오늘날의 **제 3 파**는 산업사회에서 정보사회로 이행하고 있는 것이라고 주장하는 토플러(Alvin Toffler)는 산업혁명에 해당되는 제 2 파의 특징으로서 대중문화 · 대량생산 등 이른바 **대량사회**(Mass Society)의 출현이라고 하였다. 이를 구체적으로 보면 정치적으로는 중앙집권, 생산면에서는 획일화 · 표준화 · 대량화, 그리고 사회면에서는 자본 · 부 · 인구 등의 집중화, 노동 · 출근 · 취침 등 생활시간의 동시화, 생활방식의 표준화 등이라고 지적한다.[5)]

이와 같은 변화는 사회부문간의 이해관계변화를 의미한다. 다시 말하면 공업화로 인해서 이익을 보는 새로운 수혜계층이 생기고 이와 반대로 상대적으로 손해를 보는 피해계층이 생기게 되는데 여기서 생기는 갈등과 마찰이 경제개발을 가로막는 저항력으로 나타나는 것이다. 쿠즈네츠(Simon Smith Kuznets, 1901~1985)[6)]는 경제발전에 수반되는 이와 같은 위상변화(位相變化)와 손실계층의 발생을 근대화의 비용이라고 주장하고 이로 인한 저항 때문에 경제근대화가 일어나기 어려운 것이라고 지적하고 있다. 그는 이어서 경제발전을 가로막는 이와 같은 사회적 저항은 근대화의 초기 단계에만 작용하는 것이 아니라 근대화가 한참 추진되는 근대화 후기에도 작용한다고 하였다.

경제근대화에 대해 저항하는 세력은 물론 수구세력 또는 기득권세력이라 할 수 있다. 그렇다면 구체적으로 저항은 어떻게 나타나는가.

먼저 경제개발의 초기에 나타나는 저항부터 생각해 보자. 우선 경제개

5) Alvin Toffler, *The Third Wave*, William Morrow and Company, Inc., N.Y., 1980.

6) 쿠즈네츠는 러시아 우크라이나에서 유태인 부모 사이에서 출생. 뉴욕으로 이주하여 콜럼비아대학에서 박사학위 취득. 펜실베니아대 교수(1930~1954), 존스홉킨스대 교수(1954~1960), 하버드대 교수(1960~1971)로 재직. 국민소득통계의 창시자이며 경제발전과정에 대한 역사적 · 통계적 연구에 공이 큼.

발은 장래를 위해서 현재를, 그리고 후대를 위해서 당대를 희생하는 것인데 사람들이 이러한 현재의 불이익을 받아들일 것이냐 하는 문제가 있다. 예컨대 경제발전을 위해서는 투자를 해야 하는데 여기서 당장 과실이 나오는 것은 아닌 반면 투자자금을 마련하기 위해서는 세금을 더 내고 인플레를 감내해야 하며, 소비는 줄이고 일은 더 해야 하는 것이다. 이런 점에서 경제개발과정에서 당장 겪어야 하는 불편과 불이익 때문에 생기는 국민으로부터의 저항이 있다.

한편 사회계층과 산업부문별로 보면 경제개발과정에서는 소득과 자본을 농업부문에서 끌어내 비농업부문에 투입하는 자원의 재분배가 일어나게 되기 때문에 어느 나라에서나 농업부문이 상대적으로 위축되고 희생되는 반면 비농업부문이 성장산업으로서 혜택을 받는 위치에 놓이게 된다. 그뿐 아니라 비농업부문에서도 전통적인 수공업이나 영세기업은 상대적으로 손해를 보고 대기업은 이익을 보는 관계가 유지된다. 그래서 지주계층과 자작농민(自作農民), 그리고 전통적인 기술에 의존하는 영세기업들이 공업화과정에서 소외감을 가지고 공업화를 가로막는 저항세력으로 작용하게 된다.

이와 같은 저항은 사회문화면에서도 작용한다. 공업화에 따라 가족중심노동은 공장노동체제로 전환되고, 도시화가 촉진되면서 대가족제도는 붕괴된다. 이에 수반하여 집단주의 문화는 개인주의 문화로, 그리고 전통주의적 가치관은 합리주의적인 가치관으로 바뀌게 된다. 이러한 변화에 대해서 구질서에 안주하기를 바라는 전통세력은 새로운 변화에 저항하게 되는 것이다.

그러나 이러한 저항은 공업화의 시발단계에서만 존재하는 것이 아니다. 현재상황에서의 기득권을 옹호하려는 이익집단은 변화과정의 어떤 시점에서도 존재하게 마련이다. 그래서 공업화가 한창 진행된 뒤, 그러니까 중진국에서 선진국으로의 발전과정에서도 경제발전에 대한 저항은 작용하는 것이다.

그러한 저항의 사례를 든다면 우선 산업독점과 경제력 집중에서 오는 저항이 있다. 공업화는 산업의 대규모화와 독점을 유발하게 되는데, 이들은 독점적 기득권을 지키기 위해서 산업경쟁을 가로막는 장애요소로 작용한다. 그리고 **경제력집중**은 경제의 공평과 부의 균등분배를 위한 사회개혁을 가로막는 요인으로 작용할 수 있다. 성숙발전단계(成熟發展段階)에서는 수입개방이 경제발전에 필요함에도 불구하고 생산자의 기득권 때문에 이것이 제동되고 소비자들이 희생된다든가, 또는 부의 공평분배를 위한 토지제도의 개혁이나 세제개혁이 기득권 계층의 저항으로 이루어지지 못하는 사례를 흔히 볼 수 있다.

한편 경제발전이 중진국단계를 넘어서게 되면 욕구가 급팽창하여 이른바 미르달(G. Myrdal)이 말하는 **기대혁명**(Revolution of Rising Expectation)에 휩싸이기 쉽다.[7] 미르달에 의하면 경제발전에 성공해서 현저히 잘 살게 되었다 하더라도 기대는 그 이상 부풀어서 사회적인 욕구불만은 더욱 커진다는 것이다. 더구나 특기할 만한 것은 기존체제에서 실제로 소외되고 가난한 밑바닥 계층은 사회적인 욕구불만이나 체제도전의 전면에 서는 일이 적고, 오히려 경제발전의 혜택을 그런대로 받은 수혜계층이 이러한 기대혁명에 걸려서 욕구불만과 저항의 선두에 서게 된다고 미르달은 지적하고 있다.

지금까지 경제발전과정에 나타나는 저항에 대해서 언급하였는데 변화의 초기에 있어서 변화에 저항하는 기득권세력은 다수일 뿐 아니라 저항에 적극적인 반면 변화를 추진하려는 변화수혜계층은 소수이고 변화추진에 소극적인 경향이 있다. 그래서 매사에 있어서 시동이 어렵듯이 경제개발도 기득권세력의 저항 때문에 시동하기가 어려우며 경제개발에 실패한 대부분의 나라들이 여기에 해당되는 것이다.

3-3 개발의지

김치는 배추와 고춧가루와 소금을 재료로 해서 담근다. 그러나 재료가 있더라도 김치에 대한 필요를 느끼지 않거나, 필요를 느끼더라도 게을러서

7) Gunnar Myrdal, *The Challenge of World Poverty,* Pantheon Books, N.Y., 1970, chapter 12.

김치를 담글 의사가 없거나, 의사가 있더라도 담그는 방법을 모르면 김치는 만들어지지 않는다. 경제개발에 있어서의 본질적인 장애요인은 어느 쪽인가.

허쉬만(A. O. Hirschman)은 후자쪽이라고 한다.[8)] 즉 경제발전이 이루어지지 않는 근본원인은 자본이나 자원·인력 등 생산요소가 부족하다는 데 있는 것이 아니라 이것들을 결합해서 경제발전을 시키려는 의지가 없고 방법을 모르기 때문이라는 것이다. 경제발전을 위한 잠재력은 내용이 다를지언정 어느 나라나 가지고 있으며, 다만 이것을 발전추진력으로 동원할 수 있는 능력이 경제개발의 성패를 가름한다는 것이다. 그리고 경제발전을 위해서는 투자가 있어야 하는 것이지만 투자가 안 되는 것도 투자자본이 없어서가 아니라 투자능력, 즉 자본을 효율적으로 투자화할 수 있는 투자관리능력의 부족에 기인한다고 보는 것이다. 투자능력만 있으면 자본 부족 문제는 외자도입으로도 해결할 수 있다는 것이다.

경제발전이 일어날 수 있는 어떤 전제조건이 있는 것이 아니며 어떤 경제체제, 어떤 부존여건(賦存與件) 속에서도 가능하다. 경제근대화는 자본주의 체제에서도 이루어졌고 사회주의 체제에서도 가능하였다. 그리고 자원이 넉넉한 나라뿐 아니라 일본이나 한국처럼 자원이 없는 나라에서도 경제발전은 일어났던 것이다. 그렇다면 경제발전이 일어날 수 있는 나라와 일어날 수 없는 나라의 근본적인 차이는 무엇인가.

그것이 곧 **개발의지**(Development Will)이다. 경제개발의 시동기에는 대다수의 사람들이 변화로부터 불이익과 불편을 경험하게 되고 이 때문에 여러 가지의 저항이 생겨서, 이것이 경제개발이라는 변혁을 가로막게 된다는 것을 앞에서 지적한 바 있다. 개발의지는 경제개발에 따르는 당장의 불이익과 불편에도 불구하고 경제를 개발해야 한다는 필요에 대한 국민적 자각의지, 그리고 경제개발에 대한 저항을 제압하고 경제개발의 잠재력들을 발전추진력으로 결합할 수 있는 국민적 행동의지를 말한다.

이런 점에서 개발의지는 경제개발의 추진을 위한 **국민적 합의**(National

8) Albert O. Hirschman, *The Strategy of Economic Development*, Yale University Press, 1958, chapter 1.

Consensus)라고도 할 수 있다. 이 합의를 위해서는 국민 개개인의 자각, 즉 개인적 개발의지가 있어야 할 뿐 아니라 정부의 개발의지가 확고하여야 한다.

개인적 개발의지는 교육수준이 높고 균질된 사회일수록 크다고 볼 수 있다. 그러나 개개인은 본질적으로 이기적이다. 다시 말하면 땅을 많이 소유한 사람이 토지중과세법안에 찬성하기를 기대한다는 것은 현실적으로 어려운 일이다. 그래서 개인적 개발의지는 서로 분산되고 사람마다 상충될 수 있어서 그 추진력은 소극적이고 한계적이라고 볼 수밖에 없다.

그래서 더욱 중요한 의미를 갖는 것은 정부의 개발의지이다. 어느 나라나 발전시동기에 있어서 민간부문의 역할은 모든 면에서 미약하고 소극적이기 때문에 국민을 계몽하고 개개인의 자각을 불러일으키는 일로부터, 계획을 세우고 투자를 주선하는 일, 그리고 기업인을 기르고 생산방법을 배우도록 길을 안내해 주는 일까지 정부가 해 주지 않으면 안 되는 경우가 대단히 많다.

이러한 개발의지를 가지는 정부가 되려면 발전추진세력에 의해서 지배되는 정부라야 하며 강력한 리더십을 가지는 정부라야 한다. 경제근대화에서 피해를 보는 발전저항세력에 의해서 정권이 유지되는 나라에서는 경제개발을 기대할 수 없는 것이다.

근대화추진세력이 정권을 장악하고 있다 하더라도 행정력이 약하고 부패한 정부라면 그러한 정부는 경제개발을 추진할 수 없을 것이다. 그래서 미르달(G. Myrdal)은 정치체제가 어떤 것이든지에 관계없이 행정력이 약하고 부패한 이른바 **연성정부**(Soft State)에서는 경제개발이 불가능하다고 지적하고, 특히 아시아의 경제개발을 위해서는 행정력과 법집행력이 강하고 부패가 없는 정부가 필요하다고 역설한 바 있다.

이상과 같이 볼 때 경제발전에 있어서도 발전에 대한 제약과 저항을 어떻게 극복할 것이냐 하는 것이 본질적인 중요성을 가진다는 사실을 유의해야 한다. 그렇기 때문에 경제개발을 성공적으로 이끌어가기 위해서는 한편에서는 경제발전으로의 변화에 대한 저항을 최소화시키는 노력이 있어야 하고, 다른 한편에서는 이들 저항을 극복할 수 있는 힘, 즉 개발의지를 키우는 노력이 있어야 한다. 개발의지가 경제개발에 대한 저항력을 이겨낼 수 있을 만큼 커졌을 때 비로소 경제개발이 시동되는 것이다.

3-4 경제발전과 정치발전

경제발전에 있어서 국민과 정부의 개발의지가 매우 중요하다는 것을 앞에서 살펴보았다. 그러면 경제발전과 정치발전의 관계는 어떠한가.

경제와 정치는 불가분의 관계에 있다. 경제정책은 정치권력이 결정하여 집행한다. 그러나 정치권력은 경제력에서 나온다. 경제적 힘이 있는 계층에서 정치권력을 창출하기 마련이며 따라서 정치권력은 경제구조와 경제수준을 대변하게 마련이다. 그렇다면 경제발전을 촉진하는 정치형태는 어떤 것인가.

우선 역사적 시각에서 보면 대체로 1940년대의 제 2 차 세계대전 이전에는 경제발전을 위해서 봉쇄체제(封鎖體制)와 보호주의 그리고 권위주의적 정치체제가 불가피하며 민주주의는 사치품이라는 흐름이 지배하였다. 러시아에서의 레닌과 스탈린에 의한 독재정치 그리고 중앙계획경제가 그 대표적인 사례라 할 것이다. 그 당시의 국제질서는 제국주의와 식민주의에 의한 약육강식의 질서가 지배하였으며 이 때문에 후진국 개발이론으로서 종속이론(제 2 장 3 절 참조)이 설득력을 가졌던 것이다. 이런 상황에서 개방체제와 민주정치는 국가의 존립 자체를 위협한다고 보았던 것이다.

그러나 제 2 차 세계대전 이후 국제환경은 크게 바뀌었다. 미국과 소련을 양축으로 한 동서 냉정체제를 겪고 그 뒤 시장경제로 통합되는 과정을 거치면서 제국주의와 식민주의는 사라지고 그 대신 개방과 협력의 새로운 환경이 조성되었다. 이 때문에 제 2 차 세계대전 이후에는 후진국의 경제발전에 개방체제와 민주정치가 도움이 된다는 주장이 점점 더 설득력을 갖게 되었다.

한편 경제발전과 정치발전의 관계는 경제의 발전단계에 의해서도 달라질 수 있다. 이에 대해서는 많은 학자들에 의한 연구와 실증검증이 있었다. 그러한 연구결과의 전반적인 흐름을 헌팅턴(Samuel P. Huntington)의 실

증분석을 중심으로 하여 요약하면 다음과 같다.[9)]

① 개발 초기단계에 있는 후진국의 경우에는 민주정치를 하는 나라보다도 권위주의정치를 하는 나라에서 경제성장률이 높다.

② 경제가 성장하여 중진국 수준에 이르면 권위주의정치와 경제성장률간의 그러한 상관관계는 없어진다.

③ 경제가 중진국 수준을 넘어서 성장하면 경제발전과 민주정치는 보완적 관계를 갖는다. 즉 민주정치는 경제발전을 촉진하고 경제발전은 민주발전을 촉진한다.

왜 이렇게 되는 것인가. 후진국일수록 그리고 개발 초기단계일수록 자본동원은 어렵고 개발에 대한 저항은 크며 민간기업의 힘은 미약하고 시장기능은 불완전하다. 그래서 강제로 소비를 눌러 저축을 동원하고 개발에 대한 저항을 극복하기 위해 국력을 집중시킬 필요가 있는데 그러자면 강력한 정부주도력이 있어야 한다. 그러한 정부주도력은 민주체제보다도 독재적 체제에서 나올 수 있다는 것이다.

그러나 경제발전이 진행되면 될수록 민간부문의 힘은 커지고 시장기능은 발전한다. 그리고 개발에 대한 저항은 없어지고 저축부족문제는 해소된다. 따라서 이 단계에서는 정부주도에서 민간주도로 바뀌어야 하며 민간주체들의 자율적인 시장경쟁이 경제성장을 이끌어 가게 된다. 그래서 민주정치와 경제발전이 상호 보완관계를 갖는다는 것이다.

이와 같은 내용을 정리해 보면 경제발전과 정치발전의 관계는 후진도가 깊은 나라일수록, 개발 초기단계에 있는 나라일수록 그리고 옛날로 거슬러 갈수록 경제발전에 권위주의적 정치체제가 유효하다고 할 수 있으며 반대로 소득수준이 높은 나라일수록 발전이 성숙단계에 있는 나라일수록 그리고 현재에 가까워올수록 경제발전과 민주주의는 보완관계를 갖는다고 말할 수 있다.

9) Samuel P. Huntington and Jorge I. Dominiquez, "Political Development," in *Macropolitical Theory,* ed., Fred I. Greenstein and Nelson W. Polsby, Reading, Mass.: Addison-Wesley, 1973, pp. 1～113; Vernon W. Ruttan, "What Happened to Political Development?" *Economic Development and Cultural Change,* Jan. 1991.

4. 경제발전과 역사적 경험

4-1 시간적 개념에서 본 경제발전

오늘날 성장하지 아니하는 경제를 찾아보기 어렵다. 모든 분야에서 변화가 밀려오고 있으며, 특히 경제적인 변화는 급속하게 진행되고 있다. 사람들의 생활수준이 크게 향상되고 있으며 이에 따라 사는 방식도 달라지고 있다. 한해 동안 경제가 5% 또는 7% 성장하더라도 놀라지 않으며 지역에 따라서는 10% 이상 성장하는 나라도 있다. 그래서 경제는 항상 이렇게 성장해 온 것으로 생각하기 쉽다.

그러나 그렇지 않다는 것이 역사의 실상이다. 역사의 긴 눈으로 보면 해마다 생활수준에 변화가 없는 정체가 역사의 정칙(Rule)이었고 1인당 소득이 증가하는 성장은 예외였으며 따라서 경제성장은 특별한 설명을 필요로 하는 것이다. 인류의 역사는 무한하게 소급할 수 있고 기록문명의 역사만 하더라도 5천 년이 넘지만 1인당 소득이 늘어나기 시작한 경제성장의 역사는 사실상 영국의 산업혁명에서 시작된 것이니 고작 2백여 년에 불과하다.

1760년대부터 일기 시작한 영국의 산업혁명은 인류사에 비로소 성장의 장을 열기 시작했다는 점에서 큰 의미가 있다. 그 이전이라 하더라도 경제적인 변화나 성장이 전연 없었다고 할 수는 없는 것이지만 그 이전의 변화나 성장은 말하자면, 사사오입을 하고 나면 영이 될 수밖에 없는, 매우 느린 것이었던 것이다. 이렇게 느린 변화는 인구에 대해서도 마찬가지였다.

그래서 이 시기에는 한때 소득이 늘어서 먹을 것이 많아지면 인구가 따라 늘어 1인당 소득은 제자리로 돌아가고, 흉년이 들어 먹을 것이 줄어들면 인구도 따라 줄어 1인당 소득이 제자리를 지키는, 말하자면 생산과 인구가 맞물려서 1인당 소득이 제자리 걸음을 반복하였던 것이다.

그러면 이러한 사실을 쿠즈네츠(S. S. Kuznets)의 통계적 분석을 중심으로 하여 살펴보기로 하자.[10)] 쿠즈네츠의 연구에 의하면 1700년부터 1780년까지의 기간 동안 영국의 변화를 매 10년간의 비율로 보면 총생산은 5.3%, 인구는 3.2%, 1인당 생산은 2.0%였다. 이것을 연간성장률로 바꾼다면 1인당 생산의 성장률은 0.2%에도 이르지 못하는 것이다. 더구나 이 기간중의 상당부분은 산업혁명의 초기단계를 포함하고 있기 때문에 이것을 제외하고 본다면 산업혁명 이전 영국의 1인당 소득성장률은 0.1% 또는 그 이하로 추정되는 것이다.

그러던 것이 산업혁명과 더불어 각국의 경제성장률은 눈에 띌 만큼 높아졌다. 산업혁명은 18세기 후반에 영국에서 시작되었지만 19세기 초에는 프랑스·독일·미국 등 여러 나라로 전파되었고 1860년대 무렵부터는 일본이 뒤따랐다. 산업혁명 이후 각국의 성장률을 보면 [표 1-1]과 같다.

[표 1-1] 선진국 근대화기의 장기성장률 (연평균 증가율 %)

국 별	기 간	총 생 산	인 구	1인당생산
영 국	1841～1960	2.1	0.9	1.2
프 랑 스	1841～1960	1.8	0.2	1.6
독 일	1851～1960	2.5	1.0	1.4
미 국	1840～1960	3.6	2.0	1.6
일 본	1878～1960	4.0	1.2	2.8

자료: S. S. Kuznets, *Economic Growth and Structure,* p. 137 및 박 승, 「S. S. 쿠즈네츠」, pp. 104～106.

이 표에서 백여 년에 걸친 장기성장률을 보면 1인당 생산의 연성장률은 일본을 제외하고는 모두 2% 이하였다. 생산이나 인구의 증가율이 이민(移民)이 많이 들어간 미국에서 상대적으로 높았고, 상대적으로 후발주자(後發走者)인 일본의 성장률이 모두 높게 나타나고 있다는 점이 특기할 만하다. 그러나 이 통계에도 경제성장률이나 인구증가율이 높았던 제2차 세

10) S. S. Kuznets, *Economic Growth of Nations,* The Belknap Press of Harvard University, Cambridge, 1971 및 *Modern Economic Growth,* New Haven and London, Yale University Press, 1966; 박 승, 「S. S. 쿠즈네츠」, 유풍출판사, 1982, 제3장 참조.

계대전 전후의 약 20년간이 포함되었다는 점을 감안한다면 1940년 이전의 기간에 대한 성장률은 1~1.5%를 넘지 못했다고 보아야 할 것이다.

이와 같은 추론은 1750년부터 1850년까지의 백년 동안 영국의 1인당 소득증가율이 1~1.5%였으며 인구증가율은 18세기 전반까지 매 10년마다 3%에서 18세기 후반에는 매 10년마다 6%로 배증하였다는 토인비(Arnold Toynbee)와 하트웰(R. M. Hartwell)의 주장과 일치한다.[11]

그런데 1945년에 제 2 차 세계대전이 끝나면서 경제성장은 전세계로 확산되었다. 그래서 20세기 후반은 경제성장이 전세계화하면서 성장속도 또한 가속화되었던 것이니 이런 점에서 20세기 후반은 긴 역사의 눈으로 볼 때 성장혁명기라 할만하다. 이 기간중 공산권을 제외한 세계경제성장률을 보면 1950년대 4.2%, 1960년대 5.2%, 1970년대 3.7%, 1980년대 3.0%로서 1인당소득으로 보더라도 이 기간중 2.5%의 성장률을 나타낸 것이다.

한국의 경우에는 더욱 그렇다. 1960년대의 1인당 소득이 80달러였으니 이것을 만드는 데 기록문명의 역사만 셈하더라도 4,300년이 걸린 셈이다. 4천 3백년 전의 1인당 소득을 1달러로 가정하고 셈하면 그 동안 1인당 소득의 평균성장률은 0.001%로 계산된다. 말하자면 이것이 지난 역사의 대종(大宗)을 이루는 정체경제(停滯經濟)라는 것이다.

1960년부터 2000년까지 40년간 한국경제의 총성장률은 평균 8%였으며 1인당 소득으로 보더라도 6.5%의 성장을 기록한 것이다. 1인당 GNP를 보면 1953년의 67달러에서 1960년에는 80달러 그리고 2000년에는 1만 달러에 이르게 되었다.

이상과 같이 시간적 개념에서 경제발전을 살펴볼 때 현재시점에 접근할수록 성장속도가 가속화되어 왔으며, 특히 20세기 후반부터는 **성장혁명기**라고 할 만큼 경제성장이 전세계적으로 확산되었을 뿐 아니라 성장률 또한 높았다는 사실을 주목해야 한다. 이런 점에서 20세기 후반은 긴 역사의 눈으로 볼 때 세계적인 경제발전의 도약기였다고 할 수 있을 것이다.

---

11) Arnold Toynbee, *The Industrial Revolution,* Beacon Press, Boston, 8th edition, 1968, chapter Ⅷ; R. M. Hartwell, *The Cause of the Industrial Revolution in England,* Methuen & Co., Ltd., 1967, pp. 2~10.

4-2 공간적 개념에서 본 경제발전

경제발전을 공간적 개념에서 살펴본다면 발전의 중심지는 영국을 중심으로 한 유럽에서 미국을 중심으로 하는 북미주로 이동하였다. 20세기 후반부터는 한국·중국·일본을 중심으로 한 아시아지역이 고성장지역으로 급부상하였으나 1997년의 아시아 금융위기를 계기로 이 지역의 성장세가 꺾임으로써 21세기의 중심지가 어디가 될 것인지는 불확실한 상황이 되었다.

19세기까지는 **유럽주도시대**였으며 그 중심지는 영국이었다. 18세기의 전반까지 유럽에서는 영국·프랑스·네덜란드·스페인 등 여러 나라들이 주도권을 놓고 할거하였다. 그러던 것이 영국이 산업혁명에 성공하면서 18세기 후반부터 영국의 지배체제가 굳어지기 시작하였다. 이러한 영국의 지배체제는 1880년대에 절정에 이르러 이 때부터 미국·독일 등이 경쟁국으로 나타나기 시작하였다. 특히 미국경제는 이 무렵 급속하게 성장하여 1900년을 전후해서는 이미 공업생산면에서 영국을 앞질렀던 것이다.

제1차 세계대전(1914~1918)은 영국·미국·독일 사이의 주도권결정전이라 할 수 있다. 이 전쟁에서 패한 독일은 탈락이 되고 결국 세계경제의 주도권은 기울어져가는 영국으로부터 신흥국인 미국으로 넘어가게 된 것이다. 대체로 18세기 후반부터 제1차 세계대전까지 백여 년간의 **영국주도시대**(英國主導時代)를 흔히들 **팍스 브리태니커**(Pax Britanica)라 부른다. Pax란 말은 라틴어로 평화라는 뜻이니 이 말은 영국주도의 세계평화, 즉 영국주도시대를 뜻한다.

이 때부터 **미국주도시대**가 열린다. 앞에서 본 바와 같이 미국경제력은 이미 1900년경부터 영국을 앞서기 시작했으며 제1차 세계대전을 통해서 미국주도시대를 공식 선언한 의미가 있었지만 일본과 독일 등이 차츰 경쟁자로 일어서고, 특히 1917년의 러시아혁명으로 탄생한 소련이 강대국으로 성장하여 미국의 단일주도체제가 구축되지는 못하였다. 이러한 상황에서 **제2차 세계대전**(1939~1945)은 미국의 단일주도체제를 확인시켜 준 의미가 있었다.

이 전쟁에서 이긴 미국은 막강한 경제력을 배경으로 하여 마침 세계가 자유권과 공산권으로 양분되는 흐름 속에서 자유권을 대표하는 명실상부한 단일주도국(單一主導國)의 지위를 인정받았다. 전쟁이 끝나고 나서도 영국·프랑스·중국 등 전승국을 포함하여 선진국들조차 미국의 원조를 받지 않은 나라가 거의 없었던 역사적 사실이 이를 입증한다.

그러나 미국의 주도권은 1950년대를 정점으로 하여 흔들리기 시작하였다. 공산권과 대결함에 있어서 미국이 져야 하는 정치·경제·군사면의 부담은 미국경제가 감당하기에는 너무나 벅찬 것이었다. 그리하여 1960년대 이후 미국경제는 성장률 감퇴, 경쟁력 약화, 재정과 국제수지의 적자누적 등의 어려움을 겪으면서 영향력이 위축되는 경향을 보였다. 그러나 1990년을 전후하여 소련이 해체되고 냉전체제가 종식되면서 개방시대가 열리게 되었고 때마침 디지탈과 인터넷의 정보통신 혁명이 일어나면서 미국은 그 집중적인 수혜자가 되었다. 그리하여 미국의 영향력은 다시 커지게 되었는데 이러한 20세기의 미국주도시대를 **팍스 아메리카나**(Pax Americana)라고 부른다.

그러면 21세기의 세계경제주도권은 어떻게 될 것인가. 아놀드 토인비(Arnold Toynbee, 1852~1983)의 조카이며 영국이 낳은 세기적 사가인 아놀드 조셉 토인비(A. J. Toynbee)는 **아시아태평양 주도**시대의 도래를 예고한 바 있는데 20세기 후반의 세계경제는 그러한 방향으로 가고 있었다.

제 2 차 세계대전에서의 패전국인 일본은 전후 급속한 성장을 계속하여 차츰 미국경제에 대한 강력한 경쟁자로 부상하기에 이르렀다. 20세기 후반에 걸쳐 일본경제는 미국과는 달리 고성장·고저축·고투자와 국제수지의 흑자기조를 지속시켰으며, 그 결과로 일본경제는 이미 1970년대에 철강 등 중화학공업에서 미국을 앞지르고 1990년을 전후해서는 일부 첨단산업과 우주항공 등 몇 가지 부문을 제외한 거의 모든 산업의 생산성이 미국을 앞지르게 되었다. 그리하여 1965년만 하더라도 미국의 7분의 1밖에 안 되었던 일본의 GNP규모가 2000년에는 절반 수준으로 따라잡았고 1960년에 미국의 6분의 1에 불과하던 일본의 1인당 소득이 2000년에는 미국을 오히려 앞지르게 되었다.

여기에 한국·대만·홍콩·싱가포르 등 이른바 신흥공업국들의 급격한 성장이 가세되었다. 이들 지역은 20세기 후반의 세계경제에서 최대의 활력과 성장력을 과시하였다. 그리고 광범한 시장을 배경으로 하는 중국과 태국도 21세기에는 도약할 수 있는 잠재력을 가지고 있다.

그러면 태평양연안 아시아국들의 경제력이 어떻게 변모하고 있는가를 보기로 하자. 아태지역국으로 한국·대만·홍콩·싱가포르 등 4개 신흥공업국, 인도네시아·말레이시아·필리핀·태국 등 아세안(ASEAN) 4개국, 그리고 일본과 중국 등 10개국을 포함하여 보면 이들 지역은 1965년 이후 30년간 경제성장률이나 무역신장률이 모두 북미나 유럽에 비하여 두 배나 높았으며 이에 따라 세계총생산에서 이 지역이 차지하는 비중도 1965년의 10%에서 2000년에는 20% 수준으로 증가하였다.

그러나 1990년대에 들어서서 이러한 추세에 변화가 일어났다. 1990년을 전후하여 소련이 해체되고 동구권이 무너지면서 세계경제는 시장경제로 통합되었다. 이에 따라 세계질서는 보호시대에서 개방시대로 이행하게 되었는데 특히 자본시장의 개방은 금융시장이 취약한 아시아 지역에 금융위기를 유발하게 되었다. 오랜 동안 연고주의(緣故主義)의 아시아적 가치관과 보호주의적인 관행에 젖어 온 아태지역은 개방질서의 집중적 피해자였으며 보편주의 가치관과 개방체제 속에서 경쟁력 면에서 절대우위를 누려온 미국은 개방질서의 최대 수혜자였다. 그리고 그 중간에 위치한 유럽은 유럽연합(EU)으로 뭉치는 데 성공하여 그 국제적 위상을 높일 수 있었다. 그리하여 20세기 말에 밀어닥친 개방의 물결은 아태지역에는 위기, 미국에는 호기, 그리고 유럽에는 재기의 계기가 되어 국제경제의 세력분포는 다시 짜여지고 있는 것이다. 참고로 1997년 현재 세계소득의 분포를 보면 북미와 유럽이 각각 32.0%, 아시아 28.0%, 남미 5.5%, 대양주 1.6% 그리고 아프리카 1.0%이다.

이와 같이 아태지역의 상승세가 꺾이게 되면서 21세기의 중심지가 어디가 될 것인가 하는 문제는 다시 혼미한 원점으로 돌아갔다. 미국주도시대가 계속된다고 보는 사람도 있고 서로(Lester Thurow)처럼 유럽주도시대로 되돌아간다고 보는 사람도 있다. 그러나 아태지역이 역동적인 성장세를 회복하여 21세기의 중심지가 되는 아태주도시대를 열게 될 가능성은 아직도 많다. 그 가능성이 실현될 수 있느냐 하는 문제는 이 지역이 연고주의의 배타적 가치관과 보호주의적 비능률에서 탈피하여 절대우위의 경쟁력을 갖는 체제로 구조조정을 얼마만큼 성공적으로 할 수 있느냐에 달려 있다 할 것이다.

4-3 경제발전의 역사적 교훈

권력이 10년을 가지 못한다는 말이 있다. 재산이나 인물이 3대를 가지 못한다는 말도 있다. 흥망성쇠가 이처럼 무상하게 일어나고 있다는 뜻이다. 그런데 이와 같은 무상한 변화가 경제발전에도 있다는 것을 역사가 교훈하고 있다.

우리는 이미 세계경제의 중심지가 여기저기 옮겨 왔다는 사실을 앞에서 보았다. 언뜻 생각하기에는 역사가 길고 옛날에 큰 문명을 이룩한 나라일수록 경제가 더 발전되어야 할 것같은데 실상은 그렇지 않다. 중국·인도·이집트가 그렇고 한국도 그러한 범주에 들어갈 것이다. 반면에 오늘날 고소득을 누리고 있는 미국이나 캐나다·호주 등은 그 역사가 2백 년 내외에 불과하다.

포르투갈은 지금으로부터 3백 년 전만 하더라도 세계를 호령하던 중심국이었다. 이들은 브라질에 식민지를 개척하고 마카오에 아시아의 전진기지를 구축한 바 있다. 그러한 나라가 3백 년이 지난 20세기 후반에 와서는 1인당 소득이 한국에게도 추월당하게 된 것이다.

미국과 프랑스를 비교해 보자. 미국이 근대화를 막 시작하려고 할 무렵이었던 1830년대에 미국의 인구는 프랑스의 절반이었고 총생산은 비등하였다. 그러던 것이 170년 뒤인 2000년의 미국은 프랑스보다 인구는 5배, 총생산은 6배에 이르게 되었다.

이와 같은 경제발전에 있어서의 위상변화(位相變化)는 매우 짧은 시간에서도 얼마든지 일어날 수 있다는 것을 [표 1-2]에서 볼 수 있다. 이 표는 1960년 이후의 불과 35년 동안에 몇 나라의 1인당 소득이 어떻게 달라졌는가를 보여 준다.

[표 1-2] 1인당 GNP 비교 (단위: 경상가격 미 달러)

	1960	1995
일 본	460	39,640
아르헨티나	620	8,030
한 국	80	10,823
인 도	75	340
인도네시아	77	980
파키스탄	80	460

자료: 「국제통계연감」, 1999년판.

먼저 일본과 아르헨티나를 비교해 보자. 1960년대의 아르헨티나는 1인당 소득이 일본보다도 앞서 있었다. 그도 그럴 것이 20세기 전반까지도 아르헨티나는 선진국대열에 끼어 있었으며 수도 부에노스아이레스에는 1910년에 지하철이 건설된 바 있었다. 그런데 불과 35년 뒤 일본의 1인당 소득은 아르헨티나의 거의 5배에 이르게 된 것이다.

한국과 인도·인도네시아·파키스탄의 비교에서도 유사한 것을 찾아볼 수 있다. 이들 네 나라의 1인당 소득은 1960년에 같은 수준이었지만 35년 뒤에는 엄청난 차이로 나타났다. 이 얼마나 무서운 변화인가. 우리는 이와 같은 역사적인 사례를 놓고 볼 때 경제개발을 이끌어가는 정부와 국민들의 역사적 책임이 얼마나 큰가 하는 역사적 교훈을 얻게 된다. 여기서는 한국과 일본을 성공한 사례로 하고 다른 나라들을 실패한 사례로 하였지만 역사의 진행에 따라 이러한 관계는 어느 때 어디에서나 역전될 수 있다는 것을 명심해야 한다.

제 2 장

경제체제와 발전이론

1. 자본주의 발전이론
2. 사회주의 발전이론
3. 종속이론

제 2 장

경제체제와 발전이론

1. 자본주의 발전이론

1-1 자본주의 경제체제

역사의 긴 눈으로 보면 경제성장의 대장정(大長征)은 자본주의의 생성으로부터 시작되었다. 경제성장의 역사가 18세기 후반 영국의 산업혁명으로부터 시작되었다는 것은 앞에서 지적한 바 있다. 그런데 그 성장의 역사가 바로 자본주의의 출현으로부터 시작된 것이다. 그래서 자본주의의 역사는 2백여 년밖에 안 되지만 이 기간중에 이룩한 변화는 생산과 소비, 인구증가, 의식구조와 생활양식, 그리고 인간지식과 기술면에서 실로 엄청난 것이었으며 수많은 비판과 도전 속에서 그 스스로의 변화와 자기적응을 거듭하면서 오늘에 이르고 있다.

그러면 **자본주의체제**란 어떤 것인가. 농경중심의 중세 봉건사회(封建社會)를 무너뜨리고 근대화를 추진한 자본주의경제는 인간의 본능과 관련된 다음과 같은 세 가지의 기본틀에 입각하고 있다.

첫째로, **사유재산제도**이다. 소유의 개념에는 법률상 소유권의 최종적인 귀속을 나타내는 **법률상 소유자**(de jure owner)와 재산을 관리·점유·이용하여 재산에 대한 사실상의 지배권을 행사하는 **사실상의 소유자**(de facto owner)가 있다. 한편 소유를 주체별로 보면 사유·공유·국유 등으로 나누어진다. 자본주의경제에서는 개인이 법률상의 소유자일 뿐 아니라 사실상의 소유자가 되는 것이 허용되며, 또 이것이 지배적인 소유형태가 된다. 이것은 법률상소유는 국유나 공유에 한정하고 개인은 사실상의 소유만을 허용하는 사회주의체제와 대조된다.

인간의 소유욕구는 하나의 본능이며 이 욕구는 축적에 대한 욕구와 직결되는 것이다. 그래서 재산을 소유하고 이것을 축적해서 자기의 지위를 향상시킨다는 이 욕구는 자본주의경제가 강력한 성취동기와 활력을 가지게 되는 근본 바탕이라고 볼 수 있다.

그러나 재산의 소유가 당대에 그치지 않고 상속(相續)을 통해서 자녀들에게 불로소득이 주어지는 문제는 부작용이라 할 수 있다. 그래서 많은 나라들이 고율의 상속세부과 등, 이로 인한 폐해를 줄이기 위한 노력을 기울이고 있는 것이다.

다음으로는 **영리주의**이다. 모든 경제주체들은 자기의 이익을 위해서 활동하며 경제행위의 본질은 영리추구에 있다. 모든 사람들은 하나의 본능으로서 자기보존욕구(自己保存欲求)와 자기향상욕구를 가지고 있으며 여기서 개인주의와 축적욕구가 생긴다. 자본주의에서 사회의 기본단위는 전체나 집단이 아니라 개체이며 기본적으로 전체는 개체의 총합이라는 시각에서 있다. 따라서 개개인이 영리추구를 통해서 부(富)를 극대화하면 이것이 사회 전체의 부를 극대화하는 것이라고 이해한다.

자본주의경제가 강력한 발전유인(發展誘因)과 활력을 가짐에 있어서 사유재산제도가 그 바탕이라고 한다면 영리주의는 그 동기를 제공한다고 볼 수 있다.

셋째로는 **경제자유주의**이다. 중세봉건사회로부터 자본주의경제가 이룩한 가장 큰 혁신은 신분·경제·정치 등 모든 면에서 구속과 속박으로부터 해방된 것이다. 신분차별의 철폐, 직업선택의 자유, 자유기업주의, 노동·거주·계약의 자유 등이 자본주의와 더불어 비로소 보장된 것이다. 그리하여 자본주의체제에서 모든 사람들은 개개인이 대등한 자격을 가진 독립된 경제주체로서 경쟁에 참여하게 된다. 따라서 능률에 의해서만 차별되고 승부가 가려지는 것이다. 그래서 자본주의체제는 개인주의와 자유경쟁을 기본질서로 하는 것이다. 이러한 구속으로부터의 해방 그리고 적자생존의 자유경쟁 질서가 곧 자본주의로 하여금 역사적으로 성장의 역사를 열게 한 근본동인(根本動因)이었다고 볼 수 있다.

이상 세 가지의 요인들은 큰 흐름으로 볼 때 서로 연결된 하나의 고리이며, 그 고리는 인간의 본능적 욕구와 잠재력, 그리고 개성과 창의를 최대한으로 발휘할 수 있도록 속박을 풀고 걸림돌을 제거하는 것이다. 그러면 이러한 자본주의체제의 경제발전관은 어떤 특징을 가지는가.

① **시장가격기능**에 의해서 모든 자원의 분배가 이루어진다는 점이다. 다시 말하면 무엇을 어떻게 얼마를 생산할 것인가. 무엇을 어디에 얼마만큼 소비할 것인가를 결정토록 하는 것이 시장가격이다. 모든 자원이 시장가격에 의해서 배분된다는 것은 모든 경제자원이 극대효률을 보장하도록 배분된다는 것을 뜻하는 것으로서 매우 중요한 의미가 있다.

우선 가격의 자원배분기능부터 생각해 보기로 하자. 가령 한 사회에 쌀 10가마니가 있다고 하자. 이 쌀을 어떻게 배분하는 것이 그 사회의 만족을 극대화하는가. 그것은 이 쌀을 배가 고픈 순서대로 할당하는 것이다. 그런데 누가 더 배가 고픈지 측정할 방법이 문제인데, 이것이 바로 가격이라는 것이다. 더 배고픈 사람은 쌀값이 비싸더라도 사먹고, 배가 부른 사람은 쌀값이 싸더라도 쌀을 사지 않고 구두나 양복을 살 것이기 때문이다. 그래서 시장 쌀값이 한 가마니에 100원이라 한다면 쌀 살 사람을 배고픈 순서로 세울 때 그 사회가 가지고 있는 전체 쌀의 물량이 쌀 한 가마니에 100원을 내고도 살만한 정도로 배고픈 사람에게까지 할당이 된다는 뜻인 것이다. 그런데 쌀이 공짜라면 어떻게 될까. 쌀을 공기처럼 생각할 것이다. 사료로도 쓰일 것이고 나무거름으로도 쓰일 것이니 그 낭비가 어떻겠는가. 그리고 공짜인 쌀을 누가 생산하겠는가. 그래서 쌀 한 가마니 값이 100원이라는 것은 쌀을 소비하겠다는 사람과 생산하겠다는 사람의 힘이 100원에서 균형을 이룬다는 뜻이다.

이러한 이치는 쌀값뿐 아니라 전기료·극장입장료·고속도로 통행료 등 모든 물가에 대해서 마찬가지인 것이다. 앞서 말한 바와 같이 시장가격은 소비자와 생산자간의 자유경쟁을 통해서 결국 소비자의 욕망(한계효용)과 생산자의 비용(한계생산비)이 일치하는 선에서 결정되기 때문에 경제의 극대효율을 보장할 수 있는 것이다. 그런데 여기에 한 가지 문제가 있다는 것을 유의하여야 한다. 배가 고프고 쌀값이 싸더라도 사먹을 돈이 없으면 쌀은 살 수가 없다. 따라서 가격에 의한 자원배분이 사회적인 극대효율을 완벽하게 보장하려면 소득분배가 중립성을 유지하도록 균등하여야 한다. 이런 점에서 자본주의 체제에서 소득분배의 균등을 위한 노력은 가격기능에 의한 자원배분의 효율성을 보장하기 위해서도 필요한 것이다.

② 다음으로 자본주의적인 경제발전은 개방체제를 지향한다. 자본주의 경제라 하더라도 발전단계에 따라, 또는 역사적 환경에 따라 개방의 정도에는 차이가 있지만 기본적으로 자본주의경제에 있어서 외국시장은 국내시장과 연결될 수밖에 없으며 무역은 경제발전에 있어서 중요한 역할을 수행하게 된다. 사회주의경제에서도 무역이 있지만 이것은 시장경제에서처럼 비교생산비(比較生產費)에 의한 국제분업을 전제로 하는 것이 아닌 것이다.

자본주의경제는 개방체제 속에서 경제를 개발하기 때문에 상품뿐 아니라 자본과 기술의 도입도 가능하며 국내시장이 부족할 때에는 해외시장에서 이 부족을 보완할 수 있게 된다. 그렇기 때문에 고성장이 가능하다는 점, 국민생활을 어느 수준 보장하면서 경제개발을 추진 할 수 있다는 점, 산업구조를 비교우위에 맞추어 합리화할 수 있다는 장점이 있다. 반면 국내산업이 해외 자본에 의해서 지배되거나 비교열위에 있는 국내생산이 피해를 입게 되는 부작용이 따른다. 그래서 각국은 이를 감안하여 발전단계별로 자유개방에 제한을 두고 있는 것이 현실이다.

③ 끝으로, 민간주도의 **분권적 개발**(分權的 開發)을 지향한다. 투자의 중심주체는 민간기업이며 투자자금은 주로 민간의 자발적 저축에 의해서 조달된다. 기업가로 하여금 어떤 공장을 지어서 무엇을 생산할 것인가를 지시하는 것은 소비자이다. 미제스(Ludwig von Mises, 1881~1973)는 소비자에게 좋은 질의 제품을 값싸게 제공하여 소비대중의 욕구를 충족시키는 데 성공하는 사람만이 부를 얻을 수 있으며 그렇지 못하면 실패하는 것이 자본주의라고 말하고, 이런 점에서 기업가가 거둬들이는 한푼 한푼의 돈은 말하자면 소비자들로부터 얻은 투표와 같은 것 이라고 지적한다.[1] 이 말을 뒤집어보면 정부의 역할이 소극적이라는 것을 뜻한다. 경제개발에 있어서 정부는 계획을 수립하고 여러 가지 경제정책을 통해서 경제를 조정하는 기능을 수행하지만 이는 어디까지나 후선적인 역할에 불과하다. 그래서 경제에 있어서 최종적인 의사결정도 개개의 개인·가계·기업 등 경제단위에 의해서 이루어진다. 이런 점에서 자본주의경제의 의사결정은 분권적이며 **중앙계획기구**에 의해서 의사결정이 이루어지는 사회주의와 다르다.

지금까지 자본주의적 경제체제와 발전관에 대해서 언급하였다. 자본주의적인 경제발전은 개인의 창의를 높이고 발전의 동기와 유인이 강하여 능률적이고 활력 있는 경제발전이 가능할 뿐 아니라 국민의 생활수준을 높이는 데 적합하다는 장점이 있다. 그러나 개체들의 능력차 때문에 불평등이 확대되기 쉽고 축적을 위한 자유경쟁의 결과로 수단방법을 경시하여 도덕성이 손상될 위험이 크다는 단점이 있다.

능률과 평등이 우리가 추구하는 두 개의 목표라 한다면 자본주의적 발전은 전자에, 그리고 사회주의적 발전은 후자에 각각 초점을 맞추고 있다고 볼 수 있다.

---

1) Ludwig Edler von Mises, *The Anti-Capitalistic Mentality*, Libertarian Press, Illinois, 1972, chapter 1.

1-2 시장기능의 한계

자본주의 경제는 시장기능에 의해서 작동한다는 것을 앞에서 지적하였다. 따라서 자본주의 경제가 얼마나 능률적으로 작동할 수 있느냐 하는 것은 시장기능이 얼마나 효율적으로 움직이느냐 하는 데 달려있는 것이다. 그런데 선진국 경제는 모든 바탕이 갖추어져 있기 때문에 시장기능도 정상적으로 작동하지만 후진국일수록 시장기능은 비정상적이고 비능률적으로 움직이는 경향이 있다. 후진국일수록 경제개발을 시장기능에만 맡겨서는 안 되며 따라서 정부가 적극적으로 개입해야 한다는 주장이 설득력을 갖는 것이다. 그러면 후진국일수록 시장기능은 어떤 문제점을 지니고 있는가.

① 가격기능 자체가 제대로 작동하지 않는 일이 많다. 이는 곧 시장실패의 경우이다. 예컨대 생산요소 시장에서는 완전고용을 전제로 하여 노동의 한계생산력(限界生産力)만큼 임금이 지불된다는 극대효율의 조건이 성립하는 것인데 대량의 구조적 실업상태에 있는 후진국의 경우에는 이 조건이 성립될 수 없고 임금이 한계생산력보다 낮게 생존수준에서 지급되는 임금착취가 있게 되는 것이다. 또 생산시장에서는 완전경쟁을 전제로 하여 한계생산비와 판매가격이 같게 된다는 것인데 독과점이 있게 되면 한계생산비보다 더 비싼 값에 팔게 되는 것이다. 그리고 생산요소나 자원이 원활하게 이동하는 자원의 가동성이 없는 경우에도 가격기능은 제대로 작동하지 않는다. 예컨대 어떤 상품의 값이 올랐다면 그 상품이 부족하다는 뜻이고 그러므로 그 상품 생산을 늘리기 위해 자본과 노동과 같은 자원이 흘러 들어오라는 것인데 자본이나 생산기술이 없는 나라에서는 그러한 기능이 작동하지 않는 것이다.

② 가격기능이 제대로 작동하더라도 거기서 나오는 신호(信號)가 그릇된 방향으로 나오는 일이 많다. 예컨대 어떤 산업의 이윤이 높다면 이것은 그 산업에 투자할 필요성이 그만큼 높다는 신호이다. 그런데 후진국일수록 밀수나 마약 또는 유흥업이나 사치성 소비재와

같이 우선순위가 낮은 산업의 이윤율이 높은 경향이 있는데 이러한 분야에 대한 투자를 더 늘려야 할 것인가 하는 문제이다. 이러한 문제는 외부경제와 외부비경제가 존재하는 경우 그리고 개인적 가치와 사회적 가치의 괴리가 큰 경우에 흔히 나타난다. 그리고 이러한 문제는 후진국일수록 더 심각한 문제로 제기되고 있다.

③ 가격기능은 한계변화, 즉 점진적 변화를 유발하는 것인데 이것으로는 급진적이고 구조적인 변화를 필요로 하는 후진국의 발전욕구를 충족시킬 수 없다는 것이다. 예컨대 소작농을 없애려 한다고 치자. 이것을 가격기능에 맡긴다면 소작농의 소득을 높게 하여 그들이 지주로부터 땅을 사도록 하는 것인데 이것은 오랜 시간이 필요할 뿐 아니라 실현이 불가능할 가능성이 많다. 우리 나라에서 1950년에 단행한 농지개혁은 그러한 가격기능의 한계를 극복하기 위한 조치였다고 볼 수 있다. 후진국에서 흔히 볼 수 있는 화폐개혁이나 토지개혁과 같은 각종 개혁조치 그리고 1972년에 우리 나라에서 있었던 사채동결조치(私債凍結措置) 등이 모두 이러한 범주에 드는 것이다.

④ 시장기능은 개개인의 개인적 선택에 의하여 작동하는 것인데 후진국일수록 개인적으로보다는 집단적으로 해결해야 할 일이 많다. 교육·의료·환경·교통·주택과 같은 경우가 그 예라 하겠는데, 그래서 그러한 분야에 대해서는 정부의 적극적인 개입을 필요로 하는 것이다. 그리고 시장기능이 추구하는 목표는 경제효율인데 사회가 추구하는 목표에는 사회질서·도덕성·사회정의 등과 같이 경제효율 이외의 목표들이 많이 있다. 이러한 사회목표들의 실현을 위해서는 가격기능에 어긋나는 정책수단을 선택할 수 있는 것이다. 예컨대 교통질서를 바로 잡기 위해 자동차의 운행을 번호판의 홀수와 짝수로 나누어 격일제로 운행토록 한다든가, 또는 효도정신을 높이기 위해 노부모를 모신 가정에 주택구입에 있어서의 우선권을 주도록 한다든가 하는 경우이다.

이상 후진국의 개발문제를 가격기능에만 맡길 수 없는 여러 가지 이

유를 설명하였다. 그런데 이 문제는 곧 후진국개발문제에 있어서 현대경제학이 갖는 한계를 말하는 것이다. 왜냐하면 현대경제학은 가격기능이 정상적으로 작동하는 경제, 즉 선진경제를 설명하는 경제학이기 때문이다. 다시 말하면 우리가 지금 배우고 있는 현대경제학은 한계변화를 추구하는 선진경제의 **경제성장이론**(Growth Theory)으로서는 설명력이 크지만 구조적 변화를 내용으로 하는 후진경제의 **경제개발이론**(Development Theory)으로서는 많은 제약이 있다는 것이다. 그리하여 시어스(D. Seers)는 사무엘슨(Paul A. Samuelson)이 지은 「경제학」(*Economics*)이라는 경제원론의 이름은 잘못 붙여진 것이며 "20세기 미국의 경제학"이라고 고쳐야 옳다고 주장한다.[2] 현대경제학은 어떤 시점에 있어서 하나의 특수한 경제를 설명할 수 있을 뿐이지 모든 나라에 일반적인 설명력을 갖는 것은 아니라는 것이다.

한편 민트(H. Myint)와 라이벤스타인(H. Leibenstein)도 후진국에 있어서는 가격기구의 기능을 제한된 범위에서 받아들여야 하며 후진국경제에는 어떤 일반적인 경제이론을 적용시키려고 할 것이 아니라 개개의 후진국을 하나의 표본으로 취급하여 그에 맞는 이론을 개발해야 된다고 주장한다.[3] 특히 민트는 후진국에 있어서 시장기능의 한계성으로서 과잉 인구로 인한 구조적 실업, 자원의 비가동성과 불완전한 지식, 현대경제학은 한계변화를 추구하지만 오늘날 후진국은 구조적 변화를 필요로 한다는 점 등을 강조하고 후진국개발에 있어서 경제이론이 실패하는 경우로서 두 가지를 들고 있다. 그 하나는 특수한 사례에 불과한 선진국의 경제이론을 후진국 일반에게 적용하려 드는 경우이며 그 다른 하나는 특정 후진국의 특수한 경우를 후진국 일반에게 적용하려는 것이라고 한다.

지금까지 가격기능이나 현대경제학의 이론을 후진국의 경제개발문제에 적용하는 데 있어서는 많은 제약이 있다는 것을 설명하였다. 그러나 이것은 가격기능이나 현대경제학의 적용을 부정해야 한다는 뜻이 아니다. 그

2) D. Seers, "The Limitation of the Special Case," *Institute of Economics and Statistics*, Oxford, May 1963.

3) H. Leibenstein, "What Can We Expect from a Theory of Development," *Kyklos*, 1966; H. Myint, "Economic Theory and The Underdeveloped Countries," *Journal of Political Economy*, October 1965.

한계를 알고 현실에 맞게 선택하고 보완해서 써야 한다는 뜻이다.

2. 사회주의 발전이론

2-1 마르크스의 발전관

한 사람의 학문적 일생이 마르크스(Karl Heinrich Marx, 1818~1883)만큼 사회에 큰 영향과 충격을 준 사례를 찾아보기 어렵다. 오늘날의 **사회주의경제**가 그의 주장을 원형대로 따르고 있다고 보기는 어렵지만 마르크스주의가 사회주의경제를 태동시키고 사회주의경제의 철학과 골격을 제공하였다는 사실은 부인할 수 없다.[4)]

마르크스의 사상은 헤겔(Georg Wilhelm Friedrich Hegel, 1770~1831)의 변증법적 역사발전관, 리카도(David Ricardo, 1772~1823)의 노동가치설, 영국과 프랑스의 공상적 사회주의, 그리고 그의 평등주의와 휴머니즘 등의 영향과 결합으로 엮어진 것이라 할 수 있다. 이 가운데서도 **헤겔의 변증법**(Dialectics)은 마르크스체계에 가장 큰 영향을 미쳤다.

헤겔에 의하면 역사발전은 현존하는 존재와 이에 대항해서 새로 출현하는 부정세력간의 끊임없는 투쟁으로 엮어진다고 본다. 예컨대 어떤 체제나 제도 또는 어떤 현상이 있다고 하자. 이 존재를 **정제**(Thesis)라 한다. 그런데 시간이 지나고 환경이 바뀜에 따라 이 존재는 차츰 불편하고 환경에 맞지 않는 부분들이 생겨난다. 그렇게 되면 이 존재를 반대하는 부정세력이 생겨난다. 이 부정세력을 **반제**(Antithesis)라 한다.

이 두 세력은 대립과 대화와 투쟁을 계속한다. 부정세력은 처음에는

4) 마르크스 이론에 대해서는 그의 자본론 이외에 아래 문헌을 참조. Sidney Hook, *From Hegel to Marx*, University of Michigan Press; Ernest Mandel, *Marxist Economic Theory*, Monthly Review Press, New York, 1968; Alfred G. Mayer, *Marxism*, Harvard University Press, 1970; Eric Roll, *History of Economic Thought*, Faber and Faber, Ltd.

기존체제 내에 매우 작은 세력으로 잠재해 있다가 차츰 기존체제로부터 분리되고 세력을 키워 간다. 이러한 투쟁을 통해서 이 두 개의 존재는 새로운 하나의 존재를 낳게 되는데 이것을 **합성**(Synthesis)이라 한다. 이 합성과정은 하나가 다른 것을 배제하며, 뭔가 새로운 것이 출현하며, 새로운 것은 구조변화, 즉 질의 변화를 수반한다는 것이다. 이것이 흔히 말하는 정 · 반 · 합의 변증법이다.

이와 같은 헤겔의 사상을 이어받고 발전시켜 이룩한 마르크스의 발전사상체계는 큰 흐름에서 볼 때 다음과 같은 세 가지 부문으로 나누어 설명할 수 있다.

① **유물사관**과 이를 바탕으로 한 그의 계급투쟁론이다. 헤겔은 사람의 주관적 인식, 즉 정신적 요인이 변화를 주도하는 실상(實像)이고 객관적 현상, 즉 물질적 요인은 추상에 불과하다고 생각하였으며 이런 점에서 그의 사상은 유심사관(唯心史觀) 또는 유심변증법이라 할 수 있다. 그런데 마르크스는 역사의 변화를 주도하는 것은 정신이 아니라 물질이며 주관적 인식이 아니라 객관적 환경이라고 생각하였다. 그리고 이러한 그의 유물사관을 헤겔의 변증법에 접목시켜 그의 유물변증법을 발전시켰다. 유물사관에 의한 그의 변증법적인 역사발전관은 결국 계급투쟁으로 귀결된다. 존재와 부정, 즉 정과 반의 싸움은 정신의 싸움이 아니라 물질적 이해의 싸움이며 이것이 곧 계급투쟁이라는 것이다. 그리고 계급투쟁에 의하여 정과 반의 합성으로 이끌어지는 사회발전은 보다 생산적인 결과를 낳고 질과 양의 변화를 수반한다는 것이다. 그에 따르면 역사의 객체(客體)는 사회적 물질환경이고 주체는 계급이다. 객체가 변하면 마땅히 주체도 따라 변화해야 하므로 사회계급은 사회환경, 즉 경제체제에 따라 변화해야 한다는 것이다. 이러한 시각에서 자본주의체제를 자본가계급과 노동자계급의 투쟁으로 규정하고 결국 노동자계급이 주도하는 합성이 이루어진다고 보았던 것이다. 이러한 그의 사관에 따라서 그는 역사발전이 **원시공산사회 · 노예사회 · 봉건사회 · 자본주의사회 · 사회주의사회 · 공산주의사회**로 이행되어 간다고 주

장한다.

② 다음으로 그의 노동가치설과 여기서 도출된 **잉여가치론**(剩餘價値論)이다. 그는 리카도로부터 노동가치설을 물려받아 생산은 노동이라는 단일생산요소에 의해서 이루어진다고 생각한다. 그래서 생산을 Y, 노동을 L이라 하면 그의 생산함수는 $Y=f(L)$로 표시될 수 있다. 따라서 노동만이 소득을 분배받을 자격이 있으며 토지나 자본에 대한 소득분배, 즉 이윤·지대·이자 등은 모두 자본가가 차지하는 잉여가치로서 결국 노동에 대한 착취라고 여기는 것이다. 이러한 잉여가치가 생길 수 있는 것은 노동의 생산성이 노동재생산비(勞動再生産費), 즉 지불노임을 초과하기 때문이다. 노동의 사용가치는 노동생산성이며 노동의 교환가치는 노동의 재생산비인데 이 교환가치는 시장수급에서 결정되는 임금이다. 그런데 자본가는 노동자로부터 노동의 사용가치를 사면서 교환가치(交換價値)를 지불하기 때문에 잉여가치가 생긴다는 것이다.

③ 끝으로, 자본주의 발전의 결과 자본주의 체제는 붕괴되고 사회주의로 이행하게 된다는 것이다. 그는 노동비용을 가변자본(可變資本), 노동 이외의 모든 비용을 불변자본이라 하고 가변자본만이 소득산출 능력을 가진다고 하였다. 그런데 자본이 계속 축적될 뿐 아니라 자본가는 잉여가치를 극대화하기 위해서 노동생산성을 되도록 높이려고 하기 때문에 총자본 가운데 불변자본의 비율을 계속 높이게 되어 **자본의 유기적 구성**(有機的 構成)이 상승한다. 자본의 유기적 구성이란 불변자본(C)과 가변자본(V)의 비율, 즉 C/V 또는 불변자본과 총자본의 비율 $C/(C+V)$로 표시될 수 있다. 자본의 유기적 구성이 계속 높아지면 (i) 이윤율이 계속 하락하여 투자가 줄고 자본주의경제의 활력이 죽어버리고,[5] (ii) 자본집약적 생산으로 인하

---

5) 이윤율은 r, 잉여가치를 s, 불변자본을 c, 가변자본을 v라 하면

$$r=\frac{s}{c+v}=\frac{s}{v}\cdot\frac{v}{c+v}$$

즉 이윤율은 잉여가치율에 자본의 유기적 구성의 역수를 곱한 것과 같다. 이 식에서 자본의 유기적 구성과 이윤율은 역상관의 관계에 있음을 알 수 있다.

여 산업예비군(産業豫備軍), 즉 실업이 증대하며, (iii) 과소소비와 수요부족으로 확대재생산이 제동된다는 것이다. 그래서 결국 자본주의경제는 발전할수록 노동자는 더욱 빈곤해지고 실업문제는 더욱 심각해지며 투자의욕은 꺾여서 결국 사회주의화할 수밖에 없다는 것이 그의 변증법적인 결론이다. 특히 유의할 것은 이러한 사회주의화는 자본주의가 제대로 발전하지 못한 나라가 아니라 고도로 성숙된 나라에서 일어나게 된다는 점이다.

이상과 같이 요약되는 마르크스의 발전관은 특히 20세기 말 동유럽의 공산권이 무너지면서 역사발전을 설명하는 데 실패한 것으로 평가되고 있다. 그의 이론은 사회현상을 마치 기계 다루듯 경직적이고 획일적으로 전개하였다는 비판을 받고 있다. 예컨대 노동자는 언제나 망치로 일하는 것으로 생각했으며 오늘날 컴퓨터로 일하는 노동자를 생각지 못했던 것이다. 그래서 그는 근로자가 중산층화하는 오늘의 현실을 전연 예기치 못했다. 또한 기술혁신이 이윤율의 하락을 보완해 주는 문제, 자본주의체제 자체가 사회보장제도·누진세제도 등을 통해서 스스로 변화 적응하고 있는 사실 등을 도외시한 것이다.

2-2 사회주의경제의 극대화모형

사회주의경제와 자본주의경제는 각각 어떤 경제효율을 추구하며 이를 만족시키는 조건은 무엇인가, 다시 말하면 무엇을 극대화하려 하며 그러한 극대화조건을 만족시키는 최적생산점은 어떻게 다른가 하는 것을 여기서 알아보기로 한다.

자본주의경제에서는 이윤이 기업가에게 귀속하고 사회주의경제에서는 국가에 귀속하게 되는데 여기서는 국가에 귀속하는 이윤이 궁극적으로 개개인에게 환원된다고 가정한다. 그리고 편의상 가격과 임금은 상수이고 단일생산요소를 가지고 하나의 상품을 생산한다고 가정하자. 총산출액을 Q, 생산요소로서의 노동량을 L이라 하면

$$Q = f(L)$$

자본주의모형에서는 생산의 목적이 이윤이고 따라서 기업가는 이윤극대화가 최적생산의 기준이 된다. 총이윤을 π, 가격을 P, 1인당 임금을 ω라 하면 $\pi = PQ - \omega L$이고 이것을 노동에 대해서 미분하면 경쟁적 시장에서 이윤극대화의 조건은 주지하는 바와 같이 한계생산력(MP)과 임금(ω)이 같은 것이다. 즉 자본주의모형에서는 비용(즉 임금)이 주어져야만 극대효율점이 결정되고 극대효율조건은 한계치에 의해서 결정된다.

그러면 **사회주의모형**은 어떠한가. 사회주의모형에서는 집단 전체로서의 소득극대화가 목적이며 집단소득은 구성원들의 평균소득이 극대화할 때 극대화된다. 따라서 평균생산력(AP)의 극대점([그림 2-1]의 e_1 점)이 사회주의사회의 극대효율점이다.

그러면 이를 좀더 구체적으로 수식화하여 보기로 하자. 구성원들의 소득은 자본주의모형에서의 임금과 집단이 취득한 이윤의 의제적 분배분을 합한 것으로 볼 수 있으므로 1인당 순산출액을 y라 하면

$$y = \omega + \frac{\pi}{L} \qquad \cdots\cdots ①$$

그리고

$$\pi = PQ - \omega L \qquad \cdots\cdots ②$$

②를 ①에 대입하고 이를 노동에 대해서 미분하여 1인당 소득의 극대조건을 도출하면 극대효율조건은 한계생산과 평균생산이 같은 것, 즉 $MP = AP$이다.[6] 이 조건은 평균생산이 극대화되는 점에서만 충족되는 것이므로

6) 미분과정은 다음과 같다. ②를 ①에 대입하면 $y = P \cdot \left(\frac{Q}{L}\right)$이고 이것을 미분하면 P는 상수이므로

$$\frac{dy}{dL} = P\left[\frac{L\left(\frac{dQ}{dL}\right) - Q}{L^2}\right] = \frac{P}{L}\left(\frac{dQ}{dL} - \frac{Q}{L}\right) = 0$$

그러므로 극대조건은 $\frac{dQ}{dL} = \frac{Q}{L}$

사회주의모형이 이상(理想)으로 하는 최적생산조건은 평균생산력의 극대점이다. 이것을 [그림 2-1]에서 보면 e_2점은 자본주의모형의 극대효율점이며 e_1점은 사회주의모형의 극대효율점을 각각 나타낸다. 이 그림에서 AP는 노동의 평균생산력선, MP는 한계생산력선이다. 이러한 비교분석을 통하여 두 체제의 경제모형은 경제효율을 추구하는 데 있어서 다음과 같은 점에서 다르다고 요약할 수 있다.

① **자본주의모형**은 $MP=\omega$라는 조건에서 한계치에 의해 극대효율점이 결정된다. 그러므로 생산함수(생산성)와 비용함수(임금)가 있어야 극대효율점이 찾아진다. 이와는 달리 사회주의모형에서는 극대효율조건이 평균생산력의 극대점에서 결정되며 따라서 임금수준이 없어도 생산함수 하나만으로 극대효율조건이 성립한다. 다시 말하면 사회주의 체제에서는 산출이 문제이지 생산비(임금수준)는 따질 필요가 없다.

② 자본주의모형은 축적극대화모형(蓄積極大化模型)인 데 대해서 사회주의모형은 소비극대화모형이라고 할 수 있다. 경제 전체로서의 축적(또는 잉여)은 자본주의적 균형점, 즉 그림의 e_2점에서 극대화된

[그림 2-1] 경제체제와 극대화모형

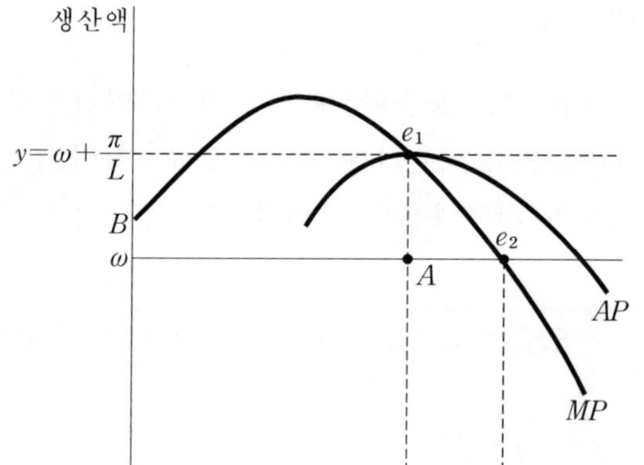

다. 예컨대 생산이 e_2에서 이루어진다고 할 때 총생산은 한계생산의 총합이므로 OBe_2L_2로 둘러싸인 면적이고 지불노임은 $O\omega e_2L_2$의 면적이므로 총생산에서 노임을 뺀 나머지 면적이 잉여(또는 자본가 이윤)에 해당되는 것이다. 여기서는 임금은 전액 소비되고 이윤은 전액 저축된다는 것을 가정하고 있다. 그래서 양체제에서 동일한 수준의 임금(그림에서 ω)을 지급한다면 그림에서 e_2점의 생산에서 나오는 저축은 e_1점의 생산에서 나오는 저축에 비해서 e_1e_2A로 둘러싸인 면적만큼 더 많다. 그러나 1인당 소비를 극대화한다고 하면 e_2보다는 e_1이 1인당 소득이 높기 때문에 소비수준이 더 높다. 이러한 기본적 차이 때문에 자본주의모형에 의한 경제개발이 본질적으로 더 축적지향형이라고 말할 수 있다. 그리고 사회주의모형은 소비극대화를 지향하는 모형이라 할 수 있다. 그러나 현실에 있어서는 성장을 위해서 축적을 크게 빼내야 하는 모순에 당면하기 때문에 사회주의 체제에서는 배급제 등 강력한 강제저축정책을 통해서 국민의 소비수준을 더 낮게 억제하는 자기모순에 빠지게 된다.

③ 사회주의적 개발모형은 자본주의적 개발모형에 비해서 본질적으로 자본집약형이다. 1인당 평균생산액을 더 높이자면 사람을 덜 쓰고 자본은 더 써야 할 것이다. 그림에서 e_1과 e_2를 비교하면 e_1점이 노동력을 덜 쓰게 된다는 것을 알 수 있다. 따라서 생산함수가 같다면 사회주의모형은 자본주의모형보다 고용이 감소하게 되는데 사회주의경제의 여건은 자본부족하의 인구과잉인 경우가 많으므로 이러한 경우에도 더 많은 경제적 비능률이 불가피하다. 예컨대 그림에서 인구가 L_1에 우연히 있게 되면 최적조건이 충족되지만 현실은 그렇지 않다. 대부분의 경우 인구는 L_2 또는 이보다 훨씬 많은데 이들을 모두 강제노동에 의해 완전고용시키게 되므로 실제균형점은 e_1이 되지 않으며 생산성이 이보다 훨씬 낮은 수준에서 고용이 이루어지게 되는 것이다. 여기서도 사회주의 체제의 이상과 현실간의 괴리를 엿볼 수 있다.

④ 끝으로, 사회주의와 자본주의의 두 모형은 자본주의경제에서 이윤이 영(0)이 될 때 극대화조건이 일치한다. 즉 그림에서 기업가의 지불임금이 L_1e_1의 높이만큼 된다면 한계생산력과 임금이 같게 되는 극대조건은 e_1이 될 것이다.

2-3 사회주의 경제발전의 특징

사회주의경제라 하더라도 나라마다 차이가 있다. 보다 철저한 중앙계획경제(中央計劃經濟)를 한 나라도 있고 보다 분권적인 시장경제를 도입한 나라도 있다. 그러나 사유재산제도, 영리주의생산, 자유기업주의가 원칙적으로 허용되지 않는다는 점에서 공통성이 있다. 그러면 사회주의경제에 있어서의 경제발전 방식은 어떤 특징을 가지는가를 간추려 보기로 하자.

① 자원배분이 가격기능 대신 계획기구, 즉 사람의 손에 의해서 이루어진다는 점이다. 그래서 경제개발은 정부주도의 중앙집권적 방식에 의해서 이루어진다. 이러한 개발방식이 명령추종적인 경직성, 형식과 외형위주의 비능률을 결과하는 근본이라는 것은 앞에서도 강조한 바 있다. 이러한 문제점은 생산·소비·경영 등 여러 면에서 찾아볼 수 있다. 시장경제에서는 물자가 부족하면 값이 오르고, 값이 오르면 생산이윤이 높아지고, 이윤이 높아지면 생산이 늘어서 물자 부족 문제를 해결한다. 그런데 이것을 모두 정부행정명령으로 해야 하는 것이다.

어느 회사에서 모든 남녀사원에게 하루 담배 한 갑씩을 급여의 일부로 나누어 준다면 어떻겠는가. 소비면의 비능률이란 바로 이런 것이다. 사회주의경제의 배급제도는 돼지고기를 먹지 못하는 사람에게도 똑같은 배급이 나간다. 능률적인 방식은 그것을 현금으로 주고 소비 선택권을 개인에게 주는 것일 것이다. 경영면에서도 단위기업에서의 생산량을 변동시키고자 하거나 공정을 바꾸고 재료를 증감하고자 할 때마다 중앙계획기구의 허가를 받아야 한다면 그러한 기업에 창의와 능률이 생기기 어렵다.

② 모든 경제활동의 목적은 이기적 영리가 아니라 집단적 봉사라는 점이다. 그래서 자기의 노력과 자기가 받는 대가 사이에 직접적인 연관이 없으며 분리되어 있다. 이렇게 되면 경제행위에 동기가 약할 수밖에 없다. 열심히 일하거나 안 하거나 똑같은 월급을 받는다면 누가 땀흘려 일하려고 할 것인가.

사회주의국가의 상점들이 시간만 되면 일찍 문을 닫고 불친절하며, 고객을 오히려 귀찮게 생각하는 것을 보고 사람들은 놀랄 것이다. 가게마다 손님을 끌려고 과열된 호객행위까지 하는 자본주의사회에 익숙한 사람에게는 이해되지 않는 일이다. 그러나 더 파나 덜 파나 같은 월급을 받는데 어디서 많이 팔려는 동기가 나오겠는가. 그래서 사회주의경제는 전셋집 관리에 비유할 수 있다. 남의 집을 세들어 사는 사람의 집관리는 내집 관리와 같을 수 없는 것이다.

③ 경제발전이 **봉쇄체제**와 소비자희생 위에서 이루어진다는 점이다. 사회주의경제에서 비교우위론에 입각한 무역을 부인하는 것은 가격에 의한 자원배분을 부인하는 것과 같은 맥이다. 외국과의 경제교류가 제한되기 때문에 외국경제에 예속될 위험은 적지만 그 대신 외자도입의 길이 막히고 외환위기의 우려가 많으며 시장과 원자재 부족으로 성장에 제약을 크게 받을 우려가 있다. 한편 국민생활필수품의 수입에 의한 공급의 길이 없고, 외자를 활용할 수 없기 때문에 경제개발을 위해서는 국내 소비대중에 대한 강제저축이 불가피하게 된다. 그리고 수입에 의해서 자본재를 공급할 수 없기 때문에 경제개발은 생산재산업투자에 집중되고 소비재산업은 소홀하게 된다. 그래서 사회주의경제는 결과적으로 소비대중의 희생 위에서 경제개발이 이루어진다고 볼 수 있으며 이것은 소비자후생을 증대시키면서 경제개발이 추진되는 자본주의모형과 크게 다른 점이라 할 것이다.

이상과 같이 사회주의 경제개발의 특징을 요약하고 볼 때 평등을 제1의 가치로 하는 사회주의는 그것을 추구하려는 결과로 경제발전에 있어서의 비능률·경직성·동기취약성·획일성 등 발전추진력을 약화시키는 결정적인 문제점을 내재하고 있는 것이다. 1990년을 전후하여 공산권이 무너진 것은 이러한 체제적인 문제점 때문이라 할 것이다.

3. 종속이론

3-1 확산론과 저개발론

앞에서 우리는 자본주의와 사회주의라는 두 개의 상반되는 경제체제의 경제발전이론이 어떻게 다른가에 대해서 알아보았다. 이와 관련해서 볼 때 **종속이론**(Dependency Theory)은 남미를 중심으로 해서 나온 제3세계 발전이론으로서 특정 경제체제의 문제는 아니라는 것을 유의할 필요가 있다. 여기서 말하는 **제3세계**는 서구 자본주의 선진국을 제1세계, 사회주의국가를 제2세계로 하는 대칭개념으로서 여기에 포함되지 않는 저개발국을 지칭한다.

종속이론(從屬理論)은 오늘날의 자본주의적인 경제발전에 있어서 선진국과 저개발국은 종속관계에 있다는 역사적 인식을 전제하고 있다. 이 관계를 맨 먼저 제기한 사람은 프레비쉬(Raúl Prebisch)로서 종속관계를 **'중심-주변'**(Center-Periphery)의 관계로 설명했으며, 그 뒤 프랭크(André G. Frank)는 **'수도-위성'**(Metropolis-Satellites)의 관계라고 표현하였다.[7]

이러한 인식을 바탕으로 하여 오늘날 개도국들의 저개발에 대한 근본원인은 자본이 부족하다든가 교육이나 기술이 뒤떨어졌다든가 하는 내부요인에 있는 것이 아니라 종속관계에 있는 세계경제구조에 있으며, 이러한

7) 종속이론에 관한 종합적인 이해를 위해서는 아래의 문헌을 참조하고, 특히 칠코트(R. H. Chilcote)의 책을 참조. Ronald H. Chilcote, *Theories of Development and Underdevelopment*, Westview Press, 1984; James D. Cockroft, André Gunder Frank and Dale L, Johnson, *Dependence and Underdevelopment*, Doubleday & Company, Inc., New York, 1972; Henry Bernstein(ed.), *Underdevelopment and Development*, Selected Readings, Penguin Books, 1973; Paul A. Baran, *The Political Economy of Growth*, Monthly Review, Inc., 1957.

세계경제구조는 자본주의적인 발전이 가져온 필연적인 산물이라고 이해하는 것이다. 따라서 제3세계의 경제발전을 위해서는 종속관계의 단절이 선행과제라는 데 귀착하는 것이다.

그래서 종속이론은 역사주의·경험주의·구조주의에 입각하여 정치경제학적인 접근방법을 시도한다. 다시 말하면 경제발전문제를 역사적 경험을 바탕으로 하여 합리보다는 세력관계에서 이해하려는 입장을 취하고 있다. 이들은 저개발의 근본원인이 종속관계에 있다고 보는 데는 일치하고 있으나 종속의 내용이 무엇이고 어떻게 대응해야 하는가 하는 문제 등 종속의 내용면에서는 사람마다 각양각색이어서 종속이론은 단일체계화되어 있지 않은 것이 현실이다.

그리고 종속이론은 계급투쟁이 주쟁점(主爭點)이 아니라는 점, 종속관계를 해결하는 방법에 있어서는 자본주의적인 온건한 방법을 주장하는 사람도 있고 사회주의화의 급진방법을 주장하는 사람도 있다는 점, 사회주의적 종속관계도 있을 수 있다는 점 등에 비추어 종속이론은 특정 경제체제의 문제는 아닌 것이다. 다시 말하면 종속이론이 반자본주의적인 성격을 많이 가지고 있고, 또 종속이론가들 가운데 사회주의에 기운 사람이 많은 것은 사실이지만 양자가 반드시 맥을 같이하는 관계에 있는 것은 아니라는 것이다.

그러면 구체적으로 종속이론의 내용은 어떤 것인가. 이것을 알아보기 위해서 우리는 먼저 **확산론**(Diffusion Theory)과 **저개발론**(Underdevelopment Theory)에 대해서 살펴보기로 하자. 자본주의적인 발전과정에서 선진국과 후진국은 서로 어떠한 영향을 받게 되는가에 대한 시각에 확산론(擴散論)과 저개발론(低開發論)이 서로 대립하는 관계에 있는데, 그 주쟁점은 다음 두 가지로 요약된다.

첫째로, 강자와 약자가 교류할 때 그 득실이 어떤가 하는 문제이다. 미르달(G. Myrdal)[8]에 의하면 국가 또는 지역간의 무역이나 교류에는 두

8) Gunnar Myrdal, *Economic Theory and Underdeveloped Regions*, Duckworth, London, 1957, 제 4 장 및 제 5 장; Idem, *The Challenge of World Poverty*, Pantheon Books, New York, 1970, 제 9 장.

가지의 상반되는 작용이 있다. 그 하나는 서로의 장점과 교류이익이 고르게 퍼져나가는 **확산효과**(Spread Effect)이고 다른 하나는 약자의 것이 강자에게 넘어가는 **역류효과**(Backwash Effect)이다.

선후진국간의 교류에 있어서 확산론은 확산효과가 지배적이라고 보는 입장이며 저개발론은 역류효과가 지배적이라고 보는 것이다. 미르달은 수준이 비슷한 지역간의 무역에는 확산효과가 지배적이지만 선후진국가의 무역에는 역류작용이 지배적이라고 주장하고 이런 점에서 선후진국간의 자유무역은 후진국발전을 저해한다고 생각했다. 이런 점에서 미르달이나 뒤에 언급하게 될 프레비쉬(Raúl Prebisch) 등은 저개발론자들이며 이와 반대로 자유무역론을 옹호하는 사람들은 확산론자들이라 할 수 있다.

다음으로, 오늘날의 저개발국들이 선진국들과의 자유교류를 전제로 하여 자본주의적인 발전을 추구할 때 오늘날 선진국들이 걸어온 그러한 발전궤도를 그대로 걸어갈 수 있겠느냐 하는 것이다. 확산론은 그렇다고 보는 것이다. 따라서 확산론은 경제발전에 있어서 역사적인 **선형궤도**(Linear Path)를 전제하며 진화적 발전을 신봉하는 입장이다.

즉 선후진국이 교류하면 후진국은 확산효과에 의해서 선진국의 자본과 기술·시장 등을 활용할 수 있고 선진국의 가치관·정치제도·문화 등을 배울 수 있어서 선진국의 근대화제도를 그대로 답습하여 발전할 수 있다는 것이다. 예컨대 로스토(Walt W. Rostow)의 발전단계설은 그러한 시각의 하나로 볼 수 있다.

이에 대해서 저개발론은 부정적이다. 중심국과 주변국간의 관계는 기본적으로 착취와 피착취의 관계이며 이러한 관계를 통하여 주변국의 경제는 중심국의 필요에 부응해서 그 구조가 짜여지기 때문에 중심국은 발전하고 주변국은 저개발의 상태에 놓이는 이중구조가 전개된다는 것이다. 그래서 오늘날의 저개발국은 자본주의적인 세계질서 속에서 오늘날의 선진국들이 걸어온 발전궤도를 그대로 따라간다는 것이 불가능하며, 따라서 경제발전을 위해서는 선진국들이 걸어온 길과는 다른 길을 모색해야 한다는 것이다.

이상과 같이 요약하여 볼 때 확산론은 자본주의적인 개방적 모형 속에서 이루어지는 발전의 긍정적인 측면을 대변하고 있고 저개발론은 그 부정적인 측면을 대변하고 있다고 볼 수 있다. 그래서 비교우위와 효용이론에 바탕을 두고 있는 자본주의 현대경제학의 신봉자들은 모두 확산론자들이라 할 수 있다. 이에 대해서 저개발론은 종속이론이 서 있는 밑바탕이 되고 있으며 이런 점에서 저개발론자들이 곧 종속이론을 추종하는 사람들이라고 볼 수 있다.

3-2 종속학파의 형성

종속학파(Dependency School)는 남미를 무대로 하여 제2차 세계대전 이후부터 형성되었다. 종속학자의 대부분이 남미인이고, 남미인이 아닌 경우에도 남미를 연구대상으로 하는 일이 매우 많음을 볼 수 있다. 특히 유엔의 **남미경제위원회**(ECLA: Economic Commission for Latin America)는 종속이론의 산실이라고 할 만큼 종속이론과 관련이 깊다. 프레비쉬(Raúl Prebisch)는 ECLA 창시자의 한 사람이며 그 밖에 선켈(Osvaldo Sunkel), 푸르타도(Celso Furtado), 카르도소(Fernando Henrique Cardoso) 등 수많은 종속학자들이 ECLA에서 배출되었다. 이들 ECLA그룹의 특징은 같은 종속학파 안에서도 혁명이 아니라 개혁을 통해서 대안을 찾는 온건론자들이라는 점이다.

저개발의 문제를 종속이론적 시각에서 최초로 구명한 사람은 프레비쉬였다. 그는 이미 1944년 부에노스아이레스대학 강의에서 선후진국의 관계를 **중심국**(Center)과 **주변국**(Periphery)의 관계로 규정하였다. 그에 따르면 종속관계에 있어서 주변국은 경제·정치·외교 등 정책수행에 있어서 중심국의 결정에 따르고, 이러한 외부압력 때문에 독자적인 결정을 할 수 없는 나라라고 하였다.

이러한 시각에서 그는 남미에 있어서의 **주변자본주의**(Peripheral Capitalism)의 발전은 대중이 소외된 속에서 특권층을 위한 소비사회로 치닫는다고 말하고 자본축적이 제대로 이루어지지 않는 것도 중심국에 대한 종속관계에 기인한다고 주장하였다. 중심국의 패권 때문에 주변국은 자본주의적 발전이 역사적으로 지연되었으며, 따라서 중심국들이 걸어온 발전궤도

를 오늘날의 주변국이 재생할 수 있다는 생각은 잘못이라는 것이다.[9]

1910 년에 아르헨티나에서 태어난 그는 한때 아르헨티나의 중앙은행총재를 역임하고 1948 년에는 ECLA창립에 참여하였으며 여기서 일하는 동안 그는 유명한 그의 후진국 교역조건악화론(交易條件惡化論)을 주장하여 국제무역에 있어서 '후진국대변자'라는 평가를 받았다.

허쉬만(A. O. Hirschman)이 ECLA선언(ECLA Manifesto)이라고 명명한 바 있는 1949 년의 논문[10]에서 그는 중심국의 수출품인 공산품의 교역조건은 계속 개선되고 주변국의 수출품인 농산품이나 원료의 교역조건은 악화한다고 주장하였다. 그래서 국제분업이란 주변국에게는 하나의 환상이며, 따라서 주변국들은 강력한 보호정책과 수입대체정책(輸入代替政策)을 통해서 공업화를 추진해야 한다고 하였다.

프레비쉬는 이와 같은 저개발의 종속적 구도를 1940 년대에 맨 먼저 제기하였고, 특히 온건파종속론의 원조로 불려지고 있다. 그러나 그의 종속이론은 아직 체계화되어 있지 않을 뿐 아니라 종속관계를 주로 국제무역면에서 구명하려고 했다는 제한성이 지적된다. 여기에 비해서 1950 년대의 종속이론을 주도한 바란(Paul A. Baran, 1910~1964)[11]은 종속이론을 최초로 광범하게 체계화하였는데 특히 그의 이론은 마르크스주의에 뿌리를 두고 있어서, 그를 사회주의적 종속이론의 원조로 호칭한다.

러시아 출생인 바란은 폴란드 · 독일 · 프랑스 등에서 살다가 1939 년 미국으로 건너와 하버드대학을 마치고 스탠포드대학 교수로 재직하면서 1950 년대 미국의 마르크스경제학을 주도하였다.

그는 또한 1957 년에 펴낸 주저 「성장의 정치경제학」[12]에서 선진자본

9) Raúl Prebisch, "The Dynamics of Peripheral Capitalism," in Louis Lefeber and L. L. North (eds.), *Democracy and Development in Latin America*, No. 1, Toronto, 1980.

10) Raúl Prebisch, *The Economic Development of Latin America and Its Principal Problems* (in Spanish), 1949.

11) 바란은 러시아 우크라이나 출생, 베를린대학 박사(1932), 하버드대 석사(1941), 스탠포드대 교수(1948~1964), 비주류 경제학자로서 명문대 경제학 교수를 지낸 매우 드문 사례를 남긴 학자임.

12) Paul Alexander Baran, *The Political Economy of Growth*, Monthly Review, Inc., 1957.

주의공업국과 종속관계에 있는 저개발국의 경제발전은 **한계적 성장**(Marginal growth)에 불과하여 인구증가, 부패, 외채이자 등으로 상쇄되어 버리고 구조변화를 가져올 수 없다고 역설하였다. 특히 그는 서구 자본주의가 미국·캐나다·오스트레일리아·뉴질랜드 등에서는 성공적인 근대화를 이룩하였는 데 반해서 왜 아시아와 아프리카에서는 저개발로 치닫게 하였는가 하는 문제를 제기하고 그 차이가 바로 종속성의 유무라고 진단하였다.

즉 전자는 선진국이 이민간 곳이어서 자본투자와 이민이 함께 연결되었기 때문에 착취가 목적이 아니라 이민정착(移民定着)이 주 목적이었다는 것이다. 이에 비해서 후자지역은 이민은 가지 않고 착취극대화를 위한 종속관계만 있었기 때문에 저개발이 깊어졌다고 주장한다. 특히 아시아에서도 일본경제만 공업화에 성공한 이유는 일본이 19세기 후반에 선진공업국들로부터 독립을 유지하여 독자적으로 공업화를 추진하였기 때문이라는 것이다.

그래서 저개발국은 자본주의적인 국제질서의 틀 안에서는 성공적으로 발전할 수 없다고 그는 생각하였다. 자본주의경제는 불필요한 광고, 실업으로 인한 생산감량, 사치성 소비재 생산, 공무원·군인·법관·목사 등 비생산적인 노동력 등 체제적인 낭비 때문에 자본축적이 안 된다는 것이다. 그뿐 아니라 자본주의 발전은 독점으로 치달아서 과소소비를 결과하고 이 때문에 수요부족에 따른 성장제약을 받는다는 것이다.

그래서 그는 저개발의 극복은 사회주의적인 방법에 따를 수밖에 없다고 생각하였다. 그는 쿠바를 방문하고 나서 혁명 이후 쿠바는 정치·경제·사회의 모든 면에 걸쳐 저개발과 종속의 사슬을 끊고 효과적인 발전을 이룩하고 있다고 찬양하였다.

1960년대의 주도적인 종속론자로서는 바란의 급진론을 계승한 사람으로 프랭크(André Gunder Frank)와 브라질 태생의 도스산토스(Theotonio Dos Santos), 그리고 프레비쉬의 온건론을 계승한 사람으로서 칠레 경제학자인 선켈(Osvaldo Sunkel)과 멕시코 태생의 곤잘레스 카사노바(Pablo González Casanova) 등을 들 수 있다.

1929년 독일 베를린 출생인 프랭크는 시카고대학에서 경제학 박사학위를 받은 다음 미국 · 영국 · 캐나다 · 브라질 · 멕시코 · 칠레 등 여러 나라의 대학에서 경제발전을 강의하였다. 그에 따르면 오늘날의 저개발은 수도 · 위성구조(Metropolis-Satellite Structure)로 특징지어지는 자본주의적 발전의 역사적 산물이며 후진국에서 경제발전이 이루어지지 않은 것은 자본부족 때문이 아니라 자본주의의 발전방식 그 자체, 즉 종속성에 있다는 것이다.[13)] 그리하여 그는 종속성과 발전의 관계에 대해서 세 가지의 가설을 주장하였다.

첫째로, 수도국은 발전하고 위성국은 저개발된다. 남미의 경험이 이를 입증한다.

둘째로, 위성국의 경제발전은 수도국과의 연계가 약할수록 커진다. 수도국이 전쟁 또는 불황에 처해 있을 때가 그 예이며, 구체적으로 서구의 17세기 불황, 나폴레옹 전쟁, 제 1 차 세계대전, 1930년대 불황, 제 2 차 세계대전의 시기를 들 수 있다.

셋째로, 오늘날 후진도가 깊은 나라일수록 과거 수도국과 깊은 종속관계를 가졌던 경험이 있다.

한편 온건론자인 카사노바(Pablo González Casanova)는 1922년 멕시코의 부유한 지주의 아들로 태어나 프랑스에서 교육을 받았다. 그의 종속이론은 **내부식민지론**(Internal Colonialism)으로 특징지어지고 있는데, 국가간에 존재하는 식민지관계와 유사한 종속관계가 한 나라의 지역 · 계급 · 집단별로 존재할 수 있으며 멕시코가 그 사례라고 지적하였다. 멕시코에서는 인디언을 중심으로 한 소외된 집단이 스페인 및 기타의 백인집단에 종속되어 수탈당하고 있으며 이러한 이중구조 속에서 한쪽은 발전에 참여하고 다른 쪽은 소외되었다고 한다. 그래서 그는 **외부적 종속**뿐 아니라 이러한 **내부적 종속**을 해결하지 않으면 발전은 기대할 수 없다는 것이다.[14)]

이상에서 종속학파에 관해서 개관하였다. 그런데 저개발의 근본원인이

---

13) André G. Frank, "The Development of Underdevelopment," in James D. Cockcroft, André G. Frank and Dale L. Johnson, *Dependence and Underdevelopment*, Doubleday & Company, Inc., New York, 1972.

14) Pablo González Casanova, *Democracy in Maxico*, Oxford University Press, New York, 1965.

종속관계에 있고 이 종속관계는 자본주의적 발전의 산물이라는 데는 모두 일치하고 있지만, 이미 살펴본 바와 같이 종속의 내용이 무엇인가에 대해서는 백인백색의 주장이 있어서 여기서는 이것을 좀더 종합정리할 필요가 있다.

우선 종속의 내용은 (i) 주변국은 1차 산품에 특화하고 중심국은 공산품에 특화하는 역류적(逆流的)인 무역구조, (ii) 주변국산업은 외국자본에 의해서 지배되고 1차 산품 중심인 생산구조, (iii) 중심국소비의 전시효과(展示效果) 때문에 사치성소비가 지배하고 소비재는 외국이 공급하는 소비구조, (iv) 다국적기업, 외국자본, 외국기술에 의한 자본 및 기술지배 등으로 나누어 볼 수 있다.

한편 종속관계의 형태는 중심국과 주변국간에 이루어지는 대외적 종속, 국내의 기득권세력인 중심계층과 소외된 주변계층간의 대내적 종속, 그리고 대외세력과 이에 야합하는 국내매판세력의 결합으로 이루어지는 종속 등으로 나누어 볼 수 있다.

그러면 이러한 종속학파의 처방은 어떤 것인가. 우리는 앞에서 종속학파에 온건론과 급진론이 있다는 것을 지적한 바 있다. 종속문제에 대한 현상인식은 온건론이나 급진론 사이에 차이가 거의 없으며, 따라서 그 구분은 어떤 처방을 내리느냐에 달려 있는 것이다.

이런 점에서 볼 때 프레비쉬를 중심으로 하는 ECLA그룹은 자본주의의 틀 안에서 개혁을 통해서 종속으로 인한 저개발문제를 해결하자고 주장한다. 이와는 달리 바란을 중심으로 하는 그룹은 마르크스주의를 추종하여 사회주의화하지 않고는 종속관계에 있는 저개발문제를 해결할 수 없다고 생각한다.

프레비쉬의 처방은 자본주의질서는 그대로 두고 종속관계만 시정하여 경제개발을 하자는 것이다. 그러기 위해서는 정부가 적극적인 역할을 해야 한다. 즉 불평등무역을 시정하기 위해서 관세와 보조금을 활용하는 강력한 산업보호정책, 그리고 이를 바탕으로 한 **수입대체전략**에 따라 공업화를 추진하여 1차 산업 중심의 산업구조에서 탈피하고, 대외종속이 일어나지 않도록 정부가 독자적인 정책을 추진해야 한다는 것이다.

이에 대해서 바란은 종속관계는 자본주의의 속성이기 때문에 자본주의 체제에서 벗어나지 않고는 종속관계를 단절할 수 없다고 생각한다.

3-3 종속이론에 대한 평가

어떤 존재가 갖는 당위는 특정 시간과 공간이라는 환경을 전제로 하는 것이다. 따라서 환경이 바뀌면 존재의 당위도 바뀔 수 있다. 몸에 맞는 옷도 키가 자라면 맞지 않게 된다. 그 때에는 맞게 설계되었던 집도 시간이 지나면 생활환경에 맞지 않게 되어버린다.

종속이론도 그러한 문제이다. 이것은 제 2 차 세계대전 이전의 식민지시대 또는 제국주의시대라는 시간적 역사환경과 남미라는 공간적 역사환경을 전제로 한 것이다. 따라서 시간적 환경이 달라지거나 또는 남미와 다른 공간 환경에서는 그 적용력의 폭이 좁아지게 될 것이 분명하다.

이런 점에서 우리는 먼저 남미에서 이 이론이 나오게 된 배경부터 알아볼 필요가 있다. 스페인의 콜럼버스가 1492 년에 쿠바·바하마 등 서인도제도를 발견하고 1500 년에 포르투갈이 브라질 연안을 발견한 이후 남미는 각국이 독립을 선언한 1810 년대까지 오랫동안 서구백인국가의 식민지로서 종속관계에 있었다.

16 세기 초에 스페인은 메시코의 아즈테카(Azteca)제국과 페루의 잉카(Inca)제국을 멸망시켜 원주민을 정복했다. 이 때부터 19 세기 초까지 약 3 세기 동안 남미는 포르투갈이 브라질을, 그리고 스페인이 기타의 전지역을 분할 지배하는 식민경제하에 놓이게 되었다. 그러다가 스페인과 포르투갈의 세력이 약화되자 1810 년을 전후하여 브라질·아르헨티나·칠레 등 많은 남미 나라들이 종주국으로부터 독립하기에 이르렀다.

그러나 이번에는 영국·프랑스·오스트리아·러시아 등 신흥세력이 남미에 영향력을 행사하여 남미국가들의 독립을 위협하였다. 이러한 현상은 그 당시 또 하나의 큰 신흥세력인 미국의 이익과 충돌하게 되었다. 그래서 미국은 남미에서 유럽세를 몰아내고 미국의 헤게모니를 장악할 목적으로 1823 년에 먼로주의(Monroe Doctrine)를 선언한 바 있다. 이 때부터 남미는 미국의 영향권 속에서 오늘에 이른 것이다.

이처럼 남미는 장기간의 외세에 의한 종속이 있었을 뿐 아니라 그러한 식민지경제의 발전은 남미경제를 구리·철·석유 등 추출산업(抽出産業)과 커피·담배·설탕·코코아 등 재배산업(栽培産業)으로 특화시켜 이들은 선진국에 원료를 제공하고 선진국으로부터는 공업품을 수입하여 생활하는, 말하자면 종속이론에서 설정하는 모형 그대로였던 것이다. 더구나 빈부격차는 극심하여 봉건적인 **대농장제**(Latifundia)의 대지주가 농지의 대부분을 차지하고 **소농장제**(Minifundio)의 영세농민은 생계조차 어려운 이중구조가 지배해 왔다. 이러한 여건 속에서 종속이론이 태동한 것이다.

그리하여 남미의 발전이론은 종속이론이 지배하였으며 제2차 세계대전 이후 남미의 개발방법은 종속이론을 그대로 받아들여서 추진해 온 것이다. 그러나 종속이론은 남미에서조차 실패작으로 드러나고 말았다. 반외세·반개방의 기치 아래 고율관세와 수입통제를 통해서 수입대체공업화정책을 추진해 왔으나 남미는 저성장·고인플레·외채누적·무역적자의 대명사가 되고 말았다. 그러면 종속이론은 왜 실패했는가.

한 마디로 말해서 역사환경의 변화에 대한 경직성 때문이라고 할 수 있다. 종속이론이 종속의 쓰라린 경험을 가진 저개발국의 과거를 설명하는 데는 설득력이 있지만, 그러한 구도를 전제로 한 미래에 대한 처방은 너무 소극적인 대응책이며 변화하고 있는 환경에 적응할 수 없는 것이다.

구체적으로 말해서 오늘의 국제환경은 과거와 엄청나게 다르다. 식민관계가 허용되지 않으며 많은 나라들이 독립을 얻었다. 선진국의 수(數)도 크게 늘었고 세(勢)도 다원화하여 후진국뿐 아니라 선진국들간에도 치열한 경쟁관계가 지배한다. 지금도 패권을 가진 중심국이 있다고 볼 수 있지만 오늘의 선후진국관계는 일방적인 착취의 관계가 아니라 후진국이 하기에 따라서는 역으로 선진국을 이용할 수 있는 그러한 시대에 접어든 것이다.

이러한 상황변화에 더하여 생산기술과 정보의 발전은 어느 나라도 고립해서는 효과적으로 발전할 수 없는 개방시대가 되었다. 그래서 후진국으로서는 선진국의 자본·기술·제도·경험들을 어떻게 효과적으로 모방할 것이냐 하는 것이 가장 중요한 성패의 관건이 되어 있다. 이러한 상황 속에서 과거의 쓰라린 경험이 있으니 선진국과는 담을 쌓고 되도록 접촉하지 말라는 종속이론의 가르침은 패배주의적인 소극성이라 하지 않을 수 없다.

그러면 한국에 대해서는 어떤가. 한국도 식민지종속의 경험을 가지고 있다는 점에서 과거의 사실설명으로서는 수긍이 되는 점이 있다. 그러나 오늘의 한국과 종속이론과는 구도(構圖) 자체부터 다르다는 것을 유의해야 한다. 종속이론이 말하는 주변국가는 1차 산업을 주업으로 하는 나라, 원료를 수출하고 공산품을 수입하는 나라, 국내산업이 외국자본에 의해서 지배되는 나라, 국내시장이 외국상품에 의해 지배되는 나라이다.

이런 점에서 볼 때 오늘날 한국경제의 구조는 종속이론이 말하는 주변국보다는 중심국쪽에 공통점이 많다고 볼 수 있다. 더구나 자원은 부족하고 좁은 국토에 인구는 많은 한국은 개방체제에 의한 대외지향적인 발전이 불가피한 것이며, 그 동안 한국이 이룩한 발전성과는 개방체제에 참여하는 적극적인 개발정책의 성공사례로 볼 수 있다는 점에서 남미에서 종속이론의 실패사례와 대조를 이루는 것이다.

제 3 장

경제발전의 과정과 단계

1. 산업구조 및 국제수지면에서 본 발전과정
2. 로스토의 발전단계설
3. 거셴크론의 공업화약진

제 3 장

경제발전의 과정과 단계

1. 산업구조 및 국제수지면에서 본 발전과정

1-1 호프만의 공업구조

1903년 독일에서 낳은 경제학자이며 통계학자인 호프만(Walther G. Hoffman)은 18세기 후반의 영국 산업혁명 이후 세계 각국의 공업구조가 어떤 변화를 거치면서 발전해 왔는가에 대해서 통계적으로 분석하였다.[1)]

그러한 분석을 통해서 그는 경제가 발전할수록 자본재산업의 비중이 꾸준히 상승하는 경향을 나타낸다는 사실을 확인하였다. 미국의 경우를 보면 소비재와 자본재의 비율이 부가가치로 볼 때 1850년의 7 : 3에서 20세기 초에는 1 : 1로 균형을 이루었다는 것이다. 그리고 약 20개에 이르는 서구표본국들을 조사해 본 결과 경제발전단계별로 볼 때 공업구조의 평균 비율이 [표 3-1]과 같이 나타났다.

1) Walther G. Hoffman, *The Growth of Industrial Economies*, University of Manchester, 1958, 특히 제3장과 제4장 참조. 이 책은 1931년에 독어로 처음 발행되었는데 그 증보개정판을 W. O. Henderson과 W. H. Chaloner가 영역한 것임.

[표 3-1] 공업화단계별 소비재와 생산재의 총생산액비

	소비재산업(%)	자본재산업(%)
제 1 단계	83	17
제 2 단계	71	29
제 3 단계	50	50

이와 같은 통계적 분석을 기초로 하여 그들 모든 나라의 경제발전과정에서 소비재산업의 비중은 꾸준히 감소하고 자본재산업의 비중은 증가하는 법칙성이 있다고 주장하였는데 그의 발전단계는 다음과 같은 네 단계로 나누어 볼 수 있다.

① 제 1 단계: 소비재산업이 공업생산의 절대적인 비중을 점한다. 부가가치로 본 소비재산업과 자본재산업의 비율은 대략 5 : 1이다.

② 제 2 단계: 자본재산업이 꾸준히 성장하여 소비재와 자본재의 비율이 대략 2.5 : 1이 된다.

③ 제 3 단계: 자본재산업이 계속 상대적인 고성장을 이루어 두 산업의 비율이 1 : 1의 균형을 이룬다.

④ 제 4 단계: 자본재산업의 비중이 소비재산업보다 더 커진다.

호프만은 당초 공업화과정을 3단계로 나누었으나 자본재의 비중이 소비재보다 더 커지는 제 4 단계는 그 뒤에 추가한 것이다. 그리고 소비재산업과 자본재산업의 제조업부가가치 비율을 흔히 **호프만비율**이라 하여 활용하고 있다.

이상과 같이 경제발전과 공업구조의 관계를 구명한 호프만은 세계 각국의 공업화단계 진입시기를 다음과 같이 설명하였다.

① 제 1 기(1770～1820): 면공업(綿工業)과 식품공업 등 소비재산업을 중심으로 영국에서 공업화가 시작되었으며 19세기가 시작되면서 미국과 스위스가 뒤를 따랐다.

② 제 2 기(1821～1860): 벨기에 · 프랑스 · 독일 · 오스트레일리아 · 러시아 · 스웨덴 등 구라파의 많은 나라들이 주로 섬유공업을 선두로 하여 공업화의 초기단계에 들어가고 영국은 자본재산업이 크게 성

장하였다.

③ 제 3 기(1861~1890): 유럽에서는 이탈리아·폴란드·덴마크·그리스 등이, 그리고 기타 지역에서는 일본과 캐나다가 소비재산업에 투자하여 공업화대열에 참여하였다.

④ 제 4 기(1891 이후): 헝가리·인도·중남미제국 등 공업화에 낙후된 많은 나라들이 공업화에 들어가기 시작하였다.

1-2 클라크의 산업구조

19세기 이후 세계 각국의 산업구조와 소비구조를 분석한 콜린 클라크(Colin Grant Clark)는 1905년 런던에서 출생, 호주의 퀸스랜드(Queensland)주 노동·산업성 차관보 등 여러 관직을 지내고 퀸스랜드대학, 옥스퍼드(Oxford)대학, 시카고대학의 교수를 역임한 계량경제학자이다. 그는 산업을 농업·제조업·서비스업 등으로 구분하여 경제가 발전할수록 산업구조는 농업에서 제조업으로, 그리고 제조업에서 서비스업으로 그 중심이 이행된다고 주장하였다.[2] 그의 분류에 따르면 농업은 농업·수산업·목축업·임업을 포함하고, 서비스업은 건설업·교통통신업·행정·상업·금융·기타 서비스업 등을 포함한다.

그의 산업구조이행에 대한 결론은 주로 노동력의 산업별 이동이라는 측면에서 도출된 것인데, 산업별 노동력의 이동은 그 산업의 노동생산성과 산업의 성장성에 의하여 결정된다는 것이다. 따라서 그의 산업구조이행론의 근거는 산업별 생산성과 제품에 대한 **수요의 소득탄력성**이 추세적으로 차이가 있다는 데 있다.

그에 의하면 농업에는 **수확체감의 법칙**(Law of Diminishing Return)이 크게 작용하여 농업과 제조업 간의 생산성 격차는 갈수록 커진다는 것이다.

---

2) Colin Grant Clark, *The Conditions of Economic Progress*, Macmillan & Co., Ltd., London, 1957, 제 3 개정판. 특히 제 9 장 및 제10장 참조, 이 책은 1940년에 초판이 발행됐으며 초판에서는 산업을 1차·2차·3차 등으로 구분하고 산업구조가 1차에서 2차 산업으로, 그리고 2차에서 3차 산업으로 고도화한다고 하였으나 개정판에서 일부 수정되었음.

한편 수요의 소득탄력성은 농산물보다 공산품이, 그리고 공산품보다 서비스업 생산물이 각각 더 높아서 노동력은 농업에서 제조업으로, 그리고 제조업에서 서비스업으로 이동하게 되고, 따라서 산업구조도 농업에서 제조업으로, 제조업에서 서비스업으로 이동하게 된다는 것이다.

이와 같은 클라크의 산업구조 변화에 대한 주장은 제11장의 [표 11-2]에 의해서도 사실임이 입증되고 있다.

1-3 국제수지단계설

복스(T. H. Boggs)와 킨들버거(Charles P. Kindleberger)는 경제발전과정에서 국제수지는 몇 개의 단계를 거치게 된다고 하였다.[3] 경제발전과 국제수지가 각 단계마다 밀접한 상관관계를 가지는 이유는 발전단계에 따라 저축과 투자수요 사이에 과부족이 생기게 마련인데 이 불일치를 국제자본이동으로 충당하기 때문이다. 그래서 각 발전단계에 나타나는 저축과 투자의 불균형이 국제수지에 반영된다는 것이다. 이를 복스의 4단계설을 중심으로 보면 다음과 같다.

① **미성숙채무국**(Young Debtor): 이 단계는 채무국이면서 경상수지는 적자인 단계이다. 투자기회는 많으나 국내저축이 여기에 미치지 못한다. 그래서 투자수요에 비해서 저축이 부족하다. 이 부족분은 외자도입으로 충당하게 되고 이것은 수입초과(輸入超過)로 나타나기 때문에 경상수지는 적자가 된다. 그래서 이 단계는 국내저축능력 이상의 투자, 외자도입, 채무국, 경상수지 적자로 특징지워진다.

② **성숙채무국**(Matured Debtor): 이 단계는 채무국이지만 경상수지는 흑자로 돌아선 단계이다. 경제가 계속 성장하여 소득이 증가하고 이에 따라 저축능력도 커진다. 반면에 긴요한 투자수요는 많이 채워졌기 때문에 투자기회는 상대적으로 감소한다. 그래서 국내저축

3) T.H. Boggs, *The International Balance in Theory and Practice*, 1922, pp. 7~9; Charles P. Kindleberger, *International Economics*, Richard D. Irwin, Inc., Homewood, Illinois, 1968, chapter 25.

능력이 투자수요를 초과하게 된다. 이에 따라 이 단계에서는 외채의 도입보다 상환이 많아서 본격적인 외채상환이 시작되지만 아직 외채잔액(外債殘額)은 남아 있기 때문에 채무국의 지위에는 변동이 없다. 외채상환은 그만큼 수출초과로 나타나게 되며 따라서 경상수지는 흑자가 된다.

③ **미성숙채권국**(Young Creditor): 채권국이면서 경상수지는 흑자를 나타내는 단계이다. 앞에서 지적한 성숙채무국단계의 흑자기조가 계속되고 외채상환이 계속 이루어지면 어느 시점에 가서는 대외채무에서 채권(債權)을 뺀 순외채는 영이 되고 그 다음부터는 채권국이 된다. 그러므로 성숙채무국단계와 미성숙채권국단계는 아직 채무국단계이냐 아니면 채권국이 되었느냐 하는 것만 다르고 나머지 사항은 같다.

④ **성숙채권국**(Matured Creditor): 채권국이면서 경상수지는 적자가 되는 단계로서 노화단계의 선진국에서 흔히 볼 수 있다. 경제성장은 둔화하여 저율성장에 머무른다. 그런데 경제는 고소비를 지향하여 저축률도 낮아지고 투자기회도 감소한다. 이와 같이 저축률과 투자율이 다같이 낮아지지만 경제가 소비형 체질로 이끌어지기 때문에 투자보다도 소비를 위해서 외채를 지게 되고 수입초과현상이 나타나게 된다. 그래서 경상수지는 적자가 되고 그만큼 외채를 지게 되지만 이미 쌓아 놓은 대외채권이 있기 때문에 채권국으로서의 지위는 유지되는 것이다.

한편 킨들버거는 보다 상세한 설명을 위해서는 두 개의 단계를 추가할 수 있다고 하였다. 미성숙채무국과 성숙채무국의 사이에 아직 채무국이면서 경상수지가 균형을 이루는 성인채무국(Adult Debtor)을 추가할 수 있으며, 미성숙채권국과 성숙채권국의 사이에 채권국이면서 경상수지는 균형을 이루는 성인채권국(Adult Creditor)을 추가할 수 있다는 것이다.

2. 로스토의 발전단계설

2-1 로스토의 발전단계설

역사의 발전과정이 연속적인 것인가 아니면 단속적(斷續的)인 것인가 하는 것은 같은 역사적 변화에 대해서도 관찰자의 눈에 따라 다르게 볼 수 있다. 거센크론은 **연속성**(Continuity)의 개념기준으로서 변화방향의 동일성, 변화의 시간적 규칙성, 변화력의 내재성, 변화에 있어 인과의 상호 연관성, 변화율의 안정성 등 다섯 가지를 들고 모든 것이 긴 눈으로 보면 연속적이고 짧은 눈으로 보면 단속적인 것이라고 주장하였다.[4)]

로스토(Walt W. Rostow)[5)]의 발전단계설은 경제발전과정을 단속적인 과정으로 이해하는 대표적인 사례라 할 수 있다. 연속되어 있는 변화과정을 그는 구간별 특징에 따라 구획을 정하여 경제발전의 과정을 규명하려 한 것이다. 이러한 시각에 따라 구미선진국들을 비롯 일본, 캐나다 등 여러 나라의 경제발전과정을 분석한 그는 경제의 발전과정을 전통사회(The Traditional Society), 도약준비(The Precondition for Take-Off), 도약(The Take-Off), 성숙(The Drive to Maturity), 대중적 고소비(The Age of High Mass-Consumption) 등 다섯 개의 단계로 구분하고 모든 나라들은 획일적으로 이러한 단계를 거치고 있다고 주장한다.[6)] 그러면 아래에서는 그의 주장을 좀더 살펴보기로 하자.

---

4) Alexander Gerschenkron, *Continuity in History and Other Essays*, The Belknap Press of Harvard University Press, 1968, part I 참조.

5) 1916년 뉴욕시 출생, 1939년 예일대학에서 경제학박사, 미 국무성 정책계획위의장과 대통령 안보담당 특별보좌관 역임, 텍사스대학 교수 역임.

6) W. W. Rostow, *The Stage of Economic Growth*, Cambridge at the University Press, 1969. 이 책은 1960년에 초판이 나왔으며 그 중요 내용은 *Economic History Review*, August 1959에 수록되어 있음. 한편 관련되는 참고서로서는 W. W. Rostow, *The Process of Economic Growth*, W. W. Norton & Company, Inc., New York, 1962(초판은 1952년 출간), Part III 참조.

(1) 전통사회와 도약준비

전통사회(傳統社會)는 1인당 소득이 증가하지 않거나 증가하더라도 극히 한계적인 범위에 국한한다. 주업이 농업일 뿐 아니라 경제적·정치적 지배권은 지주계급이 가지고 있다는 점에서 토지경제단계라 할 수 있다. 1인당 소득증가가 크게 제한되는 것은 주로 근대적인 과학이나 기술이 아직 도입되지 않기 때문이며 교역도 제한된 범위에서만 행해지고 인구 증가는 풍흉·전쟁·전염병 등 주로 외생적 요인에 의해 규제된다. 대가족제도하에 씨족의 유대가 사회조직을 지배하며 의식구조는 장기적 숙명론과 전자본주의적 가치관이 지배한다. 역사적으로 볼 때 중세의 유럽 등 뉴턴 이전의 세계가 이에 해당된다.

전통사회는 도약준비 단계로 이행하게 되는데 도약준비단계는 곧 도약을 위한 선행요건을 충족시켜 주는 단계라고 볼 수 있다. 이 단계에서는 아래와 같은 변화가 진행된다.

① 전통적인 가치관은 점차 합리주의적 방향으로 이전하고 경제활동은 점점 근대적 이윤동기에 기초를 두며 근대적 기업가가 나타나기 시작한다.

② 사회적 소득배분은 지주나 비생산적 계급의 수중으로부터 점점 근대적 상업자본 또는 산업자본가의 손으로 옮아간다. 이에 따라 비농업부문의 투자가 늘어나 산업구조는 농업에서 비농업부문으로 이행한다. 특히 교육·수송·통신 등 사회간접자본(社會間接資本)이 확대되고 은행과 같은 자본축적의 매개기관이 성장한다.

③ 근대적 과학과 기술이 생산함수에 도입됨으로써 생산성이 증대하는 한편 인구증가는 감소하여 1인당 소득이 상승한다.

④ 전통사회에 있어서의 봉쇄경제는 문호를 개방하여 교역량이 늘고 국제경쟁력의 문제가 크게 제기된다.

⑤ 끝으로, 정치적으로는 전통사회에서의 지주계급을 중심으로 한 지방분권이 붕괴하고 중앙집권적 근대국가가 출현한다.

이상과 같은 여러 가지 변화는 기본적으로 아직 전통적 체제를 완전히 탈피하지 못한 상태에서 일어나기 때문에 경제발전이 크게 눈에 띄지는 않는다. 그러나 이러한 모든 변화들은 전통사회에서 내재적으로 일어난다기보다는 전쟁과 같은 외생적인 요인에 의해 주도된다. 산업혁명 이전, 즉 17세기 후반부터 18세기 초반에 이르는 서구는 전형적으로 이 단계에 해당한다.

(2) 도약단계

도약준비단계에서 도약을 위한 선행요건들이 충족되면 경제는 어떤 계기에 의하여 도약단계(跳躍段階)에 진입한다. 그러면 어떤 것이 도약을 촉발시키는 계기가 되는가? 도약을 촉발시키는 계기로서는 내재적 요인보다도 근대화를 촉진시키는 정치적 혁명, 신시장의 출현, 신기술의 발명, 수출가격의 상승 등과 같은 외생적 자극이 중요한 역할을 한다. 로스토는 1848년의 독일혁명, 1868년 일본의 메이지유신(明治維新), 1860년대 스웨덴의 영국·프랑스에 대한 목재시장, 1890년대 캐나다와 러시아의 외자도입 등이 이들 나라의 도약에 결정적 계기가 되었다고 예를 들고 있으며, 특히 이 중에서도 경제근대화에 대하여 강력한 의욕을 갖는 새로운 정권의 출현은 도약에 매우 필요한 계기라고 강조한다.

그러면 도약단계에서 경제는 어떻게 변모하는가? 그는 한 나라의 경제가 도약단계에 있다고 정의하려면 적어도 세 가지 요건을 모두 충족시켜야 한다고 말하고 있는데 이 요건이란 첫째 투자율이 5%수준에서 10% 이상으로 상승할 것, 둘째 도약을 이끌어갈 선도산업(先導産業)이 제조업에서 하나 이상 급속한 성장률로 발전할 것, 셋째 근대적인 정치적 및 사회적인 구조 변혁이 일어날 것 등이다. 도약단계에 나타나는 변화의 특징으로서는 (i) 공업부문에서 이윤율이 상승하고 이윤소득은 재투자되어 공업부문의 자본축적이 확대되며, (ii) 기업가 계급이 새로이 형성됨으로써 계급대립은 지주와 농민의 관계에서 기업가와 근로자의 관계로 이행하며, (iii) 사회간접자본이 급속도로 확대하고 기술혁신이 일어나며, (iv) 농업이 상업화되고 농업기술의 혁신이 일어난다고 한다. 도약과정에 있어서 외자의 유입은 필수요건은 아니고 다만 촉진여건이지만 농업생산의 혁신적 증대는 기본요건이다.

그는 도약단계의 산업을 **선도산업**(Primary Growth Sector), **보완산업**(Supplementary Growth Sector), 그리고 **유발산업**(Derived-Growth Sector) 등으로 분류하는데 선도산업은 경제발전을 맨 앞에서 이끌어가는 산업이며, 보완산업은 선도산업의 성장으로 직접 영향을 받아 발전하는 산업이며, 유발산업은 경제성장에 따라 전체적인 수요가 증가함으로써 성장이 유발되는 산업이다. 예컨대 철도를 선도산업이라 하면 석탄·철 등은 보완산업이며, 주택·식량 등은 유발산업이라 할 수 있다. 선도산업과 보완산업의 성장이 주로 공급능력에 의해 좌우되는 데 반해서 유발산업은 일반적인 수요증대에 의해서 결정된다는 상반되는 특징이 있다.

그러면 어떤 산업들이 선도산업이 되는가. 그는 선도산업이 되기 위한 요건으로 네 가지를 들고 있는데 (i) 해당 산업에 수요가 급증할 것, (ii) 새로운 생산기술의 도입으로 생산성이 높을 것, (iii) 재투자율이 높을 것, (iv) 타산업의 성장을 촉진할 수 있도록 연관효과(聯關效果)가 높을 것 등이다. 구체적으로 어느 산업이 도약을 위한 선도산업이 되느냐 하는 것은 나라마다 다르며 어느 산업도 선도산업이 될 수 있다. 예컨대 영국의 선도산업은 면방공업, 미국·프랑스·독일·캐나다·러시아 등에서는 철도, 스웨덴에서는 제조업, 덴마크에서는 낙농업이었다.

각국의 도약단계를 보면 영국은 1778～1802, 프랑스는 1830～1860, 미국은 1843～1860, 독일은 1850～1873, 일본은 1878～1900, 러시아는 1890～1914, 캐나다는 1896～1914년 사이에 각각 경제적 도약을 이룩하였다.

(3) 도약 이후

도약단계를 지나면 **성숙단계**에 도달한다. 이 단계는 도약단계에서 선도산업을 주축으로 하여 이루어진 급속한 경제발전이 경제전반으로 확산되고 파급되는 과정이라 할 수 있으며 따라서 경제는 안정된 속에서 균형성장을 하게 된다. 투자율은 10～20%에 이르며 기술혁신의 일반화로 산업간의 경쟁이 치열해진다. 한편 공업구조면에서는 사회간접자본과 원자재공업으로부터 완성자본재와 중화학공업으로 그 중점이 이행되며, 종래까지 경제근대화에 저항적이었던 사회구조와 정치체제, 그리고 가치관은 이 단계에 이르러 확고한 지지세력으로서 나타난다. 모든 나라들은 이 단계를 거침으로써 비로소 생산하고 싶은 것은 무엇이든지 또 얼마든지 생산해 낼 수 있는 능력을 갖추게 된다. 영국은 1850년, 미국은 1900년, 일본은 1940년에 각각 이 단계에 도달하였다.

성숙단계를 거쳐 1인당 소득이 계속 늘어나면 **대중적 고소비단계**에 도달한다. 이 단계의 특징으로서는 1인당 소득이 크게 높아져 소비능력이 의식주 등 기본수요를 훨씬 초월하게 되고 사람들은 생활의 향락과 편익을 추구하기 때문에 인구의 도시집중화 현상이 두드러지게 나타난다. 생산능력이 도처에 충만하기 때문에 경제는 소비자주권으로 넘어가고 사람들은 성장보다도 복지를 추구하게 되어 사회보장과 복지제도의 발전이 사회의 중심과제가 된다. 이에 따라 이 단계에서의 선도산업은 내구소비재와 서비스 등 고급소비재 부문이 된다. 경제가 이 단계에 이르게 하는 데 결정적 역할을 한 것은 자동차의 대량생산과 그 대중적 보급이었다.

그러면 대중적 고소비단계 이후에는 어떤 단계가 올 것인가. 로스토는 장기적인 정신적 침체가 올 가능성과 경제적 향락보다도 인간적인 만족, 즉 아이를 많이 출산함으로써 대가족제도로 환원하는 현상이 일어날 가능성 등을 시사하였다.

2-2 로스토에 대한 비판

로스토의 발전단계설에 대해서는 베릴(K. E. Berrill), 호프만(W. G. Hoffman) 등 일부 경제사학자가 부분적인 동조를 나타냈지만 노스(D. C. North), 거센크론(A. Gerschenkron), 피쉴로우(A. Fishlow), 쿠즈네츠(S. S. Kuznets) 등 수많은 사람으로부터 비판을 받았다.[7] 이러한 비판론을 요약하면 다음과 같다.

---

7) Rostow의 발전단계설에 대한 학계의 의견과 비판에 대해서는 W. W. Rostow(ed.), *The Economics of Take-Off into Sustained Growth*, Proceedings of a Conference Held by the International Economic Association, St. Marin's Press, 1969(초판은 1963년)를 참고할 것. 이 책은 S. S. Kuznets, P. Deane, H. J. Habakkuk, W. G. Hoffman, A. K. Cairncross, K. E. Berrill 등 저명한 경제사학자들이 로스토의 발전단계설에 관하여 토론한 16편의 논문을 수록하고 있음.

첫째로, 로스토의 단계설은 사회현상의 움직임을 유기적인 면에서 본 것이 아니라 기계적인 면에서 획일적으로 분류하는 데 그쳤다. 마치 비행기의 경우 기름을 넣고 그 다음에 이륙하고 그 다음에 안정권에 들어가고 하듯 그렇게 사회현상은 단순하지 않다. 그뿐 아니라 각 단계마다의 이행과정에 대한 추진력은 모두 외생적 요인으로 설명하고 있으며 경제발전에 대한 내재적인 추진력에 관한 구명이 없어 유용성이 없는 모형이다(Kuznets, Fishlow).

둘째로, 로스토의 주장은 계수적으로 자료가 뒷받침하지 않는다. 서구의 근대화는 약 200년간에 걸쳐 매년 1~2%의 점진적 1인당 소득증가로 이루어졌으며 1815~1860년간의 미국도 그러하였다. 한편 로스토가 제시한 도약단계에서의 투자율 배증은 입증이 되지 않는다(Kuznets, Habakkuk, Fishlow).

셋째로, 로스토는 18세기의 후진국이나 20세기의 후진국이나 동질시하고 같은 틀로 설명하려 한다. 그러나 후진국은 경제개발을 시작하는 연대적 차이와 또 같은 시기라 하더라도 후진도의 차이에 따라 크게 발전형태가 다르다(Gerschenkron).

끝으로, 로스토는 도약은 선행요건들이 충족된 다음에 오는 것이라고 주장하고 있지만 어느 시기에 어느 것이 꼭 선행조건이라고 말할 수 없는 것이다. 즉 도약단계 이전에 오는 모든 것은 사후적으로 볼 때 선행요건으로 보이기 쉽다. 그러나 어떤 선행요건이 도약에 꼭 있어야 하는 것도 아니고 또 선행요건이 있다면 이것은 모든 나라에 동일할 수도 없는 것이다(Hirschman, Gerschenkron, Cairncross).

3. 거셴크론의 공업화약진

3-1 공업화와 선행요건

이미 살펴본 바와 같이 로스토는 경제가 어떤 선행요건(Precondition)들을 충족시킨 다음에 도약단계에 들어간다고 주장한다. 과연 경제개발에 있어 미리 충족시켜야 할 선행요건이라는 것이 있으며, 만일 있다면 이들을 사전적으로 충족시키지 않고는 경제개발이 불가능한 것인가.

이 문제는 개발도상국가에게는 매우 중요한 의미를 가지므로 여기서 좀 더 구체적으로 구명할 필요가 있다. 거셴크론(Alexander Gerschenkron, 1904~1978),[8] 허쉬만(A.O. Hirschman), 바란(P.A. Baran) 등은 다같이 선행요건이란 관찰자의 사후적인 인식이며 어떤 선행조건이라는 것이 있다하더라도 이것들은 획일적인 것도 아니고 또 반드시 절대적인 것도 아니라는 데 일치하고 있다.

거셴크론에 의하면 선행요건 논의는 공업화과정의 획일성을 전제로 하는 것이며 선행요건의 의미는 소극적으로 보면 공업화를 가로막고 있는 장애요인들이고 적극적으로는 공업화 이전에 갖추어야 할 여건들을 뜻한다. 예를 들면 자본축적, 경제적·정치적 통일국가의 실현, 개인주의에 입각한 사유권의 확립, 기술의 축적, 농업생산의 증대, 기업능력, 길드(Guild)체제의 붕괴, 시장의 확보 등이 흔히 열거되고 있다. 만일 이러한 요건들이 모두 충족되어야만 공업화가 가능하다면 이는 후진국에게 공업화가 불가능하다고 실망시키는 얘기가 될 것이다.

그러나 공업화과정을 역사적으로 관찰할 때 선행요건이란 특정 시간·특정 장소에서만 의미를 가지는 것이며, 이 경우에도 이들 선행요건들이 충족되지 않았다고 해서 공업화에 크게 영향을 미친 근거는 없다. 공업화

8) 러시아 출생. Vienna 대학에서 경제학박사. 한때 미 연방준비은행 조사부 근무. 하버드대학 경제사 교수(1948~1974).

과정과 선행요건의 관계를 역사적인 측면에서 요약하면 (i) 뒤늦게 공업화를 시작하는 나라일수록 선진국의 공업화과정에서 선행요건으로 이해되는 것들은 이미 선행요건이 아니거나 별로 중요한 역할을 하지 않으며, (ii) 선행요건이 결핍될 경우에는 그 대체가 가능하며(예컨대 원시축적은 외자도입으로, 기술부족은 인력수입으로), (iii) 선진국 공업화과정에서의 선행요건들이 현재는 공업화의 결과로 이해되는 경우가 많으며, (iv) 뒤늦게 공업화에 들어가는 나라일수록 선행요건의 충족과 공업화 약진이 동시적으로 일어나서 준비단계가 생략되고 있다.[9)]

이와 같은 거센크론의 주장에 동조하는 허쉬만(A.O. Hirschman)은 개발도상국에 있어서는 공업화를 위해서 해결해야 할 애로들이 너무나 많기 때문에 공업화가 불가능한 것처럼 보이지만, 이를 다른 쪽에서 보면 일단 공업화가 시동되기만 하면 이러한 애로들이 모두 공업화 촉진요인으로 가세될 수 있음을 의미한다고 주장한다. 한 나라의 공업화 과정에서 장애요인(또는 선행요건)으로 생각되는 것이 다른 나라에 있어서는 전연 장애요인이 아니거나 또는 오히려 개발촉진요인으로 작용할 수 있다고 한다.[10)]

이에 한걸음 더 나아가 바란(P.A. Baran)은 선행요건 논의는 마치 산업자본주의가 없기 때문에 산업자본가가 없다고 말하는 것과 같은 동의론(Tautology)에 불과하다고 한다. 예를 들면 기업능력(Entrepreneurship)이 없는 것은 기업을 해 본 경험이 없기 때문이지 기업능력이 하늘에서 먼저 떨어진 다음에 기업을 하게 되는 것은 아니라는 것이다.[11)]

3-2 거센크론의 약진

하버드대학의 경제사학 교수였던 거센크론은 그의 많은 논문과 저서

9) Alexander Gerschenkron, *op. cit.*, 1966, chapter 2 및 p. 113.

10) Albert O. Hirschman, "Obstacles to Development," *Economic Development and Cultural Change*, July 1965; Idem, *The Strategy of Economic Development*, Yale University Press, New Haven, 1958, chapter 1.

11) P. A. Baran, *The Political Economy of Growth*, Monthly Review Press, 1957, chapter 7.

를 통하여 영국 · 프랑스 · 독일 · 이탈리아 · 러시아 · 불가리아 등 유럽제국의 공업화과정을 분석하였는데, 특히 그의 관심은 공업화에 진입하는 시기의 선후에 따라 또 후진도의 차이에 따라 공업화의 양태가 어떻게 다르게 나타나는가에 집중되었다.[12)]

그는 로스토의 발전단계설은 부정하지만 공업화는 으레 약진적 형태로 일어난다고 주장함으로써 공업화과정을 단속적(斷續的) 과정으로 파악하고 있다. 그러나 그의 **공업화약진**(Industrialization Spurt)은 로스토의 경우처럼 모든 여건에 획일적으로 설명되지 않고 상대적 후진성 또는 공업화에 착수하는 시기의 차이에 따라 각각 다른 형태로 나타난다.

그의 발전사관(發展史觀)은 본질적으로 토인비(A. Toynbee)의 도전(挑戰)과 응전(Challenge and Response)의 논리에 뿌리를 두고 있다. 즉 공업화 촉진요인과 장애요인의 공존은 후진성의 본질이며, 이 두 개의 상반되는 세력은 계속 그 힘을 축적하여 감으로써 공업화의 약진이 가까워 올수록 이들간의 마찰과 긴장은 커진다. 후진도가 깊을수록 또 뒤늦게 공업화에 들어가는 나라일수록 경제발전의 힘은 이 마찰과 긴장의 강도에 비례하므로 후진도가 깊은 나라일수록 그리고 뒤늦게 공업화에 진입하는 나라일수록 공업화약진(工業化躍進)은 더욱 폭발적인 힘으로 일어난다.

그러나 문제는 과연 언제 어떻게 공업화약진에 점화시킬 수 있느냐 하는 것이다. 공업화의 촉진요인과 장애요인간의 긴장이 축적된다는 것은 바로 약진에 들어갈 시기가 가까이 왔음을 뜻하고 또 그 가능성이 성숙했음을 의미하는 것이지만, 그렇다고 그 나라가 반드시 약진에 들어감을 보장하는 것은 아니다. 약진의 가능성을 현실화하기 위해서는 공업화 촉진요인을 강력히 축적하여야 하며 그런 다음에 관건이 되는 것은 약진의 가능성을 현실화시키는 기회를 놓치지 말고 잘 잡는 것이다. 공업화의 기회는 늘 오는 것이 아니기 때문에 한번 놓치면 10년 또는 경우에 따라 수십 년

12) Alexander Gerschenkron, *Economic Backwardness in Historical Perspective*, The Belknap Press of Harvard University Press, 1966. 이 책은 그가 1951~1961년간에 발표한 논문을 수록한 것임; Idem, *Continuity in History and Other Essays*, The Belknap Press of Harvard University Press, 1968.

기다려야 하는 경우가 있다.

그러면 여기서 말하는 기회란 무얼 의미하는가. 후진국의 공업화는 부분적인 추진력으로는 성공하기 어려우며 전전선에서의 **동시적 대약진**을 통해서만 가능하다. 그 이유는 공업화를 가로막는 힘이 너무 크기 때문에 이를 이기기 위해서도 그렇고 산업의 연관성과 **보완성**(Complementarity), 그리고 **투자의 불가분성**(Indivisibility) 때문에도 그렇다. 그런데 이러한 동시적 대약진을 위해서는 이를 시동시킬 수 있는 힘을 가진 '인화의 계기'가 필요하다. 이 계기는 예컨대 중요한 정치적 변혁, 국민적 통일, 행정개혁, 자본의 동원, 신시장의 출현 등을 들 수 있는데 이러한 계기를 잡을 수 있는데도 놓치는 경우 공업화약진의 기회는 사라지는 것이다. 유럽의 공업화에 있어서 가장 지배적인 제약요인은 약진의 기회를 놓쳤다는 데 있으며, 그 실례로 불가리아를 들 수 있다. 불가리아는 외자를 활용할 수 있는 기회가 왔는 데도 이를 놓쳤으며 철도를 중심으로 한 투자시장이 열렸는 데도 이를 놓쳐 공업화가 뒤지게 되었는데 이는 정부의 실책 때문이었다.

그러면 약진단계에서 경제는 어떻게 변모하는가.

① 공업화는 대규모약진의 형태로 일어나고 공업부문이 높은 성장을 나타낸다.

② 공업구조면에서는 소비재보다 생산재, 특히 중공업이 급속히 발전한다.

③ 산업의 생산구조면에서는 여러 가지 형태로 집중화·대규모화 경향이 나타난다.

④ 뒤늦게 공업화에 들어가는 나라일수록 정부나 은행이 큰 역할을 수행한다. 후진도가 클수록 정부의 역할이 선행하고 공업화가 어느 정도 진전된 다음에는 은행이 이를 이어받는다.

이러한 공업화약진이 구체적으로 어떤 형태로 나타나는가 하는 것은 그 나라의 **상대적 후진도**(Relative Backwardness)에 의해 결정된다. 즉 공업화 약진에 있어서 발전의 속도, 생산의 조직구조, 경제개발의 이념 등은 그 나라의 공업화약진의 시기가 역사적으로 빠른가 늦은가, 그리고 그 나라 경제의 후진성이 다른 나라보다 얼마나 깊은가에 따라 결정된다. 그러면 공업화 약진의 형태와 상대적 후진도와는 어떤 관계에 있는지를 보기로 하자.

① 후진도가 깊을수록 공업화과정은 단속적(斷續的)이며 갑작스러운 대약진(Sudden Great Spurt)의 형태로 일어난다.

② 후진도가 깊을수록 공업화과정에서 기업의 집중과 생산공장의 대규모화가 촉진되고 그래서 공업화는 대기업중심으로 이끌어진다.

③ 후진도가 깊을수록 소비재보다 생산재에 우선을 둔다.

④ 후진도가 깊을수록 국민의 소비압력이 크다.

⑤ 후진도가 깊을수록 자본동원에 있어서 정부나 은행의 역할이 클 뿐 아니라 그 역할도 강제적이고 포괄적이다.

⑥ 후진도가 깊을수록 공업화에 있어서 농업의 역할은 소극적이다.

이상과 같은 거센크론의 주장을 로스토와 비교하면 공업화가 비연속적인 형태로 진행된다는 점과 도약(Take-Off) 또는 약진(Spurt)을 위해서는 정치적 변혁이나 신자본, 새로운 기술, 새로운 시장, 새로운 자원 등 주로 외부적인 촉진적 계기가 있어야 한다는 점에서는 일치한다. 그러나 로스토가 후진국의 발전과정을 획일적으로 단계화한 데 대해서 거센크론은 이를 부정하고 후진성의 정도에 따라 공업화 과정이 결정된다고 본 것은 큰 차이라 하겠다. 거센크론이 본 유럽 여러 나라의 공업화 약진의 시기는 스웨덴과 독일이 1888～1896, 이탈리아가 1896～1908, 일본이 1907～1913, 그리고 러시아가 1890년대이다.

제 4 장

역사적 측면에서 본 자본축적

1. 발전단계와 투자자금 공급의 선도주체
2. 영국의 자본축적과정
3. 일본의 자본축적과정
4. 우리 나라의 자본축적과정
5. 자본축적모형의 종합비교

제 4 장

역사적 측면에서 본 자본축적

이 장에서는 공업화에 있어서 자본축적의 과정이 역사적으로 어떤 특징을 가지고 전개되는가를 구명한다. 여기서 자본축적이란 주로 투자자금을 어떻게 마련해서 투자를 위해 이것을 어떻게 동원하는가 하는, 즉 투자자금의 축적과 동원이라는 의미로 이해한다. 그래서 자본축적을 선도하는 주체가 경제의 발전단계에 따라 어떻게 달라지는가를 볼 것이다. 또한 공업화에 있어서 선두주자 · 중간주자 · 낙후주자(落後走者) 등의 자본축적과정이 어떤 특징을 가지고 전개되는가를 보기 위하여 영국 · 일본 · 한국 등 세 나라의 역사적 사례를 비교 연구할 것이다.

이들 세 나라의 자본축적과정을 비교 연구한다는 것은 후진국의 경제개발문제를 이해하는 데 특별한 중요성이 있다. 이들 세 나라는 국토의 넓이나 기후가 비슷하고, 자원이 부족하고, 인구압력이 크다는 점도 같다. 국내시장이 좁아서 공업화는 결국 해외시장에 의존할 수밖에 없다는 점도 같다. 다만 영국은 18세기 후반, 일본은 19세기 후반에 공업화를 시작했는데 우리 나라는 20세기 후반에야 시작해서, 이들 세 나라가 공업화를 시작한 역사적 시기의 선후가 백년 간격을 두고 다를 뿐이다. 따라서 이들 세 나라의 경우를 비교함으로써 후진도(後進度)의 차이에 따라 자본축적의 유형이 어떻게 달라지는가를 매우 효과적으로 이해할 수 있다.

자본축적의 기본성격은 (i) 농업잉여(農業剩餘)의 유무와 그 크기, (ii) 무역의 역할, (iii) 가격기구의 역할, (iv) 외자의존의 유무와 그 크기 등에 의해서 규정된다. 따라서 이러한 문제들이 본장에서의 연구주제가 될 것이다.

1. 발전단계와 투자자금 공급의 선도주체

그러면 먼저 시간의 흐름에 따라 또 경제가 발전함에 따라 공업화과정에서 투자자금을 주로 공급하는 주체는 어떻게 달라지는가. 자본공급의 주체는 민간기업·은행·정부 등으로 나누어 볼 수 있는데 거셴크론에 의하면 이 가운데 무엇이 공업화의 자본공급을 주도하느냐 하는 것은 원시축적의 유무와 그 정도 또는 공업화를 시작하는 시기가 얼마나 빠른가 하는 상대적 후진도에 따라 결정된다는 것이다. 그러면 거셴크론의 이론을 [표 4-1]을 중심으로 하여 살펴보기로 하자.[1)]

먼저 선발주자인 영국의 경우에는 당초부터 **원시축적**(Original Accumulation of Capital)이 충분하였다. 원시축적이란 공업화에 들어가기 이전에 이미 축적되어 있는 민간부문의 농업자본이나 상업자본을 말한다. 영국의 경우 이미 1760년 이전에 충분한 원시축적이 이루어져 있었으며, 다만 이 자본이 어디에 어떻게 투자되어야 하느냐 하는 것만이 유동적이었다. 따라서 영국의 은행은 공업화과정을 통하여 장기시설자금 금융을 할 필요가

[표 4-1] 발전단계별 투자자금 공급의 선도주체

발전단계 \ 후진도	선발주자	중간주자	후발주자
I	기 업	은 행	정 부
II	기 업	기 업	은 행
III	기 업	기 업	기 업

1) A. Gerschenkron, *Economic Backwardness in Historical Perspective,* The Belknap Press of Harvard University Press, 1966, pp. 6~11, 353~364.

거의 없어 단기 상업금융위주로 발전하여 온 데 비해서 프랑스와 독일의 경우는 은행이 장기설비자금 공급자로서 중요한 역할을 하였던 것이다. 그래서 영국의 경우에는 처음부터 지금까지 민간기업 스스로 자본을 조달했으며 정부나 은행의 투자자금 공급기능은 거의 없었다.

다음으로 그 뒤를 따라온 중간주자라 할 수 있는 프랑스나 독일의 경우에는 원시축적이 있었지만 투자수요에는 부족했기 때문에 처음단계에서는 자금을 모아 주는 은행이 주도적인 역할을 수행하고 그 뒤 민간기업이 더 성장하면서 기업 스스로 자금조달기능을 맡게 된 것이다.

끝으로 유럽에서 가장 뒤늦게 공업화를 추진한 러시아나 그 뒤 경제개발을 서두른 후발주자들의 경우에는 원시축적을 거의 기대할 수 없기 때문에 정부가 주도하는 자본공급으로 경제개발을 시작하고 경제개발이 진행됨에 따라 정부에서 은행으로, 그리고 은행에서 민간기업으로 자본을 공급하는 주도주체가 바뀌었다.

그러면 왜 이러한 현상이 일어나는가. 먼저 역사적인 측면에서 보면 맨 먼저 공업화에 들어간 영국의 경우는 모든 것을 스스로 해야 할 입장에 있었기 때문에 공업화에 필요한 여건들이 충분히 성숙하기를 기다릴 수밖에 없었고, 한편 농업과 무역을 통한 막대한 자금의 축적이 가능한 여건에 있었다. 그리고 공업화를 주도한 사람들은 바로 농업이나 상업부문에서 자본을 축적한 사람들이었기 때문에 별도의 자금조달 매개기구가 필요치 아니하였으며 공업화의 속도는 매우 점진적인 특징이 있었다. 이와는 달리 프랑스와 독일 등 후속주자(後續走者)들은 영국의 경우보다 농업축적과 무역축적(貿易蓄積)이 어려웠을 뿐 아니라 공업화는 보다 급속한 형태를 취했기 때문에 영세자본을 모아 주는 매개기구가 필요하였으며 그 기능을 은행이 수행하였다. 한편 유럽에서 맨 뒤에 공업화에 들어간 러시아는 가장 급격한 공업화를 추구한 반면 농업이나 상업부문의 자본축적은 가장 어려운 상황에 있었기 때문에 강제저축의 필요성이 절실하였으며 그 결과로 공업화의 초기에는 자본조달에 있어서 정부의 역할이 가장 중요하였다.

이러한 논리는 오늘날 후진국의 경제발전과정에 대해서도 동일하게 적용할 수 있다. 공업화에 처음 착수하는 어떤 후진국의 경우를 가상하여 보자. 이 나라는 공업화 이전의 단계에 있으므로 아직 근대화부문은 성숙되지 않은 상태이며 따라서 저축원천이란 전근대적 부문, 즉 농업이나 영세상업이 될 수밖에 없다. 그러나 소득은 낮고 소비성향은 높은 데다가 후진국일수록 급속한 공업화를 추구하게 되므로 국민의 자발적 저축에 의한 공업화자금의 조달은 거의 기대할 수 없다. 따라서 정부주도적인 강제저축이 불가피하다고 할 것이다.

그러나 경제개발이 어느 정도 진행되면 경제의 주도권은 공업을 중심으로 한 근대화부문이 장악하고 전통적 부문은 점차 위축되기 마련이다. 근대화부문에 대한 국민소득의 분배율은 계속 상승하여 자본공급의 주 원천은 차츰 전통 부문에서 근대 부문으로 옮아간다. 이러한 단계에 이르면 민간부문의 자발적 저축능력이 영세하나마 커지게 되고 따라서 자본동원의 기본과제는 어떻게 하여 이들 영세한 자금을 큰 덩어리 자금으로 집적하느냐 하는 것이 된다. 이 일은 정부보다도 은행이 효율적으로 할 수 있으며 그래서 자금공급의 주도역할은 은행이 맡기에 이른다.

그러나 경제발전이 더 성숙하게 되면 기업은 그 규모가 커지고 저변이 확대한다. 기업이 커짐에 따라 기업의 이윤과 사내유보(社內留保)가 증대하고 기업의 타인자본의존도 상대적으로 감소한다. 근로자는 월급을 받아서 소비하는 소비주체로 정착되고 자본축적은 기업 스스로가 주도하기에 이른다. 이 단계에서 자본공급자로서 정부의 기능은 완전히 퇴색하고 은행은 기업에 자금을 공급하지만 장기설비자금보다도 상업금융에 중점을 두게 되며 기업의 투자자금은 은행대부보다도 사내유보나 주식 또는 회사채 시장에서 조달하게 된다.

2. 영국의 자본축적과정[2)]

2-1 농업부문의 원시축적

토인비(Arnorld Toynbee)의 분류에 따르면 영국의 **산업혁명**(Industrial Revolution)은 1760년경부터 시작되었다. 이 때만 하더라도 영국의 인구는 정체상태에 있었으며 농업에 절대적으로 의존하고 있었다. 1688년 현재 영국 전체인구의 88%가 농업에 종사하고 있었다.

산업혁명에 진입하기 전후의 영국을 보면 17세기 초부터 식민지개척을 중심으로 한 **상업혁명**이 있었고 17세기 후반부터 **종획운동**(Enclosure Movement)이 일어나 18세기 전반까지 **농업혁명**이 있었으며 그 다음 18세기 후반부터 산업혁명이 시작되었는데, 이 산업혁명은 18세기 후반에는 교통혁명으로 주도되고 19세기 초부터 제조업이 이를 주도하기에 이르렀다. 영국 공업화를 선도한 제조업은 18세기까지는 양모공업이었으며 19세기부터 비로소 면방공업이 주도적 비중을 점하게 되었다.

산업혁명에 필요한 자금공급은 무역과 농업이 담당하였으며 특히 농업부문의 원시축적은 절대적인 역할을 담당하였다. 영국의 농업혁명은 산업혁명 이전(1650~1750)에 있은 제1차 농업혁명과 산업혁명 이후(1815~1880)에 있은 제2차 농업혁명이 있다. 제1차 농업혁명은 종획운동(綜劃運動)을 통하여 공업화의 자금을 마련하는 것이었고 따라서 산업혁명을 가능케 한 원인인 데 대하여, 제2차 농업혁명은 비농업의 발전으로 인하여 농공간의 생산성 격차가 확대됨에 따라 이를 농업이 따라가기 위하여 농업

2) 영국의 자본축적과정에 대한 개괄적인 참고문헌으로서는 Arnold Toynbee, *The Industrial Revolution,* Beacon Press, Boston, 1968; Christopher Hill, *Reformation to Industrial Revolution,* Penguin Books, 1971; M. W. Flinn, *Problems and Perspectives in History: The Origins of the Industrial Revolution,* Longmans; R. M. Hartwell, *The Cause of the Industrial Revolution in England,* Methuen & Co., Ltd., 1967 등 참조.

의 기계화와 완전한 자본주의화를 실현한 것으로서 이것은 산업혁명의 결과라고 이해할 수 있다. 그러면 제 1 차 농업혁명에 국한시켜 농업의 역할을 보기로 하자.[3)]

영국의 종획운동은 17 세기 후반부터 시작하여 19 세기 초까지 백여 년에 걸친 농업의 자본주의화 운동이라 할 수 있다. 이 운동은 농지합병을 통한 농업경영의 대단위화, 농경지의 목장화, 즉 식량농업의 원료농업화, 근대적 생산방법과 자본의 투입을 통한 생산성의 근대화, 토지에 대한 근대적 소유권제도의 확립 등으로 그 특징을 요약할 수 있는데 이 운동이 일어나게 된 계기는 다음 세 가지로 요약된다.

첫째로, 16 세기 후반부터 중상주의가 휩쓸고 있던 영국은 식민지 개척에 한창 열을 올리고 있었으며, 이는 특히 1651 년의 **항해조례**(The Navigation Act)를 계기로 그 절정을 이루었다. 이러한 중상주의적 무역과 식민지 개척을 통하여 영국에는 막대한 금은화폐가 유입되었으며 이 때문에 특히 17 세기 후반에 영국은 격심한 인플레이션을 겪게 되었다. 이 인플레이션은 특히 농산물 가격과 지가(地價), 그리고 지대 등을 크게 상승시켰다. 이로 인하여 토지에 대한 투자유인이 커진 한편 중상주의적 무역과 식민지수탈을 통한 **저축자금**(금은화폐의 유입)은 팽배한 상태에 있어서 토지의 매입 및 합병붐이 일어나게 되었다.

둘째로, 토지에 대한 근대적 소유권이 확립된 점이다. 16 세기 전반만 하더라도 영국의 농지소유관계는 완전히 봉건적 체제하에 있었다. 즉 거의 대부분의 토지는 왕실소유(Crown Land)였으며 지방토후(지주)는 그 관리자였으며 경작농민은 지대를 토후(土侯)에게 지불하고 소작을 하고 있었다. 그리하여 이 당시 왕실수입의 대부분은 지대가 차지하였다. 그러나 1542 년부터 4 년간 계속된 영프전쟁(英佛戰爭)의 전비 때문에 왕실소유토지는

3) 영국의 자본축적에 있어서 농업의 역할에 대해서는 다음 문헌을 참조할 것. A. H. John, "Agricultural Productivity and Economic Growth in England, 1700~1760," *The Journal of Economic History,* March 1965; F. M. L. Thomson, "The second Agricultural Revolution 1815~1880," *The Economic History Review,* April 1968; E. L. Jones, "Agriculture and Economic Growth in England, 1660~1750," *The Journal of Economic History,* March 1965; J. D. Chambers, "Enclosure and Labor Supply in the Industrial Revolution," *The Economic History Review,* 1952.

민간에게 매각되기 시작하였으며 이로써 민간 지주는 명실공히 토지에 대한 근대적 소유권을 가지게 되었다. 이렇게 근대적 토지소유제도가 확립됨에 따라 돈이 있는 사람은 앞을 다투어 토지의 매입합병에 나서게 된 것이다.

끝으로, 농업구조의 변혁을 촉진한 여건의 발전이다. 당시 영국의 농업은 식량농업이 주종을 이루고 있었으나 식민지와의 교역이 확대됨에 따라 영국은 식량을 생산하는 식민지의 농업과 심한 경쟁관계에 놓이게 되었다. 한편 당시 영국의 공업을 선도한 양모공업이 성장하고 양모수출이 급증함에 따라 양모의 수익성은 식량을 훨씬 능가하게 되었다. 이는 18세기 전반 양을 기르는 목장농지값이 식량생산농지보다 3배나 비쌌다는 사실로도 알 수 있다. 그리하여 대규모의 양목지(羊牧地)를 확보하기 위하여 식량농지는 목장으로 바꾸고 부근의 땅은 매입하여 합병하고 휴한지(休閑地)와 황무지는 새로 목지화하는 등의 운동이 일어나게 된 것이다.

그러면 종획운동은 영국의 산업혁명에 어떻게 공헌하였는가.

첫째로, 막대한 농업잉여축적을 가능케 하였다. 그리고 이는 농업생산성의 급격한 상승과 생산소득의 대지주 집중이라는 두 가지 경로를 통하여 달성하였다. 종획운동을 계기로 농업의 생산성은 급격히 증가하였는데 그 원인을 보면 대규모화에 따른 규모의 경제, 거액의 자본투입에 따른 생산방식의 자본집약화, 휴한지 및 황무지의 활용과 새로운 윤작방식(輪作方式)의 채택, 양모가격 상승에 따른 높은 수익성 등을 들 수 있다. 한편 분배면에서는 지대가 크게 오르고 농업로동자의 임금은 크게 하락함으로써 농업의 원시축적은 촉진되었다.

둘째로, 농업이 원료농업으로 전환됨으로써 주력공업인 양모공업을 뒷받침한 점이다. 당시 영국의 상품수출은 양모 및 그 제품이 주축을 이루고 있었는데 종획운동이 아니었다면 양모공업의 발전은 불가능하였을 것이다.

끝으로, 자유노동자를 배출함으로써 도시의 공업부문에 노동력을 공급한 점이다. 농민들은 양에 쫓겨나 그 일부는 농업노동자화하고 그 일부는 도시공업부문의 노동자로 전환됨으로써 당시 영국은 생존임금수준에서의 무한한 노동공급이 가능하였던 것이다.

2-2 원시축적과 무역

영국공업화에 있어서 무역의 역할은 그 특징을 (i) 중상주의적 상업이윤 축적을 통하여 영국의 잠재저축(潛在貯蓄)을 증대시키는 데에는 기여한 바가 크나 소비재를 투자재로 교환함으로써 잠재저축을 투자로 전환시키는 기능은 거의 하지 못했다는 점, (ii) 무역을 통한 상업이윤의 축적은 산업혁명 자체보다도 농업혁명(종획운동)의 직접적인 계기가 되었다는 점, (iii) 잠재저축의 축적에 있어서는 농업보다 상업(무역)이 시간적으로 선행하였지만 그 규모에 있어서는 농업부문만큼 중요하지는 않았다는 점 등을 지적할 수 있다.[4)]

영국의 산업혁명기를 전후한 무역의 성격은 아래와 같이 다섯 개의 단계로 나누어 볼 수 있다.

제 1 기(1600 이전): 북유럽시장을 상대로 한 보따리 포목상형 무역
제 2 기(1600～1650): 남유럽시장을 주로 한 보따리 포목상형 무역
제 3 기(1650～1700): 식민지에 대한 노레거래·재수출·중계무역(中繼貿易) 등의 독점무역
제 4 기(1700～1780): 식민지에 대한 국내제조업 생산물의 독점수출
제 5 기(1780 이후): 세계시장에 대한 국내제조업 생산물의 수출

이 분류에서 보는 바와 같이 영국이 무역면에서 중세사회를 탈피하기 시작한 것은 농업의 경우에서와 같이 1650년경이라 할 수 있으며 그 문을 연 것이 **항해조례**(1651)라고 볼 수 있다. 항해조례(航海條例)는 모든 식민지로 하여금 종주국인 영국과만 거래하도록 하는 한편 영국 선박만을 이용하도록 강제함으로써 국가권력이 표면에 나서서 제해권(制海權)과 무역독점권을 선언한 것이다. 그 뒤 1652년의 자메이카(Jamaica) 취득으로 그 곳에 노예무역의 근거지를 구축함으로써 독점적 상업이윤을 쌓을 발판을 완

4) 영국의 자본축적에 있어서 무역의 역할에 대해서는 다음 문헌을 참조할 것. L. C. A. Knowles, *The Industrial and Commercial Revolutions in Great Britain during the Nineteenth Century,* Augustus M. Kelley Publishers, New York, 1968; Ralph Davis, "English Foreign Trade, 1700～1744," *The Economic History Review,* Second Series, 1962, p. 283.

성하게 되었다.

그러나 항해조례 이후 산업혁명까지의 1세기 동안 영국무역은 식민지를 상대로 한 중계무역과 노예무역이 지배적이었다. 노예무역은 아프리카에서 노예를 매입하여 서인도의 자메이카에서 매각하는데 그 이윤율은 한때 5배에 이르러 큰 상업이윤의 원천이었다. 상품무역은 18세기 말까지 중계무역 또는 재수출이 지배적이었으며 이는 총수출의 30% 이상을 점하고 있었다. 국내생산물의 직수출은 18세기 말까지 양모제품 · 철광 · 면방제품 등의 순서로 대표되었으나 그 규모는 크지 않았으며, 다만 양모제품이 총수출의 약 25%로서 비교적 큰 비중을 점하였다. 그리고 수입품으로서는 금괴 · 사치품 · 원료 등이 대종을 이루었다.

이와 같은 무역은 18세기 말까지 식민지무역이 중심이 되어 왔다. 예컨대 총수입 중 식민지로부터의 비중은 1700년의 33%에서 1772년에는 60%로 늘었으며 영국은 식민지에 대하여 수출입품목까지 지정하는 독점적 위치에 있었다. 그리하여 식민지는 영국에 대한 원료공급지로서, 상품시장으로서, 그리고 노동력의 공급지로서 활용된 것이다. 상품무역의 증가추세를 보면 1700~1780년의 80년 동안 2배의 증가에 불과하였으며 1780년 이후의 20년간에 3배의 증가를 기록하였다. 이것은 일본의 공업화초기에 해당하는 1880~1913년간 매 10년마다 배증하였던 일본의 무역과 비교해 볼 때 크게 대조되는 점이다.

이와 같이 볼 때 영국의 산업혁명에 대한 무역의 역할은 중계무역과 노예무역을 통하여 상업이윤 축적을 쌓음으로써 저축을 확대하는 데 기여하였으나 무역의 역할은 비교적 소극적이었다고 말할 수 있다. 영국무역의 이와 같은 성격은 최선두주자(最先頭走者)라는 여건에서 규정된 것인데, 즉 당시의 국제교역량은 크지 않았다는 점과 당시 영국은 최선두주자였기 때문에 영국에 투자재를 공급할 수 있는 나라가 없었다는 점 등을 지적할 수 있다.

2-3 저율의 투자

이미 본 바와 같이 산업혁명기의 영국은 주로는 농업잉여에서 다음으로는 상업이윤을 통해서 막대한 양의 저축(원시축적)이 쌓이게 되었다. 이러한 저축은 처음에는 상업자본이나 금융자본, 농지에 대한 재투자, 재고축적 등 원시적인 용도에 투입되었으나 얼마 안 가서 이러한 투자시장은 한계에 이르고 남아도는 잠재저축들은 그 이외의 새로운 투자시장을 찾지 않을 수 없게 되었다.

그러나 이 자금이 근대화부문의 투자로 전환하는 데 있어서는 투자시장의 협소와 투자재 공급부족이라는 애로에 당면하게 되었다. 이 때문에 잠재저축은 투자로 연결되지 못하고 대기성자금 또는 유휴자금으로 남게 되었다. 이러한 현상이 18세기 전반에 농산물의 공급과잉과 농산물가격의 폭락을 가져왔던 것이며, 농산물가격의 하락은 다시 잠재저축의 배분을 농업부문에서 비농업부문으로 이전시키고 투자재의 국내생산을 촉진하는 계기가 됨으로써 산업혁명을 촉발하였던 것이다.

이와 같은 경제여건의 진전으로 영국 산업혁명기의 투자는 다음과 같은 특징을 가지게 되었다.[5)]

첫째로, 산업혁명 초기 영국의 투자에 있어서의 애로는 투자 자금의 공급이 아니라 투자재의 공급부족과 투자시장의 세약이었다. 다시 말하면 저축이 문제가 아니라 투자해서 이익을 낼 만한 자리가 없다는 것이 문제였다. 자금 공급이 애로로 나타나기 시작한 것은 18세기 말부터였다.

둘째로, 정부나 은행이 투자자금의 공급자로서의 기능을 거의 수행하지 않은 점이다. 이는 민간의 저축이 충분하였기 때문이며 따라서 투자는 민간기업이 자기자금으로 조달하고 은행은 장기시설자금을 거의 취급하지 않고 단기상업금융만을 취급하였다.

---

5) 산업혁명기를 전후한 영국의 투자에 대해서는 Sidney Pollard, "Fixed Capital in the Industrial Revolution in Britain," *The journal of Economic History,* September 1964; Phillies Deane, "Capital Formation in Britain before the Railway Age," *Economic Development and Cultural Change,* Vol. IX, Part II, 1961 등을 참조.

셋째로, 투자흡수능력(投資吸收能力)의 부족 때문에 충분한 잠재저축에도 불구하고 투자율은 매우 낮았으며 성장률 또한 낮아서 영국의 공업화 과정은 점진적이고 보다 오랜 시간을 소요한 특징을 갖게 되었다. 대체로 18세기중 투자율은 5~6%에 불과하였으며 1인당 소득증가율은 1~2%에 그쳤다.

끝으로, 잠재저축이 남아도는 여건 위에서 공업화를 시작한 영국은 처음부터 자본을 수출하였다는 점이다. 자본수출은 17세기 초부터 시작하였고 대상국은 주로 식민지였다. 이 점은 뒤에서 보는 바와 같이 공업화 초기에 외자를 수출도 수입도 하지 않은 일본의 경우나 또는 외자도입에 크게 의존한 우리 나라의 경우와 좋은 비교가 된다.

3. 일본의 자본축적과정

3-1 농업잉여와 정부의 역할[6)]

일본의 공업화는 1868년 메이지유신(明治維新)으로 문을 열었다. 이는 영국보다 백 년이 늦은 것이다. 이 당시 일본은 구미의 선발국보다는 늦었지만 일본의 주변에 있는 아시아에서는 가장 먼저 공업화에 들어갔다는 점에서 중간주자라고 할 만하다. 따라서 일본은 낙후된 주자가 갖는 장단점과 선발주자가 갖는 장단점을 함께 가지고 공업화를 진행했으며 이러한 역사적 여건이 일본 공업화의 독특한 성격을 규정하게 된 것이다. 그러면 먼저 농업의 역할부터 보기로 하자.

6) 일본의 공업화과정에 관한 개괄적인 문헌으로는 William W. Lockwood, *The Economic Development of Japan,* Princeton University Press, 1968; *The State and Economic Enterprise in Japan,* Princeton University Press, 1965. 그리고 특히 공업화에 있어서 농업의 역할에 대한 문헌은 Kazushi Ohkawa and Henry Rosovsky, "The Role of Agriculture in Modern Japanese Economic Development," *Economic Development and Cultural Change,* October 1960; Gustav Ranis, "The Financing of Japanese Economic Development," *Economic History Review,* Vol. X, No. 1, 1958.

첫째로, 공업화에 필요한 자금을 농업이 공급했다는 점은 영국이나 일본이나 다를 바 없다. 그러나 일본의 경우는 농업잉여축적(農業剩餘蓄積)이 영국보다 훨씬 불충분하였다는 점과 영국에서는 농업혁명이 공업화에 선행하였는 데 대하여 일본의 경우에는 동시적으로 병행되었다는 점이 근본적으로 다르다. 이와 같은 일본 농업의 특징은 일본이 영국보다는 낙후된 주자이기 때문에 농업부문에서 원시축적이 충분히 성숙될 때까지 공업화를 기다릴 시간적 여유가 없었고 일본의 농업잉여축적은 영국에 비하여 훨씬 어려운 여건에 있었다는 점 등으로 설명될 수 있다.

이 당시 일본의 농업은 국민소득의 대부분을 점하고 있었다. 1880년 GNP의 64%가 농업이었다. 그러나 인구는 이미 1877년에 3천6백만 인에 이르러 영국의 공업화 단계에 비하여 무거운 인구 압력을 지고 있었다(영국의 인구는 1777년에 480만 인). 이 때문에 일본 농업은 가족 노동에 의한 영세생계농업(零細生計農業)의 형태로 남아 있었으며 따라서 영국에서와 같이 막대한 양의 농업잉여축적은 불가능하였다.

둘째로, 영국의 경우와는 달리 일본의 농업잉여축적은 봉건적 소작제도와 영세적인 생계농업의 틀 안에서 주로 노동집약을 통한 토지생산성의 증대로 이룩했다는 점이다. 영국의 경우처럼 농지의 대단위화운동이나 양에 쫓겨나는 이농대열(離農隊列)을 일본에서는 경험하지 못하였다. 영국의 종획운동은 소작제도를 붕괴시키고 그 대신 자본주의적 대단위 영농방식을 도입하는 농업구조의 혁명이었으며 이러한 구조변혁을 통하여 농업노동의 생산성을 높이고 농업잉여를 창출하였던 것이다. 그러나 일본의 경우는 전농지(全農地) 중 소작지의 비중이 1883년의 37%에서 1930년에는 48%로 증가하여 봉건적 소작제도는 오히려 강화되는 경향을 보였으며 이러한 농지의 영세화와 전통적 농업구조 아래서 공업화를 위한 자금을 농업부문에서 창출해 내야 한다는 어려운 여건을 안고 있었던 것이다.

이러한 특수 여건 아래서 일본의 농업이 인구증가율을 넘는 성장률을 나타낸 것은 1868년 메이지유신으로 국토가 통일되고 중앙집권적인 근대국가가 수립되면서부터였으며 농업생산력의 증대는 정부와 지주의 공동노력에 의해서였다. 즉 지주는 농지에 대한 재투자를 통하여 관개·수리·농지보전 등 농지개선을 담당하였고 정부는 종자개선·비료공급·신기술도입 등 노동집약적 기술개발과 지적정리, 근대적 소유권제도의 확립 등 제도적 개선을 통하여 농업의 근대화를 지원하였다.

1880~1915년의 35년간을 보면 일본 농업의 부가가치는 121%가 증가하여 연평균 2.3%씩 성장하였으며 인구는 해마다 0.8~1.3%씩 늘었다. 이 기간중 호당 경지면적은 약 1정보(1정보는 3천 평)에 불과하여 일본의 농업축적이 우리 나라와 같은 영세규모하에서 이루어졌음을 볼 수 있다. 한편 이 기간중 경지면적은 35%의 증가에 그쳤으나 토지생산성은 80%, 노동생산성은 136%나 증가한 사실은 일본 농업의 성장이 농지의 확대보다 기술혁신을 통한 농지의 집약적 경영에서 이루어졌음을 설명하는 것이다. 농업인구의 추이를 보면 전기 35년간에 7%가 오히려 감소하였는데 영국의 농업인구 감소가 종획운동(綜劃運動)에 의하여 강제적으로 그리고 급속도로 이루어진 데 반하여 일본의 경우는 농업인구의 감소가 공업화의 부산물로서 이루어졌으며 따라서 무리 없이 점진적으로 진행되었다는 점이 다르다.

셋째로, 특기해야 할 사실은 농업잉여의 **흡수기구**(Siphon-Off Mechanism)로서의 정부역할이다. 일본의 경우 정부가 농업생산 증대에 중요한 역할을 수행하였다 함은 이미 보았거니와 증가된 농업소득의 소비화를 막고 이를 저축으로 동원함에 있어서 정부의 역할은 특히 중요하였다. 이 점은 농업생산의 증대나 농업소득을 저축으로 동원함에 있어 정부가 전연 개입하지 않은 영국의 경우와 크게 대조된다.

영국의 경우 농업생산 증대는 종획운동이라는 구조혁명을 통해서 이루어졌고 농업잉여는 주로 지주의 이윤이 주축을 이루었고 이에 정부는 개입하지 않았다는 사실은 이미 본 바 있다. 그러나 일본의 경우는 농업구조가 전통적인 영세규모의 생계농업인 데다가 농업성장률은 인구증가율을 1~2%밖에 넘지 못하였다. 이러한 환경 아래서 농업잉여를 짜내는 흡수기구로서 일본에서는 조세와 지대가 두 개의 축을 이루고 있었으며 특히 정부의 역할은 가장 중요하였다.

먼저 정부의 역할은 농업부문으로부터 많은 직접세(지세)를 거둬서 이

[표 4-2] 일본 조세수입과 농업

	조세총액 중 %		소득에 대한 담세율 %	
	지 세	비농업소득세	농 업	비 농 업
1888～1892	85.6	2.4	15.5	2.3
1898～1902	63.2	7.8	12.1	3.2
1908～1912	42.9	18.3	12.5	6.4
1918～1922	18.3	47.4	9.2	5.4
1928～1992	15.8	42.9	9.7	4.3

자료: Kazushi Ohkawa and Henry Rosovsky, "The role of Agriculture in Modern Japanese Economic Development," *Economic Development and Cutural Change*, October 1960.

[표 4-3] 일본 공업화단계의 재정지출구조 (지방재정 포함, 총지출에 대한 %)

	1880	1890	1900	1910	1960 (참고)
행정 및 사회사업	84.6	79.5	75.6	83.8	56.0
경 제 사 업	15.4	20.5	24.4	16.2	44.0
농 업	4.3	4.4	3.7	3.5	31.0
비 농 업	11.1	16.1	20.7	12.7	13.0
(운 수 및 통 신)	(9.3)	(15.4)	(18.3)	(11.0)	(9.8)

자료: *Ibid.*

것을 세출을 통하여 비농업부문으로 이전시키는 것으로 요약된다. 이것은 농민의 소비를 강제로 감축시킨다는 뜻과 자원을 전통적 부문으로부터 근대화 부문으로 옮긴다는 두 가지 의미를 갖는다.

이러한 관계는 [표 4-2]와 [표 4-3]이 잘 나타내고 있다. 먼저 [표 4-2]를 보면 (i) 일본의 공업화 초기에 있어서 조세구조는 직접세 중심이었다는 점, (ii) 총조세수입의 대부분을 농업이 부담하였다는 점, (iii) 같은 소득수준이라도 농업부문의 담세율이 비농업부문보다도 훨씬 높았다는 점 등을 알 수 있다. 다만 이러한 현상이 시간이 지남에 따라 점점 약화되고 있음을 볼 수 있는데(예컨대 총조세수입 중 농지세의 비중이 1888～1892년의 85.6%에서 1928～1932년에는 15.8%로 감소) 이것은 뒤에서 보는 바와 같이 공업화에 있어서 농업의 지원력이 점점 감소하였음을 나타내는 것이다.

그러면 이렇게 농업으로부터 거둬들인 조세수입을 어떻게 썼는가 하는 것을 [표 4-3]에서 보기로 하자. 이 표에서 재정세출을 보면 (i) 정부는 농업부문으로부터 총세입의 70~80%를 징수하였으나 농업에 대한 직접적 세출은 4% 내외에 불과하여 재정을 통한 부문간의 자원이전을 볼 수 있으며, (ii) 정부의 투자지출은 주로 운수 및 통신 등 사회간접자본이었음을 볼 수 있고, (iii) 공업화의 초기와 1960년을 비교해 본다면 농업은 공업을 지원하는 산업에서 공업으로부터 지원을 받는 산업으로 바뀌었다는 사실을 엿볼 수 있다.

그러면 농업잉여축적에 지대는 어떠한 구실을 하였는가? 일본의 농업은 공업화과정에서도 소작제도가 확대되었음을 이미 말한 바 있다. 일본의 지대는 인구압력의 영향을 받아 영국에서보다도 더욱 높았으며 이러한 고율의 지대는 공업화과정에서 계속되었다.

이를 [표 4-4]에서 보면 1878년부터 1932년까지 소작농의 순생산물은 대체로 50~60%를 지대로 바쳤으며 소작농의 소득으로는 20~30%가 분배되었다.

그러면 지주는 이 지대수입으로 무얼 했느냐가 문제이다. 지주는 토지에 대한 재투자를 통하여 농업생산력을 증대시키고 한편 일부의 지주는 재벌로 성장하여 근대적 은행의 설립, 근대적 기업에의 참여 등을 통하여 토지자본을 산업자본화함으로써 공업화의 일익을 담당하게 되었다.

이상에서 일본 공업화와 농업의 역할을 살펴보았거니와, 끝으로 유의해야 할 사실은 공업화에 있어서 일본 농업의 역할이 공업화단계에 따라

[표 4-4] 일본 소작농의 소득분배 (순생산액에 대한 %)

	지 대	조 세	소작농 소득	계
1878~1882	60.4	16.9	22.7	100.0
1898~1902	50.7	12.1	37.2	100.0
1928~1932	57.9	9.7	32.4	100.0

자료: G. Ranis, "The Finacing of Japanese Economic Development," *Economic History Review*, Vol. X, No. 1, 1958.

서 크게 변동하였다는 점이다. 이런 점에서 볼 때 일본의 농업은 제 1 기(1868~1900), 제 2 기(1901~1918) 및 제 3 기(1919 이후)로 나누어 볼 수 있다. 제 1 기는 일본 공업화의 초기에 해당하며 이 시기에 농업은 공업화에 필요한 자본과 외화의 공급자로서 적극적인 역할을 수행하였다. 이미 본 바와 같이 농업은 재정수입의 대부분을 맡았으며 필요 외환의 주요 공급원이었다. 한편 공업화의 속도는 그다지 높지 않았기 때문에 일본의 공업화는 이러한 농업의 지원력만으로도 족하였다.

제 2 기는 농업이 공업화에 있어 거의 중립적인 역할을 수행한 시기이다. 이 기간에 들어서서 일본의 농업은 수확체감의 현상이 뚜렷해져서 농업생산의 증가율이 둔화되고 한편 인구는 계속 증가하여 19 세기 말을 전후하여 일본은 농산물수출국에서 수입국으로 반전하게 되었으며 농업잉여도 차츰 감소하게 되었다. 이리하여 이 단계에서 일본 농업은 공업화를 지원하지도, 공업부문에 의존하지도 않는 소극적인 지위로 변하게 되었다. 한편 일본의 공업화는 이 시기에 한층 가속화하게 되었으므로 공업화의 계속 추진을 위해서는 농업 이외의 다른 지원을 절대 필요로 하였다. 이처럼 일본 농업이 이 이상 공업화를 지탱할 수 없게 되자 이를 대체할 힘을 찾기 시작하였던 것이니 이것이 뒤늦게 나선 일본의 식민지개척과 외자도입이었다. 1905 년의 일러전쟁(日露戰爭)을 시점으로 한 한국과 중국에 대한 일본의 침략정책은 이러한 역사적 배경에서 이루어진 것이다. 또한 일본이 외자에 대한 쇄국정책을 버리고 1905 년경부터 외자를 도입하기 시작한 것도 이 때문이다.

제 3 기는 대체로 제 1 차 세계대전 이후가 해당된다고 보겠는데 이 때에는 농업이 비농업으로부터 오히려 지원을 받는 입장에 서게 된 것이다. 즉 공업은 성장이 높을 뿐 아니라 그 스스로 커갈 수 있는 힘을 가진 반면, 농업은 성장이 상대적으로 정체하여 농공이중구조(農工二重構造)는 크게 확대된 것이다. 그래서 농업이 공업으로부터 오히려 지원을 받는 위치에 놓이게 된 것인데, 예를 들면 이중곡가제에 의한 농산물가격 보조, 고용기회의 증가와 농촌의 부업소득 증가, 농업생산에 대한 금융 및 세제면의 특혜 등을 지적할 수 있다.

3-2 일본의 무역과 자본축적[7)]

무역이 경제성장에 공헌하는 데는 두 가지 경로가 있다. 그 하나는 소득증대를 통해서 저축을 늘리는 것이며 다른 하나는 투자재와 기술을 공급함으로써 잠재저축을 투자로 연결시키는 기능이다. 영국의 경우 무역의 역할이 주로 전자에 국한되었던 데 비해서 일본의 경우에는 주로 후자의 경우가 지배적이었음이 특징이라 하겠다. 즉 일본의 무역은 자본재를 공급하고 선진 과학과 기술을 국내에 소개함으로써 공업화에 점화제 역할(Catalytic Role)을 수행하였는데 이것은 일본이 서구제국보다 낙후된 주자로서 갖는 이점이었다고 할 것이다. 이러한 일본 무역의 역할을 요약하면 다음과 같다.

첫째로, 일본의 무역은 소비재를 투자재로 교환함으로써 농업부문에서 흡수해 낸 잠재저축을 투자화하는 데 결정적 역할을 담당하였다. 투자재와 기술의 국내공급이 부족하고 국내시장이 좁은 일본의 공업화는 처음부터 투자재와 기술을 해외에 의존해야 했을 뿐 아니라 공업화에 따른 제품의 판로도 해외에 의존치 않을 수 없는 여건이었으며 이를 담당한 것이 곧 무역이라고 할 수 있다. 일본의 무역은 공업화가 시작된 1860년대부터 사실상 시작되었는데 수출품은 거의 전부가 1차 산품이고 수입품은 그 중 40% 완성재 형태로서의 투자재였다. 수출품의 대종은 생사였으며 총수출액 중 생사의 비중은 1860년대에는 40% 이상이었고 1910년대에도 30%를 상회하였다. 수입투자재는 주로 통신 및 철도시설 자재와 공장건설용 기계류로 구성되고 있었다.

둘째로, 일본의 무역은 영국이나 미국의 경우와 비교하여 훨씬 빠른 속도로 확대되어 왔으며 공업화의 초기부터 수출입이 균형을 이루고 있었다. 1880년 이후 약 30년 동안 일본 무역의 확대율은 연평균 7.5%였으며 GNP에 대한 수출의 비율은 1886년의 5%에서 1900년의 12%, 그리고

7) Kokichi Asakura, "The Characteristics of Finance in the Meiji Period," *The Developing Economies*, June 1967; William W. Lockwood, *op. cit.*, 1968, chapter 6 등을 참조.

1935년에는 21%로 각각 증가하였다. 그리고 이 기간중에 경상수지(經常收支)가 균형을 이루고 있었다는 사실은 외자도입이 없었음을 말하는 것이며 이 점은 우리 나라의 경우와 대조를 이루는 점이라 하겠다.

끝으로, 무역에 의해서 공업원료가 도입되고 선진국의 과학과 기술, 그리고 경영기술 등이 도입되어 공업화에 추진력이 되었다는 점이다. 일본은 자원부족국으로서 많은 자원을 외국에 의존하지 않을 수 없었다. 예컨대 당시 일본 공업의 주력은 방직업으로서 전체 제조업생산 중 방직공업의 비중은 1874년에 16%, 1912년에는 52%에 달하였으나 생사(生絲)를 제외한 원료는 해외에 의존치 않을 수 없었고 철광의 경우에도 이 당시 자급률은 20%에 불과하였다. 무역은 이러한 원자재부족을 해결하여 주었을 뿐 아니라 신기술의 도입도 가능케 하였다. 1876년 현재 서구에서 온 약 400명의 선진국 전문가들이 일본의 행정 및 사회제도의 개혁에 종사하고 있었고, 영국·프랑스·독일·미국 등 각국의 기술자들이 일본의 철도와 통신, 그리고 근대적 공장을 설계하고 건설하였던 것이다.

3-3 투자와 자금조달[8)]

먼저 경제개발의 사회적 추진력을 살펴볼 필요가 있다. 영국의 경우 산업혁명을 이끈 것은 식민지 개척에 나선 상인과 지주 등 순수한 민간자본가들이었다. 그리고 정부의 역할은 예컨대 항해조례를 통한 제해권(制海權)의 확보 또는 관세를 통한 국내산업의 보호 등 일부 제한된 후견인의 역할을 하였으나 자본축적, 투자배분 또는 투자주체로서의 기능은 전연 수행하지 않았다.

이에 대해서 일본의 경우는 정부와 민간자본가(재벌)가 서로 손을 잡

8) Henry Rosovsky, "Japanese Capital Formation: The Role of the Public Sector," *Journal of Economic History,* September 1959; Koichi Emi, "Long-term Movement of Capital Formation: The Japanese Case, 1968~1940," *The Developing Economies,* June 1967; Saburo Okita and Takeo Miki, "Treatment of Foreign Capital—A Case Study for Japan," in J. H. Adler(ed.), *Capital Movements,* St. Martin's Press, New York, 1967 등 참조.

고 제일선에서 경제근대화를 이끌었다는 점이 다르다. 그리고 경제근대화를 추진하게 된 계기는 선발공업화국으로부터의 자극에 의한 자각이며, 이 자각을 가장 절실하게 느낀 것이 곧 정부와 재벌이었다. 이런 점에서 일본의 정부와 재벌은 경제근대화의 엘리트였다고 볼 수 있다.

도쿠가와(德川) 봉건시대 아래서 꾸준히 성장해 온 일본의 상인들은 봉건제도와는 이익을 달리하는 신흥계급이었다. 그리하여 경제의 자본주의화를 추구하는 이들은 메이지유신에 있어서 자금을 공급하였으며 유신에 성공한 이후에도 계속 유신정권에 자금을 공급하고 이를 지원하였다. 그들은 이 대가로 국고대행(國庫代行)의 혜택과 독점상업이윤의 혜택(예컨대 지세로 거둬들인 현물의 독점거래권)을 얻고 상업 및 산업활동에 있어서 온갖 지원을 받게 되었다. 대부분의 일본 재벌은 이렇게 급성장한 상인들이 발전한 것이며 지주가 재벌로 전환된 경우는 매우 드문 일이었다.

이처럼 일본 경제의 근대화는 정부와 재벌간의 정경유착을 기본 축으로 하여 추진되었는데 이는 그 특징을 요약하면 (i) 정부가 소극적인 후견인의 범위를 넘어서서 자본을 동원하고 투자를 배분하며 투자활동을 실행하는 적극적인 역할을 수행함으로써 경제근대화를 제 1 선에서 이끌었으며, (ii) 농민으로부터 거둬들인 농업잉여를 재벌의 기업활동을 지원하는 방향에서 지출함으로써(특히 투자보조금 지출 등) 재벌로 하여금 경제근대화를 이끌게 하였고, (iii) 투자활동에 있어서 정부는 주로 교통·통신·항만 등 사회간접자본과 군사설비를 맡고 재벌은 공장건설 등 직접생산부문을 맡음으로써 분업을 이루었다는 점 등이다.

일본의 투자동향을 보면 NNP에 대한 투자율은 1900년경까지 9% 내외(군사설비를 제외하면 7~8%)였으며 그 후 계속 증가하여 1906~1920년간에는 평균 20%선(군사설비 제외 16%)에 이르렀다. 이는 영국의 공업화단계에 비해서는 높은 것이지만 예컨대 우리 나라의 1960년대 이후에 비하면 낮은 수준이라 할 수 있다. 이 가운데 정부투자의 총투자에 대한 비율을 보면 정부투자는 평균 50~70%(군사설비를 제외하면 30~40%)에 이르렀다. 정부투자는 주로 철도·도로·통신·항만·군사시설 등으로서 군사시설을 제외한 정부총투자 중 철도투자는 1870년대 이후 1940년대까지 평균

30~50%에 이르렀다.

여기서 특기할 만한 것은 은행의 역할이다. 일본의 은행은 도쿠가와시대의 상인인 미쓰이(三井)가 1869년에 은행을 개설한 이후 많은 재벌들이 은행을 설립하게 되었는데 모든 은행들이 재벌의 계열기업화함으로써 은행과 기업이 분리되지 않고 처음부터 동일체로 발전하였으며 은행이 영국의 경우처럼 상업금융만 취급하지 않고 중장기설비자금을 크게 취급하였다는 점이 특징이라 하겠다. 일본의 금융은 19세기 후반 이래 최근에 이르기까지 늘 자금부족(초과대출)에 허덕여 왔으며 이 때문에 1882년 중앙은행인 일본은행이 설립된 이후 시중은행은 중앙은행의 대출(재할인)에 크게 의존하여 왔다. 이런 점에서 일본의 중앙은행은 간접적으로 상업금융뿐 아니라 중장기투자금융도 지원했다는 특이성을 지니고 있다.

앞에서 본 바와 같이 일본은 농업부문으로부터의 강제저축이 가능하였고 은행의 투자금융조달 기능이 적극적이었기 때문에 일본의 공업화는 초기의 약 20년 동안 거의 전연 외자도입에 의존하지 아니하였다. 일본이 초기에 이처럼 외자의존이 없었던 다른 이유는 외자를 개방할 경우 일본 경제의 독립성을 유지할 자신이 없었던 데도 기인한다. 이러한 사실은 19세기 후반중 정책적으로 외국인의 투자나 민간인의 융자를 금지시키고 오직 정부공채의 해외매각이라는 형태만을 허용했던 점이 입증한다. 일본이 대량의 외자를 도입하고 외국인의 식섭투자, 기술도입, 민간의 융자 등을 허용한 것은 1905년의 러일전쟁 이후라 할 수 있는데, 그 원인으로서는 (i) 공업화의 속도는 가속되는 데 반해서 농업의 공업지원력은 없어졌다는 점, (ii) 러일전쟁에 따른 전비부담, (iii) 일본 경제의 독립성 유지에 어느 정도 자신을 갖게 되었다는 점 등을 지적할 수 있다.

4. 우리 나라의 자본축적과정

4-1 원시축적의 불가능성

한국이 본격적으로 공업화과정에 들어간 것은 군사혁명을 계기로 하여 1960년대부터라고 볼 수 있다. 한국의 경제발전에 있어서 1960년대와 1970년대는 초기적 발전단계로 볼 수 있다. 그래서 이 장에서 한국의 자본축적에 관한 연구는 1960년대와 1970년대를 대상으로 할 것이며, 특히 1960년대에 초점을 맞출 것이다. 이렇게 본다면 우리 나라는 일본보다도 약 백 년 뒤늦게 경제근대화에 진입하게 된 것이며 따라서 한국의 공업화과정은 가장 뒤늦은 주자의 특징을 그대로 반영하고 있다.

뒤떨어진 후발주자로서 한국이 갖는 여건상의 특징은 농업잉여의 축적이 불가능하다는 데 있다. 한국의 경우는 공업화에 뒤늦게 들어갈수록 공업화에 있어 농업의 역할을 기대하기 어렵다는 거셴크론의 주장을 실감나게 뒷받침한다고 볼 수 있다. 그러면 한국은 당초부터 왜 농업에서 잉여를 빼낼 수 없었던가?

첫째로, 과잉인구하의 영세생계농업이라는 농업구조를 들 수 있다. 호당 1정보 미만의 영세농업은 대가족제도하의 가족노동에 의해서 경작되었으며 이러한 영세성은 1950년의 농지개혁에 의하여 고착화되어 버렸다. 1950년대의 농가 호당 경지면적은 0.8정보(1정보는 0.992ha)였는데 이것은 미국·호주·캐나다 등이 대체로 200정보 내외, 유럽 나라들이 10~20정보 수준임을 생각할 때 그 영세성이 어느 정도인가를 짐작할 수 있다. 더구나 인구 압력은 훨씬 높아서 영국이나 일본의 공업화과정에서는 인구증가율이 1% 또는 그 이하였던 데 비해서 1950년대 한국의 인구증가율은 2.8%에 이르렀다. 이 결과로 농업은 많은 잠재실업을 안게 되었으며 따라서 농가의 생산물은 생산에 참여하지 못하는 잠재실업인구까지도 부양하지 않으면 안 되었다. 이리하여 농업의 잉여축적이나 영농의 상업화는 기대하기 어려웠다.

둘째로, 식량농업이라는 우리 나라 농업생산의 특징이다. 특히 쌀 농사는 공업원료 농업과 대비하여 볼 때 공업을 유발시키는 힘이 적고 생산의 기계화와 기술혁신이 어려우며 생산량은 오리려 강우량 등 천후조건에 의존하는 경향이 있다.

끝으로, 우리 나라 농업은 생산혁명에 앞서 소비압력이 크게 작용하였다는 점이다. 생산력에 앞서서 확대된 소비압력은 해방 후의 전시효과(展示效果), 소비수준에 대한 기대상승, 외국원조에 의한 막대한 식량 공급 등이 결합적으로 작용한 결과라고 볼 수 있다. 이와 같은 소비압력으로 인하여 농업잉여의 축적은 더욱 어렵게 된 것이다.

농업잉여의 축적문제, 나아가서는 경제개발에 있어서 농업의 역할은 그 나라 국민의 식생활을 해결하는 데 몇 %의 인구가 종사해야 하느냐 하는 것으로 집약해서 볼 수 있다. 예컨대 미국은 3%의 인구가 농업에 종사하여 나머지 97%의 인구를 충족시키고도 남아서 수출을 하고 있는데, 1950년대 우리 나라의 경우는 60%의 인구가 나머지 40%도 부양하지 못하고 식량을 수입해야 했었다는 사실은 우리 나라 농업구조의 특징을 단적으로 나타내는 것이다.

이러한 사실은 농업과 재정의 관계에서도 엿볼 수 있다. 일본이 공업화 과정에서 세수(稅收)의 대부분을 농업에 의존하고, 세출은 대부분을 비농업부문에 투입했다는 것을 앞에서 보았거니와 우리 나라의 경우는 이와 반대의 경향을 나타냈다. 즉 세수총액 가운데 농지세 또는 농업소득세의 비율은 1958년 12%, 1964년 7%, 1967년 2% 등으로 매우 적고 농업부문에 대한 재정지출은 농업부문으로부터의 세수보다 계속 초과하였다. 이러한 사실은 우리 나라 농업이 공업화의 초기부터 공업화를 지원하는 부문이 아니라 오히려 비농업부문으로부터 도움을 받는 산업이었으며 농업의 발전이 공업화에 선행하거나(영국의 경우) 병행하거나(일본의 경우)하지 못하고 오히려 공업화의 결과로서 후행하는 기본성격을 가질 수밖에 없음을 나타내는 것이다.

이와 같이 한국의 농업은 영세농업, 식량농업, 가족노동농업, 생계농업

등의 특징을 가지고 있으며 이 때문에 저생산성과 저저축의 악순환을 되풀이하여 왔다. 영국은 종획운동이라는 구조혁명을 통해서, 일본은 구조혁명은 불가능했지만 농지세에 의한 정부의 강제저축으로 각각 농업에서 공업화자금을 마련하였다는 사실을 앞에서 보았다. 그러나 한국의 농업은 그 어느 것도 불가능하였으며, 이 때문에 한국 공업화과정에서 농업의 역할은 매우 소극적일 수밖에 없었던 것이다.

지금까지 우리는 한국의 공업화과정에 있어서는 자금원으로서 농업잉여를 거의 기대할 수 없었다는 사실을 보았다. 그러면 이러한 여건을 가진 우리 나라는 공업화의 자금을 어떻게 조달할 수 있었던가? 이에 대한 해답으로는, 첫째로 공업화는 농업잉여 대신에 외자에 의해서 주도되었으며 국내저축은 오히려 보족적 역할을 수행하였다는 점, 둘째로 국내저축은 강제저축과 수출이 두 개의 지주가 되어 왔다는 점 등을 지적할 수 있다. 그러면 아래에서는 이들을 차례로 살펴보기로 하자.

4-2 외자로 주도된 공업화

농업부문에서의 원시축적이 불가능한 여건에서 한국의 경제개발이 외자에 주도되어 시발되었다는 것은 불가피하고도 당연한 일이었다. 국내자본이 축적되어 있는 나라의 외자도입은 외자도입이 수반하는 여러 가지 부정적인 영향을 대가로 치르고 그 대신 개발속도를 더 높이자는 뜻이 있지만, 우리 나라처럼 공업화에 필요한 국내자본의 축적이 없는 경우의 외자도입은 외자를 도입해서 경제개발을 시작할 것인가 아니면 경제개발을 포기하고 외자도 도입하지 말 것인가 하는 극한적인 선택의 문제가 된다. 그래서 한국의 경제개발 노력은 외자도입을 극대화하도록 유도하는 것으로부터 시작되었다. 그러면 경제개발의 초기에 외자도입을 촉진하기 위하여 어떻게 했는지를 보기로 하자.

① 외자도입을 촉진하기 위하여 정부는 외자도입자에게 지급보증(支給保證)을 해 주었을 뿐 아니라 외자도입에 의한 수입은 면세의 특혜를 주었다. 또한 낮은 환율(원화의 고평가)을 계속 유지함으로써 외

자도입자의 상환부담을 작게 하였다.

② 외국인의 직접투자를 늘리기 위해서 직접투자를 위한 수입에 면세하고 외국인투자기업의 생산활동에 대하여 소득세와 재산세 등을 면세하고 과실송금을 보장하였다.

③ 외자에 의한 투자사업을 촉진하고 보호하기 위하여 소요내자를 금융자금이나 재정자금으로 지원하고 동종상품의 수입을 금지 또는 관세로 보호하였다. 또한 공장입지(工場立地)에 대한 도로·철도·항만·상하수도 등 사회간접자본을 정부가 공급함으로써 투자비용을 경감시켰다.

그러면 우리 나라의 공업화 초기에 외자가 얼마나 중요한 역할을 했는가를 [표 4-5]에서 보기로 하자. GNP에 대한 **해외저축률**을 보면 우리 나라 경제개발의 시동기라 할 수 있는 1960년대까지는 8~10%의 수준을 유지해 왔다. 자본계수를 3이라고 보면 매년 약 3%의 경제성장률은 외자에서 나왔다는 계산이 된다. 이러한 외자의 역할은 1970년대 들어서서 감소하였지만 우리 나라 공업화의 초기단계라 할 수 있는 1970년대까지 외자는 계속 중요한 역할을 수행하였던 것이다.

총투자에서 점하는 외자의 비중을 보면 1957~1961년간은 67%, 그 뒤 제 1 차 5개년계획기간중에는 52%, 제 2 차 5개년계획기간중에는 40%, 제 3 차 5개년계획기간중에는 25%로 감소하였다. 이렇게 볼 때 한국의 경제개발에 있어서 외자는 특히 공업화의 시동기(始動期)에 절대적인 공헌을 하였으며 그 뒤 경제개발이 진행되면서 점진적으로 외자의존도를 감축시키게 된 것이다.

[표 4-5] 우리 나라의 투자와 외자의 역할

	1957~1961	1962~1966	1967~1971	1972~1976
총투자율(%)	12.6	16.6	26.3	27.0
해외저축률(%)	8.4	8.7	10.5	6.7
총투자에 대한 해외저축의 %	66.6	52.4	40.0	24.8

우리 나라 경제개발에 있어서 외자의 중요성은 이와 같은 숫자로 보는 자본량의 크기에서보다도 그 질에 있다고 볼 수 있다. 즉 우리 나라 개발 초기에 있어서의 거의 모든 근대적 산업의 대규모투자는 외자로 이루어졌으며 순국내자본에 의한 투자는 주로 전통적 생산양식에 의한 소규모의 공장들이었다는 점이다. 외자에 의한 투자는 사회간접자본에서부터 자동차·제철·조선 등의 중공업에 이르기까지 우리 나라 공업화를 선도해온 기간부문이었으며 이들 외자사업들은 당초에는 수입대체산업으로 시작되었으나 그 뒤 수출산업으로 발전하여 우리 나라 수출산업의 주력을 이루게 된 것이다.

4-3 강제저축에 의한 내자동원

우리 나라의 공업화는 농업부문의 원시축적이 없었기 때문에 외자도입에 의해서 주도되었다는 것을 설명하였다. 그러나 외자만으로 투자가 일어날 수는 없는 것이며 최소한의 내자조달은 필수적인 것이다. 그러면 우리 나라의 내자는 어떻게 조달되었는가.

내자동원문제는 기본적으로 어떻게 하여 소득을 높이느냐 하는 문제와 주어진 소득을 어떻게 하여 저축률이 높은 쪽으로 흐르도록 하느냐 하는 문제로 집약된다. 이 말은 즉 저축은 저축성향이 같으면 소득액에 의존하고, 주어진 소득이면 저축성향에 의해서 결정된다는 것을 뜻한다. 이미 본 바와 같이 영국에서는 농업혁명을 통해서 국내저축을 이룩하였고 일본에서는 농민으로부터 지세와 지대로써 이를 달성하였으나, 우리 나라의 경우에는 강제저축(强制貯蓄)과 수출이 국내저축동원에 있어서 주도적인 역할을 수행하였다. 그러면 먼저 강제저축이 어떻게 이루어졌는지를 보기로 하자.

강제저축은 정부의 행정력이나 정책에 의해서 이루어지는 비자발적 저축이다. 정부는 가격기능을 조정하여 국민소비수준을 깍아 내리고 그만큼을 정부가 직접 저축하게 된다. 그러한 강제저축의 방법으로는 통화인플레정책과 간접세정책 등 두 가지를 들 수 있다.

① **통화인플레정책**은 돈을 찍어서 공장을 세우는 방법인데 그 결과는

물가가 오르고 화폐구매력이 떨어져서 국민의 소비수준은 강제로 깎여지게 된다. 이 때 국민들은 인플레 때문에 생활이 어려워졌다고 체념하지만 사실은 정부의 통화정책으로 인하여 소득의 일부를 정부에 빼앗기는 결과가 되는 것이다. 정부가 돈을 찍어서 소비용도로 써버리면 강제저축의 효과마저 없는 것이므로 통화인플레가 강제저축수단이 되려면 찍어낸 돈이 투자자금으로 사용되어야 한다. 우리 나라의 통화와 물가의 관계는 [표 4-6]에서 볼 수 있다. 공업화의 초기단계라 할 수 있는 1970년대까지 총통화는 경제성장률보다 훨씬 더 팽창하였으며 그 결과로 높은 인플레를 유발시켰던 것이다. 1957년부터 1981년까지의 평균으로 보면 경제성장률이 7.6%인데 총통화는 34.8% 팽창하였으며 물가는 14.3% 올랐다.

② **간접세정책**은 정부가 간접세를 많이 부과하여 민간소비를 깎아내리는 한편 그 재원을 정부가 저축하는 방법이다. 직접세는 국민의 소득에 과세하는 것이므로 전가되지 않으며 따라서 물가를 올리지는 않는 대신 조세저항이 크다. 그뿐 아니라 직접세는 누진세여서 저축률이 높은 고소득자일수록 부담이 크기 때문에 그 소득을 정부가 가져온다하더라도 저축증대 효과는 별로 기대하기 어렵다. 이와 달리 간접세는 소비에 과세하는 것이므로 저소득층일수록 담세율이 높아지는 역진세이며 물가에 전가된다. 따라서 간접세를 많이 거둬들이면 소득의 공평분배에는 역행하고 인플레를 유발하는 단

[표 4-6] 통화와 물가 (연평균 %)

	경제성장률	총통화증가율	도매물가상승률
1957～1961	4.7	25.3	7.3
1962～1966	7.9	30.6	16.3
1967～1971	9.6	47.2	7.9
1972～1976	9.7	31.2	20.3
1977～1981	6.0	30.2	19.7
평 균	7.6	34.8	14.3

점은 있지만 소비를 억제하고 저축을 늘리는 효과가 클 뿐 아니라 조세저항도 작다는 장점이 있다. 그래서 간접세정책은 인플레정책과 마찬가지로 물가를 올려 국민들의 소비를 깎아 내리는 방법으로 정부가 강제저축을 마련하는 수단이 되는 것이다. 이와 같은 사실은 1962～1967 년의 평균치로 볼 때 가처분소득에 대한 한계저축률이 개인부문은 7.8%인 데 대하여 정부부문은 41.8%에 이르렀다는 점에서도 합리화될 수 있다. 이러한 관계는 [표 4-7]에서 찾아볼 수 있다. 1954 년부터 1981 년까지의 기간을 보면 국민저축률이 크게 상승하였는데 여기에는 정부저축률의 상승이 매우 중요한 역할을 하고 있음을 볼 수 있다. 정부저축률은 1950 년대의 마이너스에서 급상승하여 1960 년대 후반부터는 5～6%수준에 이르렀다. 그런데 다른 나라는 선진국이라 하더라도 정부저축률은 3～4%에 불과하며 5～6%는 정부저축률이 올라갈 수 있는 사실상의 한계치라는 점을 감안할 때 우리 나라 개발 초기의 정부저축은 매우 높은 수준이었음을 알 수 있다. 이러한 정부저축의 급상승은 조세부담률의 증가와 간접세중심의 조세정책에 기인하고 있다. 이것을 표에서 보면 담세율은 1950 년대의 8% 수준에서 계속 상승하여 왔으며 전체 세수입의 약 70%가 간접세로 되어 있다.

지금까지 강제저축이 우리 나라에서 어떻게 이루어졌는가를 보았는데 그러면 이러한 내자동원 방식은 영국이나 일본의 원시축적과정에 비교하여 어떠한 특징을 가지는가?

[표 4-7] 조세부담과 정부저축

	국민저축률 (GNP %)	정부저축률 (GNP %)	총담세율 (GNP %)	총조세의 간접세비율(%)
1954～1961	3.5	−2.6	8.1	70.0
1962～1966	8.0	0.7	9.3	69.8
1967～1971	15.4	5.6	14.5	58.7
1972～1976	20.4	4.0	14.1	65.0
1977～1981	25.5	6.0	17.3	75.7

첫째로, 영국이나 일본의 경우에는 내자동원의 원천이 되는 대상이 사실상 농업부문에 국한되었던 데 대해서 우리 나라의 경우에는 그 대상이 국민경제의 소비계층 전체였다는 점이다. 이러한 특징을 결과하는 이유는 후발주자로서 갖는 한국의 여건이 농업 잉여의 창출이 거의 불가능하였다는 점과, 따라서 그나마라도 내자동원을 하자면 모든 소비계층의 소비를 강제로 깎아내려서 저축을 긁어모으는 방법밖에는 없기 때문이었다고 볼 수 있다.

둘째로, 이러한 내자동원 방식은 거의 전적으로 정부주도하에서 이루어진다는 점이다. 정부는 저축주체로서 적극적인 역할을 수행하였을 뿐 아니라 민간부문에서 저축이 증대되도록 유도하고 또 증대된 저축이 생산적으로 배분될 수 있도록 자원을 분배하는 포괄적인 역할을 수행하였다. 따라서 자본축적에 있어서 정부의 역할을 비교하면 18세기의 영국보다 19세기의 일본이 더 컸고, 19세기의 일본보다 20세기 한국의 경우가 더 크고 포괄적이었다고 볼 수 있다.

4-4 국내저축과 수출의 역할

우리 나라의 국내저축이 주로 강제저축과 수출에 의한 저축으로 이루어졌다고 말했거니와 자본축적에 있어서 수출의 역할은 1960년대 이후에 비로소 나타난 것이다.

뒤늦게 공업화과정에 들어갈수록 자본축적수단으로서 수출의 역할은 더욱 크고 또 직접적이라는 사실은 이미 지적한 바 있지만 그러나 이러한 수출의 역할은 어디까지나 국제경쟁력을 가지는 수출산업이 있다는 것을 전제로 한다. 그러나 우리 나라의 1950년대는 투자재부문은 말할 것도 없고 소비재부문에서도 초과수요로 일관되어 왔으며 따라서 수출액은 매우 적었다. [표 4-8]을 보면 1950년대 한국의 수출(용역포함)은 GNP의 약 3%에 불과하였으며 수입은 11%에 이르렀다. 수입초과는 주로 소비재였으며 이는 원조에 의하여 조달되었다는 사실을 상기할 때 1950년대의 수출은 저축증대에 거의 기여하지 못했음을 볼 수 있다.

수출이 국내저축에 크게 기여하기 시작한 것은 1960년대 이후 우리의

[표 4-8] 우리 나라의 무역의존도 (GNP에 대한 %)

	수출의존도	수입의존도	무역의존도
1954～1961	3.2	11.3	14.5
1962～1966	8.0	16.7	24.7
1967～1971	15.8	26.3	42.1
1972～1976	28.3	35.4	63.7
1977～1981	35.4	41.2	76.6

수출이 급속도로 증가되면서부터였다. 수출은 1960년대부터 연평균 약 40%씩 늘어서 GNP에 대한 비율은 계속 크게 상승하였다. 수출이 이처럼 급속하게 늘어남으로써 수출은 점차 강제저축보다도 더 큰 힘으로 국내저축 증대를 주도하기에 이르렀다.

그러면 우리 나라에서 **수출의 저축효과**가 어떤가를 보기로 하자.

$$S = -17.37 + 0.10Y_N + 0.43X$$
$$\qquad\qquad (4.63) \quad (8.84)$$

$R^2 = 0.990$ $\qquad DW = 2.27$

S: 국내총저축

X: 재화와 용역의 수출액

Y_N: 수출 이외의 GNP, 즉 $Y_N = \text{GNP} - X$

※ 괄호 내의 숫자는 t비율을 나타냄.

이 회귀식은 1957～1974년의 17개 년을 시계열로 한 결과이다. 이 결과를 보면 비수출소득(Y_N)의 한계저축률은 10%인 데 대해서 수출소득(X)의 한계저축률은 43%나 된다는 것을 알 수 있다. 이들 계수(한계저축률)의 신뢰도를 t비율로 검증해 보면 모두 신뢰도가 높은 상관관계를 가지고 있다. 따라서 정부가 모든 지원을 수출증대에 집중하고 경제개발을 수출주도로 이끈 것은 국내저축 증대에 획기적인 성과를 나타낸 것으로 풀이된다.

수출이 1960년대 이후의 내자동원을 이끌었다면 어떤 경로를 통해서인가. 수출이 국내저축을 증대시키는 데 있어서는 소득승수를 통하여 잠재저축을 늘리는 역할과 투자재 공급기능을 통하여 잠재저축을 투자로 연결시키는 두 가지 역할이 있다 함은 이미 말한 바 있다. 한국의 경우 수출은 두 가지의 역할을 다 같이 수행하였다. 그리하여 경제 근대화과정에 있어서 수출의 역할은 영국에서보다도 일본에서, 그리고 일본에서보다도 한국에서 훨씬 더 컸던 것이다.

5. 자본축적모형의 종합비교

지금까지 선두주자로서의 영국, 중간주자로서의 일본, 그리고 낙후주자로서의 한국 등 세 나라를 표본으로 하여 자본축적이 어떤 특징을 가지고 전개되었는가를 살펴보았다. 여기서는 이것을 간략하고 알기 쉽게 정리하고자 하며, 이 목적을 위하여 [표 4-9]를 작성하였다. 이 표를 중심으로 하여 세 표본국들의 공업화 초기단계에서의 자본축적이 어떻게 다른 양태로 나타났는지를 비교하여 보자.

① 영국의 경우에는 공업화 이전에 이미 충분한 원시축적이 존재하였으며 일본의 경우에는 존재하였지만 불충분하였다. 그러나 한국의 경우에는 존재하지 않았으며 따라서 원시축적이 없는 상태에서 공업화에 들어갔다.

② 영국의 경우에는 농업혁명이 공업화에 선행하였으나 일본에서는 병행되었으며, 한국의 경우에는 후행하여 농업성장은 공업화의 결과 또는 부산물로서 이해된다.

③ 자본축적에 있어서 무역의 역할은 일본이 영국보다 적극적이었으며 한국은 일본보다도 더 적극적이었다.

④ 국내자본의 동원방법에 있어서 영국에서는 충분한 원시축적이 있었으므로 강제저축에 의존할 필요가 없었고, 원시축적이 불충분했던 일본에서는 자발적 저축과 강제저축이 병용되었으며, 원시축적이 없었던 한국에서는 주로 강제저축에 의존하였다.

⑤ 정부의 역할은 영국보다 일본이, 그리고 일본보다도 우리 나라의

[표 4-9] 자본축적모형의 비교

	선두주자형(영국)	중간주자형(일본)	낙후주자형(한국)
공업화 이전의 원시 축적 유무	충 분	불 충 분	없 었 음
농업개발이 공업화에 선행 여부	선 행	병 행	후 행
자본축적에 있어서 무역의 역할	소 극 적	적 극 적	더욱 적극적
국내자본의 동원방법	자발적 저축	자발적 저축과 강제저축의 병행	강제저축
정부의 역할	소 극 적	적 극 적	더욱 적극적
외자도입 여부	국내자본수출	자본의 자급자족	외자도입
공업화 초기의 투자율	낮음(6%선)	높음(9%선)	더 높음(20%선)
공업화 초기의 1인당 소득증가율	낮음(1~2%)	높음(2~3%)	더 높음(7%)

경우가 더 적극적이고 직접적이며 포괄적이었다. 그리하여 개발 초기의 자본 동원은 영국의 경우에는 민간기업, 일본의 경우에는 정부와 은행, 우리 나라의 경우에는 정부가 각각 주도하였다.

⑥ 영국은 처음부터 자본을 수출했고 일본의 경우에는 수출도 수입도 하지 않고 자급자족했으며, 우리 나라는 막대한 외자를 도입하였다.

⑦ 공업화 초기단계의 투자율과 1인당 소득증가율을 보면 영국보다 일본이 높았고 일본보다도 한국이 높았다. 투자율은 영국이 6%선, 일본이 9%선이었던 데 비해서 한국은 20%선이었으며 1인당 소득의 증가율에 있어서도 영국이 1~2%, 일본이 2~3%인 데 대하여 한국은 7% 수준이었다. 이러한 사실은 뒤늦게 공업화에 들어갈수록 일단 공업화가 시작되면 그 속도는 더욱 폭발적이라고 하는 거센크론의 주장을 뒷받침한다고 볼 수 있다.

제 5 장

횡단적 측면에서 본 자본축적

1. 저축의 개념
2. 저 저축의 원인
3. 잠재실업과 자본축적
4. 수출과 국내저축
5. 정부저축

제 5 장

횡단적 측면에서 본 자본축적

1. 저축의 개념

1-1 잠재저축과 실현저축

우리가 얼마를 저축했다고 말할 때 이것은 일반적으로 사후적인 개념으로서의 **실현저축**(Actual Saving 또는 Realized Saving)을 의미한다. 그러나 한 사람 또는 한 나라가 할 수 있는 저축량은 고정되어 있는 것이 아니다. 노력 여하에 따라서, 그리고 주어지는 경제 여건에 따라서 가능한 저축량은 달라진다. 최선의 노력으로 이룰 수 있는 사전적 개념으로서의 최대가능저축량을 가리켜 **잠재저축**(Potential Saving)이라고 한다. 좀더 알기 쉽게 말하면 그 나라 국민총생산에서 그 나라 국민의 생존수준(Subsistance Level)의 소비를 뺀 것은 잠재저축이라고 볼 수 있다. 실현저축(實現貯蓄)은 잠재저축 가운데 투자화된 부분이다. 따라서 실현저축은 실현된 투자와 사후적으로 반드시 일치하며 잠재저축(潛在貯蓄)보다 항상 작다. 실현저축이 잠재저축보다 작은 이유로서는 다음 두 가지를 지적할 수 있다.

첫째로, 어느 나라를 막론하고 사회 전체가 추구하는 필요 소비수준은 생존수준보다 높다. 따라서 저축으로 동원될 수 있는 많은 자금은 소비로 할당되고 만다.

둘째로, 소비를 생존수준에 묶어 두고 소득을 저축으로 흡수하려고 한다하더라도 이것이 투자로 연결되지 않으면 저축으로 실현될 수는 없다. 투자로 연결되지 못하는 저축자금은 잠재저축일 뿐 실현저축은 아니며 결국은 소비로 되돌아가고 말 것이다. 잠재저축이 투자로 연결되지 못하는 이유는 투자시장(또는 투자수요)이 없거나 투자수요가 있더라도 투자재의 공급이 없기 때문이다.

이 말의 이해를 돕기 위하여 예를 들어 보자. 봉쇄경제하에서 쌀농사만 짓는 어떤 나라의 GNP가 쌀 100톤이고 생존비가 60톤이 들어서 40톤을 저축하려 한다고 하자. 이 나라의 잠재저축률은 40%이다. 그러나 이 나라는 투자수요가 없다. 또 공장건설에 투자수요가 있다고 하더라도 공장건설에 필요한 기계·목재 등 투자재를 구할 길이 없다. 쌀을 재료로 하여 바로 공장을 세울 수는 없지 않은가. 이 쌀이 소비되지 않고 남아 있으면 재고투자형태로 남아서 그 해 사후개념의 저축이 될 것이다. 그러나 그 다음해에 가서 그 쌀이 소비된다면 그 다음해에는 이것이 재고감소로 나타나 마이너스 저축으로 작용하여 결국 전체적으로 볼 때 잠재저축이 실현저축으로 연결되지는 못하는 것이다. 그러나 그 쌀이 공장건설 노동자의 임금으로 지급되었다고 한다면 이 쌀은 두사화되기 때문에 실현저축이 되는 것이다.

1-2 실물저축과 금융저축

흔히들 실물저축(實物貯蓄)과 금융저축을 혼동하는 경향이 있다. 예컨대 저축성 예금 1억 원이 늘면 마치 실물저축도 1억 원이 느는 것으로 착각하는 경우이다. 그러나 이 두 가지 개념은 완전히 다른 것이므로 여기서는 그 차이점과 이들간의 관계가 어떤 것인지를 살펴보기로 하겠다.

먼저 실물저축(Phisical Saving)이란 국민총생산 가운데 당기에 소비되지 않은 부분을 말하며 우리가 흔히 쓰고 있는 국내저축(Domestic Saving)이란 바로 이 실물저축을 의미한다. 따라서 실물저축이 얼마 있다는 것은 그에 해당하는 값의 실물재화가 당기에 소비되지 않은 상태로 반드시 남아 있음을 뜻한다. 예를 들어 쌀을 생산해서 그것을 먹었다면 저축으로 나타나지 않겠지만, 생산된 시멘트가 도로공사에 투입되었다면 그 시멘트는 소비되지 않고 도로 속에 들어 있으며 따라서 그만큼 국내저축에 포함이 되는 것이다. 우리가 보통 말하는 저축은 이러한 실물저축을 뜻한다.

이와 달리 **금융저축**(Financial Saving)은 국민이 소유하는 금융자산의 총액, 즉 채권총액(또는 채무총액)을 말하며, 이것은 국민간의 대차관계에서 발생된다. 예컨대 예금·주식·회사채·보험과 같은 것이다. 따라서 금융저축은 사람마다 그리고 경제부문마다 자금이 남기도 하고 부족하기도 하기 때문에 생기는 것이며, 이러한 자금과부족(資金過不足)의 조절을 매개하는 곳이 광의의 금융시장이다. 다시 말하면 모든 사람이 각각 그의 저축과 투자가 일치한다면, 실물저축은 아무리 많아도 금융저축은 영(0)이 될 것이며 이런 점에서 금융저축은 경제주체들의 실물적인 저축과 투자의 과부족에서 생기는 것이다.

예를 들어 보자. 갑은 10을 저축하여 전액 자기 집을 짓는 데 투자하고 을은 20을 저축하여 자기 가게를 짓는 데 전부 투자했다고 하자. 이 때 총실물저축은 30(이 때 총실물투자도 30임)이지만 저축이 남거나 모자람이 없으므로 대차관계가 있을 수 없으며 따라서 금융저축은 영(0)이고 금융기관은 불필요하다. 그러나 만일 갑이 10을 저축했는데 자기집을 짓는데 30이 필요하고, 을은 20을 저축했는데 당장 쓸데가 없다고 하자. 그러면 갑은 20의 자금이 모자라고 을은 20이 남는다. 이 때 을은 이것을 은행에 예금하고 은행은 이것을 갑에게 대부해 주어 전체로서의 자금 과부족이 조절된다. 이런 경우 실물저축의 총액은 종전과 같이 30이지만 20의 금융저축이 생기는 것이며 금융매개기관(金融媒介機關)이 비로소 필요하게 된다.

그러면 왜 금융저축을 늘리자고 하는 것인가? 그것은 금융저축을 늘림으로써 실물저축을 늘릴 수 있기 때문이다. 바로 앞에서 든 예에서 만일 갑과 을이 모두 자금 과부족이 있는데 이것이 금융저축으로 조절되지 못했다면 투자는 10밖에 되지 못했을 것이며 따라서 30의 총저축재원은 10만큼만 실현저축이 되고 나머지 20은 소비로 되돌아갔을 것이다. 즉 금융저축이 실물저축을 크게 해 줄 수 있는 것은 저축할 힘은 있지만 투자할 힘이 없는 사람의 저축재원을, 투자할 힘은 있지만 저축이 부족한 사람에게 빌려 주어서 저축자금을 투자로 연결해 주고, 그래서 잠재저축을 실현저축으로 전환시킬 수 있기 때문이다.

그러나 금융저축은 은행의 신용창조기능에 의하여 최초 금융저축의 승수배(乘數倍)만큼 늘릴 수 있는 것이며 일정한 금액의 금융저축이 얼마만큼의 실물저축을 늘릴 수 있는가 하는 것은 일정하지 않으며 여건에 따라 다르다는 점을 유의해야 한다.

1-3 자발적 저축과 강제저축

자발적 저축과 강제저축은 어떻게 다르며 이들은 각각 어떠한 특징을 가지고 있는가. **자발적 저축**(Voluntary Saving)이란 생산에 참여한 사람들이 거기서 얻은 소득에서 그 스스로의 판단에 의하여 하게 되는 저축을 말한다. 이에 대해서 **강제저축**(Forced Saving)은 정부가 생산에 참여한 사람들의 소득 가운데 일부를 그 사람의 의사에 관계없이 정부 또는 정부가 의도하는 부문으로 이전시켜 이루어지는 저축을 말한다. 따라서 강제저축은 정부의 힘에 의하여 국민의 **가처분소득**(Disposable Income)을 깎아 내림으로써 가능하게 되는데 그 구체적인 정책수단으로서는 이미 제4장 4-3에서 상세히 설명한 바와 같이 통화인플레와 간접세정책이 가장 대표적인 것이다(통화증발과 간접세에 의하여 강제저축이 이루어지는 구체적인 과정에 대해서는 제4장 4-3을 참조).

오늘날의 경향으로 보면 선진국일수록 자발적 저축에 중점을 두고 후진국일수록 강제저축에 중점을 두고 있는데, 그 이유는 후진국에서는 소득이 낮은 데 비해서 소비성향이 높아서 자발적 저축으로써는 필요한 저축을 짜낼 수 없다는 데 있다. 그러면 강제저축이 주로 누구의 가처분소득을 깎아 내리고 거기서 생긴 저축재원은 누구에 의해서 저축이 되느냐 하는 문제가 제기된다. 강제저축이 합리화되는 것은 사람마다, 그리고 가계·정부·기업 등 경제부문마다 저축률이 다르기 때문이며, 따라서 강제저축의 경우 가처분소득을 깎아 내리는 표적은 저축률이 낮은 가계와 저소득층이며 이렇게 해서 유보되는 재원은 정부 이름으로 저축이 실현된다. 그러면 자발적 저축과 강제저축이 경제순환면에서 어떻게 다른가를 간추려 보기로 하자.

① 가격의 자원배분면에서 볼 때 자발적 저축은 등가교환(等價交換), 즉 일한 만큼 소득을 얻고 얻은 만큼 주는 관계가 지배하지만, 강제저축의 경우에는 정부가 특정 계층의 소득을 일방적으로 떼어 내는 것이기 때문에 부등가교환을 그 내용으로 한다. 따라서 자발적 저축은 저축이 소득의 공평분배라는 토대 위에서 이루어지지만 강제저축은 저축증대가 인플레를 통해서 소득분배의 악화를 대가로 하여 이루어진다.

② 따라서 자발적 저축의 경우에는 소득의 주인과 저축의 주인이 일치하지만, 강제저축은 소득은 갑이 벌고 그 소득에서 나오는 저축은 을(정부)의 이름으로 하는 관계, 즉 소득의 주인과 저축의 주인이 다르다.

③ 인플레이션은 강제저축을 위해서는 필요수단이지만 자발적 저축을 위해서는 절대악이다. 자발적 저축을 늘리는 데 있어서 물가안정은 선행요건이라고 할 수 있다.

④ 국내 자본동원의 주도부문이 무엇이냐를 놓고 보면 강제저축은 정부의 힘으로 하는 것이므로 정부주도형 저축이라고 할 수 있다. 이에 대해서 자발적 저축은 시장의 매개기능(媒介機能)이 중심적인 역할을 하는 것이므로 민간주도형 저축이라고 볼 수 있다.

2. 저 저축(低貯蓄)의 원인

이 책을 읽는 독자에게 만일 왜 당신은 저축이 적은가 하고 물으면 소득이 적어서라든가 또는 소비를 너무 많이 하기 때문이라고 대답할 것이다. 그렇다. 저축은 소득액에 저축성향을 곱한 것이므로(즉 $S=Y \cdot S/Y$) 정의에 의해서 저축은 소득수준(Y)과 저축성향(S/Y)에 의해서 결정된다. 그런데 저축결정요인으로서의 소득수준이나 저축성향은 상대적인 것이다. 즉 소득이 적은 사람이 보다 많은 저축을 할 수도 있는 것이며 이 때문에 한 사회의 저축량은 가변적이며 정책에 의하여 움직일 수 있는 것이다.

일반적으로 볼 때 저소득과 저 저축률 사이에는 밀접한 관계가 있다. 즉 소득이 적어서 저축률이 낮고 저축률이 낮아서 소득이 적은 악순환관계가 존재한다. 이런 경우 이 악순환을 정책적으로 단절시키고자 할 때 어디서부터 손을 대야 할 것이냐 하는 문제가 제기되는데, 이는 당연히 저축률부터 손을 대야 한다. 그 이유는 저축증대 없는 소득증대는 정책적으로 유도하기 어렵지만 소득증대 없는 저축증대는 정책적으로 가능하기 때문이다. 따라서 정책적 측면에서 본 첫번째 과제는 주어진 소득 아래서 어떻게 하면 저축률을 극대화하느냐 하는 것이다. 그러면 후진국의 저축률이 낮은 원인이 무엇인가에 대한 견해를 세 갈래로 간추려 보기로 한다.

2-1 소비행태면에서 본 저 저축

저축의 원인을 소비행태면에서 보면 소비성향이 너무 높다는 데 있다. 왜 소비성향이 높은가 하는 이유로서는 대체로 다음 두 가지 요인이 지적되고 있다.

첫째로, 기대상승(Rising Expectation)을 들 수 있다. 생산의 증가에 앞서서 소비와 복지에 대한 기대가 부풀고 이 결과로 소비가 생산을 따라가는 것이 아니라 생산이 소비를 따라가야 하는 현상이 지배한다. 일반적으로 후진국에 있어서는 경제성장률이 높다 하더라도 기대의 성장률은 더 높으며 이 때문에 소비성향이 높고 사회적 불만이 커지며 복지비의 과중한 부담을 불가피하게 한다.

둘째로, 경제의 개방화에 따른 **전시효과**(Demonstration Effect)이다.[1] 오늘날 후진국이 공업화를 서두르게 되는 것은 선진국으로부터의 자극에 크게 영향을 받고 있으며 또한 공업화를 추진하려 할 때는 자본과 기술 또는 인력 등의 부족으로 외국의 물자·기술·외국인력 등에 크게 의존하지 않을 수 없다. 따라서 전통적 생활양식을 가진 후진국의 국민은 이와 같은 접촉과정을 통해서 선진국의 새로운 생활양식과 높은 소비수준부터 보고 배우게 되며 이러한 외래소비에 대한 모방은 처음에는 도시에서 시작하여 다음에는 농촌으로 전파된다. 그리하여 예컨대 농촌에서는 생산방법은 수백 년 전의 그대로이면서 소비면에서는 근대적인 생활양식과 소비수준을 따라가려는 욕망이 선행하게 되는 것이다.

이러한 소비촉진효과들을 제거하거나 중화하기 위한 소비억제정책이 바로 오늘날의 개방경제에서 많은 나라가 채택하고 있는 강제저축정책이라 할 수 있다.

2-2 생산구조면에서 본 저 저축

도마(E. D. Domar)와 피터슨(W. C. Peterson)은 저저축의 원인은 기본적으로 산업구조의 후진성에 있다고 주장한다.[2] 즉 저축률은 궁극적으로 투자재산업과 소비재산업의 생산비율에 의존하며 후진국의 저축률이 낮은 것

1) 전시효과는 당초 듀젠베리(J. S. Duesenberry)의 소비함수에서 나온 말이지만 이것을 특히 후진국개발과 관련하여 발전시킨 것은 넉시(R. Nurkse)이다. 한편 전시효과와 유사한 것으로서는 라이벤스타인(H. Leibenstein)의 **밴드웨건효과**(Bandwagon Effect)와 **베블렌효과**(Veblen Effect)가 있다. 전자는 필요해서 사는 것이 아니라 남이 사기 때문에 사는 소비행태이며, 후자는 남에게 뽐내기 위하여 물건값이 비싸기 때문에 더 사게 되는 특수한 사치성 소비행태를 말한다.

2) E. D. Domar, *Essays on the Theory of Economic Growth*, New York, 1957, 특히 Essays 1, 3, 4; W. C. Peterson, "Investment and the Threshold of Economic Growth," *Kyklos*, 1965, p. 132.

은 국민생산 가운데 투자재의 비율이 적기 때문이라는 것이다. 이러한 견해의 특징은 저축이 낮은 원인을 구명함에 있어서 수요보다 공급쪽에 중점을 두고 소득의 순환면이나 소비자의 심리보다도 물량공급쪽에서 파악하고 있는 점이라 할 것이며, 특히 실현저축을 늘리는 데 있어서 투자재의 공급면을 강조하고 있다. 그러면 피터슨의 모형을 중심으로 하여 설명을 계속하자.

먼저 투자재의 산출량 Y_i는 다음과 같이 표시된다.

$$Y_i = \frac{K_i}{k} \qquad \cdots\cdots ①$$

K_i: 투자재산업의 자본량(Capital Stock)
k: 자본산출률, 즉 $\frac{K_i}{Y_i}$

한편 저축(S)은

$$S = \alpha Y \qquad \cdots\cdots ②$$

α: 평균저축률
Y: GNP

정의에 의하여 사후적으로 저축(S)은 투자(I)와 같고 투자는 투자재의 공급(Y_i)과 일치하여야 하므로

$$S = I = Y_i \qquad \cdots\cdots ③$$

그러면 위의 식 ①, ②에서

$$\alpha = \frac{Y_i}{Y} \qquad \cdots\cdots ④$$

식 ④가 의미하는 바를 요약하면 저축률은 생산구조, 즉 국민총생산 가운데 투자재생산의 비율에 의해서 결정된다는 것이다. 따라서 저축률을 높이려면 보다 많은 자본을 소비재보다도 생산 재생산에 투입해야 하며 투자재의 생산기술 혁신을 통해서 투자재의 공급능력을 높여야 한다. 이와

같이 저축률결정에 있어서 투자재 공급능력의 중요성을 강조한 피터슨은 장기적으로 볼 때 저축률은 총투자 가운데 투자재산업이 점하는 비율과 같게 된다고 주장하였다.

2-3 경제체제면에서 본 저 저축

바란(P. A. Baran)은 저축이 낮은 것은 낭비적인 소비 때문이며 이러한 낭비는 자본주의의 경제체제에서 오는 것이라고 말함으로써 저저축의 원인을 경제의 체제면에서 찾고 있다.[3)]

그는 **경제적 잉여**(Economic Surplus)라는 그의 독특한 개념을 중심으로 하여 분석하고 있는데 그의 주장을 수식으로 나타내면 다음과 같다.

$$실현저축(S_a) = 실현소득(Y_t) - 실현소비(C_t)$$
$$경제잉여(E_s) = 잠재생산력(Y_p) - 기본소비(C_e)$$
$$경제적\ 낭비(W) = 경제잉여(E_s) - 실현저축(S_a) = W(Z)$$

즉 실현된 저축은 실현된 소득(GNP)에서 실현된 실제소비를 뺀 것이고 경제적 잉여는 그 나라가 달성할 수 있는 잠재적 GNP에서 최소한의 필요소비를 뺀 것이다. 그런데 후진국의 경우 경제적 잉여는 적지 않음에도 불구하고 실현된 저축은 낮으며 그 차는 경제적 낭비(W) 때문이고 이 낭비는 경제체제(Z)에 기인한다는 것이다. 따라서 후진국의 저축증대 문제는 어떻게 하여 이러한 경제적 낭비를 제거하느냐 하는 것이며 이것은 제도적인 개선을 통해서만 가능하다는 것이다.

그러면 경제적 낭비(W)란 무엇을 뜻하는가. 먼저 생산면에서의 낭비(Y_p와 Y_t의 차이)는 실업으로 인한 생산감소, 과당경쟁이나 광고경쟁 그리고 지나친 상품다양화(商品多樣化) 등으로 인한 자원의 낭비, 그리고 법관·군인·변호사·공무원 등 비생산적 노동에서 오는 것이다. 그리고 소비면에서의 낭비(C_t와 C_e의 차이)는 사치성 소비·국방비 지출·부정부패 등에

3) Paul A. Baran, *The Political Economy of Growth*, Monthly Review, Inc., 1957, Chapters 2, 7 참조.

기인한다. 이러한 낭비 때문에 저축이 실현되지 못하는 것인데 이러한 낭비는 자본주의의 제도적 속성이라는 것이다.

3. 잠재실업과 자본축적

사람은 손과 입을 가지고 태어난다. 손은 사람의 생산적 기능을, 그리고 입은 소비적 기능을 나타내는 말이다. 인구가 경제발전에 자산이냐 부채냐 하는 것은 손에 의한 생산력과 입에 의한 소비력 가운데 어느 쪽이 더 크냐에 달려 있다고 소박하게 말할 수 있다.

과잉인구(過剩人口)가 자본축적에 커다란 장애요인이라고 말할 때 이것은 즉 인구가 너무 많으면 1인당 자본이 모자라서 손은 놀고 입에 의한 소비력만 작용하기 때문이다. 그런데 과잉인구의 문제를 역으로 보면 과잉인구가 현재의 빈곤이나 저저축의 원인이지만 만일 놀고 있는 과잉인구의 손을 이용할 수만 있다면 후진국은 이를 이용해서 보다 빠른 자본동원과 경제성장을 이룩할 수 있다는 견해가 있다. 이러한 견해에 따르면 과잉인구는 경제개발에 있어서 하나의 자산항목이다.

이와 같은 주장을 맨 먼저 체계화한 사람은 넉시(R. Nurkse)와 루이스(W.A. Lewis)이다. 이들 두 사람은 1950년대 초에 거의 동시적으로 자본축적 원천으로서의 과잉인구문제를 체계화하였다. 이들의 이론은 그 뒤 예일대학의 페이와 래니스(John C.H. Fei and Gustav Ranis)에 의해 승계발전(承繼發展)되었다.

그러면 이들이 주장하는 내용을 아래에서 간추려 보자.

3-1 넉시의 잠재실업과 자본축적

넉시(R. Nurkse)에 의하면 오늘날 후진국이 자본을 축적하는 방법은 기본적으로 세 가지가 있는데, 이는 (i) 자발적 저축증대, (ii) 외자도입, (iii) 잠

재실업인구(潛在失業人口)의 생산력화(生産力化) 등이다.[4)]

그러면 **잠재실업**(또는 위장실업)이란 무엇이며 이를 통해서 어떻게 자본축적이 가능하다는 것인가. 잠재실업이란 노동의 한계생산력이 영(零)이거나 영에 가까운 농촌인구로서 이들은 사실상 실업상태에 있지만 표면적으로는 실업자로 노출되지 않는 경우를 말한다. 한계생산력이 영이거나 영에 가깝다는 것은 농촌에서 이 사람들을 빼내더라도 농업생산에 전연 영향이 없거나 영향이 있더라도 매우 적다는 것을 의미한다. 그리고 잠재실업이란 **가족노동농업**에만 존재하는 것임을 명백히 인식할 필요가 있다. 자본주의적 기업농의 경우는 완전실업자는 존재할 수 있으나 잠재실업은 존재하지 않는다.

그러면 왜 이들은 실질적인 실업자이면서도 표면적으로는 실업자로 노출되지 않는가. 그 이유는 농업이 가족노동에 의해서 경영되기 때문에 한계생산력이 영(0)인 경우라 하더라도 소비면에 있어서는 평균생산력에 의한 소비가 가능하기 때문이다.

이 말을 알기 쉽게 하기 위하여 예를 들어 보자. 10명의 가족을 가진 한 농가가 5단보(1,500평)의 논농사를 하고 있다. 설명의 간편을 위해 가족은 모두 노동할 수 있는 연령에 있고 노동수요의 계절성은 없다고 가정한다. 이 논에서 매년 쌀 20가마니를 생산하는데 이 논을 경작하는 데는 하루 8시간노동으로 따져서 8명의 노동력이면 족하다고 치자. 그러면 2명의 노동력은 사실상 실업상태에 있는 것이며 이 두 사람을 빼내더라도 농업생산에는 아무런 변동을 주지 않는다. 그러나 가족농업이므로 2명이 남는 노동력이라 하여 이들을 굶게 할 수는 없다. 결국 10명이 쌀 20가마니를 생산하므로 평균생산력은 쌀 2가마니가 되는데 생산에 전연 기여하지 못하는 2명의 가족도 소비에 있어서는 쌀 2가마니 값의 소비가 배당되는 것이다. 이러한 이치로 현실에 있어서 이 농가는 노동력이 남기 때문에 두 사람은 전혀 일을 하지 않거나, 또는 하루 8시간 노동 대신에 6.4시간씩만 일을 하고 있을 것이다. 그러나 소비에 있어서는 온 가족이 똑같이 참

4) Ragna Nurkse, *Problems of Capital Formation in Underdeveloped Countries*, Oxford University Press, New York, 1953 초판.

여하게 되므로 이들은 외관상 실업자로 노출되지 않는 것이다.

잠재실업을 이용한 자본축적이란 생산에는 기여하지 않으면서 소비에는 참여하고 있는 잠재실업인구를 농촌으로부터 도시의 비농업부문으로 빼냄으로써 농촌에서 잠재실업자의 소비액만큼을 저축화할 수 있다는 것이다. 앞의 예에서 2명의 가족을 도시의 공업부문으로 빼냈다고 하면 10명이 쌀 20가마니의 생산 대신 8명이 쌀 20가마니를 생산하게 될 것이며, 농가의 소비성향이 그대로 있다고 하면 2명이 소비했던 쌀 4가마니만큼이 추가로 저축되는 결과가 될 것이다.

이와 같이 농촌의 잠재실업을 비농업부문으로 흡수함으로써 자본을 축적하는 데 있어서는 다음과 같은 두 가지의 문제점이 제기된다.

첫째로, 농업부문의 잠재실업을 흡수할 비농업부문의 자본을 어떻게 조달하느냐 하는 문제이다. 이러한 자본이 비농업부문에 없으면 잠재실업에 의한 자본축적론은 공념에 지나지 않을 것이다. 따라서 잠재실업에 의한 자본축적론은 농촌의 유휴노동력을 흡수할 자본의 존재를 전제로 하고 있는 것인데 과연 후진국은 이 자본을 어떻게 마련해야 하는가? 넉시는 이 자본을 농업부문에서 조달하여야 한다고 주장하고 있으며 루이스는 뒤에서 보는 바와 같이 신용창조(信用創造)에 의한 인플레적인 방법으로 조달할 수 있다고 한다. 그러나 이러한 방법으로 어렵다고 할 때의 또 다른 방법은 외사를 도입하는 것인데 이 문제는 뒤에서 상세히 취급될 것이다.

둘째로, 농촌의 잠재실업이 비농업부문으로 흡수된다면 당연히 농가의 평균소득은 상승할 것이다. 그러나 농가의 남아있는 가족이나 도시로 나간 잠재실업인구의 소비성향이 따라서 오른다면 저축증대는 기대할 수 없을 것인데 과연 이를 어떻게 규제할 것인가 하는 문제이다. 생존수준에 있는 후진국의 한계소비성향은 매우 높으며 따라서 잠재실업자의 이농에 의한 1인당소득 증가는 농업인구와 도시로 진출한 잠재실업자의 소비성향을 크게 상승시킬 가능성이 있다. 넉시는 이러한 소비성향의 상승을 막기 위해서 소비억제를 위한 간접세정책 등이 효과적으로 활용되어야 한다고 주장한다.

그러면 **인구과잉국**과 **인구희소국**은 경제개발의 접근방법에 있어서 어떻게 다른가? 이에 대한 넉시의 주장을 요약하면 다음과 같다.

① 경제개발의 전략을 과잉인구국에서는 공업화에 두어야 하고 인구희소국에서는 농업의 선행적 발전에 두어야 한다.

② 인구과잉국에서는 농업근대화를 잠재실업인구의 이동으로부터 시작해야 하고 인구희소국에서는 노동절약적 기술혁신으로부터 시작해야 한다.

③ 인구과잉국의 농업발전은 공업화의 결과인 데 반해서 인구희소국에서는 농업발전이 공업화의 선행요건이 된다.

④ 경제개발에 있어 인구과잉국이 갖는 유리점은 저렴한 노동비용이며 인구희소국이 갖는 유리점은 낮은 자본비용과 자원비용이다.

3-2 루이스의 무한노동 공급과 자본축적

잠재실업에 의하여 자본이 축적되는 경로는 두 가지가 있다. 그 하나는 농촌에서 잠재실업을 빼냄으로써 농가의 1인당 평균소득이 상승하여 농업부문 자체의 저축이 늘어나는 것이며, 다른 하나는 이농하는 농촌의 잠재실업이 공업부문에 고용됨으로써 공업부문의 저축을 증대시키는 것이다. 넉시와 루이스는 다같이 잠재실업에 의한 자본축적문제를 다루고 있지만 넉시가 주로 전자에 중점을 두고 있는 데 비하여 루이스는 후자에 중점을 두고 있다.

루이스(W.A. Lewis)는 1954년에 발표한 그의 유명한 논문에서 잠재실업이 자본축적에 어떻게 기여할 수 있는가를 매우 명백하게 제시하고 있다.[5] 그의 주장을 먼저 간략하게 요약하면 (i) 후진국의 경제개발문제는 요컨대 4~5%의 저축률을 어떻게 하여 12~15% 수준까지 이끌어올리느냐 하는 것이다. (ii) 저축률이 낮은 것은 1인당 소득이 낮아서가 아니고 국민소득 중 이윤으로의 분배비율이 낮기 때문이다. 따라서 자본축적의 중심과제는 국민소득의 분배에 있어서 어떻게 하여 저축하는 소득, 즉 이윤

5) W. Arthur Lewis, "Economic Development with Unlimited Supply of Labor," *The Manchester School*, May 1954.

소득을 상대적으로 크게 하느냐 하는 것이다. (iii) 그런데 이윤소득을 상대적으로 크게 하는 데 있어서 가장 결정적인 역할을 하는 것이 바로 잠재실업이다.

그러면 잠재실업은 어떻게 하여 상대적으로 이윤소득을 키우는가를 [그림 5-1]에서 보기로 하자. 노동의 한계생산력이 영(0)인 극단적인 경우의 잠재실업(Disguised Unemployment)을 가정하면 이런 경우 노동의 공급은 무한하여 노동공급은 무한탄력성을 갖는다. 노동의 공급이 무한탄력성(無限彈力性)을 갖는다는 것은 노동에 대한 수요가 늘어도 임금은 전연 오르지 않음을 의미하며 따라서 노동공급선은 그림의 W^* 선이 나타내는 것과 같은 수평선이 된다.[6)] 만일 잠재실업이 존재하지 않거나 존재하더라도 그 한계생산력이 영(0)보다 현저히 큰 경우에는 노동에 대한 수요가 늘면 당연히 임금이 오를 것이며 따라서 노동공급선은 그림에서 S_L 처럼 정(正)의 기울기를 갖는 사선(斜線)이 될 것이다.

루이스의 모형은 **이중구조모형**(Dual Economy Model)이라는 점을 먼저 밝힐 필요가 있다. 즉 한 나라의 경제가 전통부문(傳統部門)인 농업과 근대화부문인 비농업이 이질적인 구조를 가지고 공존한다. 비농업은 자본주의적 산업이고 화폐화된 산업으로서 이윤이 생산활동의 목적인 데 대해서 농업은 전자본주의적(前資本主義的)이고 생산의 목적은 가족노동에 의한 생계유지에 있으며 많은 잠재실업을 안고 있나. 루이스의 모형은 이러한 이질적인 두 부문이 공존하면서 농업부문의 잠재실업이 근대화부문에서의 이윤축적에 어떻게 기여하게 되는가를 보여 주는 것이다.

그러면 [그림 5-1]에 대한 설명으로 되돌아가 보자. 이 그림에서 MP_1과 MP_2는 각각 다른 시점에서 이 나라 근대화부문의 노동한계생산력을 나타낸다. 균형상태에서 노동에 대한 수요는 노동의 한계생산력과 임금이 같은 점에서 이루어지므로 이 두 선은 노동수요선이며 만일 임금수준을

6) 완전고용은 최근의 선진국에서 있을 뿐이며 역사적으로 볼 때 인류의 역사는 인구과잉, 자본과소의 역사였으며 따라서 수평적 노동공급선이 지배적이었다. 예컨대 스미스(Adam Smith)나 마르크스(Karl Marx)의 노동공급선은 생존임금수준(Subsistence Wage)에서의 수평선이며 케인즈(J. M. Keynes)의 노동공급선은 완전고용점까지는 명목화폐임금(Norminal Money Wage) 수준에서의 수평선이다.

[그림 5-1] 루이스의 자본축적 모형

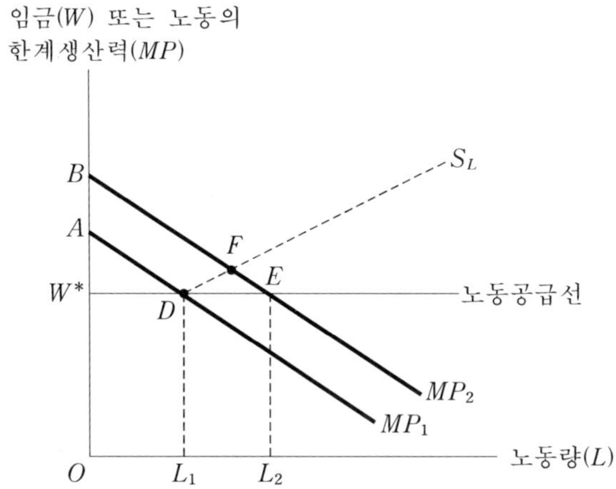

알면 노동수요량을 알게 된다. W^*선은 농촌의 생존임금수준(生存賃金水準)이며 이는 농가의 1인당 평균소득과 일치한다. 농업이 가족노동력에 의한 생계농업이기 때문에 농가인구는 일을 하든 안 하든 농가의 1인당 평균소득 수준에서의 소비를 하게 된다는 것은 이미 앞에서 본 바 있다.

먼저 이 나라의 노동수요선은 MP_1에 있다고 가정한다. 그러면 노동수요는 D점에서 이루어진다. 노동의 수요는 OL_1만큼이 되고 사회적 총산출(社會的 總産出)은 한계생산력의 총합이므로 $OADL_1$으로 둘러싸인 면적이 된다. 사회적 총산출 $OADL_1$으로 둘러싸인 면적은 국민소득의 분배에 있어서 면적 OW^*DL_1이 임금, 그리고 면적 AW^*D가 이윤으로 갈라지게 된다.[7)]

다음 해에 가서 노동수요곡선이 MP_2로 이동한다고 생각하자. 이러한 노동수요곡선의 이행은 그만큼 노동에 대한 수요가 늘었음을 의미하며 이

7) 왜 그런가 하는 이유는 다음과 같다. 즉 GNP는 노동소득과 자본소득으로 양분되는데 노동소득은 고용량에 임금을 곱하면 산출된다. 그림에서 고용량은 OL_1이고 임금은 W^*이므로 OW^*DL_1의 면적이 임금소득이 되며 GNP에서 이것을 뺀 AW^*D의 면적은 이윤이다.

는 공업부문의 자본량 증가 또는 기술혁신 등에 기인한다. 노동수요곡선이 MP_2로 이행하여도 무한노동공급하에서는 임금이 오르지 않으며 따라서 노동에 대한 수요는 E점에서 이루어진다. 그러면 사회적 총산출은 면적 $OBEL_2$이며 이 중 면적 OW^*EL_2는 임금으로, 그리고 면적 W^*BE는 이윤으로 분배된다.

이러한 MP_2에서의 결과를 앞서 본 MP_1에서의 결과와 비교하여 보면 시간이 지남에 따라 임금소득은 산술급수적으로 늘어나고 이윤소득은 기하급수적으로 증가하는 현상을 볼 수 있으며 이러한 이윤소득의 급속한 증가는 바로 농촌의 잠재실업 때문임을 볼 수 있다. 이러한 사실은 그림에서 S_L의 경우를 가상하면 명백하다. S_L선은 잠재실업이 없는 경우의 노동공급선인데 이 경우 노동의 수급균형점(需給均衡點)은 D점에서 E점 대신 F점으로 이행할 것이다. F점과 E점이 국민소득을 이윤과 노임으로 분배하는 데 있어서 어떻게 다른가 하는 것은 독자 스스로 비교해 보기 바란다(힌트: F점에서 수평선과 수직선을 그어 임금수준과 노동량을 결정하고 임금소득과 이윤소득의 비율을 비교할 것).

그러면 근대화부문에서 농촌의 잠재실업을 흡수할 자본은 어떻게 조달할 것인가에 대한 루이스의 견해를 살펴보자. 그는 **신용창조**에 의한 인플레적인 방법을 권고하고 있다. 공업부문의 투자를 우선 통화증발에 의하여 조달하너라도 앞에서 본 모형이 나타내는 바와 같이 투자의 생산효과와 이윤축적효과는 크고 노임은 오르지 않기 때문에 물가를 올리는 효과는 작다고 보기 때문이다.

무한노동공급하에서의 이와 같은 자본축적과정과 경제의 확대과정은 잠재실업의 덕으로 매우 강력하게 일어나지만 이러한 과정은 잠재실업인구가 감소함에 따라 소멸한다. 공업이 농촌의 과잉인구를 계속 흡수하게 되면 공산물과 농산물의 교역조건(交易條件)은 공산물에 불리하게 움직이게 되며 자본축적률은 인구증가율을 넘기 시작하고 임금은 크게 상승하기 시작한다. 이렇게 되면 공업부문에서의 이윤축적은 둔화하기 시작하고 농업부문에서는 기술의 혁신과 생산성의 증가가 뚜렷하게 나타난다. 이 단계에 이르면 잠재실업을 활용하는 성장방식은 이 이상 작동될 수 없으며 기고용인구(旣雇傭人口)의 생산성 향상을 통한 새로운 성장전략이 나와야 한다는 것이다.

이상에서 설명한 넉시와 루이스의 잠재실업을 이용한 자본축적모형은 특히 우리 나라의 경제발전과정에서는 매우 중요한 의미가 있다. 공업화 초기의 고도성장이 저임금으로 주도된 것이었다는 점에서도 그렇고 1990년대에 한국경제가 위기를 겪은 것은 한국이 완전고용점에 도달하면서 고임금시대에 진입하여 성장전략의 대전환이 필요하게 되었기 때문이었다는 점에서도 그러하다 할 것이다.

4. 수출과 국내저축

수출은 국내저축에 어떤 영향을 미치는가. 수출에서 나온 소득은 수출 이외의 활동에서 나온 같은 금액의 소득과 비교할 때 국내저축에 미치는 영향이 어떻게 다른가. 수출과 국내저축과의 관계는 다음 두 가지 측면에서 요약할 수 있다.

① 저축은 소득에 저축성향을 곱한 것이다. 그런데 수출은 무역승수배(貿易乘數倍)[8)]만큼 소득창출작용을 한다. 그뿐 아니라 수출산업은 근대화부문이며 수출소득은 대부분 기업이 취득하는 것이기 때문에 저축성향이 비수출소득(非輸出所得)보다 크다고 볼 수 있다. 이와 같이 수출이 가지는 소득창출능력과 고저축성향으로 인해서 수

8) 수출의 소득승수 k는 다음과 같이 정의된다.
GNP를 Y, 소비를 C, 투자를 I_0(상수), 수출을 X, 수입을 M, 한계소비성향을 α, 한계저축률을 β, 한계수입성향을 m이라 하면

$$Y=C+I_0+X-M$$

이를 미분하면

$$dY=dC+dX-dM$$

$$=\alpha dY+dX-mdY \text{ 이므로}$$

$$dY(1-\alpha+m)=dX$$

$$\therefore \frac{dY}{dX}=\frac{1}{\beta+m}=k$$

출소득은 비수출소득에 비해서 저축능력이 크다고 볼 수 있다.

② 화폐적 개념으로서의 저축이 있다 하더라도 그것이 투자화되지 못하면 잠재적 저축일 뿐이지 실현저축이 될 수는 없다는 것을 앞에서 지적한 바 있었다. 투자화시키려면 투자재의 공급이 있어야 한다. 그런데 후진국에서는 투자재의 생산이 취약하기 때문에 투자재의 수입이 이루어지지 못하면 잠재적인 저축이 있다 하더라도 이것이 투자화될 수는 없는 것이다. 그런데 수출은 소비재를 투자재로 바꾸어 국내에 공급하는 기능을 수행하기 때문에 잠재저축을 실현저축화시킴으로써 국내저축을 증대시키는 작용을 한다. 이러한 수출의 투자재공급기능은 후진국의 자본축적과정에 매우 중요한 의미가 있으며, 특히 근대화과정의 19세기 말 일본이나 오늘날의 개발도상국에서 실증되고 있는 바이다.

지금까지 우리는 수출이 어떻게 국내저축에 영향을 미치는가에 대해서 알아보았다. 그러면 수출과 국내저축의 관계에 대한 계량적 실증을 보기로 하자.

신시내티대학의 이중군 박사[9]는 GNP를 수출소득과 수출을 제외한 비수출소득으로 나누어 이들이 각각 국내저축과 어떤 관련을 가지고 있는가를 선진국과 후진국을 포함하는 28개국에 대하여 실측하였는데 그 결과 다음과 같은 두 가지 결론을 얻었다.

① 수출소득은 비수출소득보다도 그 나라의 저축수준을 결정함에 있어서 훨씬 강력하고 안정적인 설명력이 있다. 즉 저축에 대한 결정변수로서의 수출은 비수출소득보다도 신뢰도가 훨씬 크다.

② 수출부문의 저축률은 수출을 제외한 국민소득보다 훨씬 높다.

이와 같은 결과는 우리가 이미 제 4 장 4-4에서 본 결과와 완전히 일치하는 것이다. 이와 같은 사실들은 다음과 같은 마이젤스(A. Maizels)의 가설을 뒷받침하는 것이다.[10]

9) Joog-Koon Lee, "Exports and the Propensity to Save in L. D. C. s," *Economic Journal*, June 1971.

10) Alfred Maizels, *Exports and Economic Growh of Developing Countries*, Cambride University Press, 1968.

[그림 5-2] 수출과 국내저축

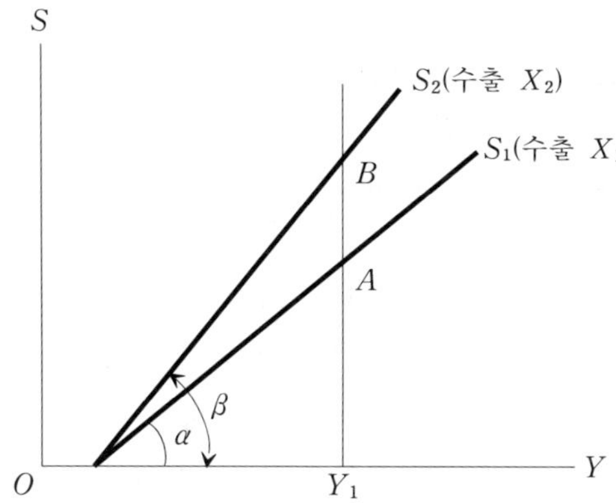

마이젤스에 의하면 한 나라의 저축수준은 소득수준뿐 아니라 수출수준에 의해서도 영향을 받으며 수출은 그 나라의 평균저축성향뿐 아니라 한계저축성향도 이끌어올리는 역할을 한다는 것이다. 이 말은 즉 소득수준이 같다 하더라도 수출수준이 다르면 저축수준이 다르다는 것을 의미한다. 그러면 이것을 [그림 5-2]에서 보기로 하자. 이 그림에서 횡축에는 소득수준, 종축에는 저축수준이 표시되어 있다. 현재 이 나라는 소득이 Y_1이고 수출을 X_1만큼 하고 있으며 저축선은 S_1으로 나타난다고 가정하자. 그러면 이 나라의 저축수준은 A점으로 표시되며 평균저축률은 AY_1을 OY_1으로 나눈 기울기이고 한계저축률은 기울기 α로 나타난다. 만일 소득이 그대로 Y_1에 있고 수출만 X_1에서 X_2로 증가하였다고 가정하자. 그러면 저축선은 S_1에서 S_2로 올라가고 저축량은 A점에서 B점으로 올라간다. 즉 소득수준이 같아도 수출액이 증가하면 저축이 는다는 것이다. A점과 B점을 비교하여 보면 평균저축률이 늘었을 뿐 아니라(원점 O에서 A 및 B점에 그은 기울기의 차이) 한계저축률도 기울기 α에서 x로 증가하였음을 볼 수 있다.

5. 정부저축

5-1 정부저축이란 무엇인가

경제개발에 있어 정부가 수행하는 기능 가운데 하나는 저축 주체로서의 기능이다. 후진국일수록 자본축적에 있어서 정부의 역할이 적극적이고 포괄적인 경향이 있다는 사실은 이미 제4장에서 본 바 있다. 그러면 정부저축이란 무엇인가를 알아보기 위하여 **정부수지표**(政府收支表)를 만들어 보자. 정부의 결산결과 세입은 조세수입 90, 정부토지의 임대료수입 10, 차관 5, 한은차입 8 등 모두 113이고, 세출은 공무원봉급 40, 소모성물품비 30, 경상이전지출(經常移轉支出, 예컨대 수재민 구호비) 10, 투자 15, 민간투자보조 5, 기업출자(企業出資) 10 등 모두 110이었다고 하자. 이런 경우 정부저축이 얼마인가를 보면 [표 5-1]과 같다.

즉 정부의 세출입은 경상계정(經常計定)과 저축투자계정으로 우선 나누어진다. 같은 정부세입이라 하더라도 그것이 국민소득에서 나오고 동시에 갚을 필요가 없는 정부수입을 경상수입이라 하고, 국민소득에서 나온 것이 아니거나 또는 재권재무관계(債權債務關係)를 수반하는 정부세입은 경상수입에서 제외된다. 한편 세출면에 있어서도 소비성경비를 경상지출이라 하고 투자성경비 또는 자산의 증감을 수반하는 경비를 자본적 지출이라 한다. [표 5-1]에서 보면 경상수입은 조세 90과 임대료수입 10을 합하여 100이며 이것이 즉 정부의 자기 소득인 셈이다. 이에 대하여 경상지출은 인건비 30, 물건비 30, 경상이전지출 10을 합하여 80이며 경상소득에서 경상지출을 빼면 저축 20이 계산된다.

한편 저축투자계정을 보면 총투자재원은 저축 20, 해외차입 5, 한은차입 8 등 모두 33인데 자본적 지출로서는 투자 15, 자본이전 5, 출자 10 등 모두 30이 있어서 결국 3이 남는데 이것은 한국은행에 가지고 있는 정부구좌에 예금증가로 나타나게 된다.

[표 5-1] 정부수지표

A. 경상계정			
지　출		수　입	
소비지출	70	조　세	90
인건비	40		
물건비	30	재산소득(임대료)	10
경상이전지출	10		
저　축	20		
계	100		100

B. 저축투자계정			
투　자	15	저　축	20
자본이전	5	해외차입	5
출　자	10	국내차입	8
현금증가	3		
계	33	계	33

지금까지 정부저축이 어떻게 계산될 수 있는가를 정부수지표(政府收支表)를 통해서 보았거니와 이러한 계정분석에서 우리는 다음과 같은 사실을 찾아낼 수 있다.

첫째로, 정부저축은 기본적으로 조세수입과 정부소비지출의 관계에서 결정된다. 정부저축을 늘리려면 되도록 세금을 많이 걷고 반면 소비지출은 감축하여야 한다.

둘째로, 정부의 소비지출을 지출형태별(支出形態別)로 보면 인건비와 물건비로 나눌 수 있고, 지출목적별(支出目的別)로 보면 행정비 · 복지비 · 국방비로 나눌 수 있다. 이러한 분류는 저축증대를 위해서 정부소비를 감축한다면 어느 부문에서 줄이느냐 하는 문제와 관련이 된다. 일반적으로 볼 때 물건비(物件費)와 지출목적면에서 본 행정비는 어느 나라나 대차가 없다. 따라서 나라마다 정부저축률의 차이가 심한 것은 (i) 담세율, (ii) 공무원의 급여수준, (iii) 복지비와 국방비의 부담률 등 세 가지 요인에 의해서 설명된다.

5-2 국내저축과 조세

조세는 세 가지의 효과가 있다. 정부소득효과, 소득재분배효과(所得再分配效果), 자원재분배효과 등이다. 정부가 일정한 금액의 세금을 거두었다고 치자. 이 돈이 누구에게서 왔든 정부는 그만한 소득을 얻게 되는 효과가 있다. 그러나 나아가서 이 세금이 누구의 주머니에서 나왔는가, 그리고 그 돈이 어떻게 쓰이는가에 따라 조세는 국민의 소득을 재분배하고 또 국민의 자원을 재분배한다. 조세가 자원을 재분배한다는 말은 사치성소비물자의 세율을 높여서 이 부분에 투자를 못하도록 하는 경우를 가상하면 쉽게 납득이 될 것이다. 정부가 세금으로 거둔 돈은 다시 재정지출을 통해서 납세자에게 돌아가게 되므로 국민에게 세금이 부담으로 되는 것은 바로 소득과 자원을 재분배하는 효과 때문이며, 만일 재분배효과가 없는 세금이 있을 수 있다면 그러한 세금은 아무리 높아도 부담으로 되지 않는다.

그러면 조세는 국내저축에 어떻게 영향을 줄 수 있는가. 세금을 많이 거두면 정부저축은 늘겠지만 민간저축은 감소할 것이 뻔한데 조세증수가 어떻게 국내저축을 증대시킬 수 있다는 것인가. 이에 대한 해답은 바로 조세의 재분배효과에서 찾아야 한다. 다시 말하면 저축률이 사람마다 다르고 경제부문마다 다르기 때문이다. 그러면 [표 5-2]를 보기로 하자. 이 표는 1970년을 전후한 우리 나라의 부문별 저축률의 추이를 나타내고 있는데

[표 5-2] 경제부문별 저축률 비교 (가처분소득에 대한 저축의 %)

	법인기업	정 부	가 계
1965년	81.1	37.5	0.3
1970년	54.7	39.8	4.5
1974년	42.7	19.0	9.7

자료: 한국은행, 「통계연보」.

저축률은 법인기업이 가장 높고 다음이 정부이며 가계는 가장 낮다. 다만 시간이 흐름에 따라 가계저축률이 증가하고 법인기업과 정부가 감소하는 경향이 있음은 경제의 성장과정을 반영한 것이라 하겠다.

이러한 경우 법인기업의 소득을 정부가 세금으로 가져가는 것은 국민경제 전체로 볼 때 저축을 감소시키는 것이지만 가계의 소득을 세금으로 흡수하는 것은 저축을 증대시키는 효과가 있다는 결론을 얻게 된다. 그러므로 저축증대를 위한 조세정책은 불가피하게 세금을 많이 거두되 이 세금이 되도록 가계에서 나오도록 하는 방향으로 운용되기 마련이며 후진국일수록 역진세(逆進稅)라 할 수 있는 간접세에 치중하게 되는 이유는 바로 여기에 있다.

제 6 장

인플레이션과 통화금융정책

1. 경제발전과 인플레이션
2. 인플레이션의 유형
3. 인플레이션의 규제정책
4. 통화정책과 총수요관리
5. 경제개발과 금융정책

제 6 장

인플레이션과 통화금융정책

1. 경제발전과 인플레이션

1-1 인플레이션의 폐해

인플레는 마약과도 같은 것이다. 당장은 쾌감을 느끼지만 그것은 순간적일 뿐 그 뒤에는 우울과 고통이 온다. 여기서 벗어나기 위해서는 계속적인 투입이 필요하며 그러다가 중독이 된다. 그러는 과정에서 건강은 파괴되고 끊고 싶어도 끊을 수 없게 되는 것이다.

사무엘슨(Paul Anthony Samuelson)[1]은 인플레를 말라리아에 비유한 일이 있다. 유해한 것이라는 것을 알면서도 없애기도 어렵고, 또 말라리아가 다른 병(즉 실업)보다는 그래도 낫다는 안이한 생각에서 제거하려는 노력도 소극적이라는 것이다.

물가가 오른다는 것은 공급보다도 수요가 많기 때문이다. 따라서 인플레의 원인은 공급부족에 있다고 볼 수도 있고 수요 과대에 있다고 볼 수

1) 1915년 미국 인디애나주 출생. 하버드대학에서 박사학위, 1940년부터 MIT 교수, 1970년 노벨경제학상 수상.

도 있다. 이처럼 인플레는 가진 것과 바라는 것, 즉 공급능력과 욕구수준의 차이에 기인하는 것인데, 오늘날의 경제발전은 욕구선행형(欲求先行型)으로 이끌어지고 있기 때문에 거의 모든 나라에서 인플레를 경험하고 있는 것이다. 흉년이 들면 쌀값이 오른다든가 하는 국부적이고 일시적인 물가상승은 옛날에도 있었지만 거의 모든 나라에서 지속적으로 나타나고 있는 체질화된 인플레는 20세기적 현상이며, 특히 제 2 차 세계대전 이후의 현상이라는 점을 유의할 필요가 있다.

영국의 경우를 보면 1694년부터 2000년까지의 약 300년 동안에 물가는 70배가 되었는데 이것을 기간별로 나누어 보면 1694～1948년의 약 250년간에는 3배가 되었고 1948～2000년의 52년 동안에는 30배가 되었다.

역사적으로 볼 때 공급능력은 20세기에 들어와서 가장 크게 늘어났는데도 불구하고 이처럼 인플레현상이 지속화하고 있다는 것은 욕구수준이 그 이상의 속도로 팽창하고 있다는 것을 뜻한다. 오늘날 인플레를 주도하는 욕구는 개발도상국의 경우에는 개발투자수요(開發投資需要)이며 선진국의 경우에는 복지수요라 할 수 있다.

그러면 인플레는 어떠한 해악을 미치는가. 인플레는 화폐소유자에게 과세하고 실물소유자(實物所有者)에게 보조금을 주는 것과 같다. 그래서 누구나 화폐보다 실물을 선호하려고 경쟁한다. 노동소득자는 손해를 보고 부동산소득자는 득을 본다. 그래서 일하기를 기피하고 실물투기에 열을 올린다. 그리고 인플레하에서는 채권자는 손해를 보고 채무자가 득을 본다. 그래서 누구나 부채를 두려워하지 않는다. 이러한 상황이 벌어지기 때문에 인플레하에서는 누구나 인플레의 피해자가 되지 않고 이득자가 되기 위해서 경쟁하게 마련이다. 이러한 경쟁이 가져오는 결과를 경제면과 사회면으로 나누어 보기로 하자.

먼저 경제적 측면에서는 경제구조를 왜곡 약화시키고 성장활력을 감퇴시키게 되는데 그 내용을 구체적으로 지적하면 다음과 같다.

① 자원이 비생산적으로 배분된다. 정상적인 생산활동은 위축하고 단기적인 투기활동이 촉진되며 금융저축은 기피하고 부동산투자가 이득을 본다.

② 기업체질이 약화하고 산업이 국제경제력을 잃는다. 우선 인플레하에서는 빚을 지는 사람과 실물투기자가 득을 보기 때문에 기업들은 부채에 의한 실물투자 극대화를 추구한다. 이와 같이 부채성장으로 치닫기 때문에 기업의 재무구조가 악화하고 그 부담을 소비자에게 전가시킨다. 그뿐 아니라 인플레하에서는 판매가격 인상에 의해서 손쉽게 이익을 내는 이른바 인플레적인 이윤추구의 길이 있기 때문에 많은 투자와 위험이 따르는 기술축적을 기피한다. 그래서 산업의 합리화가 이루어지지 않고 산업의 경쟁력이 떨어지게 되는 것이다.

③ 국제수지(國際收支)를 악화시킨다. 인플레하에서는 국내물가가 계속 오르기 때문에 수출하는 사람이 손해를 보고 수입하는 사람이 득을 본다. 그래서 인플레경제는 곧 적자경제로 연결된다.

한편 사회적 측면에서는 사회정의와 도덕성이 침해되는 결과를 낳게 되는데 이를 부연하면 아래와 같다.

① 가치관이 근시화(近視化)한다. 인플레는 장래소득에 벌을 주는 셈이기 때문에 현재의 것은 커 보이고 장래의 것은 작게 보인다. 이런 점에서 물가상승률은 장래가치를 현재가치로 셈하는 할인율이라 할 수 있다. 그래서 모든 인간의 행동은 미래지향형(未來指向型)이 아니라 현재지향형으로 타락하며 당장의 일에 충실하고 내일의 일은 그 때 가서 보자는 사고방식이 지배한다. 슘페터(Joseph A. Schumpeter)가 합리화혁신이 극대화할 수 있는 환경은 경제안정이라고 말한 취지는 바로 여기에 있는 것이다.

② 불균형과 불공평이 커진다. 인플레는 소득분배면에서 역진적(逆進的)이다. 그리고 비생산적인 활동을 한 사람이 득을 보는 풍토이기 때문에 사회정의가 침해된다.

③ 사회기강과 도덕성이 저해된다. 인플레하에서는 근로소득자가 손해를 보기 때문에 근면정신이 위축되고 비생산적·투기적 활동이 촉진된다. 그리고 채무액은 자동적으로 상각되어 버리기 때문에 사회신용질서가 흔들리게 된다.

1-2 인플레이션은 필요악인가

지금까지 인플레의 폐해에 관해서 언급하였는데, 그러면 인플레가 경제발전에 유익한 수단이 되는 경우는 없는 것인가. 앞에서 인플레를 마약에 비유하였는데 마약도 적절한 양을 적절한 용도에 쓰면 환자의 치료제로서 유용하게 쓸 수 있지 않은가.

슘페터(Joseph Alois Schumpeter, 1883~1950)[2)]와 루이스(W. A. Lewis)는 인플레이션이 필요악이 될 수 있다고 주장한 사람들이다. 그들은 경제발전과정에서 인플레적인 자본축적의 필요성을 역설한 바 있다. 슘페터는 기업의 이노베이션을 위한 투자자금은 주로 신용창조로 조달된다고 하였으며, 루이스는 이미 본 바와 같이 농촌잠재실업자에게 일터를 주기 위한 공업투자자금은 돈을 찍어서 마련할 수밖에 없다고 한 바 있다.

이와 관련하여 우리는 허쉬만(A. O. Hirschman)의 견해를 참고할 필요가 있다. 그는 후진국의 경제발전과정에서 통화팽창에 의한 인플레정책은 인플레를 불러오는 **물가파급력**(Inflationary Pull)이 작용하지만 한편에서는 **생산유발력**도 작용한다고 주장하고 다음과 같은 네 가지 유형으로 인플레이션을 나누었다.[3)]

① 물가파급력(物價波及力)은 작고 생산유발력은 큰 경우

② 물가파급력은 크고 생산유발력은 작은 경우

③ 두 효과가 다 큰 경우

④ 두 효과가 다 작은 경우

위의 네 가지 형태 가운데 첫번째의 경우는 유익한 인플레, 두 번째의 경우는 유해한 인플레, 네 번째의 경우는 무해무득한 인플레이다. 가장 흔하게 일어나는 것이 세 번째 경우인데, 이 경우는 때에 따라 유해할 수도 있고 유익할 수도 있다. 그리고 물가파급력은 크고 생산유발력은 작은 유

2) 오스트리아 트리쉬(Triesch) 출생. 비엔나(Vienna)대학에서 학위, 본(Bonn)대학 및 하버드대학 교수, 오스트리아 재무부장관(1919~1920), 미국경제학회(AEA) 창립위원 및 회장.

3) A. O. Hirschman, *The Strategy of Economic Development*, Yale University Press, Chapter 9.

해한 인플레이션의 예로서는 농산물가격에 의해 선도되는 경우라고 지적하고 있다.

그러면 경제발전과정에서 인플레가 필요악이 될 수 있는 경우는 구체적으로 어떤 경우인가. 인플레이션이 경제발전에 유용한 수단으로서 활용되기 위한 대전제는 인플레율이 경제안정을 크게 파괴하지 않는 범위 안에 있어야 하고 한시성이 있는 것이어야 한다는 것이다. 예를 들면 제 1 차 세계대전 직후의 독일에서는 마르크의 가치가 1914 년에 1 미 달러당 4 마르크하던 것이 9 년 뒤인 1923 년에는 1 미 달러에 42 억 마르크까지 폭락한 일이 있다. 그만큼 물가가 오른 것이다. 1980 년대의 남미에서는 한 해 배 내지 10 배의 물가상승을 경험했다. 이러한 과격한 인플레는 어떤 경우에도 경제발전에 유용한 수단으로 활용할 수 없을 것이다.

필요악으로 활용할 수 있는 상한수준(上限水準)의 인플레율이란 구체적으로 어느 수준이냐 하는 것은 단정적으로 말하기 어려우나 과거 각국의 경험으로 보면 10% 내외라고 보아서 크게 무리는 없을 것이다. 그러나 이러한 인플레라 하더라도 경제에 체질화되어 장기적으로 지속되는 것이라면 모든 국민들은 인플레의 장기지속을 예상하고 행동하기 때문에 유익한 정책수단으로 활용하기는 어렵다. 따라서 인플레는 한시적인 것이라야 하며 장차 퇴치될 수 있다는 기대를 가질 수 있어야 한다.

이와 같은 전제조건이 충족된다면 인플레가 경제발전에 필요악으로 활용될 수 있는 경우는 크게 보아 다음과 같은 두 가지를 들 수 있다.

첫째로, 대량의 실업이 존재하는 경제에서 고용창출을 위한 경우이다. 이러한 경우의 통화팽창은 허쉬만의 말을 빌린다면 물가파급력은 작고 생산유발력은 큰 경우라고 볼 수 있다.

다음으로는, 강제저축이 불가피한 상황에서 통화증발이 국민의 소비절감으로 작용하고 물가 인상으로는 크게 작용하지 않는 경우이다. 그러한 경우란 구체적으로 말해서 루이스모형에서의 무한노동공급과 같이 임금이 생존수준에 고정되어 인플레하에서도 노임안정이 가능한 경우, 또는 인플레하에서도 농산물값의 안정이 가능한 경우이다. 그러한 상황에서는 통화팽창으로 인한 인플레요인을 노동자나 농민이 희생적으로 흡수하여 주기 때문에 통화팽창에 의한 인플레 정책은 물가파급력은 작고 강제저축효과는 크게 나타난다.

슘페터나 루이스가 지적한 경우란 바로 이러한 특수상황을 말한 것이라 할 수 있으며, 1960년대와 1970년대에 있어서 한국의 인플레적 강제저축정책도 바로 여기에 해당된다고 볼 수 있다. 그리고 1980년대 이후의 한국은 그러한 인플레적인 강제저축이 실현될 수 없는 상황이라 하겠는데, 그 이유는 잠재실업인구가 급격하게 감소하여 이제 물가가 오르면 임금이나 곡가도 그만큼 따라 오르거나 더 앞질러 오를 수밖에 없는 단계에 이르렀다고 보기 때문이다.

그렇다면 종합적으로 볼 때 인플레이션과 경제성장률, 그리고 인플레이션과 국민저축 사이에는 어떤 믿을 만한 상관관계가 있는가. 이에 대해서는 그 동안 학계의 많은 실증적 분석이 있었는데 이들 사이에 믿을 만한 일반적인 상관관계는 존재하지 않는다는 데 대체로 의견이 일치되고 있다. 인플레이션이 경제성장이나 국내저축에 미치는 영향은 부정적인 면과 긍정적인 면이 양립하고 있으며 나라마다 그 작용이 같지 않기 때문이다.

2. 인플레이션의 유형

2-1 수요인플레이션과 비용인플레이션

물가를 변동시키는 원인으로는 수요와 공급이라는 양면이 있다. 공급이 일정할 때 수요가 늘면 물가는 오르고 수요가 일정할 때 공급이 줄어도 물가는 오른다. 수요를 결정하는 것이 구매력이며 공급을 결정하는 것이 생산비용이다. 물가가 구매력의 증가로 오르는 경우를 **수요인플레이션**(Demand Pull Inflation)이라 하고 생산비의 상승 때문에 오르는 경우를 **비용인플레이션**(Cost Push Inflation)이라 한다. 수요인플레의 원인은 통화량의 팽창이며 비용인플레의 원인으로는 임금 상승·이윤율 상승·수입물가(輸入物

[그림 6-1] 수요인플레이션

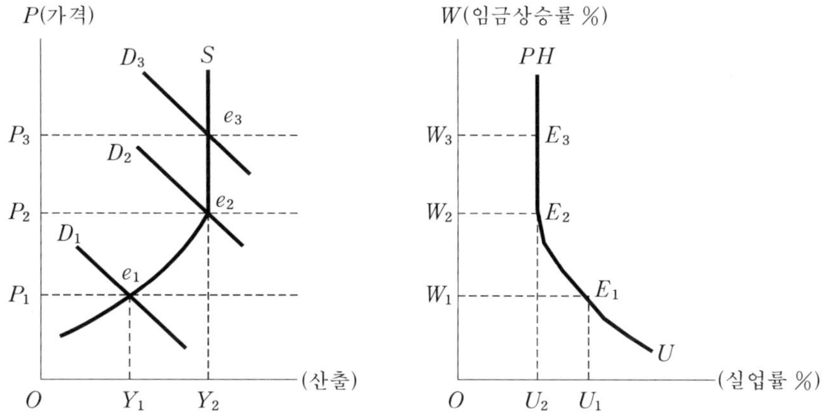

價)의 상승 등이 있다. 물가가 오르더라도 그것이 수요인플레이냐 비용인플레이냐에 따라서 소득이나 고용면에 미치는 효과는 서로 다르고 물가안정을 위한 대책을 세우는 경우에도 써야 할 정책의 내용이 다르다. 그러면 수요인플레이션과 비용인플레이션이 어떻게 다른가를 보기로 하자.

먼저 [그림 6-1]에서 수요인플레이션을 연구해 보자. 왼쪽 그림은 시장의 수요와 공급을 나타내고 있으며 산출량을 횡축에, 그리고 가격을 종축에 나타내고 있다. 오른쪽 그림은 **필립스곡선**(Phillips Curve)으로서 화폐임금의 상승률과 실업률의 관계를 나타내고 있다. 이 두 그림을 연결시킴으로써 인플레이션이 필립스곡선에 어떤 영향을 주는가를 볼 수 있다. 이 두 그림에서 물가(P)와 임금(W)을 동일한 지표로 보고 직접 연결시켰는데, 그래도 좋은가 하는 의문을 제기하는 사람도 있을 것이다. 이에 대한 해답은 완전경쟁시장에서 경제가 균형을 이루면 임금(W)은 노동한계생산력(MP_L)에 생산물가격(P)을 곱한 것, 즉 $W = MP_L \cdot P$이고 단기적으로 MP_L은 불변이므로 P가 움직이는 비율만큼 W도 변한다는 사실을 상기하면 될 것이다.

왼쪽 그림에서 S선은 공급선이며 D_1, D_2, D_3는 각각 다른 수준의 구매력을 나타내는 수요선이다. 지금 경제가 S선과 D_1이 만나는 e_1점에서 균형을 이루고 있다고 하자. 그러면 GNP는 Y_1이며 물가는 P_1이다. Y_2점은 완전고용점(完全雇傭點)이며 이 때문에 공급선이 Y_2의 소득수준에서 수직을 이루고 있다. 공급선이 수직이라는 것은 아무리 판매가격이 올라도 모든 생산요소가 완전고용이 되어 있기 때문에 생산은 그 이상 증가할 수 없다는 것을 뜻한다. 이렇게 볼 때 이 경제는 Y_1Y_2만큼의 유휴자원(遊休資源)이 있는 셈이다. 이 균형점 e_1을 오른쪽 그림에 옮기면 E_1점이 된다. 즉 필립스곡선에서는 임금상승률이 W_1이고 실업률은 OU_1만큼 존재한다. U_2점은 Y_2점에 대응하는 완전고용점인데 현실적으로 이 점은 실업률 4% 점이라고 볼 수 있다. 그 이유는 마찰적 실업(Frictional Unemployment) 때문에 완전고용하에 있어서도 4%의 실업률은 인정해야 된다고 보기 때문이다. 즉 실업률 OU_2의 거리는 4%라는 뜻이다. 현재의 경제가 E_1점에 있으므로 완전고용점에 U_2U_1만큼 미달하고 있는 셈이며, U_2U_1의 거리는 산출물시장에서 Y_2Y_1의 거리에 대응한다.

이러한 여건에서 이 나라의 중앙은행이 갑자기 통화를 증발하여 구매력이 커졌다고 가정하자. 그러면 수요선은 D_1에서 D_2로 옮겨지고 산출시장의 균형점은 e_1에서 e_2로 옮겨진다. 즉 통화량의 팽창으로 GNP는 Y_1에서 Y_2로 증가하고 물가는 P_1에서 P_2로 오르는데 전자를 우리는 통화의 **산출효과**(Output Effect), 후자를 **가격효과**(Price Effect)라 부른다. 이러한 관계를 오른쪽의 필립스곡선에서 보면 균형점은 E_1에서 E_2로 옮겨지고 임금은 W_1에서 W_2로 오르고 실업률은 U_1에서 U_2로 떨어진다. 이와 같이 수요인플레는 물가 상승이 경기확대를 수반하기 때문에 경기확대적 인플레라는 특징을 지닌다.

이 나라의 중앙은행이 통화를 더 증발하였다고 가정하자. 그러면 수요곡선은 D_2에서 D_3로 옮겨지고 균형점은 e_2에서 e_3로 바뀐다. 그러나 경제가 이미 완전고용하에 있기 때문에 GNP나 실업률에는 아무런 영향을 주지 못하고, 다만 물가만 P_2에서 P_3(또는 임금을 W_2에서 W_3)로 상승시킨다. 즉 실업이 존재할 경우 통화증가는 산출효과와 가격효과를 아울러 가지지만 완전고용점을 넘어서서는 산출효과는 없고 인플레효과로만 작용하게 된다. 이것이 곧 통화증가에 따른 악성인플레이션의 경우이다.

그러면 **비용인플레**는 수요인플레와 어떻게 다른가를 [그림 6-2]에서 보기로 하자. 이 그림에 사용된 기호들은 [그림 6-1]과 같다.

지금 이 경제는 공급선 SS_1과 수요선 D가 만나는 e_1점에서 균형을 이루고 있고 오른쪽의 필립스곡선은 PH_1으로 나타난다고 가정하자. 즉 이 경제는 완전고용점에 있는 것이다.

이런 상태에서 수요는 변동이 없고 임금만이 갑자기 상승하였다고 가정해 보자. 그러면 공급선은 SS_1에서 SS_2로 올라가고 균형점은 e_1에서 e_2로 움직인다. 이러한 변화를 [그림 6-1]에서 균형점이 e_1에서 e_2, 그리고 e_2에서 e_3로 옮아가는 경우와 비교해 보라. [그림 6-1]의 경우에는 물가도 오르고 GNP도 늘었지만 [그림 6-2]에서 보는 비용인플레에서는 가격만 P_1에서 P_2로 오르고 GNP는 오히려 Y_1에서 Y_2로 감소하고 있다. 이러한 사실은 [그림 6-1]과 [그림 6-2]를 비교할 때 Y_1과 Y_2, 그리고 U_1과 U_2의 위치가 서로 뒤바뀌어 있는 사실로 집약해서 나타나고 있다. 이처럼 비용인플레는 물가 상승이 불경기를 수반하는 경기수축적 인플레이다.

그래서 수요인플레와 비용인플레가 다른 첫번째 차이점은 수요인플레

[그림 6-2] 비용인플레이션

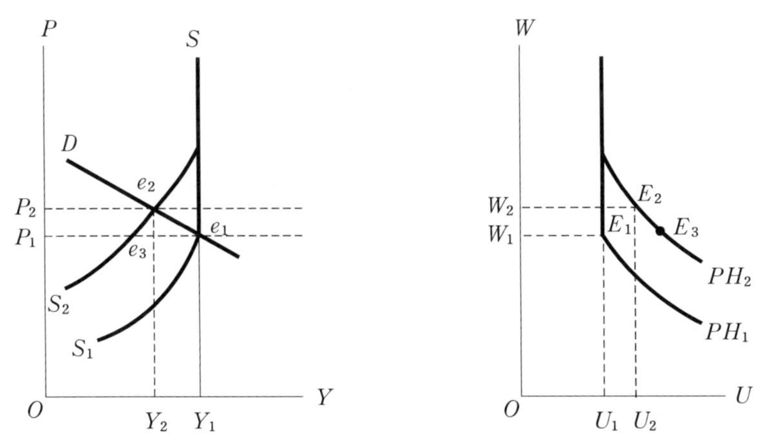

가 경기확대적 인플레인 데 반해서 비용인플레는 경기수축적이라는 점이라고 정리할 수 있다.

수요인플레와 비용인플레가 다른 두 번째 차이점은 비용인플레의 경우에는 필립스곡선 자체가 우상방으로 이동한다는 사실이다. 즉 [그림 6-2]에서 산출물시장의 균형점이 e_1에서 e_2로 옮기면 물가는 오르고 생산은 감소하므로 필립스곡선에서는 임금은 오르고 실업률은 증가하게 된다. 이것은 임금(또는 물가)이 오르면 실업률이 감소하는 필립스곡선의 성격과 정면으로 배치되는 것이며, 따라서 산출물시장의 새로운 균형점 e_2는 당초의 필립스곡선 PH_1 위에는 그릴 수가 없다. 결국 물가는 오르고 실업률은 증가하는 새로운 균형점 e_2에 대응하는 필립스곡선상의 점은 E_2이며, 따라서 필립스곡선 자체가 PH_1에서 PH_2로 이동하게 된다. 이것이 바로 인플레하의 불황이라는 **스태그플레이션**(Stagflation)의 생리이다.

수요인플레와 비용인플레의 세 번째 차이점은 수요인플레는 재정금융정책으로 구매력을 조절하여 다스릴 수 있지만 비용인플레는 그러한 방법으로 다스릴 수 없다는 점이다. 왜 그런가? 다시 [그림 6-1]과 [그림 6-2]로 되돌아가 보자. 지금 이 두 그림에서 당초의 균형점 e_1이 [그림 6-1]에서는 통화증가로 인해서, 그리고 [그림 6-2]에서는 비용상승으로 인해서 새로운 균형점 e_2에 와 있다. 이 나라 정부가 인플레를 누르기 위해서 현재의 균형점 e_2를 e_1으로 되돌려 보내기를 원한다고 치자. 즉 현재의 물가 P_2를 P_1 수준으로 끌어내리고자 하는 것이다. 이러기 위해서 재정금융정책으로 긴축통화정책(緊縮通貨政策)을 수행하여 구매력을 떨어뜨린다고 할 경우 그 결과가 어떤가? 이렇게 되면 [그림 6-1]의 수요인플레의 경우 수요선 D_2는 D_1으로 내려오고 균형점은 e_2에서 e_1으로 옮긴다. 즉 P_2는 P_1으로 내려오고 소득도 Y_2에서 Y_1으로 감소하여 당초의 원상으로 돌아오게 되며 따라서 정책은 소기의 목적을 달성할 수 있다.

그러나 [그림 6-2]에서 보는 비용인플레의 경우는 그렇지 아니하다. 현재의 균형점 e_2에서 물가를 당초의 P_1수준으로 내리려면 수요곡선 D를 새로운 균형점 e_3를 통과하도록 끌어내려야 한다(이 새로운 수요선은 [그림 6-2]에는 나타내지 않고 있다). 그러나 이 새로운 균형점 e_3는 인플레이션이전의 원래의 균형점 e_1과 같은 점이 아니라는 사실에 유의할 필요가 있다. 즉 통화긴축으로 균형점을 e_2에서 e_3로 가져옴으로써 물가를 P_2에서 P_1으로 되돌리려 하면 소득수준은 Y_2에서 Y_1으로 되돌아가지 않고 오히려 Y_2보다 감소하지 않는가? 이런 관계를 필립스곡선으로 보면 E_2에서 E_1으로 되돌아가지 않고 E_3로 균형점이 옮겨짐으로써 실업이 확대되고 있음을 볼 수 있다.

그러면 비용인플레하에서 현재의 균형점 e_2를 인플레 이전의 균형점 e_1으로 가져가는 길, 즉 고용감소 없이 물가를 누르는 길은 무엇인가? 그것은 원가상승요인들을 제거함으로써 공급곡선(또는 비용곡선)을 SS_2에서 SS_1으로 내리는 길밖에 없다. 이 때문에 구매력을 조절하는 재정금융정책은 수요인플레를 다스릴 수 있으나 비용인플레에는 무력하며 비용인플레는 비용인상요인(費用引上要因)의 제거로써만 효과적으로 다스려질 수 있다. 즉 임금·금리·수입원가·이윤 등 생산원가를 내려서 비용인상요인을 제거해야만 한다는 것인데 그렇게 하는 정책을 **소득정책**(Income Policy)이라 한다.

2-2 화폐론자와 구조론자

후진국 인플레이션의 원인은 무엇인가, 그리고 인플레이션과 자본축적 또는 경제성장과의 관계는 어떤가 하는 점에 대해서 오랫동안 **화폐론자**(Monetarist)와 **구조론자**(Structualist) 사이에 대립하여 왔다. 화폐론자는 IMF에 의해 주도되어 왔고 구조론자는 주로 UN 산하의 남미경제위원회(Economic Commission for Latin America)를 중심으로 한 남미의 개발경제학자들이 주장하였다. 물가는 수요와 공급에 의해서 결정되는데 수요를 결정하는 것은 통화량이며 공급을 결정하는 것은 생산능력과 수입능력(輸入能力)이다. 이렇게 본다면 후진국의 인플레이션을 통화쪽에서 보는 것이 화폐론자이며 생산능력과 수입능력쪽에서 보는 것이 구조론자라고 할 수 있으며, 따라서 이들의 견해차는 앞에서 본 수요인플레와 비용인플레의 차이와 부분적으로 유사하다.

먼저 화폐론자는 후진국 인플레이션의 기본원인은 통화가 경제성장률보다 앞질러 팽창하는 데 있다고 본다. 이를 피셔(Irving Fisher)의 **화폐수량식**으로 보면

$$P=\frac{M\cdot V}{Y}$$

σP : 물가
M : 통화량
V : 통화의 유통속도
Y : 실질 GNP

즉 물가가 오르는 것은 $M\cdot V$가 Y보다 더 빠르게 증가하기 때문이다. 따라서 물가를 안정시키려면 통화공급(M)을 줄이거나 통화의 유통속도를 줄여서 구매력을 경제성장률에 맞도록 조절해야 한다. 화폐론자들도 공급면의 애로가 인플레에 영향을 미친다는 사실을 부정하지는 않는다. 그러나 개발도상국에 있어서 악성인플레의 근본원인은 초과수요 때문이라고 보는 것이며, 따라서 물가상승의 기본원인을 통화적 측면에서 찾으려 하는 것이다.

그러면 화폐론자들은 인플레와 경제성장 또는 자본축적의 관계를 어떻게 보는가. 그들은 인플레가 경제성장에 유해하며 국내저축과 투자에도 도움을 주지 못한다는 입장에 서 있다. 즉 통화가 팽창하면 단기적으로는 실질소득과 저축을 증대시킬 수 있고, 물가인상효과는 부분적으로만 나타나게 되지만 길게 보면 결국은 저축의욕을 감퇴시키고 경제성장을 저해할 뿐 아니라 물가만 올리게 된다는 것이다. 여기서 말하는 '단기간'이란 통화와 물가의 시차(Money-Price Lag)를 의미한다. 즉 통화를 증발할 때 통화의 물가에 대한 효과는 그 전부가 당장 나타나는 것이 아니고 상당한 시차를 두고 나타나게 되며 이 시차가 있는 기간 동안만 통화증가는 실질소득과 저축을 증대시키는 효과를 가질 수 있다는 것이다.

그러면 구조론자(Structualist)들의 주장은 어떤가. 이들의 주장인즉 후진국 인플레의 근본원인은 통화적인 데 있는 것이 아니고 경제구조적인 면, 즉 공급면(또는 실물면)의 애로에 있다. 공급면의 애로라고 하는 것은

(i) 사회간접자본의 애로, (ii) 생산요소의 비가동성, (iii) 농업중심의 생산구조, (iv) 소비재와 투자재의 불균형, (v) 농업인구의 도시화에 따른 도시수용능력(都市收容能力)의 부족, (vi) 수출력의 한계에서 오는 수입능력의 부족 등을 의미한다. 즉 통화량이 늘어도 공급능력만 뒤따르면 인플레는 일어나지 않을 것인데 이들 공급면의 애로들 때문에 공급이 충분히 뒤따르지 않기 때문에 인플레가 일어난다고 보는 것이다.

예를 들어 경제개발을 서두르고 있는 어떤 나라가 강철공장 하나를 세운다고 생각하자. 외환이 부족하여 건설자재의 수입이 여의치 않고 수입을 해 와도 항만시설이 부족하여 하역이 늦어지고 하역이 돼서 공장건설이 시작되어도 전력부족·기술자부족·원료부족 등에 당면할 수 있다. 후진국의 인플레이션은 이러한 이유로 나타나는 것이지 단순히 돈을 많이 찍어냈다고 일어나는 것이 아니라는 주장이다.

이러한 구조적 인플레이션을 저자는 사우디아라비아에서 체험하였다. 1970년대의 이 나라는 석유수출로 외환이 주체할 수 없이 남아돌고 일체의 외환통제가 없어 무제한 자유수입이 가능하며 관세도 없었다. 따라서 이론적으로 보면 이 나라는 통화가 늘어난다 하더라도 국제시장가격에 의한 무제한수입(無制限輸入)이 가능하기 때문에 하등 물가가 오를 이유가 없다. 이런 나라의 국내가격은 운송비를 무시하고 보면 국제가격과 완전히 일치하게 될 것이며 국내물가상승률은 국제물가상승률과 같아야 할 것이다. 그럼에도 불구하고 1975년 세계 인플레가 10% 내외인데 이 나라는 35%의 인플레를 경험하였다. 그 이유는 이러하다. 막대한 외화수입을 바탕으로 국내개발을 서두르게 되었고 따라서 많은 물자에 대한 수입이 급증하였다. 외화가 남기 때문에 수입은 충분히 해 올 수 있었지만 항만시설의 부족으로 수입품을 실은 배는 항구에서 평균 5~6개월을 기다려야 했다. 그리하여 항만시설의 부족, 도로의 부족, 기술인력의 부족, 인력수입에 따른 주택부족 등 많은 원인이 복합적으로 작용하여 이 당시 사우디아라비아의 인플레를 주도하였는데 이러한 인플레는 통화팽창 때문이라고 보기는 어려운 것이다.

그래서 경제성장과 자본축적에 대한 구조론자들의 인플레관은 화폐론자와는 다르다. 즉 인플레이션은 경제개발을 하자면 어쩔 수 없이 따라오는 부산물이며 불가피한 것이다. 인플레를 없애려면 경제개발을 포기해야 하는데 후진국이 이 길을 택할 수는 없다는 것이다. 결국 인플레와 경제성장은 한쪽을 희생해야만 다른 쪽을 얻을 수 있는 대체관계(代替關係)에 있기 때문에 재정금융정책을 통해서 통화량을 긴축하여 인플레를 성급하게 다스리려는 것은 경제개발에 도움을 주지 않으며 인플레는 어느 범위에서 인정하고 경제를 개발하면서 서서히 다스려야 한다고 보는 것이다.

3. 인플레이션의 규제정책

3-1 인플레이션의 유형과 정책수단

이제까지 본 바와 같이 인플레이션에는 그 원인에 따라 여러 가지가 있다. 정책당국이 인플레이션을 규제하려고 하는 경우 그 정책수단은 인플레이션의 유형에 따라 맞추어 써야 되며 모든 인플레이션에 공통되는 만능약은 없다. 이것은 마치 아스피린이 감기에는 효과가 있지만 고혈압에는 적응력이 없는 것과 같은 이치이다.

정책수단을 선택한다는 관점에서 볼 때 인플레이션은 수요인플레, 국내비용인플레(Domestic Cost Push), 해외비용인플레(Import Cost Push), 공급애로인플레(Supply Bottleneck Inflation) 등 네 가지로 세분할 수 있다.

수요인플레는 재정금융정책을 통해서 통화를 긴축하여야 하며 국내비용인플레는 소득정책을 통해서 생산원가를 절하해야 된다. 해외비용인플레는 인플레의 원인이 국내에 있지 않고 외국에 있으며 외국인에 의한 과세와 같은 것이어서 국내에는 인플레로 이득을 보는 사람이 없고 모든 사람이 피해자이다. 따라서 그 피해를 피할 방법이 없으며, 다만 인플레를 감수할 것인가 실업을 감수할 것인가, 아니면 이 두 가지를 어떻게 절충할 것인가 하는 소극적인 선택의 문제가 있을 뿐이다. 해외비용인플레를 최악

[그림 6-3] 인플레이션의 규제수단

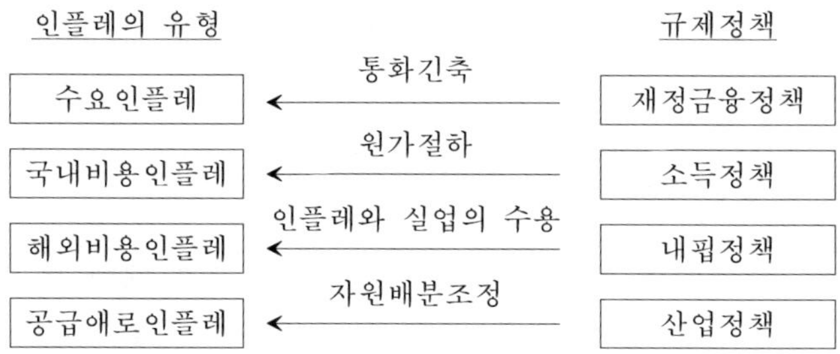

의 인플레라고 하는 것은 이 때문이다. 한편 공급애로(供給隘路)인플레의 경우는 산업정책을 통해서 자원을 재분배하여 애로부문을 제거하여야 한다.

그러면 이러한 인플레이션의 유형과 이에 대한 대응책을 [그림 6-3]을 중심으로 하여 좀더 살펴보기로 하자.

(1) 수요인플레이션

구매력을 감축하기 위하여 금융과 재정이 협조하여야 한다. 구매력을 감축하는 방법은 통화량을 줄이는 것과 통화의 유통속도를 감소시키는 것이 있는데 통화의 유통속도는 단기적으로는 안정적이므로 결과적으로는 모든 정책노력이 통화긴축에 집중되기 마련이다.

통화를 감축하기 위하여 재정은 세수증대, 대중소화공채(大衆消化公債)의 발행, 공공투자의 연기 등 세출감축 등을 통하여 흑자재정을 집행한다. 한편 금융정책면에서는 중앙은행이 금리 인상, 지준율 인상(支準率引上), 공개시장(公開市場)에서 국공채 매각, 시중은행의 대출 제한 등을 통하여 통화를 환수할 수 있다.

(2) 국내비용인플레이션

소득정책에 의하여 원가절하를 도모하여야 한다. **소득정책**(Income Policy)이란 생산물의 원가를 형성하는 생산요소들의 가격, 즉 노임 · 이윤 · 임료(賃料)·이자 등을 규제함으로써 비용상승에 의한 인플레를 누르자는 것인데 이 중에서도 특히 중요한 것은 임금과 이자이다. 요소가격을 규제하는 방법으로는 정부가 상한선을 설정하는 직접통제와 당사자들의 자발적 조절에 호소하는 행정지도방식이 있다.

(3) 해외비용인플레이션

해외비용(海外費用)인플레는 1970년대의 오일쇼크 때에 우리가 경험한 바 있다. 수입원가(輸入原價)의 상승에 기인하는 것이므로 수입원가의 상승 자체를 규제할 방법은 없다. 따라서 그 나라가 채택할 수 있는 정책이란 인플레의 원인을 다스리는 것이 아니라 내핍과 긴축으로 이에 스스로 적응하는 소극적 의미가 있을 뿐이다. 해외비용인플레는 소득의 국제적 이전, 즉 수입국의 소득이 수출국으로 그만큼 이전된다는 데 특징이 있다. 따라서 해외비용인플레가 일어나면 물가상승이 고용감소와 국제수지악화를 수반해서 일어난다는 데 어려움이 있다. 왜냐하면 이 세 가지를 함께 다스릴 정책이란 없기 때문이다. 가령 고용을 지키기 위해서 수입량과 통화량을 줄이지 않으려면 물가가 오르고 국제수지가 악화하며, 수입을 줄이고 통화를 긴축하면 심각한 실업을 일으키게 될 것이다.

따라서 해외비용인플레에 있어서는 이들 세 가지를 어느 선에서 서로 절충하고 어느 만큼 각각 희생시키느냐 하는 선택의 문제이며 어떤 형태가 되든지 그 결과는 인플레와 경기수축을 어느 선에서 수용하는 것이 될 수밖에 없다. 따라서 내핍체제(耐乏體制)로의 경제운용이 불가피하다고 하겠다.

(4) 애로인플레이션

인플레이션이 통화의 팽창이나 원가의 상승에서 오는 것이 아니고 공급면의 애로(隘路)에서 올 때에는 산업정책으로 다스려야 한다. 인플레가 공급면의 애로에서 온다는 것은 자원의 가동성이 없기 때문임을 의미하며, 예를 들면 수송능력의 부족, 전력 부족, 기술인력 부족, 시장정보의 부족 등으로 물가가 오르는 경우이다. 이 때에는 산업 및 투자정책을 통하여 국민의 자원을 애로부문에 긴급히 집중시켜줌으로써 공급의 애로를 타개하는 것이 급선무이다.

3-2 가격의 직접통제

지금까지 우리는 물가의 간접적 규제정책에 관해서 연구하였다. 간접적 규제정책이란 물가상승을 억제하는 것이 최종 정책목표이지만 이것을 달성하기 위해서 물가에 영향을 미치는 여러 가지 변수들을 시장가격기구의 틀 안에서 조절하는 것을 뜻한다. 그러나 정책목표인 물가 자체를 정부가 직접통제하는 이른바 직접통제정책도 있다. 그러면 이러한 직접통제정책(直接統制政策)은 어떤 결과를 가져오는가?

(1) 경쟁시장가격의 직접통제

경쟁적 시장경제에서 직접통제는 가격기능을 마비시키고 수급의 불균형을 초래한다. 그 결과는 배급제도를 불가피하게 하고 시장을 이중구조화(二重構造化)하여 암시장이 출현한다. 이러한 일련의 사태는 자본주의의 기본구조를 흔들고 비능률을 초래하기 때문에 경쟁적 시장경제에서는 극히 예외적인 경우가 아니고서는 함부로 사용되어서는 안 된다. 다시 말하면 인플레이션이 시장경제의 이점을 포기하는 한이 있어도 수속되어야 할 만큼 극도로 악성화한 경우에 한하여 단기적인 비상수단이라는 전제하에서 원칙적으로 받아들여질 수 있다. 그러면 왜 그런가를 [그림 6-4]에서 보기로 하자.

그림에서 지금 이 나라 경제는 공급과 수요가 일치하는 E점에서 균형을 이루고 있다고 하자. 생산은 Q_0이며 가격은 P_0이다. 만일 정부가 가격을 P_0에서 P_c로 내리기 위해서 가격을 P_c로 고시하여 통제한다고 가정하자. 그러면 수요는 B점이며 이 수요를 충당하자면 OQ_2의 생산이 필요하다. 그러나 공급은 A점에서 이루어지며 따라서 OQ_1의 생산이 이루어지게 될 것이다. 결국 AB의 거리만큼 초과수요(超過需要)가 일어나게 된다. 초과수요가 있으면 당연히 가격이 올라야 되겠지만 가격은 정부에 의해서

[그림 6-4] 경쟁적 시장가격의 직접통제

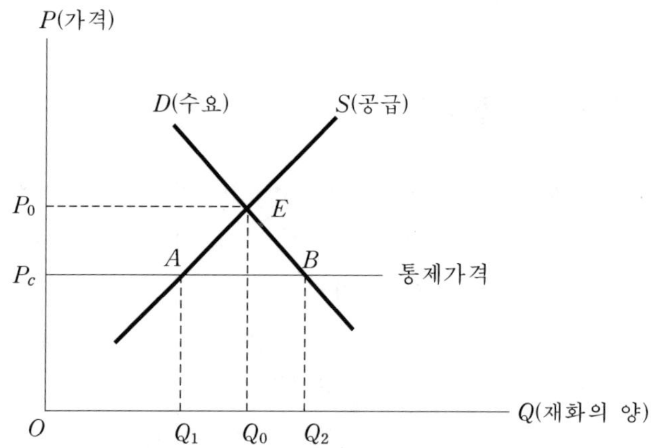

묶여 있으므로 수급불일치는 배급제가 아니고는 해결될 방법이 없으며 배급제가 실시되는 경우 암시장의 출현은 불가피하고 따라서 상품의 가격은 두 가지로 나타나는 결과가 될 것이다.

(2) 직접통제가 합리화되는 예외

직접통제가 합리화되는 예외적인 경우도 있다. 그러한 경우로서는 두 가지가 있는데 하나는 시장이 경쟁적이 아니고 독점인 경우이며, 또 하나는 토지의 경우처럼 공급(또는 생산)이 가격에 대하여 극히 비탄력적인 경우이다.

그러면 첫번째 경우, 즉 독점시장의 경우를 보기로 하자. 독점시장의 경우에도 생산독점의 경우와 노동독점의 경우로 나누어 생각할 수 있는데 먼저 [그림 6-5]에서 생산독점의 경우를 보기로 하자. 이 그림에서 현재의 생산은 한계비용(MC)과 한계수입(MR)이 만나는 B 점에서 이루어진다. 생산량은 Q_0 이고 가격은 P_0 이다. AC는 평균비용, D는 수요선(평균수입)을 나타낸다. 이런 상황 아래서 정부가 가격을 P_c로 내리기 위해서 P_c 이상을 받지 못하도록 고시하였다고 하자. 그러면 이 독점기업에 대한 수요선

[그림 6-5] 독점가격의 직접통제

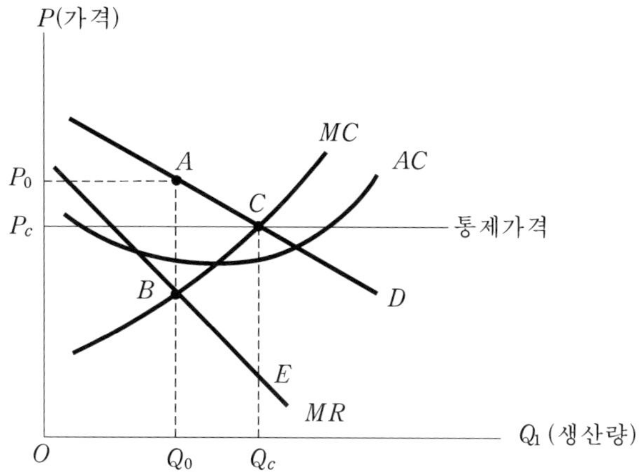

은 P_c, C, D로 이어지는 굴절선이 되고 한계수입선은 P_c, C, E, MR로 이어지는 굴절선으로 바뀌게 된다. 이와 같은 새로운 한계수입선을 놓고 이 독점기업이 이윤을 극대화하는 생산점은 한계비용과 새로운 한계수입선이 만나는 C점이다. 즉 생산량은 OQ_c로 오히려 늘고 가격은 P_0에서 정부고시가격인 P_c로 하락하게 될 것이다. 즉 정부의 직접통제에 의해서 가격을 P_c로 내리더라도 공급(또는 생산)이 오히려 증가함을 볼 수 있는데 이 때문에 독점기업에 대한 직접통제는 앞서 본 경쟁적 시장에서 본 바와 같은 직접통제의 해독을 갖지 않는다. 그림에서 볼 수 있는 바와 같이 독점기업의 가격 인하는 단순히 독점이윤의 감소로 이루어지는 것이며, 따라서 독점이윤을 취득하는 기업에 대한 가격의 직접통제는 오히려 시장경제의 이상적인 균형에 접근하는 것이다. 독점기업이 P_c의 가격으로 판매하더라도 C점이 평균비용곡선의 상위에 위치하고 있는 한 이윤은 취득하고 있음을 확인할 필요가 있다. 다만 통제가격은 한계비용곡선(MC)과 수요선(D)이 만나는 C점이 한계이며 이 점 이하로 통제가격을 고시하게 되면 경쟁적 시장에서 본 바와 같은 초과수요의 현상이 나타나게 된다. 왜 그런가는 독자 스스로 그림에서 시도해 보기 바란다. 그리고 이와 같은 독점생산

[그림 6-6] 독점노임의 직접통제

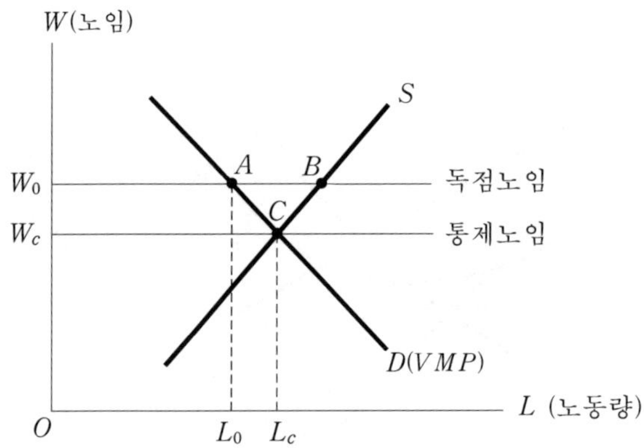

에 대한 직접적인 가격통제의 타당성은 자본축적이라는 측면에서는 이론(異論)이 있을 수 있음을 아울러 생각해 보기 바란다.

노동의 공급이 노동조합에 의해서 독점되어 있는 노동공급독점의 경우에도 사리(事理)는 독점생산의 경우와 같다. 이것을 [그림 6-6]에서 보기로 하자. 그림에서 이 노동시장이 경쟁적이라면 노동의 공급선(S)과 수요선(D)이 만나는 C점에서 균형이 이루어질 것이다. 노동의 수요선은 노동의 한계생산가치(VMP)를 나타내는 것임을 상기하기 바란다. 그러나 현재의 노동시장은 노동조합에 의해서 완전히 공급이 독점되어 있고 노동조합은 독점노임(獨占勞賃)을 W_0에 고시했다고 가정한다. 이 결과로 당초의 노동공급선 S는 W_0, B, S로 연결되는 굴절선으로 바뀌게 된다. 따라서 노동시장의 균형은 C점에서 A점으로 이동하며 노동수요는 L_0L_c만큼 감소하고 노임은 W_c에서 W_0로 오르게 될 것이다. 이런 여건에서 정부가 노임을 W_c로 통제하여 고시하였다고 하면 이 결과는 독점적 노동시장을 경쟁적 노동시장으로 환원하는 결과가 될 것이다. 즉 노임은 하락하고 고용은 L_0L_c만큼 오히려 증가하게 된다. 여기서도 정부의 노임통제선이 W_c를 하회하게 되면 노동시장에서는 초과수요가 발생한다는 것을 기억할 필요가 있다.

[그림 6-7] 지가의 직접통제

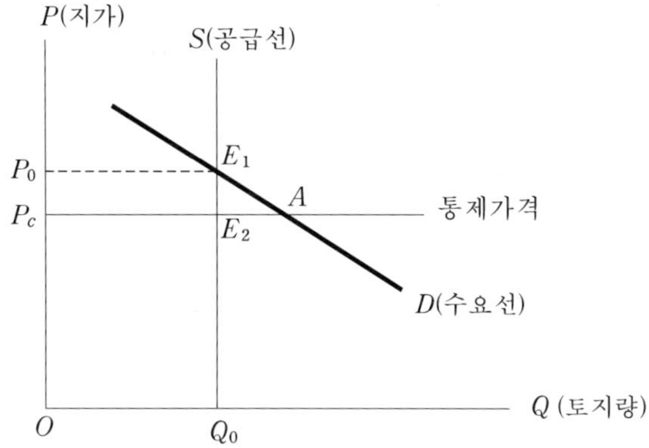

가격의 직접통제가 합리화되는 두 번째 경우는 공급이 가격에 대하여 경직적인 비탄력적 공급상품의 경우이다. 그 대표적인 예가 땅값에 대한 통제인데 [그림 6-7]은 이 경우를 나타낸다. 땅은 재생산이 불가능하므로 그림에서 보는 바와 같이 공급선 S가 수직선이다. 즉 수요가 어떻게 변하더라도 가격만 변할 뿐 공급은 변동하지 않는다. 지금 토지의 수급이 공급선 S와 수요선 D가 만나는 E_1에서 균형되어 있다고 하자. 지가는 P_0이다. 정부가 지가를 P_c에 고시하여 통제한다고 하면 수요선 D는 P_cAD로 이어지는 굴절선이 되고 수급균형점은 E_2로 이동한다. 즉 지가만 P_0에서 P_c로 내리고 토지의 공급에는 영향이 없다. 이는 즉 지주의 소득을 다른 부문으로 재분배함으로써 지가의 하락을 달성하는 셈이 된다. 다만 이러한 경우는 정부의 직접적인 가격통제가 공급량을 감소시키지 않는다는 의미가 있을 뿐이며 초과수요는 여전히(E_2A만큼) 존재하게 된다.

4. 통화정책과 총수요관리

4-1 통화정책의 지표

물가수준은 공급과 수요에 의해서 결정된다는 것을 앞에서 보았다. 그런데 총수요수준은 통화공급량에 의해서 결정된다. 이런 점에서 물가안정에 대한 1차적인 책임은 중앙은행의 통화정책에 있다고 볼 수 있다.

그러면 새로운 통화공급이 이루어질 때 그 효과는 어떻게 나타나는가를 [표 6-1]에서 보기로 하자. 통화공급이 이루어지면 구매력이 증가하여 소비 또는 투자와같은 지출이 늘어난다. 이 때 구매력이 얼마나 늘어나느냐 하는 것은 통화의 유통속도에 의해서 영향을 받는다. 일반적으로 인플레율이 높을수록, 그리고 후진국일수록 유통속도는 높은 경향이 있으며, 따라서 이런 나라의 통화증가는 더 많은 구매력을 창출한다고 볼 수 있다.

[표 6-1] 통화공급과 그 효과

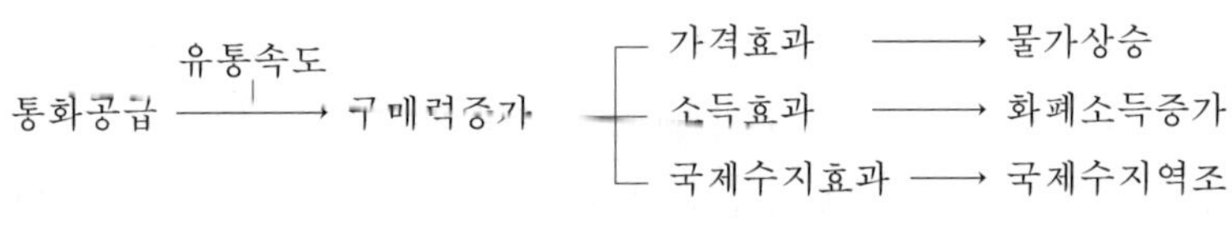

구매력증가가 수반하는 효과는 크게 세 가지로 나누어 볼 수 있다. 물가를 올리는 **가격효과**, 화폐소득을 올리는 **소득효과**, 그리고 수입을 증대시키는 **국제수지효과** 등이다. 통화증가가 물가에 더 영향을 주느냐 소득에 더 영향을 미치느냐 하는 것은 일반적으로 생산요소의 실업률에 의해서 크게 영향을 받는다. 실업이 많은 상태일수록 물가효과는 작고 소득효과는 크다. 그리고 화폐소득이 증가할 때 실질소득은 늘 수도 있고 줄 수도 있는데 이것은 실업률에 의해서 결정된다고 볼 수 있다.

통화팽창이 국제수지에 미치는 효과는 양면성이 있으나 종합적으로 볼 때 역조요인(逆調要因)이다. 수출쪽에서 보면 통화팽창으로 생산이 증대되어 수출이 늘어날 요인도 있고 물가상승 때문에 수출의 가격경쟁력이 약화하는 요인도 있기 때문에 단기적으로는 무엇이라고 단정하기 어렵다. 그러나 수입(輸入)은 국내지출증가와 물가상승이 서로 상승작용하여 증가하게 마련이다.

그러면 중앙은행은 어떻게 통화를 공급하는가. 이것을 보기 위하여 먼저 [표 6-2]에서 통화의 흐름과 통화신용정책의 지표들에 관해서 알아보

[표 6-2] 금융자금의 흐름과 정책지표

한국은행계정

(자산)		(부채)	
정부에 대출	10	화폐발행	60
시은에 대출	80	지불준비예치	40
매입외환	10		
	100		100 - 본원통화

시중은행계정

(자산)		(부채)	
지준예치	40	요구불예금	100
민간대출	350	저축성예금	220
외환매입	10	한은차입	80
	400		400

금융종합계정

(자산)			(부채)			
국내총여신	정부에 대출	10	화폐발행	60	통화량	총통화
	민간에 대출	350	요구불예금	100		
	외환매입	20	저축성예금	220		
		380		380		

자. 이 표는 우리들의 지식을 보다 정확하게 하기 위하여 가상적인 숫자를 넣어 만든 것이다. 먼저 한국은행을 보면 정부에 10, 시중은행에 80을 빌려 주고 수출해서 벌어들인 외환을 10만큼 매입하여 결국 돈은 모두 100을 방출하였다. 이 돈이 어디서 나왔는가를 보면 60은 은행권을 발행하여 조달했고 나머지 40은 시중은행이 예금에 대한 지불준비금으로 한국은행에 예치한 돈으로 충당하였다.

한편 시중은행쪽을 보면 민간으로부터 요구불예금으로 100, 저축성예금으로 220을 받고 한국은행에서 80을 빌려서 가용자금은 모두 400이다. 이 돈의 용도를 보면 예금지불준비로 40을 한국은행에 맡기고 민간에게 350을 대출하였으며 나머지 10으로는 외환을 매입하는 데 썼다.

그러면 이 두 은행의 계정을 하나로 종합해 보자. 한국은행과 시중은행의 거래 가운데 지준예치(支準預置) 40과 시중은행의 한은차입 80은 종합계정에서 서로 상쇄된다. 그래서 금융부문을 종합적으로 보면 자금원천은 한국은행의 은행권발행 60과 시중은행의 예금 합계 320을 합하여 모두 380이며 이 돈은 정부에 10을 빌려 주고 민간에 350을 대출하고 민간으로부터 외환 20을 매입하는 데 모두 사용한 것이다.

이와 같은 금융자금의 순환관계에서 우리는 다음과 같은 네 개의 통화정책지표(通貨政策指標)들을 뽑아낼 수 있다. 여기서 말하는 통화정책지표란 통화를 늘리거나 줄이거나 할 때 무엇을 보고 할 것인가 하는 통화정책 수행에 있어서의 기준이 되는 지표를 말한다. 첫째로, **본원통화**(Reserve Base 또는 High-Powered Money)인데 이것은 중앙은행의 화폐발행액에 지불준비예치를 합한 것인데 이것이 표에서는 100이라는 것을 한국은행계정에서 볼 수 있다. 만일 한국은행이 지불준비율을 올리면 본원통화가 증가할 것인가 하는 의문이 나올 수 있을 것인데 이 경우에는 지불준비예치액이 느는 만큼 발행화폐가 환수되므로 화폐발행을 증가시키지 않는 한 본원통화는 변동하지 않는다. 이 본원통화(本源通貨)는 중앙은행의 부채, 즉 가용재원을 나타내며 모든 통화공급의 본원을 이루는 것이다. 둘째로, 민간화폐보유액과 요구불예금을 합한 것을 **통화량**(Money Supply)이라 하고 보통 M_1으로 표시한다. 민간화폐보유액과 화폐발행액의 차이는 바로 시중은행의 현금보유이다. 이 표에서는 편의상 시중은행의 현금보유는 없다고 가정하여 화폐발행과 요구불예금을 합한 160을 통화량이라고 하였음을 금융종합계정에서 볼 수 있다.

셋째로, 통화량에 저축성예금을 합한 것을 **총통화**(Total Money Supply)라 하고 흔히 M_2로 표시한다. 이 때문에 저축성예금을 가리켜 **준통화**(Quasi-Money)라고도 하는 것이다. 이 표에서 총통화는 380이다. 그리고 요구불예금과 저축성예금을 합한 총예금을 본원통화에 대응하는 개념으로서 **파생통화**(Derived Money)라고 부르기도 한다. 넷째로, 정부나 민간의 국내활동에 대한 전금융기관의 총대출액을 **국내총여신**(Total Domestic Credit)이라 한다. 이것은 표의 금융종합계정에서 360으로 계산되고 있다. 앞에서 살펴본 본원통화·통화량·총통화 등이 모두 금융기관의 부채, 즉 재원면에서 나온 것인 데 대해서 국내 총여신만은 유독 자산, 즉 대출쪽에서 본 것임을 표에서 확인할 수 있다. 그리고 은행에서 나간 자금이지만 외환매입을 위한 통화, 즉 해외부문에서의 통화공급은 국내여신에 포함되지 않는다는 사실을 유의해야 한다.

이상 네 가지의 통화정책지표 가운데 어느 것을 채택하느냐 하는 것은 나라마다 다르다. 대부분의 선진국들은 본원통화를 지표로 쓰고 있으며 우리 나라는 1960년대에는 통화량을, 그리고 1970년대에는 국내 총여신을, 그리고 1980년대에는 총통화를 각각 주된 정책지표로 사용한 바 있다. 어느 것이든 기본적인 차이는 없다 하겠으나 그 경제적 의미에는 상당한 차이가 있다. 즉 본원통화는 시중은행의 자금사정을 가장 잘 나타내므로 본원통화를 정책지표로 쓴다는 것은 즉 시중은행의 자금사정을 기준으로 하여 시중에 대한 자금공급을 조절한다는 의미가 있다. 이에 대하여 통화량이나 총통화는 구매력에 대한 직접지표이기 때문에 총수요와 물가에 기준을 두고 통화를 조절한다는 의미가 있다. 한편 국내총여신(國內總與信)은 국내부문에 대한 총대출규모를 나타내므로 기업의 자금사정을 직접 규제의 지표로 삼는다는 의미가 있다.

이 밖에 M_2A, MCT 또는 M_3 등을 보조지표로 쓰는 경우도 있다. M_2A는 총통화(M_2)에서 장기저축성예금을 뺀 것이고 MCT는 총통화에 양도성예금(CD)과 금전신탁을 더한 것이다. 그리고 M_3는 MCT에 채권발행액·상업어음·환매채·비통화금융기관의 예수금까지도 포함한 가장 넓은 의미의 금융자산을 말한다.

이 가운데 어떤 지표를 사용하든지 중앙은행이 마음대로 할 수 있는 것은 본원통화이므로 본원통화의 조절을 경유해서 예컨대 통화량이나 국내 총여신을 규제하게 된다. 이 때 통화량이나 국내 총여신을 조절함에 있어서 중앙은행은 본원통화를 얼마나 늘리고 줄일 것인가를 결정하게 되는데 여기에 여러 가지의 승수가 많이 이용된다. 통화량과 본원통화의 비율을 **통화승수**(Money Multiplier)라 하며 표에서는 1.6으로 계산된다. 한편 총통화와 본원통화의 비율은 **총통화승수**라 하며(표에서는 3.8) 국내총여신과 본원통화의 비율은 국내여신승수(표에서는 3.6)라 한다. 즉 표에서 본 예에서는 본원통화가 한 단위 늘면 대충 통화량은 그 1.6배, 총통화는 3.8배, 그리고 국내 총여신은 3.6배가 각각 증가한다는 관계를 나타내는 것이라 하겠다.

4-2 통화정책의 수단

그러면 통화정책당국은 어떻게 자금공급을 늘리고 줄이는가를 보기로 하자.

자금공급을 조절하는 금융정책은 우선 일반적 정책(General Policy)과 차별적 정책(Discriminative Policy)으로 나눌 수 있다. 일반적 정책이란 국민경제 전반에 동등하게 적용되는 정책으로서, 예를 들면 중앙은행이 지불준비율을 모든 예금에 대해서 같은 율로 올리는 경우이다. 이와 달리 차별적 정책은 경제의 특정 부문에 대해서만 특혜를 주거나 또는 불이익을 주는 정책으로서, 예를 들면 수출금융에 대해서만 금리를 내리도록 하는 경우이다.

한편 금융정책의 효과달성이 강제적인가 유도적인가를 기준으로 하고 보면 **직접통제정책**과 **간접통제정책**이 있다. 직접통제정책은 예를 들면 대출최고한도제(貸出最高限度制)나 사채동결(私債凍結)조치와 같은 것으로서 시장경제에서는 예외적으로만 사용되고 있을 뿐이다. 정통적인 금융정책은 간접통제정책인데 여기에는 아래와 같은 세 가지의 대표적인 정책수단이 있다.

① **지준정책**: 원래 지불준비제도는 예금의 안전성을 보장하기 위하여 나온 것이지만 지금은 거의 전적으로 통화정책의 수단으로서만 의미가 있다. 지불준비율을 올리면 시중은행은 받아들인 예금에서 그만큼 많은 돈을 이자도 없이 중앙은행에 맡겨야 하므로 시중은행의 신용창조기능은 추가된 예치금의 신용승수배(信用乘數倍)만큼 감소되고 따라서 은행대출이 줄어든다. 지준율의 변동은 **신용승수효과**[4] 때문에 매우 충격적인 효과를 가져오므로 전체적이고 구조적인 통화조절이 필요할 때에만 이 방법을 쓴다. 지준정책의 특징은 효과가 급격하고 크다는 점, 조정기간이 길다는 점, 예금에는 영향을 거의 미치지 않는다는 점, 시중은행이 초과지준을 가지고 있으면 효과가 없다는 점 등으로 요약된다.

② **재할인정책**: 재할인정책(再割引政策)은 중앙은행이 시중은행에 빌려주는 대출금리를 조정함으로써 시중의 자금량을 조절하는 것이다. 중앙은행의 재할인금리를 높이면 시중은행의 중앙은행차입이 줄어서 시중은행의 대출자금이 감소할 뿐 아니라 시중은행의 대출금리를 올리게 하는 역할을 하게 되어 시중의 자금량이 감소한다. 재할인정책은 지준정책처럼 그 효과가 충격적이거나 장기적이지 않고 정책효과는 순하고 또 단기적으로 나타난다. 따라서 보통 단기적 자금조절을 목적으로 하거나 계절적 자금조절 또는 선별적 자금정책을 쓸 때에 많이 이용된다.

③ **공개시장정책**: 공개시장정책(公開市場政策)이란 중앙은행이 상업어

---

4) 은행의 신용창조승수(信用創造乘數)는 아래와 같이 정의된다. α를 신용창조승수, γ을 지준율, c를 총통화 중 현금보유의 비율이라 하면

$$\alpha = \frac{1-\gamma}{1-(1-c)(1-\gamma)}$$

따라서 지준율이 20%, 현금보유율이 50%이면 α는 약 1.3이다. 만일 현금누출이 전연 없고 모두가 예금으로만 가지고 있는다면 $c=0$이므로

$$\alpha = \frac{1-\gamma}{\gamma}$$

음, 국채, 은행인수어음 등 유가증권을 사들이거나 매각함으로써 시중자금을 조절하는 방법이다. 예컨대 시중은행에 돈을 더 공급하여 돈을 더 풀려고 하면 중앙은행은 시중은행이 가지고 있는 국채를 매입하면 되고 돈을 더 줄이려고 하면 이를 다시 시중은행에 매각하는 것이다. 이 정책은 가장 단기적이고 가장 근대화된 자금조절수단으로서 지준정책이 통화의 장기적 조절수단이라면 재할인정책은 중기적인 조절수단이며 공개시장정책은 그날 그날의 통화조절수단이라 할 수 있다.

4-3 외환흑자와 통화관리

통화의 흐름에는 정부부문·민간부문·해외부문 등 세 개의 통로가 있다. 이 가운데 해외부문은 국제수지의 변동에 기인하는 것이기 때문에 통화의 변동이 외생적이며, 그런 만큼 충격이 크고 통제하기 어렵다는 특징이 있다. 여기서는 국제수지흑자로 인한 통화면의 교란요인에 어떻게 대처할 것인가에 대해서 알아보기로 한다.

가령 일정금액의 외환흑자가 생겼다고 하자. 이 흑자는 경상수지흑자에서 기인되는 것이 통상적인 일이지만 경우에 따라서는 외국으로부터 현금차관을 많이 들여와서 생길 수도 있다. 어떻든 국내에서는 흑자금액에 환율을 곱한 것만큼의 통화팽창요인이 되는 것이다. 이것을 그대로 눈다면 그 만큼의 인플레가 생길 것이고 나아가 심각한 부동산투기나 증권투기 등으로 국내경제 안정을 교란시키게 될 것이다. 이런 경우의 대응방안에는 다음과 같은 세 가지가 있다.

① **지출증대책**(Expenditure Increasing Policy): 통화팽창을 그대로 허용하여 외환흑자가 국내소비와 투자증가로 작용하여 국내지출이 증가하도록 하는 정책이다.

외환흑자가 그대로 국내에 구매력증가로 나타나기 때문에 그만큼 국내경기는 확대되고 이것은 그대로 인플레요인으로 작용한다. 따라서 만일 흑자규모가 큰 경우에는 심각한 인플레와 더불어 부동산투기와 증권투기 등이 일어나 국내경제 안정이 크게 위협받게 될 것이다. 이런 경우 외환흑자는 일시적으로 외환보유의 축적으로 나타나겠지만 외환흑자가 없어질 때까지 국내지출이 늘고 인플레가 진행될 것이므로 장기적으로 본다면 외환축적은 이루어지지 않는다.

② **지출전환책**(Expenditure Switching Policy): 외환흑자에서 생긴 구매력으로 수입을 늘려 해외에서 쓰도록 하는 방법이다. 그 구체적인 수단으로서는 환율 평가절상, 수입자유화, 수입관세 인하 등의 조치를 취해서 수출을 줄이고 수입을 늘려 경상수지의 흑자규모를 줄이도록 하는 방법이 있고, 또 해외자본수출과 해외투자확대를 통해서 경상수지흑자는 그대로 유지하면서 통화팽창요인만 제거하는 방법이 있다. 어느 경우나 외환흑자로 국내에 들어온 구매력을 다시 해외로 전환시키는 것이며 따라서 통화팽창은 그만큼 상쇄되어 버리기 때문에 일어나지 않는다.

통화팽창이 생기지 않으므로 인플레문제도 자연히 해결되며 외국과의 무역마찰도 생기지 않는다. 이러한 경우 외환축적은 일어나지 않으며 결국 외환흑자가 수입증대를 통해서 국내지출을 늘리는 방향으로 작용하는 셈이 된다.

③ **지출동결책**(Expenditure Sterilizing Policy): 흑자로 인해서 들어온 구매력을 어떤 곳에도 지출되지 않도록 외환흑자의 구매력화를 봉쇄하여 그 흑자를 외환형태로 축적하는 경우이다. 그렇게 하는 구체적인 방법은 외환흑자 때문에 해외부문에서 생기는 통화팽창요인을 재정금융의 긴축정책으로 재정부문과 금융부문에서 환수함으로써 통화팽창이 생기지 않도록 하는 것이다.

이럴 경우 외환흑자는 그대로 외환축적으로 나타나고 통화의 팽창이나 인플레문제도 생기지 않는다. 그러나 대내적으로는 수출부문과 비수출부문간의 자금불균형이 생기고 재정금융의 긴축 때문에 산업은 자금난으로 흑자도산(黑字倒産)의 고통을 겪어야 한다. 한편 대외적으로는 외환흑자 문제가 해결되지 않기 때문에 대외무역마찰이 커지게 되는 문제가 있다.

지금까지 세 가지의 흑자관리방식에 대해서 언급하였는데 현실적으로 이들은 선택의 문제가 아니라 조화의 문제이다. 그래서 국제수지흑자를 경험한 나라들은 대부분 위에 언급한 세 가지 방법을 적절하게 배합하여 흑자로 인한 통화팽창과 인플레문제에 대처해 왔던 것이다.

5. 경제개발과 금융정책

5-1 금융의 자금조절기능

아무리 저축여력이 있어도 그것이 투자로 연결되지 못하면 그것은 잠재저축일 뿐이지 실현저축(實現貯蓄)이 될 수 없다는 것은 이미 설명한 바이다. 그리고 금융저축은 경제주체들간에 자금의 과부족이 생겨 이것이 상호간의 대차관계를 통해 조절되는 과정에서 생긴다는 것도 앞에서 언급한 바 있다.

금융은 투자하는 사람과 저축하는 사람, 즉 자금이 부족한 사람과 남는 사람을 연결시켜서 자금의 과부족을 조정해 주는 기능을 수행한다. 이런 점에서 금융은 국민의 잠재저축을 실현저축화시키고 금융저축을 창출하는 기능을 맡고 있는 것이다.

국민경제를 가계·기업·정부로 나누어 본다면 가계는 자금공급부문, 기업은 자금수요부문, 그리고 정부는 자금공급부문이 될 수도 있고 수요부문이 될 수도 있다. 그러면 자금부족부문인 기업이 어떻게 자금을 조달하는가를 보기로 하자.

기업이 자금을 조달하는 방법은 크게 세 가지로 나눌 수 있는데 하나는 자기가 저축한 사내유보소득(社內留保所得)을 쓰는 것이고, 둘째는, 예컨대 은행대출의 경우처럼 금융기관으로부터 차입하는 것이며, 셋째로는, 회사가 주식이나 회사채를 팔아서 직접 조달하는 경우이다. 첫번째 방법은

내부금융이라 하고 둘째 및 셋째 방법은 **외부금융**이라 하는데 그 중에서도 두 번째 방법은 금융기관을 매개로 하여 이루어지는 것이기 때문에 **간접금융**, 그리고 세 번째 방법은 기업이 직접 조달하기 때문에 **직접금융**이라 한다.

이 때 자금 잉여부문의 채권액총계는 당연히 자금부족부문의 채무액총계와 사후적으로 일치하며 이러한 금융적 채권액을 금융자산(Financial Asset)이라 부른다. 금융자산을 형태별로 나누면 예금·주식·회사채·보험·증권·개인사채(個人私債) 등 여러 가지가 있다. 골드스미스(Raymond W. Goldsmith)는 경제가 발전할수록 실물자산(또는 유형자산)에 비해서 금융자산이 더 빨리 증가한다고 주장하였으며 금융자산(M)과 실물자산(R)의 비율, 즉 M/R을 **골드스미스의 금융연관율**(Financial Interrelation Ratio)이라 한다.[5)]

5-2 맥킨넌의 후진국 금융이론

(1) 선후진국간의 여건 차이

맥킨넌(Ronald I. McKinnon)[6)]에 의하면 저축과 투자의 관계를 금융면에서 볼 때 후진국은 선진국과 여건이 다르기 때문에 현대금융이론이 후진국에는 맞지 않는다고 주장한다. 그리하여 그는 후진국만을 대상으로 한 그의 금융이론을 제시하였다.[7)]

그러면 금융과 저축의 관계에 있어서 후진국은 선진국과 어떻게 다른 여건에 있는가. 투자는 불가분성(Indivisibility of Investment)을 특징으로 하는 것인데 후진국에 있어서는 기업은 영세하고 자금시장은 분화되어 투자가 실현되지 못하고 있다는 것이다. 투자의 불가분성이란 어떤 투자를 할 때

5) Raymond R. Goldsmith, *Financial Structure and Development*, Yale University Press, 1969.

6) 맥킨넌은 1935년 캐나다 출생. 미네소타대학에서 박사학위를 받고 1961년부터 스탠퍼드(Stanford)대학 교수로 재직.

7) Ronald I. McKinnon, *Money & Capital in Economic Development*, The Brookings Institution, 1973.

적어도 어떤 규모의 뭉칫돈이 있어야 투자가 가능한 것이지 이것을 그 이하로 쪼개서 할 수는 없다는 뜻이다. 예를 들면 시멘트 공장을 세울 때 100원 단위로 나누어 세울 수는 없다는 것이며 적어도 몇 백억 원 이상이라는 뭉칫돈이 한꺼번에 투입되어야 한다는 것이다. 그런데 후진국의 기업은 아직 영세하기 때문에 이런 거액의 자금을 기업 스스로의 자기자금으로 조달할 수는 없다. 따라서 투자를 하자면 타인의 자금(즉 가계저축)을 가지고 할 수밖에 없는데 이러한 저축이란 큰 덩어리로 뭉쳐 있지 않고 영세하게 흩어져 있어서 결국 금융시장이 이것을 모아 주어야만 투자가 가능하다. 그런데 후진국의 금융시장은 **분화된 금융시장**(Fragmentary Financial Market)이어서 이 기능을 수행하지 못하고 있으며 따라서 흩어져 있는 잠재저축은 투자로 연결되지 못한다는 것이다.

그러면 후진국의 금융시장이 분화(分化)되어 있다 함은 무슨 뜻인가. 이것은 즉 영세한 저축자의 자금이 자금수요자(투자하는 사람)에게 효율적으로 연결되지 못하고 있다는 뜻이며, 이것은 금리·생산함수·이윤율 등이 이중구조하에 있거나 실세를 반영하지 못하고 있기 때문이다. 따라서 저축증대를 위해서는 분화된 금융시장을 조직화된 금융시장(Organized Financial Market)으로 개발하는 것이 급선무라고 맥킨넌은 주장하는 것이다.

그런데 현대의 화폐금융이론은 후진국에는 맞지 않는 아래와 같은 가정에 입각하고 있나.

첫째로, 완전히 조직화된 금융시장을 가정한다. 즉 단일금리에 의해서 저축은 투자에 연결되고 실물자산과 금융자산의 수익률은 같아진다.

둘째로, 모든 생산과 투자는 완전히 가분적(可分的)이다.

셋째로, 통화는 자본축적에 직접적인 영향을 미치지 않는다.

(2) 맥킨넌의 후진국 금융이론

그러면 맥킨넌의 후진국 금융이론은 현대금융이론과 어떻게 다른가. 기본적인 차이점은 다음 두 가지로 요약된다.

첫째로, 금융자산수요(예컨대 은행예금)는 실물자산의 수익률(즉 이윤율)이 높을수록 증가한다는 것이다. 다시 말하면 실질금융자산의 수요에 있어서 현대금융이론이 실물자산수익률(또는 이윤율)과 금융자산수익률(또는 이자율)을 **대체관계**로 보는 데 대해서 맥킨넌은 **보완관계**로 보는 것이다.[8)] 이 말의 뜻을 좀더 풀이해 보자. 현대금융이론이 서 있는 입장은 우리가 얼마의 돈을 가지고 있다 할 때 이 돈을 이자를 얻기 위해 은행에 예금할 것인가 아니면 이윤을 얻기 위해 투자(즉 사업)를 할 것인가를 결정해야 한다. 이 때 이자가 높으면 금융자산(예컨대 예금)을 보유할 것이고 이윤율이 높으면 예금하지 않고 실물투자를 선택할 것이다. 따라서 이자율과 이윤율은 대체관계에 있고 금융자산과 실물자산은 그 선택에 있어서 서로 상충하는 관계에 있다. 이에 대해서 맥킨넌의 주장은 이윤율이 높아지면 실물투자가 늘고 실물투자가 늘면 자금수요가 늘어나 이자율도 오르고 금융자산도 늘어난다. 따라서 금리와 이윤율은 보완관계이고 금융자산과 실물자산도 같은 방향에서 움직이는 보완관계에 있다는 것이다.

이와 같은 견해의 차이가 어디서 오느냐 하면 현대금융이론의 입장은 주로 어느 시점에서 주어진 자금의 효율적 배분이라는 관점에서 보고 있는 데 대해서 맥킨넌의 입장은 경제발전이라는 측면에서, 즉 시간의 흐름을 전제로 하여 금융자산과 실물투자간의 관계를 보려 하는 데 있다고 하겠다.

두 번째의 차이점은 더욱 중요한 의미를 가지는 것인데 실질이자율과 투자의 관계에 있어서 현대금융이론은 실질이자율이 올라갈 때 투자는 감소한다고 생각하는데 맥킨넌은 후진국의 개발단계에 있어서는 실질이자율이 높을수록 투자가 증가한다고 보는 것이다.[9)] 금리상승이 투자비용을 올

---

8) 이를 수식으로 나타내면 다음과 같다. 실질금융자산수요를 M_d, 소득을 Y, 금융자산의 실질이자율을 i, 실물자산수익률을 r이라 하면

$$M_d = f(Y,\ i,\ r)$$

현대금융이론: $\frac{\partial f}{\partial Y}>0,\ \frac{\partial f}{\partial i}>0,\ \frac{\partial f}{\partial r}<0$

맥 킨 넌: $\frac{\partial f}{\partial Y}>0,\ \frac{\partial f}{\partial i}>0,\ \frac{\partial f}{\partial r}>0$

9) 이것을 수식으로 나타내면

$$I = f(Y,\ r,\ i)$$

(여기서 I는 투자이며 다른 기호는 앞과 같음)

현대금융이론: $\frac{\partial f}{\partial Y}>0,\ \frac{\partial f}{\partial r}>0,\ \frac{\partial f}{\partial i}<0$

맥 킨 넌: $\frac{\partial f}{\partial Y}>0,\ \frac{\partial f}{\partial r}>0,\ \frac{\partial f}{\partial i}>0$

려서 투자를 감소시킨다는 것은 경제원론을 배운 사람에게는 하나의 상식이다. 금리가 오르면 은행에서 대부를 받아서 투자하려던 사람은 그만큼 타격을 입을 것이다.

그러면 왜 맥킨넌은 후진국에서 실질금리가 오르면 투자가 증가한다고 보는 것인가. 투자는 그것이 일어나기 위해서는 투자에서 기대하는 수지가 맞아야 할 뿐 아니라 투자를 위한 자금조달이 가능해야 한다는 양면성을 지니고 있다. 전자, 즉 비용 쪽에서 보는 투자이론을 **투자의 비용설**(Cost Theory of Investment)이라 하고, 후자, 즉 자금면에서 보는 쪽을 **투자의 자금설**(Fund Theory of Investment)이라 한다. 금리와 투자의 관계도 마찬가지다. 투자에 있어서 금리는 한편에서 볼 때 비용이 되므로 금리가 오르면 투자가 감소하기 마련이고, 이러한 투자와 금리의 관계를 대체효과라 한다. 그러나 한편에서 보면 실질금리가 오르면 영세한 저축자금은 보다 많이 금융시장으로 모여들고 은행예금이 증가하여 투자자에게 보다 많은 자금을 공급할 수 있다. 이런 점에서 보면 실질금리가 오를수록 투자는 증가하게 되며 이러한 관계를 금리와 투자의 보완효과 또는 **도관효과**(Conduit Effect)라고 한다.

문제는 이 두 개의 상반되는 금리효과 가운데 어느 것이 크냐에 달려 있다. 그런데 후진국에서는 대체로 투자수익률은 높은데 투자할 돈이 없어 투자가 이루어지지 못하기 때문에 대체효과보다도 보완효과가 더 크다는 것이다. 이러한 사실은 한국의 경우 기업가에 대한 표본조사 결과 1990년대까지도 대부분의 기업가가 싼 이자의 적은 자금보다는 비싼 이자로라도 많은 자금공급을 희망하고 있던 점으로도 확인되고 있다. 그러나 경제가 선진국수준으로 발전하면 투자수익률은 감소하는 반면 자금공급은 원활하기 때문에 투자의 자금공급면보다는 비용면이 더 중요하게 되고 따라서 이 단계에서는 금리와 투자는 서로 역상관을 가지게 된다는 것이다.

그러면 후진국에서는 실질금리를 아무리 올려도 저축과 투자가 계속 따라 오른다는 것인가? 그렇지는 않다. 이에 관해서는 [그림 6-8]을 보기로 하자. 투자는 실질금리가 최적이자율을 나타내는 A점에 이르기까지 따라서 증가하지만 이 점을 넘어서게 되면 금리의 투자감축효과가 투자촉진

[그림 6-8] 실질금리와 투자의 관계

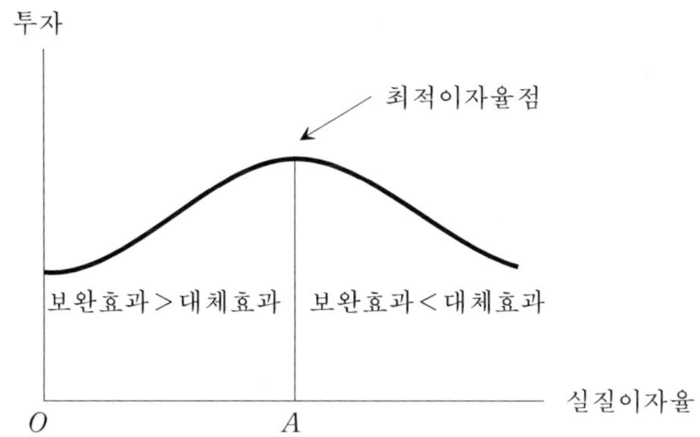

효과보다 크게 되어 저축과 투자는 줄어들게 된다. 그러면 이 A점은 어느 수준의 실질금리이냐 하는 문제가 제기되는데 이것은 외부의 간섭 없이 금융시장에서 자유롭게 결정되는 시장금리 수준이며 따라서 나라마다 같지는 않을 것이다. 맥킨넌에 의하면 대체로 후진국은 금리수준이 자율적인 금융시장에서 결정되었을 경우의 수준보다 현저히 낮으며 따라서 최적이자율을 나타내는 A점의 좌측에 있기 때문에 금리인상은 투자를 증대시킬 수 있다는 것이다.

이상과 같은 이론에 근거하여 맥킨넌은 후진국에서 저축과 투자를 늘리려면 (i) 실질금리를 시장균형점까지 올리고, (ii) 금융 및 자본시장을 확대하여 투자에 있어 타인자금조달을 확대해야 하고, (iii) 환율을 현실화하고 무역자유화를 위해 노력해야 하며, (iv) 정부는 금융시장에 통제를 해제하고 금융시장의 조직화를 유도해야 한다고 권고하였다.

제 7 장

경제개발과 외자도입

제 7 장

경제개발과 외자도입

1. 외자란 무엇인가

1-1 외자의 개념

한 나라의 외자의존도(外資依存度)는 경제의 목표성장률이 높을수록, 그리고 국내저축률은 낮을수록 높아진다. 우리 나라는 목표성장률은 높고 반대로 국내저축률은 낮아서 공업화과정에서 1970년대에는 한때 외자의존도가 GNP의 11%에 이를 만큼 높았다. 특히 우리 나라의 경제개발은 외자에 의해서 점화되었다고 볼 수 있으며 외자가 어떻게 유효하게 경제개발에 공헌할 수 있는가를 실증한 대표적인 사례로 볼 수 있다는 점에서 외자도입에 관한 연구는 우리에게 특별한 중요성을 가지고 있다.

우리가 외자도입이라고 말할 때 장기차관(長期借款)과 외국인 직접투자만을 포함해서 쓰는 경우가 있는데 이는 협의의 개념이다. 광의로 볼 때 외자도입액은 해외저축개념(海外貯蓄概念)과 일치한다. 즉 외자는 외국으로부터 무상으로 받은 증여와 대외부채의 증가를 합한 것이며 따라서 국제수지상의 경상수지적자(經常收支赤字)에 외국에서 받은 무상원조를 합한 금액과 일치한다. 여기에는 단기무역신용이나 단기현금차관과 같은 단기차관도 포함되는 것은 물론이다.

외자는 **무상원조**와 상업적 외자로 크게 나눌 수 있으며 상업적 외자는 다시 **직접투자**(Direct Investment)와 **융자**(Loans)로 분류된다. 그리고 자본을 주는 사람이 정부(또는 기타의 공공기관)이냐 민간이냐에 따라 공공자금과 민간자금으로 나눌 수 있다. 민간자금은 그 목적이 영리에 있으며 공공자금(公共資金)은 이보다도 수취국의 경제개발을 지원한다든가 또는 그 이외의 다른 비영리적 목적이 개입한다는 점에서 양자는 성격을 달리한다.

흔히 자본공여국인 선진국이나 또는 선진국의 학계 일부에서는 모든 외자를 원조(Foreign Aid)로 부르는 경우가 많은데 이것은 잘못된 것이다. 국제금융시장에서의 조건과 비교해서 특별히 유리한 외자만을 원조라고 불러야 마땅하다. 이런 기준으로 본다면 대체로 공적자금만이 원조에 해당하며 구체적으로는 증여와 장기저리융자만을 포함하여야 할 것이다.

1-2 외자의 역사[1)]

뒤늦게 공업화에 들어가는 나라일수록 경제개발에 있어서 외자의존은 커지는 경향이 있다. 그래서 영국은 18세기 후반에 자본을 수출하면서 공업화를 추진하였고, 19세기 후반의 일본은 자본을 자급자족하면서 공업화를 시작하였는데 오늘날의 대부분 개도국들은 무거운 외자의존하에에서 경제개발을 추진하고 있다는 것을 앞에서 지적한 바 있었다.

국제자본이동은 경제근대화와 더불어, 그러니까 구체적으로는 1760년대의 영국 산업혁명으로부터 시작된 것이다. 이 때 영국은 자본을 수출하기 시작하였으나 그 규모는 매우 미세한 것이었으며 그것은 모두 식민지 개척자금의 성격을 띠고 있었다.

그 뒤 대외자본수출의 연평균증가액을 1913년 불변가격으로 보면 1880년부터 1910년까지는 5~7억 달러, 1910년대와 1920년대는 11억 달

1) Simon S. Kuznets, *Modern Economic Growth—Rate, Structure and Spread,* pp. 321~334 및 박 승, 「S. S. 쿠즈네츠」, 유풍출판사, pp. 236~241.

러 내외, 1930년대는 −7억 달러, 1950년대는 20∼30억 달러였다고 쿠즈네츠는 밝히고 있다. 이렇게 볼 때 외자수출은 1920년대까지 꾸준히 증가하여 오다가 세계대공황을 계기로 1930년대에는 크게 위축되다가 제2차 세계대전 이후 급격한 증가현상을 보이고 있는 것이다. 세계자본수출을 1913년 가격에 의한 잔고로 보면 1874년에 49억 달러이던 것이 1913년에는 353억 달러에 이르러 연평균 6% 내외의 증가율을 나타냈는데 이것은 경제성장률이나 무역신장률을 훨씬 상회하는 것이었다.

그러면 어떤 나라가 자본을 수출하고 어떤 나라가 수입하였는가. 19세기 중반까지 자본수출국은 사실상 영국 한 나라였다. 그 뒤 유럽의 여러 나라가 공업화를 추진하여 자본수출에 참여하게 되었는데 19세기 후반부터 제1차 세계대전(1914∼1918)까지는 영국·프랑스·독일 등 세 나라가 주도하였다. 이들 세 나라의 자본수출액은 전체의 약 4분의 3을 점하였으나 그 중에서도 영국의 점유율이 아직도 과반이었다. 예컨대 1880년대의 경우 이들 세 나라의 전체 자본수출액 중의 비율이 영국 58%, 프랑스 30%, 독일 12%였다.

그러던 것이 제1차 세계대전 이후 판도는 바뀌었다. 독일은 패전으로 채무국화하였으며 영국과 프랑스는 그 비중이 크게 줄어든 반면 미국이 주채권국(主債權國)으로 부상하여 미국은 1980년대에 다시 채무국으로 반전될 때까지 반세기 이상 주채권국의 지위를 누린 것이다. 세계의 총자본수출액 가운데 점하는 비중을 1920년대와 1950년대 전반에 대해서 비교하여 보면 미국은 43%에서 78%로 상승한 반면 영국은 28%에서 11%로, 프랑스는 22%에서 3%로 각각 하락하였다.

한편 자본수입국(資本輸入國)은 어떤 나라였는가를 보면 1914년의 경우 총외자도입 가운데 유럽이 28%, 북미 24%, 아시아와 아프리카지역이 24%, 남미 19%, 그리고 오스트레일리아가 5%를 차지하였다. 이 가운데 아시아와 아프리카 그리고 남미지역에 대한 자본수출, 즉 전체의 43%는 후진국에 간 것이며 이것은 모두 식민지적 성격을 가진 자본이었다고 볼 수 있다.

국별로 보면 미국은 19세기 말에 비로소 채무국에서 채권국으로 전환하였는데 19세기 말까지의 경제개발과정에서 미국은 외자를 도입하였지만 외자의존도는 매우 낮았으며 GDP에 대한 외자의 비율은 대체로 1% 내외였다. 일본은 19세기까지의 공업화 초기에는 거의 외자도입을 하지 않았으나 20세기 초부터 외자를 도입하였는데 1907~1926년간의 외자도입의존도는 GNP에 대하여 2% 내외였다.

미국이나 일본과 같이 경제규모가 큰 나라와는 달리 경제규모가 작은 나라들은 공업화과정에서 비교적 무거운 외자의존도를 보였다. GNP에 대한 외자의존도를 보면 캐나다는 1870~1910년간 7.5%, 오스트레일리아는 1860~1900년간 3.5~10%, 노르웨이는 5%, 그리고 덴마크나 스웨덴도 노르웨이와 비슷한 비중을 나타냈다. 우리 나라의 경우 외자의존도가 가장 높았던 1960년대와 1970년대의 경우 이 비율은 9~10%였다.

2. 경제개발과 외자소요액

외자는 왜 필요한가 그리고 그 소요액은 무엇에 의하여 결정되는가에 대해서 연구해 보자. 이 문제에 대한 해답은 경제가 개발됨에 따라 외자도입을 필요로 하는 주요인이 어떻게 변동하는가 하는 문제와 관련된다.

투자의 상한을 결정하는 요인들, 다시 말해서 투자 수준을 결정하는 요인들로서는 **흡수능력**(Absorptive Capacity), **저축능력**(Savings Capacity), **외환공급능력**(Foreign Exchange Capacity) 등 세 가지가 있다. 흡수능력(吸收能力)에 관해서는 제 9 장 제 1 절에서 상세히 설명하겠지만 저축을 사회적으로 수긍할 수 있는 수준의 수익을 내는 투자로 전환시킬 수 있는 **투자수요능력**(投資需要能力)을 말한다. 자금은 있어도 생산기술이 없거나 판로가 없어서 공장을 세울 수 없는 경우는 바로 흡수능력이 부족한 경우이다. 그래서 일정한 양의 투자가 이루어지기 위해서는 저축된 자금을 투자화할 수 있는 투자수요능력이 있어야 하며, 투자량에 상응하는 저축이 있어야 하며, 투자재의 일부는 수입해야 할 것이므로 투자량을 뒷받침하는 외환공급능력이 있어야 한다. 외자도입은 국내투자를 실행함에 있어서 부족한 것을 메워 주기 위해 필요한 것이므로 이들 세 가지 요인이 바로 외자의 소요액을 결정한다.

사후적으로 보면 이들 세 가지 요인은 실현된 투자량의 수준에서 항상 일치한다. 즉 10의 투자가 이루어졌다고 하면 꼭 이만한 양의 흡수능력과 저축자금이 투입되었음을 의미하며 동시에 이만한 양의 투자를 지원하는 데 필요한 외환공급이 있었음을 뜻한다. 그러나 사전적으로 보면 이들 세 가지는 그 양에 있어서 일치하지 않는다. 어떤 경우는 흡수능력쪽이 가장 부족하고, 어떤 경우는 저축능력이 가장 부족할 수 있다. 이런 경우 실제로 실현되는 투자량은 이들 세 가지 중에 가장 적은 쪽에 의해서 결정된다. 예컨대 투자의 흡수능력이 8이고 잠재적인 저축능력이 5이고 외환공급능력이 뒷받침할 수 있는 투자량이 9라고 하면 실현되는 투자량(또는 사후개념의 저축량)은 5이다.

외자소요액은 목표성장률을 달성하는 데 필요한 투자량과 이들 세 가지 요인들이 제각기 국내적인 힘에 의해서 뒷받침할 수 있는 투자량의 차(Gap)로서 표시된다.

즉 **흡수능력격차**(Absorptive Capacity Gap)는 목표투자량 달성에 필요한 흡수능력과 현재 흡수능력의 차이며 **저축격차**(Savings Gap)는 소요투자와 저축능력의 차이며 **외환격차**(Foreign Exchange Gap)는 목표투자량 달성에 필요한 수입소요액과 수출능력의 차이이다. 외자소요액을 이와 같은 격차(隔差)로 설명하는 이론을 격차이론(Gap Theory)이라 하고 이 세 가지 격차 중에서 한 가지로 설명하는 경우를 단일격차이론(One Gap Theory), 두 개로 설명하는 경우를 양격차이론, 세 개로 설명하는 경우를 3격차이론이라 한다. 단일격차이론으로서는 저축격차를 취급한 페이-파우모형(Fei-Paauw Model)이 있고 양격차이론으로서는 흡수능력과 저축능력을 취급한 허쉬만(A. O. Hirschman)과 저축격차와 외환격차를 취급한 맥킨넌(R. I. McKinnon) 등이 있으며 3격차이론으로서는 유명한 체너리-스트라우트모형(Chenery-Strout Model)이 있다. 그러나 이들의 내용을 하나하나 여기에 소개할 수 없을 뿐더러 이들의 모형은 대부분이 수학적으로 난해하게 전개되고 있다.

그러므로 여기서는 이들 격차이론의 기본개념만 마익셀(R. F. Mikesell)의 해설을 중심으로 소개할 것이다.[2)]

2-1 흡수능력격차

1970년대 중동의 산유국들은 석유가격 상승으로 엄청난 저축자금과 외환을 얻게 되었다. 그러나 그 자금이 국내투자로 연결되기는 어려웠다. 그 이유는 국내에 훈련된 인력이 없고 기술이 없었으며 사회간접자본이 없었고 판매시장이 없어서 투자흡수능력이 부족했기 때문이었다. 그래서 외국의 인력과 기술을 도입하고 외국기업으로 하여금 공장을 짓도록 하였던 것이다. 다시 말하면 흡수능력의 부족문제를 외자도입으로 해결하려고 한 것이다.

이처럼 저축이나 외환보다도 흡수능력의 부족 때문에 목표하는 투자가 이루어지지 못할 경우 외자도입은 흡수능력(吸收能力)의 부족을 채우기 위해서 필요하다. 이런 경우의 외자소요액은 **흡수능력격차**에 의해서 결정된다. 흡수능력격차(G_A)를 투자량으로 셈한다면 목표성장 달성에 소요되는 필요투자량(I_R)과 국내흡수능력으로 달성가능한 투자량(I_A)의 차액이며, 흡수능력(즉 투자수요능력)으로 셈한다면 목표투자량 달성에 필요한 흡수능력(A_R)과 현재의 흡수능력(A_A)의 차액으로 표시할 수 있다. 즉

$$G_A = I_R - I_A = A_R - A_A$$

이와 같은 흡수능력격차가 있게 되면 실현된 투자는 항상 저축능력보다도 적고 목표투자보다도 적게 마련이다. 이런 경우 실현투자를 저축능력이나 목표투자의 수준까지 끌어올리기 위해서는 흡수능력을 키워야 하며 흡수능력을 키우기 위해서 외자도입이 필요한 것이다. 이것을 그림으로 보면 [그림 7-1]과 같다.

그림에서 I_S는 저축능력선으로서 국내저축으로 달성할 수 있는 최대

2) Raymond F. Mikesell, *The Economics of Foreign Aid,* Aldine Publishing Company, Chicago, chapter 3.

[그림 7-1] 흡수능력격차

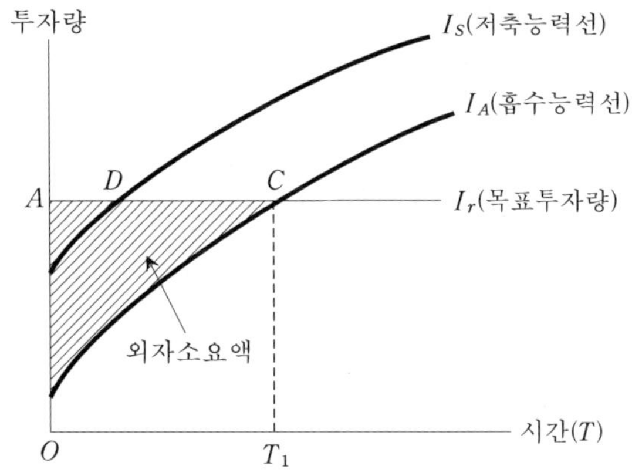

투자량을 나타내며 I_A는 흡수능력선으로서 흡수능력으로 실현할 수 있는 투자량을 나타낸다. I_r은 그 나라가 실현하려고 하는 목표투자이다. 이 그림에서 보면 저축능력은 D점까지는 목표투자를 달성하는 데 있어 부족하지만 이 점을 지나서는 국내저축의 부족문제는 없어진다. 그러나 흡수능력은 저축능력보다 더 적으며 따라서 외자도입의 소요액은 흡수능력에 의하여 결정된다. 즉 시점 T_1에 이르기까지 모두 사선으로 표시한 만큼의 외자도입이 필요한 것이다.

그러면 이런 경우 어떤 형태의 외자도입이 필요한가? 당연히 흡수능력을 키우는 외자를 들여와야 할 것이다. 따라서 외자는 기술·인력·과학·관리능력 그리고 도로·전력·항만 등 사회간접시설를 중점적으로 공급하는 것이어야 하며 이러한 외자는 융자보다 직접투자, 그리고 산업별로는 직접생산부문보다 사회간접자본부문에 중점을 두어야 할 것이다.

2-2 저축격차

지난 반세기 동안 우리 나라가 경제개발을 추진하는 과정에서 우리 나라는 충분한 투자흡수능력을 가졌었고 수출주도성장을 함으로써 외환공급능력도 있었지만 투자의 최대애로는 저축자금 부족이었다. 그리하여 그 동안의 외자도입은 이러한 국내저축 부족을 해결하기 위해서 필요했던 것이다. 이와 같이 그 나라가 의도하는 투자가 국내저축의 부족 때문에 이루어지지지 못 할 경우 외자는 국내저축의 부족을 보충하기 위하여 필요하게 된다. 이런 경우 외자소요량은 **저축격차**(Savings Gap)에 의해서 결정된다.

저축격차(G_S)는 이것을 투자량으로 보면 목표성장달성에 필요한 투자량(I_R)과 국내저축으로 달성할 수 있는 투자량(I_S)의 차액이며, 이것을 저축액으로 보면 목표투자달성에 필요한 저축량(S_R)과 현재의 저축량(S_A)의 차액으로 표시할 수 있다. 즉

$$G_S = I_R - I_S = S_R - S_A$$

이것을 그림으로 보면 [그림 7-2]와 같다. 이 그림에 사용된 기호들은 [그림 7-1]과 같으며, 다만 I_F는 외환능력선으로서 그 나라의 외환공급능력으로 볼 때 달성될 수 있는 최대투자량을 나타낸다. 이 그림에서 보면 저축부족이 목표투자율 달성에 결정적 애로임을 볼 수 있으며 따라서 시간 T_1에 이르기까지는 사선으로 표시된 $\triangle ABC$의 면적에 해당하는 외자도입이 필요하다.

[그림 7-2] 저축격차

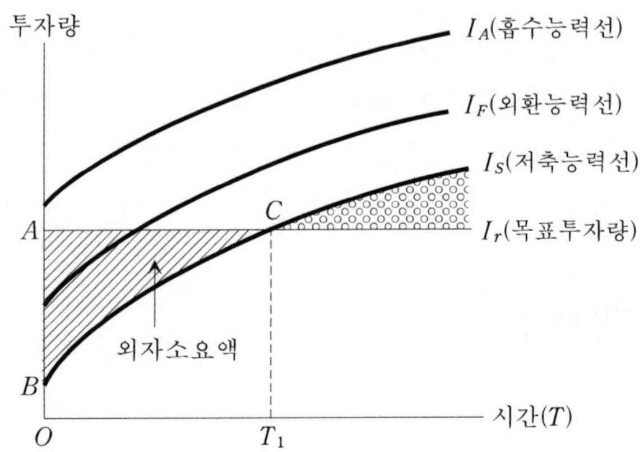

외자에 의존하는 나라는 어느 땐가는 그 의존에서 벗어나야 하며 그러자면 매년 외자의존도가 줄어야 한다. 외자의존도를 감소시키려면 어떤 조건을 충족시켜야 하는가. 그것은 그 나라가 의도하는 투자율보다 그 나라의 한계저축률이 커야만 한다. 그렇지 않는 한 외자의존은 영속화할 것이다. 그리고 한계저축률이 목표투자율보다 높을수록 외자의존도는 더 빨리 감소할 것이다.

그림에서 보면 C점에서 외자소요는 없어지고 이 다음부터는 오히려 자본을 수출하게 된다고 나타나고 있는데 이것은 바로 한계저축률이 목표투자율을 상회하고 있는 나라를 전제하고 있기 때문이다.

2-3 외환격차

개발도상국에서 공장을 지으려면 국내에서 조달할 수 없는 자재나 기계 등 상당한 부분은 다른 나라에서 수입해야 한다. 그러므로 아무리 투자흡수능력이 있고 저축능력이 있어도 이러한 수입에 필요한 외환공급능력이 없으면 공장은 세워질 수 없다. 아프리카의 어떤 나라에서는 10달러짜리의 부품을 수입할 수 없어서 공장 전체가 멈출 수밖에 없었다는 사례도 있었다. 이러한 경우를 생각하면 투자결정요소로서 외환공급능력의 중요성을 이해할 수 있을 것이다.

외환공급능력의 부족으로 투자에 필요한 자본재를 수입할 수 없는 것이 목표투자율 달성에 가장 큰 애로가 되고 있는 경우 외자의 소요액은 바로 **외환격차**에 의해서 결정된다. 외환격차(G_F)는 이것을 투자량으로 보면 목표성장 달성에 필요한 투자량(I_R)과 수출에 의한 외환공급으로 뒷받침할 수 있는 투자량(I_F)의 차액이며, 이것을 외환액으로 보면 목표투자달성에 필요한 수입액(M)과 현재 수출액(X)의 차액으로 표시할 수 있다. 즉

$$G_F = I_R - I_F = M - X$$

이러한 현상은 대개 **내향적 경제개발**(Inward-Looking Development 또는 Export Lagging Development)을 하는 나라에서 흔히 나타난다. 그리고 외환

[그림 7-3] 외환격차

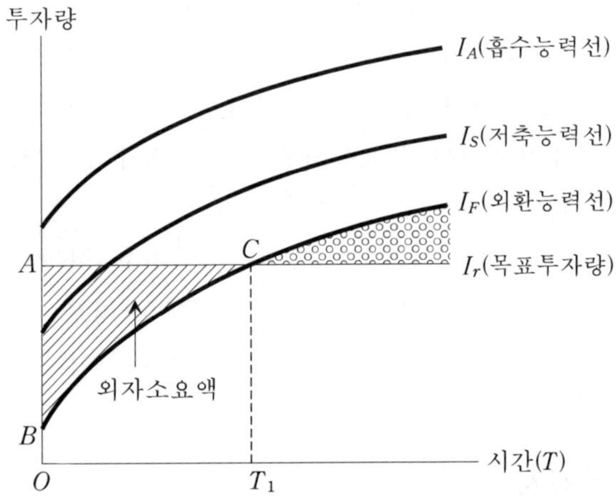

부족이 투자에 가장 큰 애로가 된다는 것은 즉 국내의 잠재저축이 수출을 통해서 외환형태로 전환되지 못한다는 것을 의미한다.

외환격차에 의한 외자소요액을 그림으로 보면 [그림 7-3]과 같다. 즉 가장 큰 투자의 애로는 외환부족이며 따라서 시점 T_1까지는 $\triangle ABC$의 면적만큼 외자도입이 필요하며 이 점을 넘어서서는 오히려 외환을 외국에 수출할 수 있음을 나타낸다. 거듭 강조하거니와 여기서 말하는 저축격차 또는 외환격차는 모두 사전적인 개념이며 이를 사후적으로 보면 언제나 항등식이 성립한다는 것을 기억해야 된다.

외환부족문제가 해결되기 위해서는 외환격차가 해마다 감소하여야 한다. 그렇게 되기 위한 조건은 무엇인가. 그 조건은 그 나라의 **한계수출성향**(수출증가액을 GNP 증가액으로 나눈 값)이 한계수입성향보다 높아야 한다는 것이다. 그렇지 않으면 외화부족문제는 날이 갈수록 더 커질 것이다. 그림에서 보면 C점에서 외환격차는 없어지고 그 이후에는 오히려 외환이 남게 되는데 이것은 한계수출성향(限界輸出性向)이 한계수입성향보다 높은 경우를 보여 주는 것이다.

2-4 경제발전단계와 외자소요

앞에서는 투자의 애로가 되는 세 가지의 격차에 의해서 각각 외자의 소요액을 살펴보았다. 이것을 한 나라가 경제개발과정에서 외자소요액이 어떻게 달라지는가 하는 측면에서 보면 대략 [그림 7-4]와 같이 나타낼 수 있다.

이 나라가 외자도입 없이 달성가능한 투자는 그림에 나타낸 세 가지의 능력선 가운데 가장 적은 쪽에 의해서 결정되므로 이들 능력선 가운데 가장 낮은 것을 연결한 *ABCD*선과 목표투자율선(目標投資率線)의 간격이 즉 외자의 필요도입액을 나타낸다. 이 부분이 그림에서는 작은 구멍들로 표시되어 있다.

이 그림에 의하면 이 나라의 경제개발에 있어 외자의 소요는 제 1 단계에서는 흡수능력격차에 의해서, 제 2 단계에서는 저축격차에 의해서, 그리고 제 3 단계에서는 외환격차에 의해서 결정되며, 그 다음 단계, 즉 *D*점을 지나서는 외자수출국으로 전환할 수 있음을 볼 수 있다. 그러나 이러한

[그림 7-4] 세 가지 격차와 외자도입

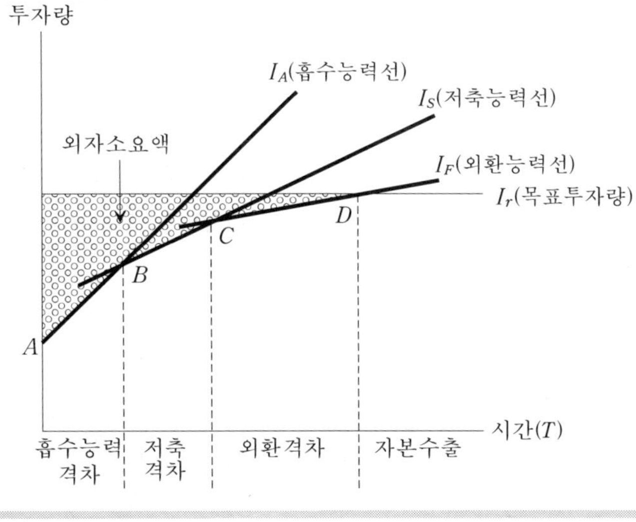

순서는 하나의 가상적인 사례이며 나라에 따라서는 외환격차가 맨 먼저 올 수도 있고 또는 흡수능력격차와 저축격차가 뒤바뀔 수도 있는 것이다.

3. 외자의 효과

국경을 넘어서 자본이 이동하면 세계 전체의 소득수준에 어떤 도움이 되는가. 자본의 국제이동은 자본을 수출하는 나라와 도입하는 나라에 어떤 이익을 주는가. 자본을 도입하게 되면 이 외자는 그 나라 경제에 어떤 영향을 미치는가. 여기서는 이러한 문제에 대해서 연구할 것이다.

3-1 외자와 세계소득

현실적으로 국제적인 자본이동은 정치적 목적 등 경제 외적인 동기에 의한 경우도 있다. 그러나 이러한 경우는 예외적이라고 볼 수 있다. 원칙적으로 자본은 시장가격기능, 즉 자본생산력의 차에 의해서 이동한다. 국제자본이 가격기능에 의해서 이동하는 한 외자의 흐름은 언제나 총량으로서의 세계 소득을 증대시킨다. 이것을 [그림 7-5]에서 보기로 하자.

이 세계에 X(선진국), Y(후진국) 두 나라만 있다고 가정한다. 그림에서 한쪽 원점은 X국, 다른 한쪽은 Y국의 원점을 각각 나타내며 X와 Y의 거리, 즉 두 원점간의 거리는 두 나라가 가진 자본량의 총계를 나타낸다. MP_X는 X국의 자본한계생산성을, 그리고 MP_Y는 Y국의 자본한계생산성을 나타낸다.

현재 세계총자본량이 X, Y 양국간에 G점에서 분배되어 있다고 하자. 그러면 X국은 XG만큼, 그리고 Y국은 YG만큼의 자본을 가지고 있다. 즉 세계자본은 선진국인 X국에 집중되어 있고 후진국인 Y국에는 부족한 상태이다. 그러면 X국은 D점에서 생산하게 되는데, 총생산은 한계생산의 총합이므로 이 나라의 GNP는 $ADGX$로 둘러싸인 면적이 된다. 한편 Y국

[그림 7-5] 국제자본이동과 전체 이익

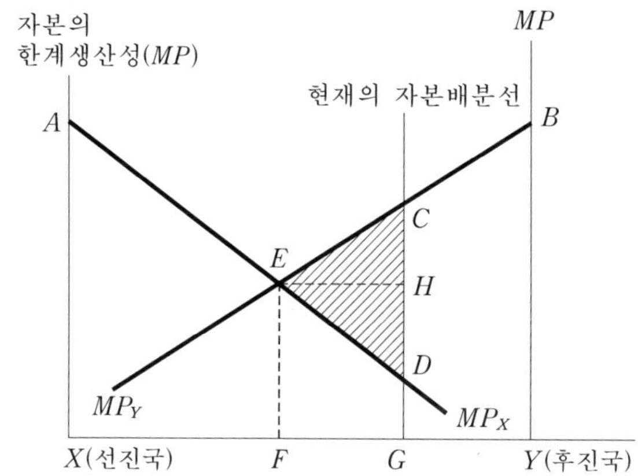

은 C점에서 생산하게 되고 이 나라의 GNP는 $BCGY$로 둘러싸인 면적이 된다. 그래서 세계 전체의 GNP는 $ADCBYX$로 둘러싸인 면적이 되는 것이다.

그러나 G점에서 세계의 총자본이 XY 양국에 배분되고 있는 현재의 여건에서 Y국의 한계자본생산성(限界資本生産性)은 CG로서 X국의 DG보다 CD만큼 높다. 이처럼 양국간의 한계자본생산성에 차이가 있는 한 양국의 자본교류가 허용되면 자본은 X국에서 Y국으로 흘러갈 것이다. 이러한 외자의 이동이 일어난다고 가정하자. 그러면 X국의 자본은 양국의 한계자본생산성이 일치하게 되기까지 Y국으로 이동하며 결국 양국은 E점에서 균형을 찾게 될 것이다. 즉 FG에 해당하는 만큼의 외자가 X국에서 Y국으로 이동하여 X국의 한계자본생산성은 D점에서 E점으로 올라가고 Y국의 한계자본생산성은 C점에서 E점으로 하락하게 된다. 그리하여 X국에서 생산되는 GNP는 $AEFX$로 둘러싸인 면적이 되고 Y국에서 생산되는 GNP는 $BEFY$로 둘러싸인 면적이 되어 이 두 나라를 합한 세계 전체의 GNP는 외자의 이동이 없을 때에 비해서 사선으로 나타낸 CED만큼 증가하게 된다. 즉 외자의 이동은 항상 세계의 소득총량을 증대시킨다.

그러면 외자의 흐름이 X, Y 두 개별국가의 입장에서도 반드시 이익을 주는 것인가? 그런 것은 아니다. 이 문제는 결국 증가된 소득을 X, Y 두 나라가 어떻게 나누어 갖느냐에 달려 있으며 외자도입을 둘러싼 논쟁은 바로 이 문제 때문에 일어나고 있는 것이다. 완전경쟁시장과 요소에 대한 공평분배를 가정하는 현대경제이론으로 보면 자본수출국과 수입국은 공평하게 혜택을 입는다. 즉 그림에서 추가된 소득 CED는 EHD만큼이 자본소득으로 자본수출국에 가고 ECH만큼은 노동소득으로서 자본수입국에 돌아간다.[3] 그러나 현실에 있어서는 반드시 이대로 되지는 않는다. 자본이동으로 인한 세계 소득의 증가는 자본수출국이 독점할 수도 있으며 그 이상을 가져갈 수도 있는데 이런 경우는 외자가 비록 세계 소득을 증대시킬지라도 개별국가에 대해서는 오히려 손실을 줄 수 있음을 의미한다.

3-2 외자의 경제성장효과

개발도상국이 외자를 도입하였을 때 그 외자가 그 나라 경제성장에 미치는 효과는 어떤 것인가? 여기서 말하는 경제성장효과(經濟成長效果)란 구체적으로 소득증대효과, 투자수익률에 미치는 효과, 노동과 자본에 대한 소득의 기능적 분배에 미치는 효과 등 세 가지를 뜻한다.

그 효과는 (i) 노동이 완전고용하에 있는가 아니면 대량실업하에 있는가, (ii) 도입하는 외자가 기술혁신·시장확대·규모경제·산업합리화 등의 **개발효과**(開發效果)를 수반하는가 아니면 국내의 기존 자본과 동질적인 것인가 하는 두 가지 요인에 의해서 결정된다. 따라서 그 나라의 노동력 부존여건 등 주어진 환경에 의해서 달라질 뿐 아니라 어떤 형태의 외자를 도입할 것인가 하는 정책에 의해서도 달라진다. 그러면 어떻게 달라지는지를 차례로 알아보기로 하자.

---

3) 그 이유는 다음과 같이 설명된다. 자본에 대한 보수는 그 한계생산력과 같아야 한다. 그림에서 FG의 외자가 후진국에 들어갔을 때 외자도입국에서의 한계생산력은 EF의 높이이고 외자량은 FG이므로 이것을 곱한 $EHGF$의 넓이만큼이 투자수익으로서 자본수출국에 지불된다. 그런데 FG의 자본은 자본이 이동하기 이전에도 그 나라에서 $EDGF$의 면적만큼 이윤을 내고 있었으므로 자본수출국의 자본수출로 인한 순소득은 EHD만큼이 되는 것이다. 자본도입국에는 총소득증가 ECD에서 EHD를 뺀 부분이 떨어진다.

(1) 완전고용경제의 개발효과 없는 외자도입

먼저 노동은 완전고용상태에 있고 외자의 개발효과는 전연 없는 경우를 보기로 하자. 따라서 외자도입으로 자본이 늘어나지만 노동공급은 고정되어 있는 것이며 외자는 국내자본과 동질적인 것이므로 단순한 양적인 증가에 불과하다. 외자로 기계를 들여오는 데 이미 국내에 있는 것과 똑같은 기계인 경우를 생각하면 될 것이다. 이러한 경우가 바로 유명한 맥두걸(G. D. A. MacDougall)[4)]의 논문이 다루고 있는 모형인데 그 내용을 [그림 7-6]에서 알아보기로 하자.

지금 이 나라의 자본량은 K_0에 있다. 그러면 생산은 A점에서 이루어지고 GNP는 자본 한계생산량의 총합이므로 DAK_0O로 둘러싸인 면적이 된다. 자본수익률(이윤율)은 Or_0이며 총자본소득은 여기에 자본량 OK_0를 곱한 r_0AK_0O이다. 그리고 GNP에서 이것을 뺀 DAr_0는 노동소득으로 분배된다.

이런 상태에서 K_0K_1의 외자를 도입하였다고 하자. 노동공급은 늘 수

[그림 7-6] 완전고용하의 외자도입

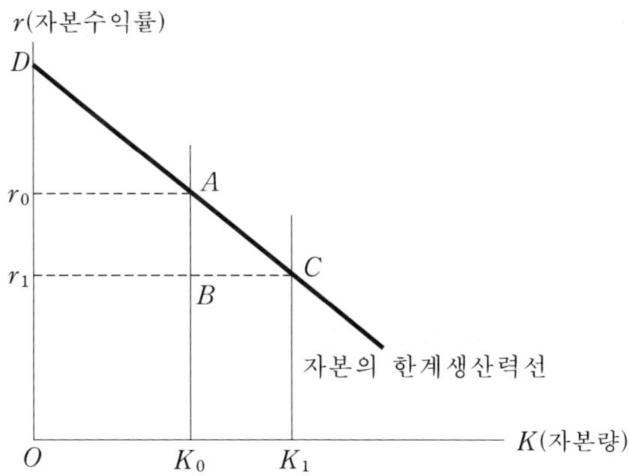

4) G. D. A. MacDougall, "The Benefits and Costs of Private Investment from Abroad," *The Economic Record,* March 1960.

없는데 자본량만 증가하므로 외자도입은 노임을 상승시키고 자본수익률(또는 자본의 한계생산력)은 하락시킬 것이다. 그래서 생산점은 C로 이동한다. 즉 이 나라의 GDP(국내총생산)는 DCK_1O로 둘러싸인 면적인데 이 가운데 4각형 BCK_1K_0만큼은 도입외자에 대한 보수이므로(자본에 대한 보수는 자본의 한계생산력만큼 지불됨) 외국에 지불된다. 따라서 이 나라 국민의 소득이 되는 GNP는 $DCBK_0O$로 둘러싸인 면적이 된다. 외자도입 전과 후의 이 나라 경제상황을 비교하면 아래와 같다.

① 자본수익률(이윤율)은 Or_0에서 Or_1으로 떨어지고 노임은 상승한다. 노임상승은 이 그림에 나와 있지 않지만 자본만 증가하고 노동력은 늘지 못하기 때문에 당연한 귀결이다.

② 외자도입에 의한 도입국의 소득증대효과는 $\triangle ABC$의 면적에 불과하다. 즉 외자도입에 의한 생산증가의 총액은 ACK_1K_0로 에워싸인 면적이지만 4각형 BCK_1K_0는 외자의 이자 또는 이윤으로서 자본수출국에 지불되고 $\triangle ABC$만큼만 도입국에 떨어진다. 그리하여 외자도입의 소득증대효과는 크지 않다.

③ 이 나라의 GNP가 자본과 노동으로 분배되는 비율을 외자도입의 전과 후로 나누어 보면 자본소득(또는 이윤)은 $\square\, r_0AK_0O$에서 r_1BK_0O로 감소하고 노동소득은 $\triangle DRr_0$에서 $\triangle DCr_1$으로 증가한다. 즉 외자도입으로 종전에는 자본소득이었던 일부가 노동소득으로 전환되고 여기에 외자도입으로 인한 이 나라의 소득순증가(즉 $\triangle ABC$)가 전액 노동소득에 추가되어 자본소득은 감소하고 노동소득은 증가한다.

(2) 대량실업경제의 개발효과 없는 외자도입

앞의 모형에서는 외자도입이 이윤율은 떨어뜨리고 노임은 올려서 자본가는 손해를 보고 노동자만 이익을 보게 한다고 하였다. 이것은 노동이 완전고용되어 있다고 가정하기 때문이다. 그러면 노동공급이 무한한 나라가 개발효과를 전연 수반하지 않는 외자를 도입한다면 어떤가? 노동공급이 무한하다는 것은 노동에 대한 수요가 늘어도 노임이 오르지 않음을, 즉

[그림 7-7] 대량실업경제의 외자도입

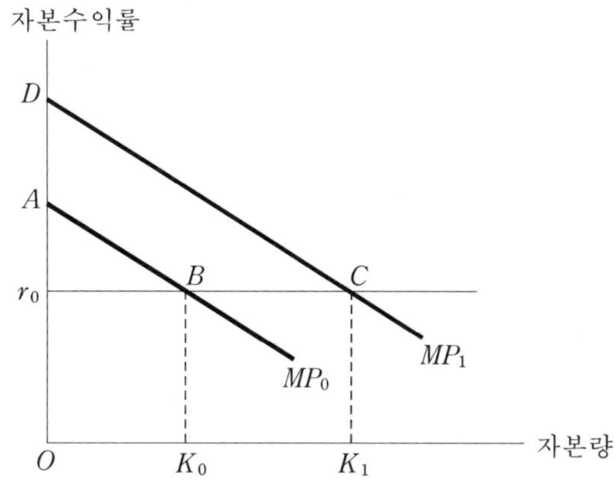

이미 있는 노임수준으로 얼마든지 사람을 구할 수 있음을 뜻하는데 많은 잠재실업이 존재하거나 또는 이민이 얼마든지 들어올 수 있는 경우가 이에 해당한다. 앞에서와 같이 외자는 개발효과를 수반하지 않고 단순한 동질적 자본의 추가라고 가정한다.

[그림 7-7]을 보자. 지금 이 나라는 OK_0의 자본을 가지고 있으며 B점에서 생산이 이루어지고 있다. 이 때 GNP가 얼마이고 또 이것이 노임과 이윤으로 어떻게 배분되고 있는지는 [그림 7-6]을 거울삼아 독자 스스로 생각하기 바란다. 이러한 상황에서 K_0K_1만큼의 외자가 들어왔다고 가정하자. 노동공급이 무한하므로 외자가 들어와 노동수요가 늘어도 임금이 오르지 않으며 따라서 자본의 한계생산성(또는 이윤율)이 변동하지 않는다.[5] 이는 즉 자본의 한계생산력선이 MP_0에서 외자가 들어옴으로써 MP_1으로

5) 자본이 늘어남에 따라 자본의 한계생산력이 떨어지는 이유는 미시경제학에서 말하는 자본한계생산력의 정의가 자본만 증가하고 자본 이외의 모든 생산요소, 예컨대 노동은 변동하지 않는다는 전제 때문이라는 것을 상기해야 한다. 예컨대 생산함수 $Y=f(K, L)$에서 자본 또는 노동의 한계생산력이란 $\frac{\partial Y}{\partial K}$ 또는 $\frac{\partial Y}{\partial L}$로 표시되는 편미분개념이지 $\frac{dY}{dK}$ 또는 $\frac{dY}{dL}$가 아니다. 그러기 때문에 자본이 증가함에 따라 노동이나 기타의 생산요소가 그만큼 따라서 변동한다면 자본의 증가에도 불구하고 자본의 한계생산력은 떨어지지 않는다.

이동하는 것을 뜻한다. 다시 말하면 MP_1과 MP_2는 자본량뿐 아니라 고용 노동력수도 각각 다른 한계생산력선이다. 그래서 새로운 균형점은 B에서 C로 이동한다. 그러면 외자도입의 전과 후를 비교하여 보자.

① 자본수익률이나 노임에 아무런 변화가 없다.

② 외자도입으로 인한 소득증대효과는 $ADCB$의 면적으로서 앞에서 본 완전고용의 경우보다 월등히 크다. 외자로 인한 국내총생산 증가는 $ADCK_1K_0BA$로 둘러쌓인 면적이지만 BCK_1K_0는 투자수익으로서 외국에 지불된다.

③ 외자로 인한 소득증가분 $ADCB$는 전액이 노동소득이다. 그래서 자본과 노동에 대한 소득분배를 보면 자본소득은 Or_0BK_0 그대로이고 노동소득만 $ADCB$만큼 증가한다.

(3) 대량실업경제의 개발효과를 수반하는 외자도입

지금까지 설명한 모형에 의하면 외자도입은 항상 도입국의 노동소득에만 혜택을 주고 자본소득에는 손해를 주거나 최선의 경우 무해무득이라고 하는데 과연 그런가. 특히 우리 나라의 경험으로 볼 때에는 납득이 되지 않는다고 생각할 것이다. 그와 같은 결과는 외자가 수반하는 개발효과를 생각하지 않고 그 역할을 평면적으로 보았기 때문이다.

여기서는 잠재실업이 많은 나라에 외자가 들어오고 그 외자는 그 나라에 이미 있는 자본과 동질의 자본을 단순히 양적으로 추가하는 것이 아니라 기술·시장·외부경제·규모의 경제·산업합리화 등 **개발효과**(Development Effect)까지 수반하는 경우의 모형을 보기로 한다. 오늘날 선진국에서 후진국으로 흘러가는 외자는 대체로 이러한 개발효과를 수반한다고 볼 수 있으며 특히 잠재실업을 많이 가지고 개발 초기에 기술·시장·외부경제·규모의 경제 등을 주로 외자의 힘에 의존했던 한국의 경험은 바로 이 경우에 해당된다고 볼 수 있다. 그러면 [그림 7-8]을 보기로 하자.

앞에서와 같이 지금 이 나라가 K_0의 자본량과 MP_0로 표시된 자본한계생산력선을 가지고 B점에서 생산을 하고 있다. GNP는 ABK_0O이고 자본수익률은 r_0, ABr_0는 노임, r_0BK_0O는 이윤이다.

[그림 7-8] 잠재실업하에 개발효과를 수반하는 외자

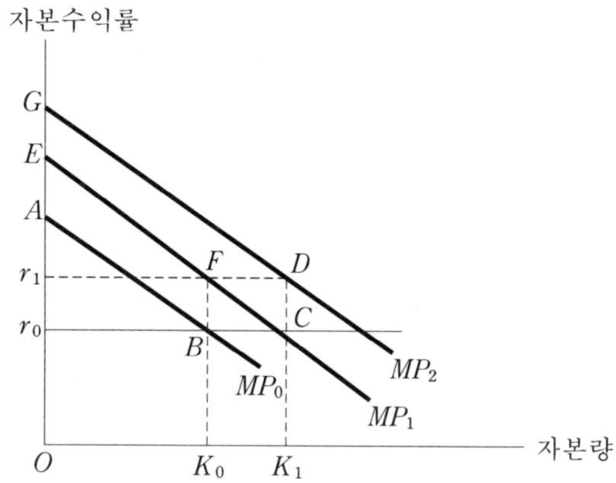

이 때 K_0K_1의 외자가 도입되었다고 하자. 만일 이 외자가 개발효과는 없고 노동공급만 무한한 경우라면 자본의 한계생산력선 MP_0는 MP_1으로 이동하고 균형점은 B에서 C로 간다는 것을 앞에서 보았다. 그런데 노동공급이 무한할 뿐 아니라 외자가 개발효과까지 수반한다면 어떻게 되는가. 이런 경우란 생산함수 $Y=f(K, L, T)$에서 외자도입으로 자본(K)이 늘 뿐 아니라 잠재실업이 있어 노동(L)도 추가되고 나아가 기술(T)도 달라지게 되는 것이다. 이것은 즉 외자도입 때문에 자본의 수익률이 감소하는 것이 아니라 오히려 증가할 수 있음을 의미한다. 그래서 MP_0는 MP_1이 아니라 MP_2로 옮겨지고 생산점은 B에서 C가 아니라 D로 이동하며 자본수익률은 r_0에서 r_1으로 오른다.

이 때의 국내총생산은 GDK_1O가 되는데 외자에 대한 자본보수, 즉 투자수익으로 FDK_1K_0를 주고 나면 GNP는 $GDFK_0O$가 남는다. 이것을 외자도입 전의 B점과 비교하면 GNP는 $GDFBA$만큼 증가했음을 볼 수 있다. 즉 외자에 의한 경제성장은 앞에서 든 두 가지 경우보다 훨씬 크다는 것을 볼 수 있다.

그러면 D점에서 외자도입의 효과가 어떤지를 앞에서 든 두 가지 경우(즉 B점과 C점)와 비교하여 보면 다음과 같다.

① 자본수익률이 r_0에서 r_1으로 상승한다. 노동공급이 무한하므로 노임은 그대로 있을 것이다.

② 소득증대효과는 $AGDFBA$로서 매우 크다.

③ 노동과 자본에 대한 소득분배를 보면 노동소득뿐 아니라 자본소득도 증가한다. 자본소득의 증가는 r_0r_1FB만큼이다. 노동소득과 자본소득 가운데 어느 쪽이 더 증가하는가 하는 것은 기술개발효과(技術開發效果)의 크기와 노동공급의 상황에 따라 결정된다.

지금까지 살펴 본 바와 같이 외자도입의 경제성장효과는 노동력의 실업이 많을수록, 그리고 외자가 수반하는 개발효과가 클수록 더욱 커지게 된다. 한국의 개발초기에 있어서 외자의 성장효과는 그런 점에서 매우 컸다고 해야 할 것이다.

4. 다국적기업

4-1 다국적기업의 역할

오늘날의 대외직접투자는 거의 대부분이 다국적기업(多國籍企業)의 형태를 취하고 있다.

그리고 다국적기업의 중요성은 계속 더 커지고 있다. 1980년대까지만 하더라도 선진국이 자본을 수출하고 후진국이 자본과 기술을 도입한다는 시각에서 다국적기업이 이해되었다. 그런데 1990년대 본격적인 개방시대에 들어가면서 직접투자를 하는 나라나 받아들이는 나라나 다 같이 기술애로(技術隘路)를 극복하고 생산원가를 내리기 위한 산업합리화방안으로서 다국적기업을 이해하는 방향으로 나아가고 있다. 예컨대 자동차생산에 있어서 각 부품별로 여러 선진국과 후진국이 기술수준·노임·자원 등 각각의 비교우위에 따라 생산을 분담함으로써 가장 값싸고 품질 좋은 자동차를 생산하기 위한 협업의 필요에서 다국적기업에 참여하는 것이다.

이와 같은 경향은 특히 1990년을 전후하여 동구권이 해체되고 동서냉전이 종식되면서 경제적인 국경이 낮아지고 한편에서는 고도의 기술발전과 기술경쟁이 각국 경제의 사활을 결정하는 시대에 들어간 것과 맥을 같이한다. 그래서 경제의 세계화, 기업의 세계화현상이 두드러지게 나타나고 있으며 이러한 물결을 타고 오늘의 세계는 다국적기업의 시대라 할 만큼 그 영향력이 커지고 있는 것이다.

그러면 해외직접투자는 어떤 지역, 어떤 산업을 찾아가고 있는가. 예전부터 후진국보다는 선진국에 많이 흘러 들어갔다. 1914년의 경우 선진국과 후진국에 각각 들어간 직접투자의 비율은 57대 43이었다. 1970년대의 경우 전체의 약 70%가 선진국에 들어갔으며 이러한 배분은 2000년에 들어서서도 크게 변함이 없다.

한편 해외직접투자가 찾아가고 있는 산업을 보면 선진국에 대한 것은 전체의 약 70%가 제조업에 집중되어 있으며 후진국에 대한 것은 전체의 약 60%가 석유·지하광물과 같은 자원산업에 집중되어 있다.

오늘날 다국적기업은 막강한 자본과 기술, 그리고 독점력을 가지고 자기 나라(Home Country)뿐 아니라 현지국(Host Country)의 경제에도 큰 영향력을 행사하고 있다. 그러면 이들 다국적기업이 수행하고 있는 기능과 영향력에 대해서 간추려보기로 하자.

① 다국적기업은 국제적 규모의 자본과 기술을 가지고 세계적으로 생산을 지배한다. 세계적인 규모의 기업은 거의 전부가 다국적기업이며 각각의 다국적기업은 수많은 자회사를 거느리고 있다. 그리고 이들이 가지는 독점적인 지위 때문에 다른 기업들과의 자유경쟁이 사실상 제한된다.

② 다국적기업은 세계의 주요 자원을 지배한다. 오늘날 석유·동·알루미늄·니켈 등 주요 자원은 수 개의 세계적인 다국적기업에 의해서 세계 전체의 50% 내지 80%가 점유되어 있다.

③ 다국적기업은 세계 주요상품의 판매시장과 수출을 지배하고 있다. 세계 수출의 3분의 1 이상은 다국적기업이 수행하고 있으며, 특히 선진국에서는 다국적기업이 막대한 경상수지 흑자를 내고 있다.

④ 다국적기업은 기술혁신과 산업합리화를 주도하고 있다. 선진국의 기술개발지출(R&D Expenditure) 가운데 민간부문의 지출은 다국적기업이 주도하고 있으며 국제적인 협업체제를 통해서 다국적기업은 생산원가절감과 품질향상을 선도하고 있다.

⑤ 다국적기업은 투자의 안전과 수익성보장이 그 나라의 정치·경제·사회의 변화와 밀접한 관계에 있기 때문에 항상 현지국의 국내문제에 민감하다. 이 때문에 다국적기업이 그 나라의 내정에 관여하는 사례가 많다.

4-2 다국적기업의 목적

다국적기업은 이윤취득을 위하여 경영에 참여한다. 따라서 모기업의 이윤극대화를 위해서 다국적기업이 무엇을 어떻게 추구할 것이냐에 따라 여러 가지의 유형으로 나눌 수 있다.

먼저 모기업의 이윤을 위해서 다국적기업이 추구하는 목적이 무엇인가에 따라 나누어 본다면 자원지향형(Resource-Oriented), 시장지향형(Market-Oriented), 그리고 비용지향형(Cost-Oriented) 등으로 나눌 수 있다.

① **자원지향형 직접투자**는 그 나라에서 생산되는 원료를 확보하기 위한 것으로서 이러한 투자는 주로 광산물·석유 등의 **추출산업**(Extractive Industry)과 사탕수수·고무·거피 등의 재배산업에 집중된다. 따라서 이러한 직접투자는 자원부존국으로 가기 마련이고 그 생산물은 대부분 수출된다는 점이 특징이라 하겠다.

② **시장지향형 직접투자**는 그 나라의 국내시장을 확보함으로써 현재 또는 장래의 판로를 마련하자는 데 목적이 있다. 이와 같은 시장지향형 직접투자는 공업부문에 투자하기 마련이고 그 제품은 내수를 위한 수입대체상품이라는 데 특징이 있다. 이러한 투자가 가는 나라는 자원부존국이냐 노동부존국이냐에 관계없이 국내시장이 크고 국내 생산수준은 낮고 수입대체산업에 큰 특혜를 주는 나라가 될 것이다.

③ **비용지향형 직접투자**는 생산단가를 낮추기 위하여, 다시 말하면 자기 나라에서 그 물건을 생산하는 것보다 투자를 받아들이는 나라에서 생산하는 것이 싸기 때문에 투자하는 경우이다. 그러면 어떤 경우에 후진국에서 생산하는 경우 원가가 싸질 수 있는가. 이것은 노동비용이 싼 경우이다. 즉 생산원가는 결국 자본비용과 노동비용 그리고 기술력 등으로 구성되는데 자본비용과 기술비용은 선진국이 싸게 들기 때문에 후진국에서 생산함으로써 비용을 절감하기 위해서는 노동비용이 싸야 된다. 그래서 비용지향적 직접투자는 노임이 싸면서도 잘 교육된 노동력을 가진 나라에 가기 마련이다. 그래서 비용지향적 직접투자는 공업부문에 집중한다는 점에서는 시장지향적 직접투자와 같으나 노동부존국을 찾는다는 점과 생산물은 국제경쟁력을 전제로 하며, 따라서 결국은 수출산업화하게 된다는 점이 특기할 만하다. 이러한 직접투자의 유형별 목적을 표로 나타내면 [표 7-1]과 같다.

[표 7-1] 직접투자의 유형별 목적

유 형	투자부문	판 로	직접투자가 찾는 나라
자원지향형	추출산업 또는 재배산업	수 출	자원부존국
시장지향형	공 업	내수(수입대체)	시장이 큰 나라
비용지향형	공 업	수 출	노동부존국

이상과 같이 세 가지로 나누어 본다면 첫번째와 두 번째의 유형은 종속이론(從屬理論)에서 말하는 경제종속의 우려가 있는 외국자본이라고 볼 수 있다. 여기에 대해서 비용지향적인 외자는 외자를 받아들이는 나라의 고용을 증대하고 공업의 국제경쟁력을 키워 주기 때문에 공업화에 촉진적인 기능을 기대할 수 있다 하겠다. 한국의 공업화과정에서 들어온 외국자본은 대체로 이러한 유형의 것이었으며, 그러했기 때문에 외자가 한국의 공업화에 긍정적인 역할을 수행할 수 있었던 것이다.

한편 다국적기업을 모(母)기업과 자(子)기업의 생산계열면에서 보면 **수평형**(Horizontally Integrated Firm)과 **수직형**(Vertically Integrated Firm)이 있다. 수평형은 모기업과 자기업이 각각 독립된 완성품을 생산하는 것이며 양자의 관계는 업종별 분업을 형성한다. 이와 달리 수직형은 모기업이 생산하는 물건의 부품을 자기업이 생산하는 것으로서 단일업종 내에서의 분업관계이다. 예를 들면 미국의 자동차회사를 위해서 해외의 자기업이 배터리, 피스톤 등을 생산 공급하는 경우이다. 대체로 보면 시장지향형과 자원지향형 다국적기업은 대부분 수평형투자로 이루어지며 비용지향형 다국적기업은 수직형이 많다. 특히 수직형의 경우는 자본과 기술을 공급하는 대신 현지의 값싼 노임을 노리는 것이므로 제품은 대부분을 모기업이 수입하며 생산현지국은 노임만을 취득하는 관계가 되는 것이 일반적이다.

5. 외채의 상환

5-1 외채의 상환능력

외자도입 후 대개 일정한 거치기간(Grace Period)이 지나면 원금상환(Amortization)이 시작된다. 예컨대 '2년 거치 10년 분할 상환'이라 하면 이자는 첫해부터 내지만 원금은 2년이 지난 뒤부터 10년 동안 균등하게 나누어 갚는다는 것을 뜻한다. 상환해야 할 원리금을 갚지 못하면 그 나라는 지급불능사태(Default)에 당면하여 국가신용이 추락하고 개인으로 말하면 어음부도에 의한 일체의 거래정지를 당하는 셈이 된다. 이런 경우가 예견되면 대개 양국간협약(Bilatreral Agreement) 또는 다국간협약(Multilateral Agreement)에 의해서 상환의 연기 또는 이자감면 등으로 문제를 해결해 온 것이 관례였다.

그러나 이와 같은 지불불이행(支拂不履行)에 당면하는 나라는 그 이상의 계속적인 외자도입을 사실상 할 수 없을뿐더러 일체의 대외적인 무역

외환거래가 위축되어 경제개발노력은 중단되지 않을 수 없게 된다.

그러면 외자를 도입하는 나라의 **외채상환능력**(Debt Servicing Capacity)은 무엇에 의하여 결정되는가. 부채가 많다고 해서 그만큼 상환능력이 없다고 말할 수는 없다. 개인의 경우에도 거액의 부채를 진 기업이 거뜬히 부채를 상환하는데 소액의 빚을 갚지 못하는 사람이 많은 것처럼 나라의 경우에도 이치는 같은 것이다.

단기적으로 볼 때 외채상환능력은 유동성의 문제, 즉 갚을 돈이 있느냐 없느냐의 문제이다. 단기적인 지급능력을 나타내는 유동성은 외환을 자력으로 벌어들이는 가득능력(稼得能力)뿐 아니라 빚을 상환하기 위해서 다시 빌려올 수 있는 차입능력까지 포함한다. 가득능력은 수출능력과 외환보유액에 의해서 결정되고 차입능력은 그 나라 경제의 대외신용도에 의해서 결정된다고 볼 수 있다.

한편 장기적인 관점에서 본 외채상환능력은 경제의 성장능력, 저축능력, 수출능력 등 세 가지에 의해서 결정된다고 말할 수 있다. 즉 장기적으로 볼 때 외채를 원활하게 상환할 수 있으려면 상환재원으로서의 소득이 있어야 하며 이 소득에서 저축이 나와야 되며 이 저축은 수출을 통해서 외환형태로 바꿀 수 있어야 한다. 그래서 경제성장률, 한계저축률, 수출증가율 등이 중요한 의미를 가진다. 그런데 이 가운데 저축능력과 수출능력은 경제성장과 물가안정에 의해서 주로 영향을 받기 때문에 이런 점에서 본다면 장기적인 상환능력은 경제성장과 물가안정이라는 두 가지 요인으로도 설명할 수 있다.

단기적인 상환능력을 재는 척도로서 **상환부담률**(Debt Service Ratio)을 지표로 많이 쓰고 있다. 이것은 당년의 원리금상환 소요액과 국제수지상 경상수취(經常收取)의 비율로 나타낸다. 간편한 지표이기 때문에 널리 이용되고 있으나 수출능력과 원리금상환부담액 등 두 가지만으로 만들어진다는 점에서 불완전한 지표이며 따라서 이 지표를 이용할 때에는 다른 요인을 참작하여 사용에 신중을 기하여야 한다.

5-2 외채의 순환

자본이 없는 사람이 빚을 내서 사업을 시작하는 것은 당연한 일이라 할 수 있다. 그런 경우 사업이 잘 되면 머지 않아 빚을 갚고 자력으로 사업을 키워갈 수 있지만 그렇지 않고 부채가 계속 누적되어 결국 사업에 실패하는 경우도 얼마든지 있다. 나라의 외채문제도 마찬가지이다. 그러면 외자를 도입해서 경제개발을 추진하는 경우 외채의 누적과 상환이 어떻게 진행되는가를 [그림 7-9]에서 보기로 하자.

이 그림에서 외채순잔액(外債純殘額)은 대외총채무액에서 대외채권을 뺀 금액이다. 그리고 해외저축은 국내투자와 국내저축의 차이인데 이것은 국제수지와의 관계에서 보면 경상수지적자에 해외순이전수취(海外純移轉受取)를 더한 것과 같다. 이것을 표로 표시하면 아래와 같다.

국내총투자＝국내저축＋해외저축
해외저축＝자력수지적자＝무역수지와 무역외수지의 적자
＝경상수지적자＋해외순이전수취

그러면 그림으로 돌아가 보자. 이 나라는 시간 T_0에서 AT_0만큼의 외

[그림 7-9] 외채의 순환과정

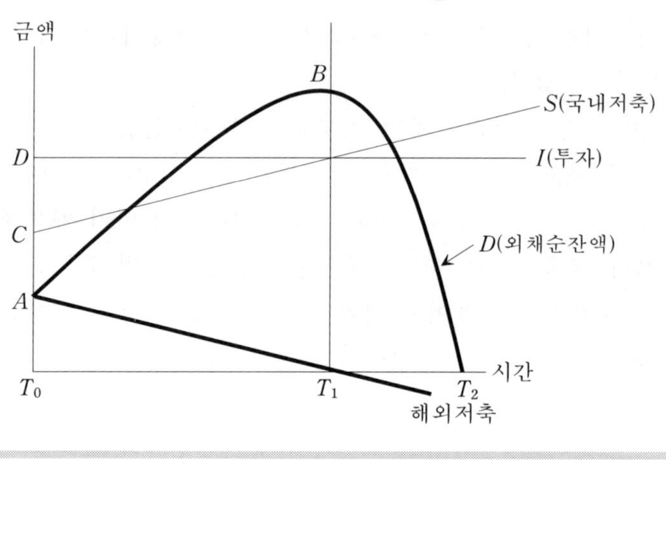

자도입을 처음 시작하였다. 따라서 T_0에서는 이만큼의 해외저축이 들어온 것이고 동시에 국내투자는 국내저축보다 그만큼 초과되었다는 것을 알 수 있다. 그래서 DC의 거리는 AT_0와 같다. 그 뒤 외자도입은 계속되고 원리금의 상환은 아직 본격적으로 시작되지 않기 때문에 외채순잔액은 계속 증가한다. 해외저축은 그 해에 들어오는 유량개념(流量概念)으로서의 외자이고 외채순잔액은 과거부터 그 시점까지 쌓인 저량개념(貯量概念)으로서의 외자이기 때문에, 예컨대 $\triangle AT_1T_0$의 면적이 BT_1의 외채잔액에 해당되는 것이다.

[그림 7-9]에서 보면 이 나라는 외자도입을 해서 경제개발을 하고 있지만 해외저축이 감소하는 것을 볼 때 외자에 대한 의존도는 점차 감소하고 있음을 알 수 있으며 따라서 외자의존에서 탈피할 수 있는 날이 약속되어 있는 경우라 할 수 있다. 그 시점이 T_1이다. T_1에서 해외저축은 영(0)이 되고 국내투자는 국내저축과 일치하게 되며 외채순잔액은 극대치가 된다. 이 점을 지나게 되면 국내저축률이 국내투자율보다 높게되고 외채는 감소하게 된다. 그리고 T_2에 이르게 되면 이 나라는 완전히 외채에서 벗어나 외채순환은 끝이 나는 것이다.

이것을 경제성장면에서 보면 T_1까지는 외자가 경제성장률을 높이는 작용을 하지만 그 뒤에는 오히려 누출작용을 하게 된다. 그리고 T_0T_1의 구간에서도 외자의 경제성장에 대한 기여도는 점감하고 있음을 볼 수 있다. 외자에 의존하는 경제성장은 초기에는 상환부담이 적기 때문에 도입외자의 거의 전부가 투자증대에 기여하지만 원리금상환이 본격화되면 시간이 지날수록 경제성장에 대한 기여도는 줄어들고 반면 상환부담과 외채규모는 늘어나게 된다. 그래서 외자의존적인 경제개발은 초기에는 약진하지만 그 사이에 자력성장력을 충분히 배양하지 못하면 후기에는 시들어지는 경우를 흔히 볼 수 있다.

이에 대한 한국의 사례를 보면 경제성장이 외자의존에서 완전히 탈피하는 T_1점은 1980년대 말이었으며 채무국으로부터 채권국으로 전환하는 T_2점은 2000년이었다. 이렇게 볼 때 한국의 외자도입이 본격화한 것은 1960년대였으므로 한국이 외자도입에서 채권국 전환까지의 외채순환을 마친 것은 1960년부터의 약 40년간이라 할 수 있다.

과거 외자도입국으로서 채권국으로 전환하는 데 성공한 미국과 일본의 경우 본격적인 외자도입 시점에서 채권국이 되기까지의 외채순환에 소요된 시간을 보면 미국은 18세기 말에서 19세기 말까지의 약 1세기간, 그리고 일본은 1890년대 말에서 1970년대까지의 70년 이상이 소요되었던 것이다. 여기에 비교한다면 한국의 경우는 무거운 외자의존적인 경제개발을 수행한 나라로서 매우 성공적으로 외채순환기간을 단축한 사례에 속한다 할 것이다.

제 8 장

경제개발과 무역

1. 국제무역의 이익과 배분
2. 경제개발과 무역의 역할
3. 수입대체와 산업보호정책
4. 경제개발과 무역구조

제 8 장

경제개발과 무역

1. 국제무역의 이익과 배분

국제무역은 세계 전체의 이익을 증진시킨다. 그러나 무역이 무역에 참여하는 개별 국가의 이익을 반드시 증진시키는 것은 아니다. 왜 그러냐 하면 무역이익이 어떻게 개별 국가에 분배되느냐 하는 것은 무역에 참여하는 나라들 사이의 경제구조와 교환가격 변화에 의해서 결정되기 때문이다. 그러면 이것을 알아보기 위하여 무역이 낳는 이익은 어떤 요인으로 구성되는가를 먼저 보고 그 다음에는 무역이익이 국가간에 어떻게 배분되는가에 대해서 차례로 알아보기로 하자.

1-1 국제무역의 이익

국제무역을 통해서 얻을 수 있는 이익은 어디서 오는 것인가. 무역의 이익은 한편에서는 생산물의 교환에서 오고 한편에서는 생산의 전문화에서 온다. 즉 무역이익은 **교환이익**(Gains from Exchange)과 **전문화이익**(Gains from Specialization)으로 구성되는데 이것을 그림으로 설명하면 [그림 8-1]

[그림 8-1] 무역이익의 구성

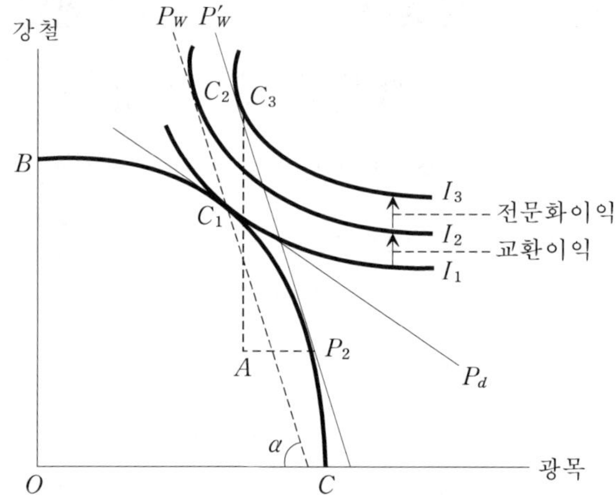

과 같다.

이 그림에서 곡선 BC는 이 나라의 생산가능곡선이다. 광목과 강철의 국내 가격비율이 P_d라 하고 무역이 없는 상태에서 생산이 생산극대점에서 이루어지고 있다고 하면 이 나라는 C_1점에서 생산하고 또 이 점이 소비점이다. 그리고 이 나라의 복지수준은 무차별곡선 I_1이 된다. 이 때 세계시장에서의 가격비율을 P_W(또는 P'_W)라 하면 그 기울기 α는 광목과 강철의 국제시장에서의 가격비율을 나타낸다. 따라서 이 나라가 생산하고 소비하는 점 C_1에서 국내가격 P_d와 세계가격 P_W는 서로 다르며 이는 즉 국내시장과 국제시장 사이에 불균형이 있음을 뜻한다.

이런 상황에서 무역이 이루어진다고 하자. 그러면 국내생산을 결정하는 가격은 국내가격이 아니라 국제가격이다. 그래서 국제가격선 P'_W와 이 나라의 생산가능곡선이 접하게 되는 P_2에서 생산이 이루어진다. 이 나라는 강철보다 광목생산에 비교우위를 가지므로 생산점은 C_1에서 P_2로 옮겨짐으로써 광목생산에 전문화하게 된 것이다. 그리고 무역 후 이 나라의 소비는 국제가격선 P'_W와 이 나라의 보다 높은 무차별곡선 I_3가 접하는 C_3에서 하게 된다. 즉 생산은 P_2에서 하되 AP_2만큼의 광목을 수출하여

AC_3만큼의 강철을 수입함으로써 C_3에서 소비하는 것이다. 무역이 있기 전에 이 나라의 소비수준은 I_1이었으므로 무역의 전체 이익은 무차별곡선으로 보면 I_3와 I_1의 차이고 소비점으로 보면 C_3와 C_1의 차이이다.

그런데 이 차이는 전문화에서 온 이익과 교환에서 온 이익으로 나눌 수 있다. 즉 생산이 전문화되지 않고, 다시 말하면 생산점이 C_1에서 P_2로 이동하지 않고 그대로 당초의 C_1에 있는데 소비만 국내가격(P_d) 대신 국제가격(P_W)으로 했더라면 이 나라의 소비점은 C_1 대신 C_2, 그리고 소비수준은 I_1 대신 I_2가 되었을 것이다. 이 이익은 단순한 생산물의 교환(즉 국내외 가격차)에서 온 것이므로 이를 교환이익이라 한다. 그리고 C_2에서 C_3(소비수준으로는 I_2에서 I_3)로의 이동은 가격은 P_W로 같지만 생산점이 C_1에서 P_2로 이동하여 생긴 것이므로 이를 전문화이익이라 한다.

1-2 무역이익의 국가별 배분

앞에서 우리는 무역이익이 교환이익(交換利益)과 생산전문화이익(生產專門化利益)으로 구성된다는 것을 보았다. 이로써 우리가 알고자 하는 근본문제, 즉 어떤 나라가 무역이익을 더 차지하며 어떤 경우에 무역을 하고도 오히려 손해를 볼 수 있는가 하는 무역이익의 분배문제에 대하여 절반의 대답은 얻은 셈이다. 즉 무역이익이 무역에 참여하는 나라들에 어떻게 배분되느냐 하는 것은 교역조건과 전문화하는 산업의 성격에 의해서 결정된다. 여기서 교역조건이란 수출품가격과 수입품가격의 비율을 말한다. 교환이익을 결정하는 것이 교역조건이고, 전문화이익을 결정하는 것은 그 나라가 무역을 통해서 전문화하게 되는 산업이 어떤 산업이냐 하는 것에 달려 있기 때문이다. 교역조건(交易條件)이 유리할수록, 그리고 그 나라가 전문화하는 산업의 장래 신장력이 클수록 그 나라는 무역이익을 더 갖기 마련이다. 교환이익은 무역의 현재이익에 중요하고, 전문화이익은 무역의 장래이익에 보다 중요하며, 따라서 후진국의 경제개발에는 전문화이익의 문제가 매우 중요한 의미를 갖는다. 그러면 이들을 차례로 보기로 하자.

(1) 교역조건과 무역이익의 분배

모든 나라의 생산력 또는 무역량을 일정하다고 본다면 무역이익(貿易利益)의 분배는 생산물의 교환비율, 즉 **교역조건**(Terms of Trade)에 달렸다. 만일 A, B 두 나라 사이의 교환이 A국의 국내가격으로 되면 무역이익은 B국이 독점하고 A국의 이익은 영(0)이며, B국의 국내가격으로 교환되면 결과는 그 반대이다. 교환하는 가격비율, 즉 국제가격이 양국 국내가격비율의 어떤 중간점이면 무역이익은 양국에 갈라진다. 이것을 예를 들어 설명해 보자.

가령 한국의 쌀과 미국의 밀을 교환하는 데 [표 8-1]과 같이 한국의 국내가격으로 교환한다고 가정하자.

[표 8-1]

	미국 국내가격	한국 국내가격	국제가격
쌀 1되	2원	1원	1원
밀 1되	1원	2원	2원
쌀 1되에 교환되는 밀의 양	2되	0.5되	0.5되

즉 한국의 국내가격이 국제가격이고 이는 쌀과 밀의 교환이 실물로 따져서 쌀 1되에 밀 0.5되로 이루어진다. 먼저 미국이 밀 1되를 한국에 수출했다면 한국에서 2원을 받는다. 이것으로 한국에서 쌀을 사면 2되를 살 수 있고 이것을 미국으로 수입해서 팔면 4원을 받게 되며 이 돈으로 미국에서 밀을 사면 4되를 살 수 있다. 즉 무역을 통해서 미국은 밀 1되를 4되로 불렸으니 그 차이는 무역의 교환이익이다.

그러면 한국의 경우는 어떤가. 양국의 무역이 한국의 국내 물가로 이루어진다는 가정을 다시 상기하면서 보자. 한국은 쌀 1되를 미국에 수출해서 1원의 수입(국제단가는 쌀 1되 1원이므로)을 얻는다. 이것으로 미국에서 밀을 사면 국제단가가 밀 1되 2원이므로 밀 0.5되를 살 수 있으며 이것을 한국에 수입하면 1원의 수입을 얻는데 이것으로 국내에서 쌀을 사면 쌀 1되가 된다. 즉 쌀 1되는 무역 전이나 후나 변동이 없다. 그래서 한국의 물가로 교환하면 무역이익은 미국이 독점하고 한국은 전연 얻는 것이 없게 된다.

그러면 교역조건 때문에 교환이익이 부(負)가 되어 무역을 하고 오히려 손해를 보는 경우도 있는가? 그런 경우가 바로 유명한 바그와티(J. Bhagwati)의 **빈곤화성장**(Immiserizing Growth)이다.[1] 바그와티는 무역에 의존하는 나라의 경우 경제가 성장하더라도 수출가격이 하락하여 교역조건이 더 크게 악화하면 더 가난해질 수 있다는 것이다. 예컨대 쌀만 생산하는 어떤 나라가 전량수출해서 모든 생필품을 수입한다고 가정하자. 이 때 쌀 생산이 10% 늘었는데 쌀수출가격이 15% 떨어졌다면 경제는 10% 성장했는데도 교역조건이 15% 악화하여 더 가난하게 되는 것이다. 후진국들은 주로 1차 산품을 수출하는데 1차산품들은 생산이 늘면 가격이 폭락하는 성질이 있기 때문에 이러한 현상이 흔히 나타날 수 있다는 것이다.

그렇기 때문에 1차산업(1次產業)의 교역조건이 좋아지는가 나빠지는가 하는 문제는 매우 중요한 문제이며 지금까지 뜨거운 논쟁을 불러온 주제의 하나였다.[2] 당초 이 문제는 1949년에 프레비쉬(Raúl Prebisch)[3]에 의해 제기되었다. 그는 선진국 수출품인 공산품의 교역조건은 개선되고 후진국 수출품인 1차산품의 교역조건은 추세적으로 악화하여 국제무역에서는 선후진국간의 부등가교환(不等價交換)이 이루어지고 있고 이 때문에 선후진국간의 격차가 더 벌어지게 된다는 것이다. 그 뒤 많은 사람들이 이에 동조하였다. 싱어(H. W. Singer), 민트(H. Myint), 미르달(G. Myrdal), 넉시(R. Nurkse), 킨들버거(C. P. Kindleberger) 등이 이에 속한다. 이들 주장의 논거는 1차산

1) Jagdish Bhagwati, "Immiserizing Growth: A Geometrical Note," *Review of Economic Studies*, June 1958. Also in *Readings in International Economics*, Selected by the American Economic Association, Richard D. Irwin, Inc., 1968. 바그와티는 1934년 인도의 봄베이 출생, MIT에서 박사학위, MIT(1968~1980) 및 콜럼비아대 교수를 역임하였음.

2) 이 문제에 관한 논쟁에 관해서는 D. Diakosavvas and P. L. Scandizzo, "Trends in the Terms of Trade of Primary Commodities, 1900~1982: The Controversy and Its Origins", *Economic Development and Cultural Changes*, Jan. 1991 참조.

3) Raúl Prebisch, *The Economic Development of Latin America and Its Principal Problems*, New York, United Nations, 1950.

품의 수요는 소득탄력성이 낮을 뿐 아니라 원료대체(예컨대 면화를 화학섬유로)로 인하여 상대적으로 줄어든다는 점, 그리고 후진국의 저임금으로 인하여 수출가격이 낮고 오르지도 못한다는 점 등이다.

그러나 이와 반대로 1차산품의 교역조건이 갈수록 개선된다는 주장도 많다. 리카도(D. Ricardo), 맬서스(T. R. Malthus), 마샬(A. Marshall) 등 고전학파는 모두 그렇고 케인즈(J. M. Keynes), 루이스(W. A. Lewis), 마익셀(R. F. Mikesell) 등의 견해도 그러하다. 이들의 논거는 1차산품은 수확체감(收穫遞減) 현상 때문에 공산품보다도 생산성증가율은 낮고 가격은 더 오르게 된다는 것이다.

이러한 두 가지의 주장에 대해서 장기적으로 어떤 확실한 추세가 있는지에 대한 어떤 납득할 만한 검증결과는 아직 나와 있지 않다. 시기에 따라서 또는 나라에 따라서 서로 다른 결과가 나타나고 있다.

그러나 교역조건에는 수출입품가격간의 비율인 **상품교역조건**과 여기에 수출입품의 생산성변화율까지 감안한 **요소교역조건**(要素交易條件)이 있다는 것을 유의할 필요가 있다. 즉

$$상품교역조건=\frac{수출품가격}{수입품가격}$$

$$요소교역조건=상품교역조건\times\frac{수출품생산성지수}{수입품생산성지수}$$

그런데 지금까지 언급한 논의는 모두 상품교역조건에 대한 것이다. 여기서 문제되는 것은 상품교역조건이 그대로 있다 하더라도 산업의 생산성이 뒤떨어지면 그것은 손해보는 부등가교환이 된다는 점이다. 예컨대 농산품 과 공산품의 가격이 그대로 유지된다 하더라도 농산품의 생산성이 공산품보다 갈수록 뒤떨어진다면 농민들은 갈수록 불리해질 것이 뻔하지 않은가. 따라서 농공간의 균형이 유지되려면 농공간의 생산성격차(生産性隔差)만큼 농산품가격을 더 올려서 생산성면의 손실을 가격면에서 보상해 주어야 하는 것이다.

이런 점에서 1차산품의 교역조건문제는 요소교역조건으로 따져 보아

야만 정당한 것이다. 요소교역조건으로 본다면 1차산품 생산국은 분명히 악화하는 추세에 있으며 따라서 1차산품 수출국은 무역면에서 상대적으로 불리한 위치에 있다고 보아야 할 것이다.

(2) 생산전문화와 무역이익의 분배

앞에서는 무역이익이 교환이익과 전문화이익으로 구성된다는 것, 그리고 교환이익은 교역조건에 의해서 결정된다는 것을 설명하였다. 그러면 전문화이익을 결정하는 것은 무엇인가. 전문화이익을 결정하는 것은 전문화의 방향, 즉 전문화하는 산업이 어떤 산업이냐 하는 것이다.

가령 쌀과 자동차를 생산하고 있는 어떤 나라에서 무역을 시작하여 비교우위가 있는 쌀생산에 전문화한다고 가정하자. 이런 경우의 전문화이익이란 이 나라가 자동차보다도 쌀을 더 싸게 생산할 수 있기 때문에 자동차 생산은 그만 두고 거기에 투입된 자원을 모두 쌀생산에 투입하고 거기서 생산된 쌀을 수출하여 자동차를 수입하는 데서 나오는 이익을 말한다. 다시 말하면 전문화이익이란 비능률적인 산업생산을 포기하고 능률적인 산업생산에 전념함으로써 나오는 이익이다. 그렇기 때문에 전문화이익은 어떤 산업에 전문화하는가 하는 데 달려 있으며 이것은 장기적 관점에서 중요하다고 하는 것이다.

전문화산업이 어떤 것이냐 하는 것은 바로 산업성장성의 문제인데 이것은 다시 다음 두 가지에 의해서 결정된다. 그 하나는 생산면에서의 생산성 증가율이고 다른 하나는 소비의 소득탄력성(所得彈力性)에 의해 결정되는 수요증가율이다. 그런데 1차산품은 이들 두 가지가 모두 낮아서 산업의 성장성이 공산품보다도 상대적으로 낮다는 데 문제가 있다. 그래서 성장산업인 공업에 특화하는 나라는 득을 보고 1차산업에 특화하는 나라는 상대적으로 손해를 보게 된다는 것이다.

이런 점에서 산업보호정책, 특히 그 중에서도 유치산업보호정책(幼稚産業保護政策)이 경제발전정책으로서 합리화되는 것이다. 그 나라의 비교우위산업은 시간이 지남에 따라 다를 수 있다. 예컨대 지금은 그 나라가 커피생산에 비교우위를 가지고 있다고 하더라고 10년 뒤에는 오히려 자동차

생산에 비교우위를 가질 수 있다. 그런데 국제무역에 의한 산업의 전문화는 현재의 비교우위상태에 의하여 결정되므로 현재의 그릇된 비교우위관계를 영구화할 뿐 아니라 투자를 비교우위산업에 집중시킴으로써 현재의 그릇된 비교우위관계를 더 영구히 고착시키게 될 것이다. 이런 경우 지금은 경쟁력이 없지만 장래에는 비교우위를 갖게 될 산업을 한시적으로 보호하여 육성할 필요가 있다. 이것은 장기적으로 이 나라의 산업구조를 올바르게 바로 잡는다는 점에서도 바람직한 것인데 이러한 정책을 **유치산업 보호정책**이라 한다.

2. 경제개발과 무역의 역할

경제개발에 있어서 무역의 역할은 어떻게 활용해야 하는가. 이에 대해서 무역은 개발을 촉진하는 엔진(Engine for Development)이며 따라서 적극적으로 활용하고 참여해야 한다고 보는 **무역낙관론자**(Trade Optimist)와 무역은 경제개발에 대한 효과보다도 그 부작용이 더 크기 때문에 무역에 대한 참여는 되도록 최소한으로 줄여야 한다고 보는 **무역비관론자**(Trade Pessimist)의 견해가 있다. 낙관론의 견해에 따르면 비교우위론에 입각하여 보호장벽을 제거하고 자유무역을 지향하여 무역을 적극 활용하는 이른바 외향적 성장정책을 써야 할 것이며 비관론의 견해에 따른다면 보호장벽을 높이 쌓고 수입대체정책을 펴서 무역에 대한 의존을 최소화하는 내향적 성장정책을 써야 할 것이다. 그러면 이들의 상반된 주장을 들어 보기로 하자.

2-1 무역낙관론

국제무역이 경제개발을 추진함에 있어서 원동력의 하나라고 주장하는 사람으로서는 베릴(K. Berrill) · 허쉬만(A. O. Hirschman) · 하벌러(G. Haberler) · 케이언크로스(A. Cairncross) 등이 있는데 이들의 주장을 요약하면 다음과 같다.

① 무역은 시장문제 해결의 수단이다. 후진국의 경제개발을 역사적으로 볼 때 시장규모는 매우 중요한 역할을 하였다. 그런데 무역이 없으면 판로는 국내시장에만 의존하게 되며 이런 경우에는 한계적 변화와 점진적인 변화만이 가능하다. 따라서 무역이 없는 경제성장은 매우 느리고 또 도약의 형태를 갖기 어렵다는 특징을 가지고 있다. 경제개발의 역사를 보면 국내시장에서만 의존하는 나라는 고도성장을 이룩할 수 없었다. 성공적인 경제개발은 으레 단속적(斷續的)인 도약의 형태를 취했을 뿐 아니라 특정 산업의 급성장으로 이루어졌는데 무역은 이러한 변화를 불러오는 중요한 창구의 하나였다(K. Berrill).

② 무역은 모방의 창구이다. 오늘날 후진국이 경제를 개발하자면 하루속히 선진국이 이미 해 놓은 것을 모방하고 도입하는 것이 급선무인데 무역은 이것을 가능케 하는 창구이다. 즉 무역을 통해서 다른 나라의 기술·기업능력·자본·원료·새로운 상품지식 등이 들어온다(G. Haberler).

③ 무역(특히 수입)은 투자여건(投資與件)을 조성해 준다. 후진국에서 새로운 상품에 대한 투자는 그 상품이 생소하고 그 상품에 대한 국내 시장이 없으며 생산기술이 없다는 등의 이유로 투자의 위험이 크기 때문에 일어나지 못한다. 이럴 때 국내생산에 앞서서 그 상품을 수입해서 얼마동안 쓰면 그러한 위험이 없어지며 따라서 새로운 투자가 안전하게 일어날 수 있다. 그래서 수입은 국내생산에 선행해서 있어야 하고 수입이 많은 상품일수록 국내생산(즉 수입대체)이 빨리 촉진되며, 결국은 수입이 많은 산업에 그 나라가 비교우위를 가지게 된다. 이런 점에서 후진국의 수입은 수요척후병(Demand Reconnaissance) 또는 가정교사라고 말할 수 있다. 어린이가 더 자라면 가정교사가 필요 없듯이 국내 생산이 어느 단계에 이르면 수입은 필요 없고 오히려 수출하게 될 것이다(A. O. Hirschman).

이상과 같은 견해를 분류해 보면 시장쪽을 강조한 베릴은 주로 수출의 역할을, 그리고 선진국 모방효과와 개발전략면을 강조한 하벌러와 허쉬만은 수입의 역할에 각각 중점을 두고 있음을 볼 수 있다.

2-2 무역비관론

후진국의 경제개발에 있어서 무역의 역할을 부정적으로 보는 사람으로서는 넉시(R. Nurkse)·싱어(H. Singer)·프레비쉬(R. Prebisch)·미르달(G. Myrdal)·민트(H. Myint)·바란(P. A. Baran) 등을 꼽을 수 있다. 그러면 이들의 견해를 들어 보자.

① 넉시의 견해에 따르면 공산품 수출국인 선진국의 1차산품 수출국에 대한 의존도는 날이 갈수록 줄어들고 반대로 1차산품 수출국의 공산품에 대한 수입의존도(輸入依存度)는 커지고 있다는 것이다. 그는 역사적 분석을 통해서 얻은 그러한 결론을 바탕으로 하여 19세기의 무역은 후발국의 경제개발을 촉진하는 요인이었지만 20세기에 들어 와서 특히 제1차 세계대전 이후에는 오히려 저해하는 요인이었다고 하였다.

이와 같이 국제무역이 후진국에 불리하게 작용하게 된 이유로는 인공원료에 의한 천연원료의 대체(예컨대 화학섬유·플라스틱·고무 등), 원료 의존도가 높은 경공업에서 의존도가 낮은 중공업으로의 선진국 공업구조 변동, 원료 의존도가 매우 낮은 서비스업의 증가, 1차상품에 대한 소비의 낮은 소득탄력성, 1차산업에 대한 선진국들의 보호조치, 원료 절약적 기술개발 등을 열거할 수 있다. 따라서 오늘날 후진국은 무역에 너무 의존하지 말고 농업과 공업을 균형적으로 개발해야 하며 국제무역은 부수적으로 생각해야 된다는 것이다.

② 싱어와 프레비쉬는 주로 무역이익의 분배관계에서 이 문제를 취급하고 있다. 즉 국제무역의 결과로 선진국은 공업에 특화하고 후진국은 원시산업에 특화하게 된다. 그런데 이 두 산업을 비교해 보면 (i) 생산성증가율, 소비의 소득탄력성, 생산에서 오는 개발효과(연관

효과, 기술개발효과, 인력개발효과, 사회개발효과, 문화개발효과 등) 등이 모두 공업쪽이 크다. (ii) 교역조건은 추세적으로 공업이 유리하고 농업이 불리하다. (iii) 원시생산물의 국제시장은 경쟁적인 데 비해서 공산물시장은 이보다 독점적이다. 이 때문에 무역의 결과 선진국은 고율의 생산성향상, 확대된 시장, 개발효과를 독점할 뿐 아니라 경제가 성장할수록 원시생산물(原始生産物)을 더 싸게 수입해서 소비할 수 있다는 이익을 얻는 반면 원시생산물을 수출하는 후진국은 이들 모두를 잃는 입장에 있다.

따라서 후진국이 해야 할 일은 되도록 무역에 의존하지 않고 경제를 개발하는 것이며 무역을 하는 경우에도 비교우위원리에 의해서가 아니고 오히려 이것을 뒤집는 방향에서 해야 된다. 다시 말하면 비교우위원리에서 특화할 산업을 찾을 것이 아니라 현재 비뚤어져 있는 비교우위 상태와 생산요소 부존비율을 시정하는 수단으로서 무역을 활용하여야 한다는 것이다.

③ 미르달은 사회학적 측면에서 접근하여 국제무역에는 소득의 **역류효과**(Backwash Effect)가 지배하며 따라서 무역은 후진국을 갈수록 가난하게 만드는 작용을 한다는 것이다. 사람과 사람, 지역과 지역, 나라와 나라가 장벽을 트고 교류할 때에는 두 가지의 힘이 작용하는데 하나는 소득을 고르게 나누어 갖는 **확산효과**(Spread Effect)이고 다른 하나는 소득이 약자의 손에서 강자의 손으로 흘러가는 역류효과이다. 그런데 구성원의 힘이 같을수록 확산효과가 크고 힘의 차이가 클수록 역류효과가 크다.

따라서 강자와 약자가 교류하게 되는 국제무역은 전체의 몫은 늘릴 수 있지만 주변국인 후진국은 중심국인 선진국에게 빼앗기는 입장에 있으며, 결과적으로 국제무역은 국가간의 소득격차를 확대시키고 후진국의 개발을 저해하게 된다. 원래 규제되지 않은 시장의 힘이란 빈익빈 부익부를 결과하기 마련이다. 시장경제하에서 한 나라 안의 지역과 지역이 교류할 때에도 이러한 역류효과는 작용하기 마련이지만 이것은 어느 정도 정부의 정책으로 조정할 수 있다. 그러나 국제시장을 규제할 세계정부가 없으므로 무역의 역류효과는 훨씬 크다.

2-3 무역논쟁의 평가

국제무역이 후진국 경제개발에 미치는 효과를 두고 서로 반대되는 견해를 앞에서 살펴보았다. 오늘날의 개방체제하에서는 대체로 낙관론의 주장이 더 많은 설득력을 가지고 있다. 그러나 경제발전에 있어서 무역의 역할은 나라마다 다르다.

그러나 후진국의 유형을 좀더 나누어 본다면 대략 다음과 같이 말할 수 있다.

① 내포경제(Enclave Economy)의 경우에는 비관론이 보다 설명력이 있다. 내포경제에서 수출산업은 국내부문과 연결되지 못하고 이중구조를 형성하고 있기 때문이다.

② 원시산업이 수출주도산업인 경우에는 비관론이, 그리고 우리 나라처럼 공업이 주된 수출산업인 경우에는 낙관론이 보다 설득력을 갖는다. 원시산업에 특화하면 낙관론자들이 주장하는 무역의 혜택을 거의 누릴 수 없는 반면 무역의 여러 가지 역효과가 크게 작용할 수 있고 공업에 특화하는 경우에는 이와 반대의 경우를 기대할 수 있기 때문이다. 원시산업은 생산면에서 생산성증가율이 낮다는 점, 수요면에서는 소득탄력성이 낮아 시장확대가 어렵다는 점, 그리고 교역조건면에서는 요소교역조건이 악화하여 손해를 보게 된다는 점 등을 앞에서 지적한 바 있다.

③ 자원부존국(資源賦存國)에서는 비관론이 보다 설득력이 있고 노동부존국에서는 낙관론이 보다 설득력이 있다. 그 이유로서는 생산요소로서의 노동은 자원보다 국제적 가동성(Mobility)이 적으며 따라서 낮은 노동비용은 낮은 자원비용보다 국제경쟁시장에서 더 큰 무기가 된다는 점, 노동부존후진국은 공업에 특화하고 자원부존후진국은 자원산업에 특화하는 경향이 있다는 점, 노동부존후진국은 싼

노동비용 때문에 수출시장확대가 보다 용이하다는 점 등을 지적할 수 있다.

3. 수입대체와 산업보호정책

3-1 개발전략으로서의 수입대체

경제개발을 이제 시작하려고 하는 어떤 후진국을 가상해 보자. 이 나라에 공업생산이 없을 것은 자명하다. 농산물·광산물·천연원료 등 원시산업이 주업이고 따라서 이들을 수출해서 공산품을 수입해 쓰고 있다고 하자.

이 나라가 경제개발을 추진할 때 선택할 수 있는 개발전략은 두 가지가 있다. 하나는 수출증대에 주력하여 공산품은 계속 수입해서 쓰는 것으로 비교우위에 의한 국제분업론(國際分業論)을 따르는 것이며 다른 하나는 수출에 주력하지 않고 현재 수입하고 있는 공산품을 국내에서 생산하도록 하는 **수입대체**(Import Substitution)이다. 따라서 수입대체(輸入代替)는 비교우위원리에 정면으로 도전하는 것이며 경제개발을 공업화의 방향에서 하려고 하는 경우에 선택하게 되는 길이라는 것을 인식할 필요가 있다.

수입하던 공산품을 국산화한다는 것은 어떤 문제에 부딪치는가? 지금 이 나라에 있어 비교우위산업은 농업이고 공업은 **비교열위산업**(比較劣位產業)이다. 다시 말하면 그 상품을 수입해 오면 10원이면 될 것이 국내에서 생산하자면 예컨대 15원이 든다. 따라서 그 상품의 수입을 금지시키든가 높은 관세를 부과하지 않으면 수입대체는 일어날 수 없다. 그래서 으레 수입대체정책은 관세·**수입할당제**(Quota System) 등에 의한 국내산업 보호정책이 따르기 마련이다. 이 때문에 수입대체정책은 종래 수입하던 상품의 국내가격을 더 높게 만들어 국내 소비자에게 그만큼 부담을 더 주게 된다.

이 때 산업보호의 정도를 나타내는 지표로서는 **명목보호율**(Norminal Rate of Protection)과 **실효보호율**(Effective Rate of Protection)이 있다. 명목보

호율(名目保護率)은 우리가 흔히 말하는 관세율, 즉 생산원가에 대한 관세의 비율이며 이것은 관세가 국내 판매가격을 올려 주는 효과를 나타낸다. 실효보호율 또는 실효관세율(實效關稅率)은 그 상품을 국내에서 생산함에 있어서 관세가 제품수입에도 부과되고 그 제품생산을 위한 원료수입에도 부과될 경우 관세부과로 인하여 국내생산자가 얻게 되는 순보호효과(純保護效果)를 나타내는 것이다. 제품에 대한 수입관세는 국내생산자를 보호하는 효과가 있지만 수입원료에 대한 관세는 반대로 국내 생산비를 높이는 작용을 한다.

그러므로 실효보호관세는 제품수입관세의 보호효과에서 원료수입관세로 인한 부담효과를 공제한 순보호효과를 말하며, 이것은 구체적으로 관세부과로 인하여 국내생산의 부가가치가 얼마나 증가하게 되는가 하는 것으로 측정한다.

예컨대 자동차에 대해서 관세를 부과할 경우 V_1을 관세부과 전의 자동차생산 부가가치액, V_2를 관세부과 후의 자동차생산 부가가치액, 그리고 실효보호율을 β라 하면

$$\beta=\frac{V_2-V_1}{V_1}$$

그리고 제품생산에 있어서 수입원자재 비율을 r, 완제품의 수입관세율, 즉 명목보호율을 t_1, 원료에 대한 수입관세율을 t_2라 하면

$$V_1=1-r \text{ 이고}$$
$$V_2=(1+t_1)-r(1+t_2) \text{이므로}$$
$$\beta=\frac{V_2-V_1}{V_1}=\frac{t_1-t_2r}{1-r}$$

이 식에서 보면 완제품수입에 대한 관세율(t_1)은 높을수록, 그리고 수입원료에 대한 관세율(t_2)은 낮을수록 실효보호율이 높으며, $t_1=t_2$이면 $\beta=t_1$이 되어 실효보호율과 명목보호율은 같게 된다.

그러면 **수입대체의 과정**은 어떠한가. 수입대체 이전의 단계를 보면 이

나라는 공산품을 어떻게 생산할지 그 기술도 없고 상품지식도 없으며 그걸 생산하더라도 제품이 국내에서 팔릴 수 있을지 시장에 대한 자신도 없다. 이러한 불확실성 때문에 투자의 위험이 커서 국내생산이 일어나지 않는다. 이것을 제거하기 위해서 수입이 개방되었다. 처음에는 적은 양을 수입하고 국내소비가 늘면 수입도 따라서 는다. 수입규모가 적어도 1개의 국내생산기업을 허용할 만한 수준으로 늘고 생산기술도 무역에 묻어서 들어오면 이 때에는 수입대체를 시작할 수 있는 단계에 왔다고 볼 수 있다.

수입대체의 과정을 산업별로 보면 [그림 8-2]와 같이 세 개의 단계로 나누어 볼 수 있다. 제1단계는 완성소비재의 수입대체이다. 완성소비재는 국내시장이 비교적 넓고 규모의 경제보다는 전문화를 필요로 하며 생산기술은 그다지 어려운 것이 아니기 때문에 어느 나라나 수입대체는 소비재에서 시작한다. 어느 나라나 처음에 시작하는 수입대체산업은 맥주·담배·의류·방직·신발 등을 예로 들 수 있다. 이 단계에서 완성소비재는 급속도로 수입이 대체되지만 수입대체를 위한 투자와 생산원료의 수입증가로 인하여 자본재와 중간재의 수입은 더욱 늘어난다.

[그림 8-2] 수입대체의 과정

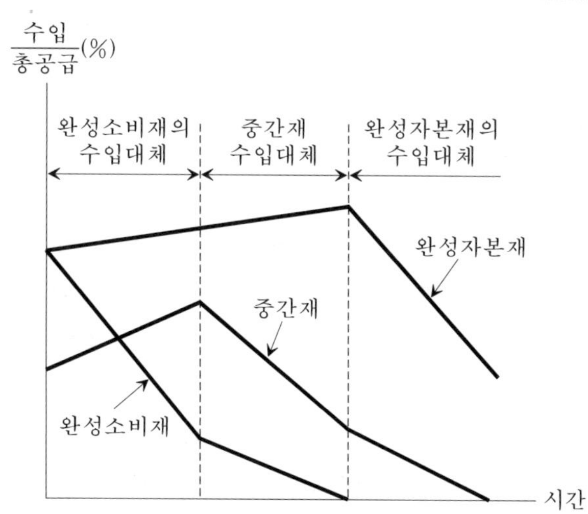

제2단계는 중간재의 수입대체이다. 이 시기에는 비료·시멘트·철강·목재·섬유원료·건설자재 등 중간재의 수입이 주로 대체된다. 이 단계에서 완성소비재의 수입대체는 거의 끝나지만 완성자본재의 수입은 계속 늘어난다. 다만 소비재가 이 단계에서 수입대체만 끝내느냐 아니면 나아가서 수출산업으로 발전하느냐 하는 것은 그 나라의 여건에 따라 다르다.

제3단계에서는 완성자본재(完成資本財)의 수입대체가 일어나는데 소비재와 중간재는 이 단계에서 대체로 국산화가 마무리된다. 기계류, 자동차, 각종 선박 및 차량, 중화학제품 등이 이에 해당하며 이들의 수입대체가 끝남으로써 수입대체에 의한 공업화는 일단락되고 이 나라는 비로소 개발국의 대열에 참여하게 된다.

한편 수입대체의 과정을 생산과정면에서 보면 생산의 최종단계로부터 시작하여 거꾸로 진행한다. 예컨대 자동차생산의 경우 생산과정은 원료생산→부품생산→조립의 순서이나 자동차공업을 수입대체하는 경우는 조립이 먼저 시작되고 다음 부품의 국산화가 따른다. 이렇게 거꾸로 진행하는 이유는 조립이 단순한 노임취득에 불과하며 판로문제나 기술문제가 맨 먼저 해결되기 때문이며 부품생산은 예컨대 자동차 한 대 생산에도 1,000종 이상의 부품이 소요되어 부품의 경제단위를 맞추기 힘들고 생산기술, 부품표준화(部品標準化) 등에 애로가 많기 때문이다.

3-2 수입대체의 장단점

수입대체에 의한 경제개발은 많은 장점과 단점을 가지고 있다. 이 때문에 수입대체에 의한 경제개발이 과연 능률적인가 하는 문제를 놓고 오랫동안 논쟁을 계속해 왔다. 요즘 와서 수입대체전략에 대한 비판론이 우세하지만 이것과는 관계없이 현실은 거의 모든 후진국이 정도의 차는 있지만 수입대체에 의한 공업화를 추진해 오고 있다. 그러면 개발전략으로서 수입대체가 갖는 장단점이 어떤 것인지를 보기로 하자.

먼저 **수입대체전략**의 **장점**으로서는 다음과 같은 요인이 지적될 수 있다.

① 수입대체는 경제개발의 가장 확실하고 안전하고 손쉬운 수단이다.

현재 하고 있는 수입을 금지시키기만 하면 시장이 확보되기 때문이다.

② 수입대체투자는 비뚤어진 산업구조를 시정하고 후진국의 공업화와 구조변혁을 촉진하기 위해 불가피하다. 수입대체로 인해서 비싸게 생산하는 국산품을 쓰게 되는 것은 단기적인 손실이지만 이 손실은 경제개발을 위하여 언제든지 지불해야 하는 사회적 비용이다. 수입대체를 하지 않고 농산물 수출에 의한 무역이익을 추구한다면 당장의 후생은 크겠지만 산업구조의 후진성은 영속될 것이다.

③ 경험을 통해서 배우는 학습효과(Learning by Doing Effect)가 있다. 현재 당장은 생산능률이 선진국을 따를 수 없겠지만 실제 생산을 해봄으로써 기술·기업능력·연관효과·사회개발효과 등을 얻을 수 있으며 이러한 체험은 경제개발에 있어 절대 필요하다.

④ 국내저축을 증대시킬 수 있다. 수입대체가 되면 소비재수입이 줄고 소비재가격이 상승하여 소비가 감소할 뿐더러 국내소득분배는 농촌소득이 공업부문의 이윤으로 흘러가게 되기 때문이다.

⑤ 끝으로 경제의 자주성을 높이기 위해서도 기본재는 국내에서 생산해야 된다.

한편 **수입대체전략의 단점**으로서는 아래와 같은 사항이 지적되고 있다.

① 수입품보다 비싼 국산품소비를 강요함으로써 국민의 후생을 감축시킨다.

② 수입대체는 국제수지를 악화시킨다. 그 이유는 공업부문의 수입대체가 수출산업의 상대적 희생으로 이루어지게 되므로 수출이 감소하는 반면 수입은 완제품이 감소하는 대신 투자재와 원료수입은 늘기 때문이다.

③ 소득의 분배를 악화시킨다. 수입대체에 따른 보호정책으로 인해서 소득분배는 농업에서 공업으로, 수출산업에서 수입산업으로, 그리고 소비자(노동소득)에서 기업(이윤소득)으로 이전된다.

④ 수입대체는 경제의 자립도를 높이기는커녕 오히려 감소시키기 쉽다. 수입대체가 되면 외국에 대한 완제품 의존에서 원료의존으로

전환되어 대외자본 의존은 더욱 커지는 경향이 있다.

이상으로 수입대체의 장점과 단점을 소개하였거니와 수입대체의 한계는 어디 있는가. 수입대체가 경제개발 전략으로서 옳은가 그른가에 대한 판단은 그 산업이 장차 수출산업으로 전환될 수 있는가, 다시 말하면 장래에는 국제경쟁력을 가질 수 있는가의 여부에 달려 있다. 수입대체의 초기에는 국내생산단가가 국제단가보다 비쌀 것은 당연하다. 그러나 높은 보호장벽 아래서 수입이 대체된 뒤에 어느 시점에 가서 보호장벽 없이 이 산업이 국제경쟁력을 가질 수 있다면 이러한 산업은 수입대체에서 수출산업으로 발전할 수 있는 것이며 따라서 이러한 경우는 수입대체가 타당하다. 한국의 자동차산업이나 전자공업이 그러한 사례라 할 것이다. 그러나 이러한 국제경쟁력을 장래에도 가질 수 없다면 이 산업은 아주 오래도록 보호장벽 아래에서만 생존할 수 있을 것이며 따라서 이러한 경우는 수입대체 전략이 옳지 않다고 판단할 수 있다.

4. 경제개발과 무역구조

4-1 외향적 성장과 내향적 성장

경제개발에 있어서 무역이 얼마만큼 적극적인 역할을 하느냐에 따라서 개발전략의 유형은 **외향적 성장**(Outward Looking Growth)과 **내향적 성장**(Inward Looking Growth)으로 나눌 수 있다. 외향적 성장은 **수출선도형 성장**(Export Led Growth) 또는 수출편향적 성장(Export Biased Growth)이라고도 부르는데 이는 일반적으로 수출확대율이 경제성장률보다 크고 따라서 무역의존도가 높고 무역이 경제성장을 선도하는 경우를 말한다. 내향적 성장(內向的 性向)은 이와 반대로 수출확대율이 경제성장률을 따르지 못하고 따라서 무역은 경제성장에 있어서 소극적인 역할밖에 하지 못하는 경우인데 이를 **수출지체형성장**(Export Lagging Growth) 또는 **수입편향적 성장**(Import

Biased Growth)이라고도 부른다. 그리고 이들 양자 가운데 중간의 경우는 **수출중립적 성장**(Export Neutral Growth)이라고 부를 수 있다.

그러면 이것을 [그림 8-3]에서 보기로 하자. 이 그림에서 곡선 AB는 생산가능곡선이고 직선 DE는 가격선인 동시에 소득선 또는 예산선이다. 다시 말하면 DE의 기울기 α는 수출재와 수입재의 가격비율이며 OD의 거리는 Q_0에서 생산이 이루어질 경우 X재의 수량으로 표시되는 총소득이고, OE는 Y재의 수량으로 표시되는 총소득이다. 왜 OD의 거리가 X재의 수량으로 표시되는 GNP인가 하면 이 나라는 Q_0의 생산점에서 OH의 X재와 Q_0H의 Y재를 생산하고 있는데 양 재화의 교환비율 α를 적용해 보면 Q_0H의 Y재 가치는 HD의 X재 가치와 같기 때문이다.

이 때 이 나라의 생산점은 생산가능곡선과 가격선이 접하는 Q_0이고 소비는 C_0에서 이루어진다. 그리고 C_0의 소비가 가능한 것은 무역 때문이라는 것을 본장 1-1에서 살펴보았다. 이 때 Q_0점의 기울기 β는 Q_0H/OH이므로 수입재와 수출재의 생산비율, 즉 생산구조를 나타내며, C_0점의 기울기, 즉 C_0OB의 기울기는 같은 이치에서 소비가 C_0에서 이루어질 때 수입재와 수출재간의 소비비율을 나타낸다.

[그림 8-3] 외향적 성향과 내향적 성향

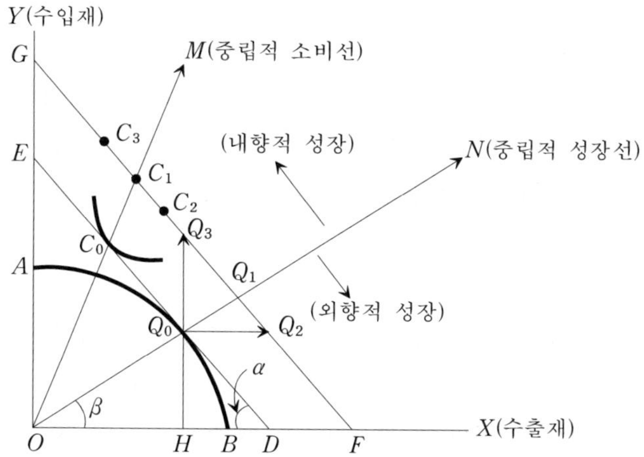

그러면 그 다음 해 또는 10년 뒤에 가서 이 나라 경제성장의 결과는 어떻게 될 것인가. 만일 생산점이 Q_0에서 Q_1으로 이동한다면 그 기울기 β에는 변함이 없으며 따라서 수입재(輸入財)와 수출재간의 생산구조는 그대로 유지되는 것이다. 그래서 N선을 중립적 성장선이라 한다. 그런데 만일 생산점이 Q_2쪽에 있다면 수출재생산이 수입재의 국내생산보다 더 성장하므로 외향적 성장이 되며 Q_3쪽이라면 수입재의 국내생산이 수출재생산보다 더 성장하여 무역의 필요성이 줄어들게 되므로 내향적 성장이 된다. 그런데 생산점이 Q_2보다도 더 우하방(右下方)으로 이동하면 이때는 경제가 성장함에 따라 수입재의 국내생산이 상대적으로뿐 아니라 절대적으로 감소하게 되는데 이런 경우를 **초외향적 성장**(Ultra Outward Looking Growth)이라 하며 반대로 생산점이 Q_3보다 더 좌상방에 위치한다면 이런 경우는 **초내향적 성장**이라 한다.

이러한 성장에 따른 구조변화는 소비면에서도 똑같이 적용할 수 있다. C_0에서 C_1은 **중립적 소비선**이 되며 C_2의 소비는 수출재를 더 소비하게 되므로 무역수요를 줄이게 되므로 내향적 소비, 그리고 C_3의 소비는 수입수요를 더 크게 하므로 외향적 소비라 할 수 있다.

4 2 경제개발과 무역의존도

외향적 성장과 내향적 성장이 무얼 뜻하는가에 대해서 살펴보았는데 그러면 어느 쪽이 경제개발에 보다 효과적인가 하는 의문이 제기될 것이다. 그러나 어느 쪽이 더 효과적이라고 일반적인 대답을 줄 수는 없으며 경제개발에 있어 무역의 역할은 그 나라의 경제여건과 개발정책에 의해서 결정될 문제이다.

그러나 역사의 큰 흐름으로 볼 때 경제발전 과정에서 무역의 역할은 점점 더 증대하였다. 이것을 [표 8-2]에서 19세기 이후 각국의 무역의존도를 보면 나라마다 무역의존도가 높고 낮은 차이는 있으나 대체로 과거 한 세기 동안 각국에서 꾸준하게 증가하고 있음을 읽을 수 있다. 이와 같은 사실은 현재에 가까워올수록 국가간의 경제교류가 꾸준히 확대되어 왔음

[표 8-2] 무역의존도의 장기추세 (GNP에 대한 수출입의 %)

국 별	19세기 후반	1920년대	1970년대	1998
영 국	22	38	60	57
프랑스	18	51	40	50
독 일	36	31	50	50
미 국	12	11	18	24
일 본	10	35	25	21

자료: S. Kuznets, *Modern Economic Growth,* p. 312. 및 최근의 각국 국민계정 통계자료.

을 의미하는 것이다.

우리 나라의 GDP에 대한 무역의존도도 1950년대에는 15% 내외, 1960년대에는 30% 수준, 1970년대에는 60% 수준, 그리고 1980년대에는 80%, 그리고 2000년에는 90% 수준으로 꾸준한 상향추세를 나타내고 있다. 그리고 2000년을 전후한 시기를 기준해서 볼 때 미국·일본·인도·브라질 등 대규모경제의 무역의존도는 선후진국에 관계없이 20~30% 수준에 머물고 있는 반면 경제규모가 작은 벨기에·룩셈부르크·네덜란드 등은 100~200%, 그리고 도시국가인 싱가포르는 300% 내외에 이르고 있다. 한편 사우디아라비아나 쿠웨이트와 같은 산유국들도 100% 수준의 높은 무역의존도를 나타내고 있다. 이와 같은 국제적인 추세에서 볼 때 한국의 무역의존도는 상당히 높은 편에 속하는 것이다.

그러면 이러한 무역의존도의 차이는 어디서 오는가. 어느 경우에 그 나라의 개발정책이 수출선도형(輸出先導型)으로 되고 어느 경우에 수출지체형(輸出遲滯型)으로 되는가?

첫째로, 작은 규모의 나라일수록 무역의존도는 크고 수출선도형으로 성장하는 경향이 있다. 왜그런가 하면 무역이란 사람들이 자기가 부족한 상품과 남는 상품을 교환하는 필요에서 나오는 것인데 경제규모가 큰 나라일수록 이 교환이 대부분 국내적으로 이루어질 수 있고 따라서 외국과 무역을 할 필요는 줄어들기 때문이다.

둘째로, 개발도상국의 수출품이 농산물인 나라보다 공산품인 나라들의 수출의존도가 높은 경향이 있다. 농산물은 생산의 가격 및 소득탄력성이 낮은 데다가 농가경제는 자급자족적 경향이 강하고 공산품은 이와 반대의 성질을 갖기 때문이다.

끝으로, 무역의존도는 그 나라의 공업화속도와 긴밀한 관계가 있다. 즉 공업화의 속도를 빠르게 하려면 할수록 경제성장은 외향적이 되고 무역의존도는 높아진다. 공업화의 속도가 빠르면 원료조달과 판로면에서 국내시장만으로는 불충분하기 때문이다.

제 9 장

투자우선순위와 자원배분

1. 투자의 흡수능력
2. 균형성장과 불균형성장
3. 투자기준론
4. 투자의 우선순위
5. 개발에 소요되는 최소추진력

제 9 장

투자우선순위와 자원배분

1. 투자의 흡수능력

1-1 흡수능력이란 무엇인가?

투자와 관련하여 **흡수능력**(Absorptive Capacity)이란 말이 많이 사용된다. 원래 경제학에서 말하는 흡수능력(吸收能力)은 그 나라의 지출능력(支出能力)을 말하며 구체적으로는 소비와 투자를 합한 것이다. 소비와 투자를 합한 지출능력은 GNP에 해외저축을 합한 것과 같다. 즉 GNP를 Y, 소비를 C, 투자를 I, 수출을 X, 수입을 M, 흡수능력을 A라 하면 $Y=C+I+(X-M)$이고 $A=C+I$이므로 $A=Y-(X-M)$으로 표시된다. 그래서 대외거래가 적자이냐 흑자이냐에 따라 흡수능력은 GNP보다 많을 수도 있고 적을 수도 있다.

그러나 경제발전론에서 흔히 말하는 흡수능력은 그 개념을 더 좁혀서 투자수요능력(投資需要能力)을 말한다. 앞의 식에서 국민경제의 수요는 $Y=C+I$로 나타내고 공급은 $Y=C+S$(저축)으로 나타낼 수 있는데 C는 공통요인이므로 상계해버리면 국민경제의 수급문제는 수요쪽은 투자, 그리고 공급쪽은 저축에 의해서 설명될 수 있다. 그런 의미에서 흡수능력은 바로 투자수요능력으로 좁혀서 보는 것이다.

그런데 문제는 투자수요능력이 구체적으로 무엇을 의미하느냐 하는 것이다. 만일 투자수익률을 따지지 않는다면 투자수요는 무한하다고 할 수도 있지 않은가. 그래서 일반적으로 흡수능력이란 자본을 국내투자화함에 있어 그 투자가 사회적으로 수긍될 수 있는 자본수익률(Socially Acceptable Return) 이상을 보장한다는 조건하에서 이루어질 수 있는 국내투자의 총가능량을 의미한다. 이 때 '사회적으로 수긍될 수 있는 자본수익률'이 무얼 의미하느냐에 대해서는 논자에 따라 다를 수 있으나 오늘과 같은 개방경제하에서는 국제금리수준을 의미한다고 보는 것이 타당하다. 그 이유는 만일 투자수익이 국제금리수준을 하회한다면 그 나라는 이를 외국에 투자함으로써 보다 높은 수익을 올릴 수 있는 것이기 때문이다. 그러면 이를 [그림 9-1]에서 보기로 하자.

그림에서 횡축은 자본량(K), 종축은 투자수익률(R)을 나타낸다. R_W는 국제금리를, 그리고 MP_1은 현재 이 나라의 자본한계생산력을 나타낸다. 이 나라의 총자본이 K^*만큼 있다고 가정하자. 이 자본이 전부 국내에 투자된다고 하면 투자는 B점에서 이루어지고 투자수익률은 국제금리보다

[그림 9-1] 흡수능력

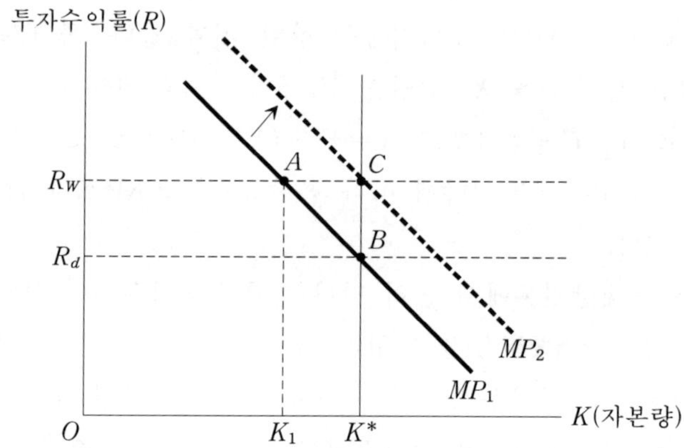

낮은 R_d에서 결정될 것이다. 따라서 이 나라는 자본량의 일부를 해외에 대부하려고 할 것이다. 국내투자가 적어도 국제금리수준의 자본수익률을 얻도록 하자면 국내 투자가능량은 OK_1에 불과하다. 따라서 이 나라의 흡수능력은 OK_1으로 표시되며 이 나라의 총자본 OK^* 가운데 K_1K^*만큼은 해외투융자(海外投融資) 등으로 밖으로 흘러나가게 된다. 이 나라의 총자본이 R_W 이상의 수익률을 올리면서 전부 국내투자화하자면 MP_1이 MP_2로 이행되어야 하며 이는 즉 흡수능력의 확대를 의미한다.

그러면 흡수능력의 부족은 경제에 어떤 결과를 가져 오는가? 첫째로 국내저축의 투자화가 실현되지 못하기 때문에 경제성장이 제약될 수 밖에 없으며, 다음으로는 국내자본이 소비자금화하거나 또는 국내에서 활용되지 못하고 해외로 빠져나가게 될 것이다.

1-2 투자의 애로요인은 무엇인가

후진경제의 개발문제는 결국 어떻게 해서 투자를 늘릴 것인가 하는 데 집약된다. 그렇다면 투자가 일어나지 않는 이유, 즉 투자의 애로요인은 무엇인가를 따져볼 필요가 있다.

투자는 수요와 공급 양쪽에서 볼 수 있다. 투자의 수요능력은 흡수능력이며 공급능력은 저축능력이다. 따라서 투자의 애로요인도 이 양면에서 찾아볼 수 있다. 그런데 일반적으로 경제발전과정을 보면 투자의 애로요인이 맨 처음에는 흡수능력, 그 다음 단계에는 저축능력, 그리고 그 다음의 경제성숙단계에서는 다시 흡수능력으로 순환하는 경향을 나타낸다.

① 경제개발의 전야에 있는 나라의 투자는 흡수능력에 의해서 제약된다. 생산과 생활이 낮은 수준에 있기 때문에 많은 투자를 필요로 함에도 불구하고 아직 낮은 수준에 있는 잠재저축을 투자화할 수 있는 결합능력마저도 없기 때문에 투자가 일어나지 못하는 것이다.

따라서 이 단계에서 투자가 부진한 것은 저축자금이 없어서가 아니라 흡수능력의 부족 때문이며 흡수능력이 부족한 원인으로서는 훈련된 인력부족, 교육·지식·정보의 결핍, 기술부족, 사회간접자본의 부족, 기업능력과 경험의 부족, 행정 비능률, 전통적인 의식 구조와 사회구조 또는 종교 및 관습의 저항 등 여러 가지의 요인을 열거할 수 있다.

케임브리지대학의 경제사 교수 데인(Phillies Deane)[1]에 의하면 영국의 경우 18세기 초까지 투자에 있어서의 애로는 저축부족이 아니라 있는 저축을 효율적으로 투자화할 수 있는 흡수능력의 부족이었다. 오늘날에 있어서도 아프리카의 많은 신생국들과 일부 산유국들이 여기에 해당된다. 따라서 이 단계에 있는 나라의 경제개발은 투자결합에 걸림돌이 되는 요인들을 제거하여 흡수능력을 키우는 데서 돌파구를 찾아야 한다.

② 경제개발이 시동되어 한창 진행되면서 흡수능력은 크게 확대되고 이에 따라 경제성장에 자생력이 생기면 흡수능력은 저축능력을 초과하게 되고 이렇게 되면 투자의 애로요인은 투자의 수요쪽에서 공급쪽, 즉 저축부족으로 이행한다. 저축이 투자수요를 채워 주기 위해서는 저축이 충분하여야 할 뿐 아니라 그것이 필요한 만큼 외화로 교환될 수 있어야 한다. 따라서 저축과 수출이 투자수요를 뒷받침하는 데 부족하다는 뜻이 되는 것이다.

이러한 난관을 타개하기 위해서 이런 나라들은 외자를 도입한다. 그래서 그 나라가 가진 능력 이상을 투자하게 되기 때문에 이 단계에서 가장 빠른 경제성장을 나타내게 된다. 20세기 후반 한국의 경험은 여기에 해당되는 것이다.

③ 저축부족이 투자를 제약하는 여건에서의 경제성장이 진행되어 경제발전이 성숙단계(成熟段階)에 이르게 되면 다시 흡수능력의 부족이 투자를 제약하게 된다. 이러한 현상은 선진국단계, 또는 중진국에서 선진국으로 넘어가는 과정에서 나타나기 시작한다. 저축능력

1) Phillies Deane, "Capital Formation in Britain before the Railway Age," *Economic Development and Cultural Change*, vol. IX, part II, 1961. 데인은 1918년 홍콩생. 케임브리지대학 석사. 평생 케임브리지대학에 연구원 또는 교수로 재직하면서 존스홉킨스대, 피츠버그대의 객원교수 역임.

과 생산능력이 다 같이 커졌기 때문에 판로만 있으면 얼마든지 투자하고 무엇이든지 생산할 수 있는 단계의 경제에서 흔히 볼 수 있다.

그런데 이 때의 흡수능력 부족은 초기단계의 흡수능력 부족과는 근본적으로 성격을 달리한다. 초기단계에서는 투자해야 할 곳, 즉 잠재적인 투자수요는 많은데 교육수준이 낮다든지 사회간접자본이 부족하다든지 해서 투자의 결합능력이 없다는 데 문제가 있었다. 그런데 이 단계에서는 투자의 결합능력은 충분한 데 잠재적인 투자수요 자체가 없다는 데 문제가 있고 잠재적인 투자수요가 없는 것은 판로가 없기 때문이다. 다시 말하면 케인즈(John Maynard Keynes, 1883~1946)가 지적하는 바와 같이 유효수요부족(有效需要不足)으로 인하여 자본한계효율이 하락하여 투자유인이 매우 낮은 경제환경이 여기에 해당된다고 볼 수 있다.

그렇기 때문에 경제성장률은 이 단계에서 낮아진다. 그리고 흡수능력의 부족을 타개하는 방법은 기술혁신이다. 즉 새 기술·새 상품·새 자원의 발명과 개발을 통하여 수요를 창조하고 투자유인을 높이는 것이다.

2. 균형성장과 불균형성장

투자를 배분할 때 경제의 각 부문이 균형적으로 성장하도록 하는 것이 효과적이냐 아니면 특정 부문이 앞장서서 성장하도록 하는 것이 효과적이냐 하는 문제를 놓고 **균형성장**(Balanced Growth)과 **불균형성장**(Unbalanced Growth)이 맞서 있다. 그러면 그 간추린 내용을 여기 소개하기로 한다.

2-1 균형성장론

균형성장이란 말은 매우 다양한 의미를 지니고 있다. 산업의 **수평적 균형**(Horizontal Balance)으로 해석하면 농업과 공업(또는 상업)에 고루고루 투자하자는 뜻으로 볼 수 있다. 산업의 **수직적 균형**(Vertical Balance)을 생각한다면 예컨대 원료산업과 제품산업(製品產業) 또는 사회간접자본과 직접생산부문 사이의 균형적 성장으로 풀이될 수 있다. 한편 국제분업의 원리로 보면 비교우위산업(比較優位產業)에 전문화하지 말고 모든 것을 고루 생산하자든가 또는 수출산업과 국내산업이 고루 성장하자는 말도 될 수 있다.

균형성장이란 말을 어떤 의미로 해석하든 균형성장론의 기본취지는 판로부족 때문에 산업별로 시설의 과부족이 생기는 낭비를 제거하기 위해서는 시장수요력과 생산능력의 균형을 유지해야 되겠고 그러기 위해서는 경제의 모든 부문이 고루 성장해서 **상호수요**(Reciprocal Demand), 환언하면 보완적 수요(Complementary Demand)를 일으켜야 한다는 데 있다. 이러한 균형성장의 개념을 맨 먼저 주장한 사람은 로젠스타인-로단(P.N. Rosenstein-Rodan)이었으며 이를 더욱 발전시킨 사람은 넉시(R. Nurkse)인데 이들의 주장을 종합하여 보기로 하자.[2)]

넉시에 의하면 오늘날 후진국들은 가난하기 때문에 또 가난하게 살 수밖에 없는 **빈곤의 악순환**이 되풀이되고 있으며 이 악순환은 [그림 9-2]가 보여 주는 바와 같이 공급과 수요의 양면에서 작용하고 있다.

먼저 공급면에서 보면 소득이 낮아서 저축이 작고 저축이 작으니 자본공급이 작고 자본이 부족하니 생산성이 낮을 수밖에 없으며 생산성이 낮으니 소득이 낮을 수밖에 없다. 이것을 수요면에서 보면 소득이 낮으므로 시장이 좁고 시장이 좁으므로 자본수요, 즉 투자수요가 작을 수밖에 없

2) P. N. Rosenstein-Rodan, "Problems of Industrialization of Eastern and South-Eastern Europe," *Economic Journal*, June-September 1943, Reprinted in *The Economics of Underdevelopment*, A. N. Agarwala & S. P. Singh(eds.), Oxford University Press, 1969; Ragna Nurkse, *Problems of Capital Formation*, Oxford University Press, 1970, chapter I.

[그림 9-2] 빈곤의 악순환

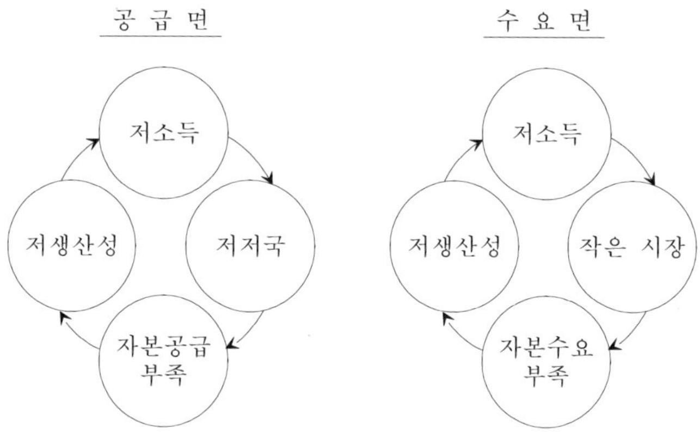

으며 투자수요가 작으니 생산성이 낮고 그래서 또 소득이 낮을 수밖에 없다.

후진국의 개발문제는 바로 이 악순환을 단절하는 것인데 그렇다면 어디서부터 어떻게 타개할 것인가. 넉시는 후진국 개발에 있어서 가장 큰 애로는 시장부족이며 따라서 이 악순환을 타개하는 데 있어서도 시장확대문제가 맨 먼저 손대야 할 전략적 중요성이 있다고 한다. 그러면 시장문제는 어떻게 해결해야 할 것인가. 시장을 넓히는 방법에는 수출을 통한 방법과 국내시장을 넓히는 방법이 있는데 후진국이 무역을 통하여 시장을 타개하는 방법은 비관적이므로 결국 국내시장에 의존하는 수밖에 없다.[3] 그러면 국내 시장은 어떻게 확대시킬 것인가. 그 방법은 투자를 모든 산업에 고루고루 해서 각 산업의 제품을 서로가 사가도록 하는 것이다. 왜 그런가를 로젠스타인-로단의 유명한 구두공장의 예에서 보기로 하자. 가령 어떤 나라가 그 나라 투자재원을 모두 구두공장에만 투자해서 2만 명의 농촌실업자가 도시의 구두공장에 취업했다고 하자. 그러면 우선 도시의 주택은 수요가 과잉되어 주택부족 현상을 빚을 것이다. 이와 반대로 2만 명이 만들

3) Nurkse가 후진국개발에 있어 무역의 역할을 비관적으로 보는 이유는 이미 제8장 2-2에서 상세히 언급되었다. 이런 점에 비추어 균형성장론은 수출에 크게 기대할 수 없는 경우를 전제하고 있다는 사실을 유의할 필요가 있다.

어내는 구두는 누가 사 줄인가. 만일 구두공장의 주인이나 그 종업원이 이 공장에서 나오는 소득(임금과 이윤)으로 모두 구두만 산다면 문제가 없으나 그럴 수는 없는 일이니 결국 이 구두공장은 물건이 안 팔려서 조업을 단축하거나 문을 닫아야 될 것이다. 이러한 낭비를 해결하기 위해서는 투자를 모든 산업에 균형적으로 분산하여 각 산업의 소득이 고루 늘도록 하고 그래서 서로 다른 산업의 제품을 사줄 수 있도록 해야 한다. 이것이 바로 균형성장론에서 말하는 보완수요(補完需要)에 의한 여러 산업의 동시적 성장이론이다.

2-2 불균형성장론

균형성장론에 대해서는 **불균형성장론**(Unbalanced Growth)의 대표적인 주장자라 할 수 있는 허쉬만(A. O. Hirschman)과 스트리튼(P. Streeten)을 비롯하여 여러 사람이 비판하고 있는데 그 비판의 요점은 다음 세 가지로 집약된다.

① 균형성장론은 자본·노동·기술 등 모든 생산요소의 무한공급력(無限供給力)을 전제로 하고 있다. 그래야만 모든 산업부문에서 동시에 투자할 수 있기 때문이다. 만일 어떤 나라가 이럴 만한 힘을 가졌다면 그 나라는 후진국이 아니라 선진국일 것이다. 만일 부족한 자본과 기술로 균형성장을 하려 한다면 투자를 작은 덩어리로 쪼개서 할 수 없다고 하는 **투자의 불가분성**(Indivisibility of Investment) 때문에 투자가 불가능하게 되거나 투자가 되더라도 '규모의 경제'에 미달하여 낭비가 불가피할 것이다.

② 균형성장론은 판로를 원활하게 하기 위하여 모든 산업에 고르게 투자하자는 것이지만 이것은 시장쪽만 보고 하는 것이지 생산 또는 투자의 효율쪽은 무시하고 있다. 따라서 균형성장론은 모든 산업의 투자효과, 즉 투자우선순위(投資優先順位)가 똑같다는 경우에만 타당성을 갖는다.

③ 경제개발의 기본과제는 산업구조의 개편인데 균형성장론은 현재의

산업구조를 그대로 영속시키고 고르게 생산능력만 키우자는 뜻이 되어 경제개발의 기본목표에 어긋난다. 따라서 이는 선진국의 성장 이론은 될 수 있지만 후진국의 개발이론은 될 수 없다.

그러면 불균형성장의 주장이 어떤 것인지를 허쉬만과 스트리튼의 주장을 종합하여 보기로 하자.[4] 먼저 이들은 생산능력과 수요능력의 관계에 대해서 균형성장론과 의견을 달리한다. 즉 균형성장론에서는 각 산업의 생산능력과 수요능력이 그때그때 원활하게 맞아 떨어져야 개발이 촉진되는 것으로 보는 데 대해서 불균형성장론에서는 공급과 수요의 불일치가 경제성장의 촉진제이며 따라서 일부러 이들간의 과부족을 조성할 필요가 있다고 보는 것이다. 어떤 특정산업에 중점적으로 투자해서 이 산업에 일시적인 공급과잉, 즉 수요부족현상이 나타나게 되면 이 불균형요인이 다른 연관산업들을 이끌어올려서 결국은 다시 균형점을 모색하게 되는데 이러한 과정이 오히려 효과적인 경제개발의 전략이 될 수 있다는 것이다. 그래서 불균형적 투자로 특정 부문에서 수급불균형을 낳게 하고 그 다음에는 이 불균형이 제거되도록 노력하고 이 불균형이 제거되면 균형을 깨뜨려 새로운 불균형을 창조해야 하며, 이렇게 되면 우선순위산업을 선도로 하여 경제가 능률적으로 개발될 수 있다고 보는 것이다.

자동차와 고속도로의 예를 들어 보자. 자동차 보유 대수가 1만 대 밖에 안 되는 나라에서 1만 대의 자동차에 맞는 고속도로를 건설할 수는 없다. 따라서 처음에는 10만 대가 이용할 수 있는 고속도로를 2차선으로 건설했다고 하자. 그러면 이것은 도로에 대한 과잉투자이다. 그러나 고속도로가 개통되어 자동차 보유가 계속 늘어 20만 대가 되면 이제는 거꾸로 도로 부족현상이 생기게 될 것이고 이 때 다시 100만 대에 맞도록 고속도로를 4차선으로 확장하게 되면 다시 고속도로는 시설이 남아 돌게 될 것이다. 이러한 투자방법이 바람직 하다는 것이다.

그렇다면 어떤 산업에 중점투자할 것인가? 허쉬만은 투자의 효과를 소득창출효과, 생산능력창출효과, 연관효과(聯關效果) 등으로 나누고 이 중

4) A. O. Hirschman, *The Strategy of Economic Development*, Yale University Press, 1958; Paul Streeten, "Unbalanced Growth," *Oxford Economic Papers*, June 1959.

에서 연관효과가 개발전략면에서 가장 중요한 의미를 갖는다고 보았다. 즉 연관효과가 큰 산업에 중점투자하여 이것을 선도산업으로 삼아야 한다는 것이다.

그러면 **연관효과**란 무엇인가. 이것은 일종의 외부경제효과(外部經濟效果) 또는 보완효과라고도 볼 수 있다. 균형성장론에서도 보완효과를 강조하였음은 이미 보았지만 균형성장론의 보완효과는 수요면에서의 상호수요(相互需要)인 데 대해서 불균형성장론의 보완효과는 한쪽의 생산이 다른 쪽의 생산을 유발하는 생산쪽의 의존관계를 뜻한다는 기본적인 차이가 있다. 그러면 [그림 9-3]에서 연관효과가 어떤 것인지를 보기로 하자.

이 표에는 한 제철공장이 건설되었을 경우를 가정하고 있다. 이 제철공장에서는 강철 100을 생산해서 자동차 제조업자에게 판매했는데 이것을 생산하기 위하여 원료로서 철광 60을 광산업자에게서 사오고 노임으로 30을 지불하고 10의 이윤을 남겼다. 이런 경우 이 공장의 판매쪽을 보면 강철 100이 새로이 생산됨으로써 강철을 원료로 쓰는 자동차공업의 입장에서 보면 강철공급이 늘었을 뿐 아니라 이에 따라 강철가격이 내려서 자동차 공업의 생산과 투자, 그리고 수익성을 높여 주게 되는데 제철공장 건설로 자동차 공업의 성장을 유발하는 이 효과를 **전방연관효과**(Forward Linkage Effect)라 한다.

한편 제철공장의 투입(또는 원가)쪽을 보면 원료로서 철광 60을 철광

[그림 9-3] 연관효과의 설명

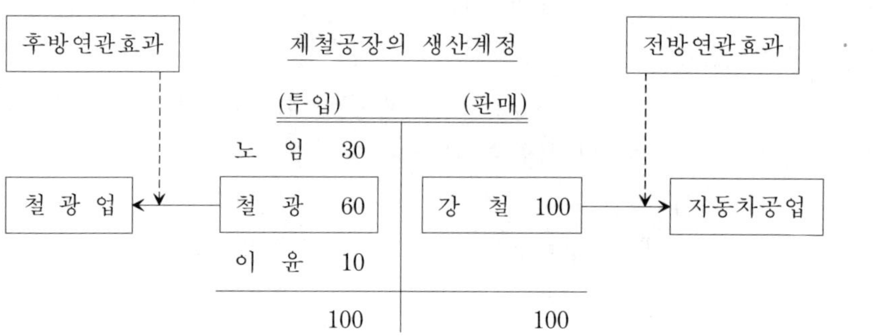

업자에게서 사왔는데 이것을 철광업자의 입장에서 보면 이만큼 판로가 커졌을 뿐 아니라 철광에 대한 수요증가로 철광값이 올라서 철광업의 채산성(採算性)을 높이게 된다. 이 예에서 제철공장의 건설이 철광업의 성장을 유발하는 효과를 **후방연관효과**(Backward Linkage Effect)라고 한다. 같은 투입이지만 노임과 이윤 등의 부가가치는 다른 산업에서 사오는 것이 아니므로 다른 산업의 성장을 직접 유발하는 연관효과가 없다는 점을 유의할 필요가 있다.

이렇게 볼 때 *A*산업에 대한 투자에서 오는 전방연관효과는 *A*산업제품을 판매할 때 이를 사가는 *B*산업의 성장과 투자를 유발하는 효과를 말하는데 이 전방연관효과는 총판매량 가운데 원료 또는 자본재 등으로 타기업의 생산을 위해 판매된 부분이 클수록 크고 반대로 최종소비재로 판매한 부분이 클수록 작다. 한편 후방연관효과는 *A*산업이 *C*산업의 생산물을 투입(즉 원료)으로서 수요함으로써 *A*산업투자가 *C*산업의 성장과 투자를 유발하는 효과를 말하는데 후방련관효과의 크기는 부가가치율이 클수록 작고 부가가치율이 작을수록 크다.

다시 말하면 후방연관효과는 생산의 우회화도(迂廻化度)를 나타내며 소득효과와는 반대되는 개념이다.

각각 다른 산업별로 볼 때 연관효과의 크기가 어떻게 다른가 하는 것은 [표 9-1]에 요약되어 있다. 보통 연관효과라고 하면 전방 및 후방연관효과를 합해서 보지만 허쉬만은 후진국개발에는 전방연관효과보다도 후방연관효과가 더 중요하다고 주장하였다.

연관효과에 의해서 한 산업의 성장이 다른 산업의 성장을 유발할 때 두 가지 경로가 있는데 그 하나는 공급량이 증가함으로써이고 다른 하나는 가격이 변화함으로써이다. 이러한 관계를 좀더 깊이 이해하기 위해서는 시톱스키(T. Scitovsky)[5]의 외부경제효과에 관한 분석을 소개할 필요가 있다. 그에 의하면 경제개발이라는 측면에서 볼 때 외부경제에는 **기술적** 외

5) Tibor Scitovsky, "Two Concepts of External Economies," *Journal of Political Economy*, April 1954. 시톱스키는 1910년 헝가리 부다페스트 출생. 부다페스트대 박사학위. 주로 스탠포드대 교수로 재직. 캘리포니아대(Berkley), 예일대, 런던경제대(London School of Economics) 교수도 역임.

[표 9-1] 산업류별 연관효과의 크기

산 업 류 별	후방연관효과	전방연관효과
중간재제조업(예, 강철)	대	대
최종소비재제조업(예, 비누)	대	소
중간재농업(예, 목화)	소	대
최종소비재농업(예, 쌀)	소	소

부경제(Technical Externalities)와 **가격적 외부경제**(Pecuniary Externalities)가 있다. 전자는 예컨대 A산업이 공급량(또는 수요량)을 늘리거나 생산물의 질을 높임으로써 타산업의에게 규모경제와 생산 합리화를 가능케 하여 타산업의 생산비절감과 생산증가를 유발하는 것이며, 후자는 A산업의 생산증가가 A 산업제품의 가격을 인하시켜 이를 수요하는 B산업의 채산성을 높이거나 또는 A산업의 생산증가가 A산업에 원료를 공급하는 C산업의 제품가격을 인상시켜 C산업의 채산성을 높이는 경우이다. 이렇게 볼 때 허쉬만의 연관효과는 시톱스키가 말하는 기술적 외부경제와 가격적 외부경제가 함께 작용하는 것임을 유의할 필요가 있다.

그러면 이제 허쉬만이 말하는 불균형성장의 과정은 어떤 것인지 투자순서의 경우를 예로 하여 보기로 하자. [그림 9-4]는 산업의 개발순서를 나타낸다. A, B, C, D 등은 발전순서별로 본 투자사업을 나타내는 데 수

[그림 9-4] 산업의 개발순위

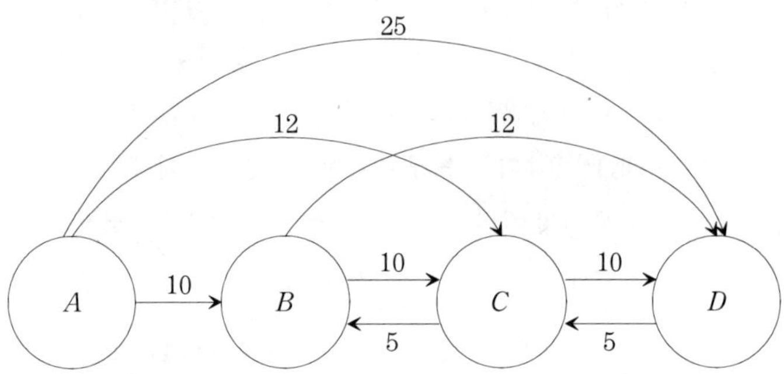

요의존관계로 보아 $A \to B \to C \to D$로 가는 것이 순리라고 가정한다. 즉 A산업은 B산업이 일어나는 데 밑바탕이 되고 B산업은 C산업성장에 밑바탕이 되고 … 하는 것을 말한다. 예를 들면 A산업은 철광업(鐵鑛業), B산업은 제철업, C산업은 제강업, D산업은 기계제조업과 같은 경우이다. 그림에 화살표는 가는 순서를 나타내고 숫자는 거기에 드는 비용을 나타낸다. 그러면 산업은 반드시 수요의존면의 순서대로 개발하는 것이 효과적인가? 반드시 그런 것은 아니다. 개발방법별로 이들 네 프로젝트를 모두 마치는 데 드는 사회적 비용을 계산해 보면 $ABCD$의 방법은 30, AC 다음에 C에서 D와 B를 채우는 방법은 27, $ABDC$방법은 27을 나타낸다. 즉 두 번째와 세 번째의 방법이 가장 능률적이라는 계산이 나오는데 이것은 개발의 순서를 비약하여 역리적으로 개발해 나가는 것이 효과적일 수도 있다는 것을 설명하기 위한 것이다. 균형적 상호 수요에 의존하는 균형성장론에 따르면 반드시 $ABCD$의 순서대로 개발이 진행되어야 한다고 주장할 것이다.

2-3 균형·불균형성장논쟁의 평가

지금까지 균형성장론과 불균형성장론의 주장을 살펴보았는데 이들의 상반된 주장은 어떻게 평가되어야 할 것인가.

먼저 이들의 주장이 서로 정반대되는 입장에 있는 것처럼 보이지만 현실적으로 사실은 그렇지 않다. 균형성장론이 수요쪽에 중점을 두고 불균형성장론이 투자효율에 따른 우선순위의 차이에 중점을 두고 있는 차이는 있으나 궁극적으로 산업의 각 부문이 균형을 이루도록 성장되어야 한다는 점에 대해서는 양론이 일치한다. 따라서 이들의 견해차는 단기적인 전략상의 차이이며 장기적인 귀결점은 균형이라는 데 일치한다고 볼 수 있다.

다음으로 이 두 주장 중에서 어느 쪽이 보다 실현성을 갖느냐 하는 것은 그 나라의 경제형편에 따라 좌우된다. 첫째로, 수출에 의한 판로의 개척이 낙관적인 나라에서는 불균형성장론이 보다 설득력이 있고, 내수의존국(內需依存國)에서는 균형성장의 주장이 보다 설득력이 있다. 둘째로, 균형성장론이 자본과 노동의 무한공급을 전제하고 있다면 불균형성장론은 이들 두 요소의 제한적 공급을 전제하고 있다고 볼 수 있다. 따라서 경제자원이 넉넉한 나라일수록 균형성장론이 보다 설득력이 있다. 끝으로 균형성장론은 경제개발이 전적으로 시장기능에 의해서 이루어진다는 전제에서 있다. 예컨대 사회주의경제체제하에서 경제개발을 한다면 균형성장론이 염려하는 시장문제는 문제되지 않을 것이다. 현실적으로 시장경제라 하더라도 자원·생산·수요 등의 배분에 있어 가격기능을 제한하고 정부행정력이 깊숙히 개입하는 경우는 얼마든지 있다. 따라서 경제개발에 있어서 정부의 개입이 직접적이고 또 깊을수록 균형성장론의 타당성은 줄어들고 불균형성장론의 설득력은 커진다고 볼 수 있다.

3. 투자기준론

투자가 수반하는 여러 가지의 효과들은 투자사업마다 각양각색일 뿐더러 서로 상충되는 관계에 있는 경우가 많다. 예를 들면 같은 소득효과를 내는 경우에도 자본집약적 기술을 쓰면 고용은 줄고 그 대신 저축은 늘어나며 또 저축효과가 큰 경우에는 소득분배를 악화시킨다는가 하는 등이다. 결국 어떤 것을 취하자면 어떤 것을 버려야 하는 경우가 되겠는데 경제개발을 효율적으로 수행하자면 여러 가지 요인 가운데 어느 쪽에 기준을 두고 역점을 두어 투자를 선택할 것인가 하는 문제가 제기된다. 이 문제는 투자가 가져오는 여러가지의 개별효과에 가중치를 어떻게 주느냐 하는 문제라고도 볼 수 있는바 이 투자기준에 관하여 서로 다른 견해를 들어보기로 하자.

3-1 자본계수

폴라크(J. J. Polak), 베이터(F. M. Bator) 등의 주장으로서[6] 후진국의 투

6) J. J. Polak, "Balance of Payments Problems of Countries Reconstructing with the

자는 자본과 산출의 비율인 자본계수 또는 **한계자본계수**[7]가 가급적 낮은 부분에 투자해야 한다는 것이다. 자본계수란 투자액(K)과 이것이 산출해 낸 소득(Y)의 비율 K/Y를 말하며 이것이 예컨대 3이라 하면 1원의 소득을 산출하기 위해서는 3월의 투자가 있어야 한다는 관계를 뜻한다. 그러므로 자본계수가 낮은 곳에 투자해야 한다는 것은 개발도상국들의 경우 자본이 부족하므로 되도록 같은 양의 부가가치를 생산하는 데 자본이 적게 드는 순서로 투자해야 된다는 뜻이므로 결국 자본절약적(資本節約的) 산업에 투자하라는 뜻으로 풀이된다.

폴라크는 개발도상국에 자본이 부족하고 그래서 경제개발을 위해서는 외자도입이 불가피하다고 전제하고 이런 나라는 어떻게 하면 동일한 소득효과를 내면서 자본수요를 줄이고 또 외채에 대한 원리금상환을 원활하게 할 수 있느냐 하는 것이 가장 중요한 문제라고 하였다.

3-2 자본의 사회적 한계생산력

체너리(H.B. Chenery), 칸(Alfred E. Kahn), 틴버겐(J. Tinbergen) 등은 앞에서 본 자본계수기준(資本係數基準)이 부족한 자본을 최대한 절약하자는 기본방향은 옳으나 자본의 산출효과에 있어서 개인이 보는 사적 기준과 사회 전체가 보는 사회적 기준에 차이가 있다는 것을 무시하고 있다고 비

Help of Foreign Loans," *Quarterly Journal of Economics*, February 1943; Francis M. Bator, "On Capital Productivity, Input Allocation and Growth," *Quarterly Journal of Economics*, February 1957 참조.

7) 한계자본계수는 한계자본산출율(Marginal Capital Output Ratio)이라고도 말하며 이것은 한계자본회전율($\Delta Y/\Delta K$)의 역수이다. 그러나 **한계자본계수**($\Delta K/\Delta Y$)는 케인즈가 말하는 **자본의 한계효율**(Marginal Efficiency of Capital)이나 자본의 한계생산력(Marginal Productivity of Capital) 즉 $\partial Y/\partial K$와는 근본적으로 개념을 달리 한다는 사실을 유의하여야 한다. 한계자본계수는 앞에서 기호로 볼 수 있듯이 편미분개념이 아니며 자본의 한계생산력은 편미분개념이다. 다시 말하면 생산함수를 $Y=f(K, L)$로 볼 때 한계자본계수는 자본(K)이 한 단위 변화할 때 산출(Y)이 변화하는 비율을 나타내지만 이 때 자본이 변화할 때 노동(L)도 스스로 이에 적응하여 변화한다는 전제에 입각하고 있다. 이와는 달리 자본의 한계생산력은 노동이나 기타 일체의 생산요소는 고정되어 있고 자본만 변화할 경우의 산출과 자본과의 변화비율을 나타낸다.

판하고 사회적 기준으로 평가한 자본의 **사회적 한계생산력**(SMP: Social Marginal Product)이 높은 순서로 투자를 배분해야 한다고 하였다.[8)]

체너리의 SMP 기준이 폴라크의 자본계수기준과 다른 요점은 (i) 자본의 소득에 미치는 효과뿐 아니라 국제수지효과 및 외부경제효과도 함께 고려하여야 하며, (ii) 사회적 기준으로 효과를 측정하기 위하여 시장가격으로서가 아니고 기회비용(Opportunity Cost) 또는 **잠재가격**(Shadow Price)에 의하여 효과를 계량하여야 한다는 것이다.

SMP 기준은 자본계수기준을 한걸음 발전시키고 다듬은 것이라고 볼 수 있으나 실용면에서는 사회적 기준에 의한 평가방법이 쉬운 것이 아니어서 간편성이 적다는 결점이 있다.

3-3 1인당 한계재투자율

게일른슨(W. Galenson)과 라이벤스타인(H. Leibenstein)의 SMP 기준에 대한 비판은 다음 두 가지로 요약된다.[9)]

① SMP 기준은 어떤 투자가 이루어질 때 그 투자의 효과가 얼마 동안 지속되느냐 하는 시간성을 도외시하고 있다. 가령 같은 100만 원짜리 기계 A, B를 샀을 때 A는 한 해에 200만 원을 버는 대신 내용년수가 1년밖에 안 되고 B라는 기계는 해마다 100만 원을 벌되 내용년수가 4년 이라고 하자. 그러면 한 해만 본 SMP는 A가 두 배나 되지만 긴 눈으로 보면 B가 더 생산성이 높지 않은가. 따라서 투자의 소득효과는 단기적으로 볼 것이 아니라 장기적으로 보아야 한다. 즉 그 투자가 당장 소득을 얼마나 낳느냐보다도 장래 어떤 시점에 가서 어느 쪽이 소득을 더 낳느냐로 판단해야 될 것

---

8) Hollis B. Chenery, "The Application of Investment Criteria," *Quarterly Journal of Economics*, February 1953; Alfred E. Kahn, "Investment Criteria in Development Programs," *Quarterly Journal of Economics*, February 1951; J. Tinbergen, *The Design of Development*, Baltimore, 1958 등 참조.

9) Walter Galenson and Harvey Leibenstein, "Investment Criteria, Productivity, and Economic Development," *Quarterly Journal of Economics*, August 1955.

이다.

② SMP 기준은 자본생산성(Y/K)이 높은 곳에 투자하자는 것인데 경제개발의 목적은 자본생산성의 증가가 아니라 1인당 소득(Y/L)의 증가이다. 그런데 자본의 소득창출효과를 기준으로 투자를 하면 당장의 고용과 GNP를 늘릴 수는 있을지 모르나 저축률을 높여 장래의 1인당 소득을 높이는 데는 바람직한 방법이 아니다.

그리하여 그들은 칸이나 체너리의 주장과는 정반대되는 **1인당 한계재투자율**(Marginal per Capita Reinvestment Quotient)을 기준으로 하여 투자가 배분되어야 한다고 주장한다. 여기서 말하는 재투자율이란 자본축적률 또는 저축률과 사실상의 동의어이다. 소득을 Y, 노동력을 L, 자본을 K라 하면 이들의 기본모형은

$$\frac{Y}{L}=f\left(\frac{K}{L}\right)$$

즉 경제개발의 목표는 장래의 1인당 소득(Y/L)을 크게 하는 것인데 그러자면 1인당 자본장비율(K/L)을 크게 하는 것이다. 다시 말하면 자본집약적으로 투자를 해야 한다는 것이다. 이 말을 풀이하면 이러하다. 자본집약적으로 투자하면 당장은 고용이 줄고 자본을 많이 써서 자본의 소득효과가 작지만, 길게 보면 이러한 투자는 소득분배면에서 노임보다 이윤쪽을 크게 하고 이윤의 저축률이 더 높으므로 이 결과로 자본축적이 촉진되어 장래에 가서는 고용을 더 늘리고 1인당 소득도 더 늘리게 된다는 것이다. 이 투자방법이 처음에는 낭비처럼 보이지만 이 방법이 아니고는 후진국이 도약할 수 없고 공업화가 지연된다고 보는 것이다.

3-4 한계성장기여율

엑스타인(O. Eckstein)은 SMP 기준과 재투자율기준(再投資率基準)은 택일의 문제가 아니라 투자배분에 있어서 모두 함께 고려하여야 할 조화의 문제라고 주장하고 이 두 견해를 타협하여 **한계성장기여율**(MGC: Marginal

Growth Contribution)이 투자의 기준이 돼야 한다고 한다.[10)]

MGC 기준을 풀이하면 이러하다. 같은 100원의 소득이라도 현재 얻는 것과 10년 뒤에 얻는 것은 가치가 같을 수 없다. SMP 기준은 현재소득을 극대화하자는 정학적 이론(靜學的 理論)이고 재투자율기준은 장래, 예컨대 10년 뒤의 소득을 극대화하자는 동학적 이론인데 재투자율기준의 주장대로 장래소득효과까지 포함하되 장래소득은 모두 할인율(즉 그 나라의 금리)로 할인하여 현재가치로 평가한 다음 이들을 모두 합계한 현재 할인가치에 의한 소득효과가 큰 순서로 투자를 하자는 것이다.

이렇게 결정되는 MGC 기준은 SMP 기준과 재투자율기준의 어떤 중간에 위치하게 될 것인데 어느 쪽에 더 가까울 것이냐 하는 것은 주로 할인율이 결정한다. 할인율, 즉 금리가 높을수록 장래소득보다는 당장의 소득에 비중을 둘 것이므로 MGC 기준은 SMP 기준에 접근할 것이다.

3-5 연관효과

허쉬만(A.O. Hirschman)은 지금까지 본 투자기준에 관한 주장과는 각도를 달리하여 후진국의 투자는 **연관효과**(Linkage Effect)가 큰 부문에 우선순위를 두어야 한다고 주장한다. 연관효과가 어떤 것인지 그리고 왜 그런가 하는 것은 본장 2-2에서 자세히 설명하였다

어떤 투자가 이루어질 경우 그 투자가 가져오는 효과는 소득창출효과(Income Creating Effect), 생산력창출효과(Capacity Creating Effect), 투자유발효과(Investment Inducing Effect) 등 세 가지가 있다고 하였다. 소득창출효과와 생산능력창출효과는 이루어진 투자 그 자체에서 나오는 효과이지만 투자유발효과는 그 투자가 다른 산업의 투자가 일어나도록 이끄는 효과인데, 후진국개발에는 투자유발효과가 가장 중요하며 따라서 투자배분은 연관효과를 기준으로 하여 배분해야 한다는 것이다.

이러한 허쉬만의 주장은 투자기준으로서 어떤 의미를 갖는 것일까. 연

10) Otto Eckstein, "Investment Criteria for Economic Development and Theory of Intertemporal Welfare Economics," *Quarterly Journal of Economics*, February 1957.

관효과에는 **전방연관효과**와 **후방연관효과**가 있는데 전방연관효과가 크려면 최종재보다도 중간재산업이라야 하므로 결국 중간재산업에 우선순위를 두라는 뜻이며 이는 곧 **생산우회화**(Round-about Production)를 촉진하는 데 중점을 두라는 말이 된다. 한편 후방연관효과가 크려면 부가가치율이 낮아야 하므로 투자의 현재소득효과보다는 장래소득효과에, 노동집약적 투자보다는 자본집약적 투자에 중점을 두는 입장이라고 볼 수 있다. 이런 점에서 직접적인 비교는 될 수 없지만 어느 쪽이냐 하면 SMP기준보다는 재투자율기준쪽에 가깝다고 볼 수 있다.

3-6 사회적 비용수익

리틀과 밀리스(I. M. D. Little and J. A. Mirrlees)는 투자우선순위의 결정은 단순히 한두 가지의 효과만을 보고 할 것이 아니라 각각의 투자사업이 가져오는 사회적 수익과 사회적 비용을 계량하여 남는 순수익이 높은 순서로 즉 **사회적 비용수익기준**(SCB: Social Cost Benefit Criteria)에 의하여 결정해야 한다고 주장한다.[11] 이 SCB기준은 아래와 같은 세 가지를 기본원칙으로 하고 있다.

① 투자가 장래에 가져오는 모든 수익적 효과와 비용적 효과는 현재가치로 할인하여 평가하여야 한다.

② 이와 같은 투자효과의 평가는 사적 기준으로 할 것이 아니라 사회적 기준으로 하여야 하며 그러기 위해서는 시장가격으로 평가할 것이 아니라 계산가격(Accounting Price)으로 하여야 한다.

③ 투자는 한 가지 효과만 있는 것이 아니라 여러 가지의 복합적인 효과가 있고 정(正)의 효과만 내는 것이 아니고 부(負)의 효과도 내는 것이므로 이런 것들을 모두 종합하여 평가하여야 한다.

그러면 투자효과 판단에 있어서 판단기준으로서 고려되어야 할 투자효과로서는 어떤 것들이 있는가. 소득소비에 미치는 효과, 소득분배에 미

11) I. M. D. Little & J. A. Mirrlees, *Manual of Industrial Project Analysis in Developing Countries*(II), Development Center of OECD, 1967.

치는 효과, 경제자립에 미치는 효과, 국력과 국위에 미치는 효과, 국제수지 효과, 물가효과 등이 특히 열거될 수 있다.

4. 투자의 우선순위

4-1 농업우선론과 공업우선론

경제개발에 있어서 투자의 우선순위를 농업과 공업 가운데 어디에 두어야 할 것인가. 선진국 가운데 농업국으로 알려진 오스트레일리아나 덴마크도 GNP에서 점하는 농림어업의 비중은 2000년 현재 3~4%이며 미국의 경우에도 2%를 넘지 않는다. 그러므로 장기적인 관점에서 볼 때 농업에 중점을 둔다는 말은 농업의 생산성을 높여 농업과 공업의 생산성격차를 좁힌다는 뜻이지 농업인구나 농업소득의 비중을 높인다는 뜻이 아님을 유의해야 한다.

그러나 단기적인 개발전략면에서 볼 때 공업화로 가는 데 있어서 농업개발을 먼저 하고 그 토대 위에서 공업화를 추진할 것이냐 아니면 곧바로 공업화를 추진할 것이냐에 따라 농업우선론(農業優先論)과 공업우선론으로 나누어진다. 전자에 있어서 농업은 공업화를 위한 전략산업이고 공업성장은 농업성장으로부터 유발되는 것인 데 반해서 후자에 있어서는 농업이 현상유지산업이며 농업성장은 공업성장에서 유발되는 관계를 갖는다.

농업우선론을 주장하는 사람으로서는 존스톤(B. F. Johnston)과 멜러(J. W. Mellor), 니콜스(W. H. Nicholls) 등을 들 수 있다.[12] 이들은 급속한 공업화보다는 착실하고 순서를 차리는 공업화과정을 주장하고 이런 점에서 농업개발을 공업화의 선행요건으로 보고 있는데 이들의 주장이 어떤지를 요

12) Bruce F. Johnston and John W. Mellor, "The Role of Agriculture in Economic Development," *AER*, September 1961; William H. Nicholls, "An Agricultural Surplus as a Factor in Economic Development," *The Journal of Political Economy*, February 1963.

약해 보기로 하자.

① 농업은 공업화에 있어서 식량과 원료, 수출을 통한 외환, 노동력, 자본, 시장 등을 공급한다. 따라서 농업의 개발을 거치지 않은 공업화는 인플레 · 외화부족 · 식량부족 · 자본부족 등에 부딪쳐 장기적으로 지속될 수 없으며 외자의존을 불가피하게 하여 경제의 독립성을 해치게 된다. 역사적으로 보더라도 18세기의 영국이나 19세기의 일본 등은 모두 농업성장이 선행되어 그 기반 위에서 공업화가 진행될 수 있었다.

② 흔히들 후진국의 농업개발을 비관적으로 생각하는 경향이 있지만 인구가 조밀한 나라에서도 영농방법의 개량, 종자개선, 비료사용 증대, 농촌의 제도적 개선(농업금융 등) 등 노동집약적(勞動集約的)인 방법으로 작은 노력을 들여 큰 농업생산성증대를 가져올 여지가 있다. 이런 점에서 농업의 선행적 개발(先行的 開發)은 자본의 생산성을 크게 하는 투자이며 자본부족을 겪고 있는 후진국에서 자본절약적인 방법으로 공업화를 수행하기 위한 수단으로서 필요하다.

③ 농업개발 없이 곧바로 공업화를 실현하려 하면 인구의 도시 집중이 너무 급격하여 사회적 혼란이 오고 이에 따른 낭비가 수반된다. 예컨대 농업인구의 급격한 도시집중은 도시 수용능력의 부족으로 도로 · 학교 · 주택 · 병원 등 자본계수가 높은 사회간접자본투자를 크게 필요로 하여 자본의 생산성을 떨어뜨리고 소비의 전시효과 때문에 국민의 소비수준을 크게 하여 저축을 잠식하는 결과를 초래한다. 그리고 도시의 인구과밀은 대도시에 새로운 빈곤문제와 범죄문제를 유발하여 사회적 안정을 저해한다.

이와 같은 농업우선론에 대하여 공업우선론의 주장은 어떠한가? **공업우선론**은 싱어(H. Singer)와 프레비쉬(R. Prebisch)로 대표되고 있는데 이들의 주장을 요약하면 다음 같다.[13)]

13) Hans Singer, "The Distribution of Gains between Investing and Borrowing Countries," *AER, Papers and Proceeding*, May 1950; Raúl Prebisch, "Commercial Policy in the Underdeveloped Countries," *AER, Papers and Proceedings*, May 1959.

① 공업은 기술혁신이 빨라서 농업보다 생산성증가율이 높고 교역조건에 있어서도 공산품은 농산품보다 유리하다. 그뿐 아니라 공업성장은 외부경제효과(外部經濟效果)가 크고 교육 및 사회개발에 미치는 효과가 농업의 경우보다 크다. 한 마디로 말해서 농업을 정체산업이라 한다면 공업은 성장산업이다. 따라서 공업주도적 성장국은 득을 보고 농업주도적 성장국은 손을 보기 마련이다.

② 공업우선이냐 농업우선이냐 하는 것은 오늘날 후진국의 낙후된 산업구조와 무역구조를 바로잡는다는 관점에서 생각해야 된다. 오늘날 후진국의 낙후성은 산업구조면에서 농업국이고 무역구조면에서는 농산물을 수출해서 공산품을 수입하고 있다는 데 있다. 그런데 농업중심의 개발정책은 이렇게 비뚤어진 산업구조와 무역구조를 오히려 조장하는 것이므로 공업주도적 성장으로 이를 바로잡아야 한다.

③ 오늘날 국제경제관계를 보면 경제적으로 약한 주변국(Periphery)은 강한 중심국(Center)에 예속되는 경향이 있다. 그런데 중심국은 모두 공업국이고 농업국은 주변국이 될 수밖에 없으며 이들의 관계에 있어서는 중심국은 발전하고 주변국은 미개발된다는 법칙성이 있다. 이러한 예속관계에서 벗어나기 위해서는 하루속히 공업화하는 길밖에 딴 방법이 있을 수 없다.

이상으로 농업우선론과 공업우선론의 주장을 들어보았거니와 어느 주장이 타당성을 가지는 것인가. 여기에도 획일적인 대답은 있을 수 없으며 그 나라의 개발여건에 따라 다른 대답이 나올 수 있다.

첫째로, 농업생산성의 증가와 농업부문에서의 자본축적이 어느 정도로 낙관적인가 하는 문제이다. 농업자원이 많고 인구가 적은 나라에 있어서는 농업의 투자생산성은 높을 수 있으며 농업부문에서의 자본축적은 낙관적이다. 이런 경우 농업개발은 공업화의 선행요건으로 볼 수 있다. 그러나 농업자원이 작고 인구가 과잉인 나라에 있어서는 농업투자의 자본효율은 낮고 농업잉여의 축적은 비관적이다. 이런 경우 농업의 1인당 소득증대는 농업인구의 감소가 선행되지 않고는 불가능하며 따라서 농업성장은 공업성장의 부산물로서 후행하게 되므로 공업우선론이 타당성을 갖는다.

둘째로, 경제개발의 속도와 관련이 있다. 그 나라가 경제개발에서 목표성장률을 빠르게 잡을수록 공업에 치중하기 마련이고 점진적인 경제성장을 추구할수록 농업에 치중하는 경향이 있다.

끝으로, 공업부문의 필요자본과 시장을 얼마만큼 해외에 의존할 수 있느냐 하는 문제이다. 외자도입에 의한 자본조달, 공산품수출을 통한 해외시장의 개척 등이 가능한 경우일수록 공업우선론이 타당성을 가지며 이들을 모두 국내에만 의존할 경우에는 좋든 싫든 농업개발에 먼저 손을 대지 않을 수 없을 것이다.

4-2 노동집약투자와 자본집약투자

개발정책면에서 노동집약산업(勞動集約投資)을 먼저 개발할 것인가 아니면 자본집약산업을 우선적으로 개발할 것인가. 노동집약산업은 일반적으로 소비재산업이고 자본집약산업은 생산재산업이므로 대체로 보아서 이 문제는 소비재와 생산재 가운데 어느 쪽을 먼저 개발할 것이냐 하는 문제와도 관련되어 있다. 현대경제학의 요소집약이론(Factor Intensity Theory)에 의하면 자본과 노동이라는 생산요소 가운데 부존량(賦存量)이 보다 많은 쪽을 더 많이 사용하는 투자 방법이 투자효율을 극대화한다. 즉 후진국은 대체로 노동이 많고 자본이 부족하므로 노동을 많이 쓰는 노동집약적 산업(또는 소비재산업)에 우선적으로 투자해야 된다는 것이며 이는 즉 자본노동비율(K/L: Capital-Labor Ratio)이 낮은 산업에 우선 순위를 두어야 한다는 것이다. 그러나 이러한 주장은 정태적 관점에서만 옳다고 볼 수 있다. 현실적으로 후발국이 자본집약적인 생산재산업에 중점을 두고 있는 경우도 많았다.

그러면 **노동집약투자**와 **자본집약투자**의 장단점부터 보기로 하자. 노동집약적 투자의 장점으로는 (i) 자본생산성, 즉 단위당자본의 소득효과가 크고, (ii) 투자의 고용흡수효과가 크고, (iii) 개발에 있어서 외자의존도를 줄일 수 있으며, (iv) 소비재이므로 시장면의 어려움이 작다는 장점이 있다. 이에 대해서 자본집약적 투자 또는 생산재우선적 투자는 (i) 소득분배에 있어 노임보다 이윤의 비중이 큼으로 자본축적을 촉진할 수 있고, (ii) 연관효과와 외부경제효과가 더 큼으로 공업화의 속도를 더 빠르게 하며, (iii) 기술개발효과가 크며, (iv) 후진국에서는 자본재의 수입의존율이 가장 큼으로 자본집약적인 자본재생산이 늘면 수입의존도를 줄일 수 있다는 장점들이 지적된다. 이런 점에서 본다면 노동집약산업의 우선적 개발이 보다 순서를 차리고 점진적인 데 비해서 자본집약산업의 우선적 개발은 시장경제원리로 보아서는 역리적(逆理的)이지만 보다 역동적이고 급진적인 특징을 가진다고 볼 수 있다.

왜 자본부족국에서 자본집약적 산업을 우선하는 경우도 있을 수 있느냐에 대한 대답은 대략 아래와 같이 요약될 수 있다.

첫째로, 돕(Maurice Herbert Dobb, 1900～1976)[14]이 지적하는 바와 같이 목표하는 투자율과 저축률이 높을수록 즉 자본축적을 촉진하려 할수록 자본집약적 산업에 중점투자하게 되고 외자도입에 의한 자본재조달이 어려울수록 즉 봉쇄경제하에서 경제개발을 추진하려 할수록 생산재산업의 개발에 중점을 둔다.

둘째로, 시장경제하에서 자본집약적 생산재투자를 우선할 경우 부딪히는 최대의 어려움은 고용감소에 따른 사회적 저항과 시장협소에 따른 판로부족, 그리고 이로 인한 시설의 유휴(遊休)이다. 그런데 사회주의적 계획경제하에서는 정부가 자원을 배분하기 때문에 이러한 문제는 일어나지 않는다. 따라서 경제체제가 시장경제에서 멀어질수록 자본집약적 생산재를 우선 개발하는 경향이 있다.

끝으로, 시장경제에서도 자본집약적 투자를 선택하는 경우가 많이 있는데 이것은 그러한 투자방식이 좋다든가 나쁘다든가 하는 장단점의 비교문제를 떠나서 자본집약적 기술만 개발이 되고 노동집약적 방법은 발명이 되지 않았기 때문에 어쩔 수 없이 그러한 생산방법을 채택하지 않을 수 없는 경우가 매우 많다. 이러한 문제가 크게 일어나는 이유는 오늘날 대부

14) 영국태생의 마르크스 경제학자. 런던 경제대학(London School of Economics)경제학 박사. 케임브리지대학 교수(1924～1967).

분의 생산기술이 자본이 많고 노동이 적은 선진국에서 개발됨으로 인해서 발명되는 생산기술은 당초부터 노동을 절약하고 자본을 많이 쓰는 방법으로 되어지는 경향이 있고 후진국은 이 기술을 도입하기 때문에 그렇게 되는 것이다.

5. 개발에 소요되는 최소추진력

짐을 실은 차가 길가에 서 있다. 이 차를 움직이려 한다고 가정하자. 한 사람이 밀어도 두 사람이 밀어도 꿈쩍하지 않는다. 세 사람이 밀어서야 이 차는 움직이기 시작한다. 다시 말하면 이 차를 움직이기 위해서는 세 사람의 힘이 필요할 뿐 아니라 그 힘이 동시 집중적으로 작용해야 한다는 것이다. 한두 사람의 힘은 아무 효과가 없는 것이며 세 사람이 있어도 그 힘이 분산적으로 작용하면 효과가 없는 것이다.

경제개발도 마찬가지 이치이다. 경제개발이란 서 있는 정체된 경제를 시동시키는 것인데 시동을 거는 데는 보다 큰 힘이 필요하며 따라서 어떤 규모의 힘(즉 투자)이 집중적으로 작용하지 않고는 정체된 경제는 시동될 수 없다. 서 있는 자동차를 시동시키는 데는 움직이는 자동차에 운동을 계속시키는 것보다 갑절의 힘이 더 필요하다는 이치를 생각하면 쉽게 이해될 수 있다. 그래서 경제개발을 위해서는 개발노력이 어떤 최소한의 규모를 가져야 하고 이 힘이 분산되지 않고 집중적으로 작용되어야 한다는 것이다. 이러한 주장으로서는 로젠스타인-로단(P. N. Rosenstein-Rodan)의 **대규모추진론**(Big Push Theory), 넬슨(Richard R. Nelson)의 **저균형함정**(Low Level Equilibrium Trap), 비캐닉(R. Bicanic)의 **언덕고개 가설**(Threshold Hypothesis), 바란(P. A. Baran)의 **최소소요속도**(High Minimum Speed)[15] 등이 있다. 이들의 설명은 제각기 다르지만 기본취지는 같다고 볼 수 있는데 이들 대표적인 몇 가지 이론을 살펴보기로 하자.

15) P. A. Baran, *op. cit.*, pp. 225~226.

5-1 대규모추진론(Big Push Theory)

로젠스타인-로단(Rosenstein-Rodan)은 동부 및 남동부유럽의 개발문제를 취급한 논문에서 이들 지역에 약 25%의 인구가 농업부문의 잠재실업상태에 있다고 지적하고 이러한 후진지역을 개발하자면 투자를 조금씩 조금씩 분산시켜 점진적으로 해서는 아무 효과가 없으며 대규모의 투자를 한꺼번에 집중적으로 투입하되 모든 산업에 균형적으로 배분하는 **대규모추진**(Big Push)만이 성공할 수 있다고 주장하였다.[16] 그는 이러한 대규모추진에는 자력저축만으로는 안 될 것이므로 과감하게 외자도입할 것을 권고하였다.

그러면 그가 대규모추진만이 정체경제(停滯經濟)를 효과적으로 이륙(離陸)시킬 수 있다고 본 근거는 어디 있는가. 바로 투자의 불가분성과 수요의 불가분성(Indivisibility of Demand)에 있다. 여기서 불가분성이란 말은 보완성(補完性)이란 말로 바꿔놓아도 좋다. 투자의 불가분성(不可分性)이란 투자가 산업간에 서로 연관되어 있어서 한 산업의 투자만 할 수 없다는 뜻과 한 사업을 위한 투자라 할지라도 이것을 조금씩 나누어 할 수는 없고 적어도 어떤 규모의 덩어리 자금이 소요된다는 뜻을 갖는다. 수요의 불가분성은 균형성장론에서 설명한 산업간의 보완적 수요를 뜻한다. 이와 같이 투자 및 수요에 불가분성이 작용하기 때문에 투자를 분산해서 조금씩 하는 경우에는 하나에 하나를 더하면 둘이 된다는 수학이 적용되지 않고 개발효과면에서는 영(零)이 될 수 있으며, 그러므로 국내외자원을 최대한으로 동원하여 대규모로 동시적으로 추진해야 한다는 것이다.

로젠스타인-로단의 대규모추진론은 물론 그의 균형성장론을 바탕으로 한 것이다. 그러나 대규모 추진론은 균형성장론이나 불균형성장론에 다같이 적용될 수 있는 것임을 유의할 필요가 있다. 대규모추진을 여러 산업에 고루 균등하게 하느냐 하니면 한두 산업에 집중적으로 하느냐 하는 차이가 있을 뿐이다.

16) P. N. Rosenstein-Rodan, "Problems of Industrialization of Eastern and South Eastern Europe," *Economic Journal*, June-September 1943.

5-2 저균형함정(Low Level Equilibrium Trap)

넬슨(R. R. Nelson)은 경제개발의 어려움을 경제성장률과 인구증가율의 관계에서 설명하고 있다.[17] 그의 주장을 이해하기 위하여 먼저 생산함수를 가지고 설명해 보자. 생산을 Y, 자본을 K, 노동을 L이라 하면 생산함수는 $Y=f(K, L)$로 표시된다. 즉 자본과 노동은 다같이 생산에 기여하는 생산요소이다. 그런데 노동력이란 다름 아닌 인구이다. 인구를 P라 하면 $Y=f(K, P)$로 고쳐 써질 수 있다. 이렇게 되면 의미가 약간 달라짐을 느낄 수 있다. 즉 인구가 증가할수록 총소득 Y는 늘겠지만 경제개발은 총소득이 아니라 1인당 소득으로 보아야 한다.

그렇게 본다면 인구가 늘수록 1인당 소득은 감소하여 1인당 소득과 P가 서로 상충하는 관계에 있는 측면도 있다. 자본이 모자라는 후진국에서는 후자의 경우, 즉 인구가 증가할수록 1인당 소득이 감소하는 경우를 흔히 볼 수 있다. 왜 이런 경우가 생기느냐 하면 자본은 생산에만 기여하지만 노동력, 즉 인구는 생산에 기여하는 한편 소비도 해야 하며, 노동력은 자본이 많을수록 생산효과가 소비효과보다 크지만 자본이 없으면 일을 못하므로 자본부족국에서는 생산하는 것보다도 소비하는 것이 더 크게 되기 때문이다.

그래서 후진국의 경제성장률은 인구증가율이 결정하는 것이 아니고 자본축적률이 결정한다. 만일 경제성장률이 인구증가율보다 크면 1인당 소득이 증가하겠지만 작으면 1인당 소득은 오히려 줄거나 항상 제자리걸음을 할 수밖에 없다. 이렇게 1인당 소득이 인구증가율 때문에 정체하게 되는 경우를 그는 **저균형함정**(Low Level Equilibrium Trap)이라 하고 이 함정에서 벗어나기 위해서는 경제성장률이 최소한 인구증가율보다는 높아야 하는데 인구증가율과 같은 수준의 경제성장률을 그는 **분기성장률**(Critical Rate of Growth)이라고 하였다.

그러면 왜 경제개발에 있어서 저균형함정(低均衡陷穽)이 크게 문제되는

17) Richard R. Nelson, "The Theory of the Low Level Equilibrium Trap in Underdeveloped Economies," *AER*, December 1956.

가. 오늘날의 후진국이 정체상태에서 맨 처음 경제를 개발하려 하면 급격한 인구증가가 선행해버릴 뿐더러 소비수준이 먼저 높아져 국내 자본축적은 어렵게 되어 자력으로 분기점(分岐點) 이상의 경제성장률을 달성하기가 매우 벅차게 되기 때문이다.

그러면 이것을 그림으로 설명하여 보자. [그림 9-5]에서 횡축에는 1인당소득을, 그리고 종축에는 인구증가율과 경제성장률을 측정하고 있다. T점은 성장률이 0인 정체상태에 있어서서의 1인당 소득수준을 나타낸다. 즉 사람들은 생존수준에서 살고 있고 그래서 인구와 자본은 늘지 않고 그대로 있는 경우를 가상한 것이다. 이 나라가 경제개발에 착수하였다고 하자. 그러면 인구는 P선이 나타내고 있는 바와 같이 초기에 급격히 증가하고 소득수준이 어느 정도 늘면, 즉 D점을 넘으면 일정률의 증가를 나타낸다. 만일 그 나라의 경제가 Y_2선을 따라서 진행하려고 한다고 하자. 그래서 예컨대 CD의 거리로 나타낸 만큼의 경제성장률을 달성했다면 인구는 DB만큼 늘어서 1인당 소득은 D점이 되지 못하고 화살표로 나타낸 바와 같이 원래의 T점으로 되돌아가게 된다. 결국 이 나라는 매년 정체경제에서 벗어나려고 노력하지만 인구에 붙들려 다시금 원위치로 되돌아오는 일을 반복하게 될 것이며 이런 점에서 이 T점을 저균형함정이라고 부르는

[그림 9-5] 저균형함정

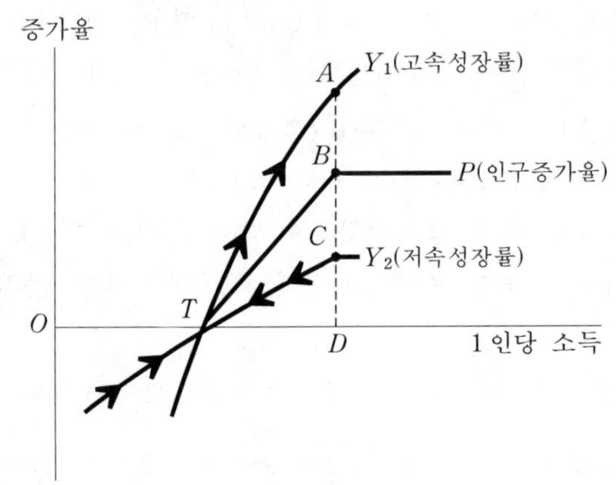

것이다.

이와 달리 만일 이 나라가 개발을 대규모로 추진하여 Y_1으로 나타낸 경제성장률을 달성한다고 하면 이 나라는 이 함정에서 쉽게 탈출할 수 있다. 예컨대 A점에서 AD의 성장률을 실현한다면 이 나라의 1인당 소득은 T점에서 D점으로 상승하게 될 것이다.

그러면 저균형함정에 걸리게 되는 경우는 무엇 때문인가. 그 이유로서는 생산요소 중 인구가 자본보다 더 빨리 늘어나거나, 한계저축률이 낮고 기술이 정체되어 있거나 하는 경우를 들 수 있다.

저균형함정에서 탈출하자면 1인당 자본증가율이 인구증가율보다 높아야 된다. 그래야만 경제성장률이 인구증가율을 상회할 수 있다. 그렇게 하기 위해서는 개발추진력을 분산시키지 말고 국내외의 모든 가용추진력을 동시적으로 집중시켜서 개발을 대규로로 추진해야 할 것이다. 이러한 노력에는 (i) 자본동원과 기업여건조성을 위한 과감한 사회개혁, (ii) 기술개발, (iii) 외자도입 등이 포함되어야 한다는 것이다.

5-3 자본계수의 언덕고개

비캐닉(R. Bicanic)은 후진국이 경제개발을 시작하게 되면 자본계수(Capital Coefficient)가 크게 상승하여 같은 성장률을 달성하는 데 갑절의 자본이 필요하게 되는데 경제개발을 위해서 넘어야 할 이 자본계수의 언덕고개(Threshold)를 넘기 위해서는 대규모의 투자가 동원되어야 한다는 것이다.[18] 자본계수(資本係數)는 앞서 본바와 같이 투자액(K)과 이것이 산출해 낸 소득(Y)의 비율 K/Y를 뜻한다.

먼저 자본계수의 역할을 간단한 식으로 보기로 하자. 자본계수를 k, 소득을 Y, 자본을 K, 노동을 L, 1인당 소득을 y라 하면,

18) Rudolf Bicanic, "The Threshold of Economic Growth," *Kyklos*, 1962, p. 7; W.C. Peterson, "Investment and the Threshold of Economic Growth," *Kyklos*, 1965, p. 132.

$$y=\frac{Y}{L}$$

정의에 의하여 $k=\frac{K}{Y}$이고 이것을 바꿔 쓰면 $Y=\frac{K}{k}$
이므로

$$y=\frac{Y}{L}=\frac{1}{L}\cdot\frac{K}{k}=\frac{K}{kL}$$

즉 1인당 자본량(K/L)이 같다고 보면 1인당 소득 y는 자본계수 k에 반비례하는 관계에 있다. 따라서 만일 자본계수가 상승하는 경우에는 1인당소득이 감소할 것이며 1인당 소득을 전과 같이 유지하려 한다면 1인당 자본축적률(資本蓄積率)을 그만큼 올려야 된다는 계산이 된다.

그러면 경제발전과정에서 자본계수는 어떻게 움직이는가. [그림 9-6]에서 보는 같이 경제가 발전함에 따라 자본계수는 언덕고개와 같은 모양을 나타내는데 이것은 다음의 세 단계로 나누어 볼 수 있다. 첫단계는 경제개발 이전의 경제로서 정체경제라고 볼 수 있는데 이단계에서는 생산수단, 즉 자본재는 매우 적고 생산은 주로 단순노동에 의해서 이루어진다. 그러므로 자본계수는 낮아서 보통 2~2.5의 수준을 나타낸다. 다음 단계는

[그림 9-6] 경제개발과 자본계수

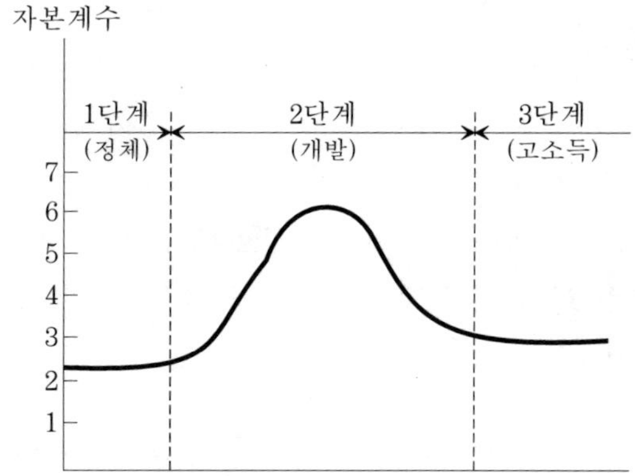

경제개발단계이다. 이 때는 아직 기술이 미개발되어 있는 데다가 도로·철도·항만·통신·교육·주택·전력 등 자본계수가 높은 사회간접자본부문에 개발수요가 집중적으로 일어난다. 그래서 자본계수는 보통 4~6의 수준으로 상승한다. 마지막 단계는 고소득단계(또는 선진국단계)로서 이러한 자본계수가 높은 산업부문은 개발이 끝나 투자수요가 줄어드는 한편 기술의 발전으로 자본계수는 3수준으로 내려가 이 수준에서 안정된다.

이 그림에서 보는 바와 같이 자본계수가 상승하는 언덕고개를 넘어야 경제개발에 성공하는 것인데 이 고개를 넘는다는 것은 가뜩이나 자본이 모자라는 후진국에서는 벅찬 부담이 아닐 수 없다. 개발추진력이 약하거나 분산된다면 이 고개를 넘을 수 없으며 따라서 국내강제저축·외자도입·자원동원 등 모든 힘을 모아서 대규모로 개발을 추진하여야만 이 고개를 넘을 수 있다는 것이다.

제10장

소득분배와 사회복지

1. 소득분배의 개념과 측정
2. 경제발전과 분배구조
3. 임금과 생산성
4. 경제발전과 사회복지
5. 사회보장제도

제10장

소득분배와 사회복지

1. 소득분배의 개념과 측정

1-1 불평등은 필요악인가

소득불평등[1]은 경제성장을 위해서 필요악일 수도 있는가, 아니면 항상 유해한 절대악인가. 여기에는 필요악이 될 수도 있다는 견해와 그렇지 않다는 상반되는 견해가 있다. 전자는 경제개발이라는 경제적 측면을 강조하는 사람에게 많고 후자는 국민복지나 화합이라는 사회적 측면을 강조하는 사람에게 많다.

경제적 측면에서 분배구조악화(分配構造惡化)가 필요악이라고 보는 견해는 대체로 개발 초기에 경제성장을 위해서는 소득불평등이 불가피하다

1) 소득불평등과 자산불평등은 같지 않으며 특히 우리 나라와 같은 경우 소득격차보다도 자산격차가 사회적으로 더 중요한 의미가 있다는 것을 유의할 필요가 있다. 소득은 그 해에 발생하는 유량개념이지만 자산은 과거로부터 소득이 쌓인 저량개념이다. 따라서 자산격차는 소득격차뿐 아니라 상속재산의 차이, 그리고 자산가격상승소득(Capital Gain)의 차이 등이 포괄된 개념이어서 일반적으로 자산격차는 소득격차보다 크며 특히 부동산 가격이나 주가의 상승이 큰 사회에서는 더욱 그렇다.

고 보는 것이다. 그 예로서는 루이스(W. A. Lewis)와 존슨(H. G. Johnson)의 주장을 들 수 있다. 루이스의 주장은 이미 제 5 장 3-2에서 본 바와 같이 노임소득은 대부분 소비되고 자본소득은 저축되므로 자본축적을 위해서는 소득의 불평등분배가 불가피하다고 보는 것이다. 존슨도 후진국에서 소득을 균등분배하면 성장이 저해된다고 말하고 소득격차의 확대는 나쁜 것이지만 가난한 나라에서는 경제개발을 위해서 과도적으로 치루어야 할 대가라고 보고 있다. 그는 특히 역사적으로 볼 때 약진적(躍進的)인 성장은 특정 계층에 막대한 불로소득(不勞所得)이 주어지고 또 기업가들이 이것을 기대하고 찾아다니는, 어느 의미에서는 불평등이 필요악으로 수반되었었다는 점을 지적하였다. 이러한 견해는 어디까지나 개발의 초기단계에 한정한 것이지 언제까지나 그래야 한다는 것이 아니라는 점을 유의할 필요가 있다.

이와는 달리 경제개발을 주로 사회적 측면에서 본 미르달(Gunnar Myrdal)은 소득분배의 불평등은 경제개발을 저해하며 따라서 절대악이라고 주장한다. 성장과 분배를 상반관계로 이해하여 후진국에서는 분배를 희생시킬 수밖에 없다는 주장은 영국이나 일본 등 오늘날 선진국이 옛날에 경제를 개발할 당시에 할 말이지 지금은 여건이 그와 다르다는 것이다. 소득불평등이 오늘날에는 왜 경제개발을 저해하는가 하는 데 대하여 소득불평등은 (i) 국민의 개발의지를 분열시키고 사회적 정치적 불안을 결과하며, (ii) 고소득층의 사치와 낭비 때문에 고소득층의 저축률이 높다는 보장이 없으며, (iii) 국민의 영양을 떨어뜨리고 근로의욕을 저해하여 저생산성의 원인이 된다는 것 등을 지적한다. 그래서 그는 경제개발과 소득평등은 보완관계이며 경제개발과정에서 소득분배가 악화하는 경우는 정부가 특권층을 비호하고 경제개발에서 국민대중은 소외되어 있기 때문이라고 주장한다.

미르달에 의하면 소득불평등과 국가적 빈곤은 악순환의 상관관계에 있다. 즉 가난한 나라일수록 그 나라 국민의 빈부격차가 크며 빈부격차가 크기 때문에 그 나라는 가난에서 헤어나지 못한다는 것이다. 이와 같이 빈부격차문제가 고질화하는 것은 종교와 국가권력이 불평등을 시정하는 것이 아니라 오히려 묵인하고 조장하기 때문이라고 그는 지적한다. 대부분의 종교는 불평등이 신의 의사라고 합리화시키고 이를 체념하도록 하고 있다는 것이다.

그리고 정치권력은 그 형태가 민주권력이냐 독재권력이냐에 관계 없이 혜택받는 기득권세력(旣得權勢力)에 의해서 장악되어 있다. 그래서 기업가나 부유층 등 상류층은 현상유지를 바라고, 지식층으로 구성되는 중산층은 그 사회의 엘리트 그룹이지만 이들은 상류층의 기득권 옹호에 앞장서게 되며, 대중들로 구성되는 하류층은 항상 수동적이고 무관심하여 소외되기 때문에 빈부격차문제가 시정되지 못한다는 것이다.

1-2 자본주의와 공평분배

그러면 바람직한 소득분배란 어떤 것인가. 모든 사람의 소득을 능력이나 노력에 관계없이 똑같게 한다면 그러한 소득분배를 공평한 것이라고 할 수 있을까. 만일 일체의 간섭이나 통제 없이 능력대로 뛰어서 빈부차가 생겼다면 그러한 빈부격차는 공평분배의 틀에 맞는 것인가.

학교의 시험성적을 예로 들어 보자. 답안을 잘 쓰고 못 쓰고에 관계없이 모든 학생에게 같은 점수를 준다면 이것은 공평하다고 할 수 없을 것이다. 그러면 답안지를 쓴대로 채점했다고 해서 반드시 공평이 보장되는 것인가. 시험성적이 그 학생의 학업성적을 평가한다는 데 그 목적이 있다 하겠는데 만일 어떤 학생이 부친상을 당해서 시험을 치르지 못했다면 영점으로 처리해야 옳은가. 분명 그렇지는 않을 것이다. 어떤 학생은 환경이 좋아서 충분히 시험준비를 할 수 있었고 어떤 학생은 고학을 하느라고 시험준비를 할 수 없었다고 한다면 그런 경우에도 답안지만 가지고 채점하는 것이 공평하다고 할 수 있는가. 그러한 것을 객관적으로 측정하여 반영시킬 방법만 있다면 그러한 여건의 차이도 고려해야만 공평하다고 할 수 있을 것이다.

이것은 마치 마라톤 경주를 함에 있어서 어떤 선수는 바람을 안고 뛰고 어떤 선수는 바람을 등지고 뛰게 한다면 이것이 불공평한 것과 같은 이치라 할 것이다. 이런 점에서 우리가 추구해야 할 바람직한 분배의 개념은 평등이라는 용어보다는 공평이라는 용어가 보다 정확하며 공평분배에 있어서는 **결과평등**(結果平等)보다도 **기회평등**이 더욱 중요하다.

그러나 기회평등이 보장된다고 해서 완벽하게 공평이 보장된다고 볼 수는 없다. 왜냐하면 기회평등은 선천적인 차이는 주어진 것으로 하고 후천적인 차이만을 제거하자는 것인데 선천적인 차이가 공평의 본질을 손상시킬 수 있기 때문이다.

예컨대 앞 못보는 장애자가 학교나 사회의 경쟁에서 낙오되는 것은 당연하고 공평한 일인가. 노약자가 일할 능력이 없어 소득을 얻지 못한다면 이것도 당연한 것인가. 분명 그렇지는 않다. 장애자나 노약자에게 기회평등이란 그림의 떡이다. 그러기 때문에 공평분배는 기회평등의 보장을 근본으로 하되 기회평등의 실익을 얻을 수 없는 사람에 대해서는 최소한의 결과평등을 보장하는 방향으로 보완하여 기회평등과 결과평등의 조화를 이루는 것이어야 한다.

평등을 중심가치로 하는 사회주의 경제가 결과평등에 치중하는 데 비해서 효율을 중심가치로 하는 자본주의 경제는 기회평등에 치중한다고 볼 수 있으며, 그런 점에서 경제체제간에 공평에 대한 시각이 다른 것이다. 사회주의 경제에서 결과평등을 구현하는 정책수단은 생산수단(生産手段)의 사회화와 생산의 국가관리라 할 수 있다. 이에 비해서 자본주의 경제가 기회평등을 실현하는 정책수단은 자유개방경쟁과 교육기회의 개방이다. 사회주의 경제가 분배면에서 결과평등을 실현하려고 하는 데서 오는 약점은 능력이나 노력이 결과와 직결되어 있지 않기 때문에 생기는 비능률과 불공평이며 자본주의 경제가 효율을 추구하는 데서 오는 약점은 사유재산의 상속 때문에 생기는 출발조건의 불공평이다.

이러한 문제점을 보완하려는 자본주의 경제의 노력은 분배문제를 개개인에게 맡길 것인가, 아니면 사회가 집단적으로 해결할 것인가 하는 데 있어서 집단적 선택의 폭을 넓히는 방향으로 나아가고 있다. 그래서 기회평등을 통한 능력별분배(能力別分配)는 개개인의 자유경쟁을 통해서 구현하도록 하고, 여기서 생기는 결과적 불평등을 보완하기 위해서 **사회보장제도**와 **누진적 소득세제도** 그리고 상속중과세제도 등을 발전시켜 나가고 있는 것이다.

이런 점에서 본다면 자본주의체제에서의 분배는 당대의 능력차에서 오는 소득격차를 기본적으로 인정하기 때문에 계층간의 유동성, 즉 가난한 사람이 열심히 노력하면 잘사는 계층이 될 수 있는 길을 열어 주는 데 초점이 맞추어지고 있으며 이것의 성패에 따라서 자본주의 체제의 안정성이 크게 좌우된다고 할 수 있다. 그러한 유동성을 보장하는 제도가 완전고용기회, 교육기회, 자유경쟁기회 등이다. 분배불평등 가운데 가장 절망적인 것은 본인의 능력과 노력에 관계없이 오늘의 가난이 내일, 그리고 당대의 가난이 후대에도 계속 되풀이 될 수밖에 없는 경우, 즉 계층의 경직성이다.

1-3 소득분배의 측정

소득계층별로 분배가 얼마만큼 균등한가를 측정하는 방법에 여러 가지가 있으나 가장 널리 활용되고 있는 것은 10분위 분배율(Deciles Distribution Ratio), 로렌츠곡선(Lorenz Curve), 지니계수(Gini Coefficient) 등 세 가지가 있다. 그러면 이들에 대해서 차례로 알아 보기로 하자.

(1) 10분위 분배율

우리 나라의 전체 국민을 소득수준에 따라 저소득에서 고소득으로 줄을 세웠다고 생각하자. 이때 첫번째 10%의 최저소득계층을 제 1 십분위, 다음 10% 계층을 제 2 십분위… 라 한다. **10분위 분배율**은 제 4 십분위까지의 저소득층 40%가 차지하는 소득을 상위 20%의 고소득층이 차지하는 소득으로 나눈 값이다. 즉

$$10\text{분위 분배율}=\frac{\text{최하위 40\% 소득계층의 점유소득}}{\text{최상위 20\% 소득계층의 점유소득}}$$

10분위 분배율(10分位 分配率)은 계산이 간단하고 이해하기가 쉽기 때문에 가장 많이 활용되고 있는 방법이다. 이 비율은 높을수록 소득분배가 고르다는 것을 나타낸다. 소득분배를 국제적으로 비교할 때 대체적으로 이 비율이 45%를 넘으면 소득분배가 균등한 나라에 속한다고 할 수 있으며

[표 10-1] 한국의 계층별 소득분배

10분위계층	1965	1980	1988	1996
1	1.3	1.6	2.8	2.8
2	4.4	3.5	4.6	4.9
3	6.5	4.9	5.7	6.2
4	7.1	6.1	6.6	7.3
5	7.2	7.3	7.6	8.3
6	8.3	8.6	8.7	9.4
7	11.3	10.2	10.0	10.7
8	12.0	12.4	11.8	12.4
9	16.1	15.9	14.6	14.8
10	25.8	29.5	27.6	23.2
합 계	100.0	100.0	100.0	100.0
하위 40%(A)	19.3	16.1	19.7	21.2
상위 20%(B)	41.9	45.4	42.2	38.0
십분위분배율(A/B)	0.46	0.35	0.47	0.56
지니계수	0.34	0.39	0.33	0.30

자료: 통계청, 「한국의 사회지표」.

스웨덴·독일 등 서구의 많은 나라가 여기 해당된다. 이 비율이 35% 이하이면 소득분배가 불균등한 나라에 속한다고 할 수 있으며 브라질·페루 등 남미제국을 비롯하여 많은 개도국들이 여기에 해당된다. 그리고 그 중간에 위치하는 나라들은 소득분배의 균등도도 중간수준임을 나타낸다. [표 10-1]은 한국의 10분위 분배율을 계산한 것이다.

10분위 분배율에 의한 소득분배의 측정은 매우 간편하다는 것을 앞에서 지적하였는데 편법으로서 예컨대 최상위 10%나 20%의 고소득층이 점하는 소득비율, 또는 최하위 20%나 40%의 저소득층이 점하는 소득비율만으로 소득분배의 균등도를 측정하는 일도 많다. 그리고 10등분하는 대신 5등분하여 5분위 분배율을 사용하는 경우도 있다.

(2) 로렌츠곡선

[그림 10-1]에서 **로렌츠곡선**(Lorenz Curve)을 보기로 하자. 이 그림의 횡축에는 인구의 누적비율이, 종축에는 소득의 누적비율(累積比率)이 표시되어 있다.

만일 10%의 인구가 10%의 소득, 20%의 인구가 20%의 소득… 이렇게 인구비율과 소득비율이 같게 된다면 소득분배는 완전균등하다고 할 수 있으며 이것은 이 그림에서 45°의 각을 이루는 *OA*의 대각선으로 나타날 것이다. 만일 그 나라의 GNP를 혼자서 다 가지고 있다면 어떻게 될까. 이것은 완전불균등분배라 하겠는데 이때의 분배는 이 그림에서 *AB*선으로 나타날 것이다. 따라서 *OBA*로 이어지는 직각선은 완전불균등분배선(完全不均等分配線)이다.

그러면 현실은 어떤가. [표 10-1]에 있는 1996년 한국의 분배상태를 여기 그려보자. 10% 인구가 2.8% 소득, 20% 인구가 전체의 7.7% 소득, 30% 인구가 13.9% 소득… 이렇게 그려보면 그림의 *OCA*를 연결한 구배선이 된다. 이 때 그 구배가 클수록, 다시 말하면 *AOCA*로 둘러싸인 면적이 클수록 소득분배는 불균등하다는 것을 알 수 있다.

[그림 10-1] 로렌츠 곡선

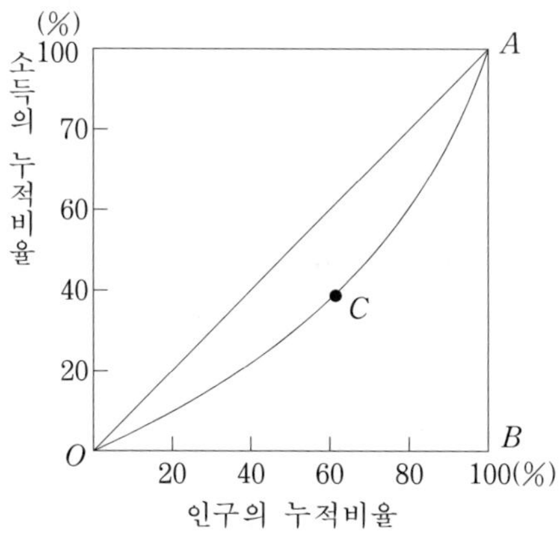

(3) 지니계수

로렌츠곡선은 소득분배를 그림으로 나타내는 것이기 때문에 숫자로 나타낼 수 없고, 그런만큼 불균등도(不均等度)를 정확하게 나타내기 어렵다는 단점이 있다. 이것을 보완하기 위하여 **지니계수**(Gini Coefficient)가 이용되고 있는데 이것을 앞의 로렌츠곡선으로 표시하면 다음과 같다.

$$\text{지니계수} = \frac{AOCA\text{의 면적}}{\triangle AOB\text{의 면적}}$$

따라서 지니계수는 클수록 소득분배가 불균등하게 된다. 만일 완전불균등분배라면 그 값이 1이 될 것이며 완전균등분배라 한다면 그 값은 영(0)이 될 것이다. 따라서 그 값은 0과 1 사이에 있게 마련인데 독일과 스웨덴 등 소득분배가 비교적 균등한 서구국가들은 그 값이 0.3 이하이며 반면 소득격차가 매우 큰 개발도상국들은 그 값이 0.5를 넘고 있다. 한국의 지니계수는 이미 [표 10-1]에서 본 바와 같이 1996년 현재 0.3으로서 소득분배가 비교적 균등하다는 것을 나타내고 있다.

이와 같이 지니계수는 전국민의 소득분배 상태를 종합해서 하나의 숫자로 나타내기 때문에 소득분배 상태를 전체적으로 이해하는 데 편리하다. 그러나 소득분배는 각 계층마나 특색이 있어서 예컨대 최하 20%, 또는 특정 10분위계층에 특별한 불평등이 있다든가 할 수 있는데 이러한 것을 반영할 수는 없는 것이다.

2. 경제발전과 분배구조

2-1 1차 분배와 재분배

소득분배는 **1차 분배** 또는 **본원적 분배**(本源的 分配)와 **재분배**(再分配)

로 나누어 볼 수 있다. 1차 분배는 생산과정에서 이루어지는 분배를 말하며 따라서 분배의 주체는 시장이다. 그래서 1차 분배는 자본·노동과 같은 생산요소의 수급상태가 어떤가, 어떤 생산기술에 의해서 생산요소가 결합되는가, 시장의 경쟁상태는 어떠하며 물가는 어떤가, 그리고 정부정책이 어떤 방향으로 이끌어지는가 하는 여러 가지 요인에 의해서 결정된다. 근로자가 회사에서 월급을 받고 사업가가 이윤을 얻으며 주주가 배당을 받는 것이 그 예라 할 것이다.

이에 대해서 재분배는 1차 분배의 결과를 조정하기 위한 **보정적 분배**(補整的 分配)이며 그 주체는 정부이다. 그래서 재분배는 1차 분배와는 달리 특정인의 소득을 다른 사람에 이전시키는 것을 그 본질로 한다. 세금을 부과한다든지 또는 사회보장을 통해서 소득을 재분배한다든가 하는 것이 그 예이다.

자본주의경제에서 1차 분배는 원칙적으로 시장자유경쟁을 통해서 이루어지는 것이기 때문에 기회균등원칙(機會均等原則)에 충실한 분배라 할 수 있다. 그렇기 때문에 결과평등적인 시각에서 본다면 격차가 커져서 문제가 되는 것이며 이 때문에 정부에 의한 재분배가 필요하게 되는 것이다. 다시 말하면 1차 분배가 기회균등에 의한 분배를 구현하는 것이라면 재분배는 결과평등적인 분배를 조화시키려는 것이라 할 수 있다.

공평분배를 위해서는 두 가지 분배를 모두 잘 해야 되지만 기본적인 중요성을 가지는 것은 1차 분배이다. 오늘날 소득분배가 잘못되어 있는 나라들을 보면 대체로 재분배도 잘 안 되고 있지만 더 중요한 것은 1차 분배가 불공정하게 이루어지고 있다는 사실이다. 이런 점에서 공정한 1차 분배에 제1차적인 노력을 기울이고 재분배는 보완적인 의미로 받아들이는 것이 바람직한 분배정책이라 할 것이다.

기본적으로 재분배는 정부의 강제력에 의해서 사람과 사람 사이에 소득을 이전시키는 것이기 때문에 이에 수반하는 사회적 비용이 매우 큰 것이다. 의례 빼앗기는 사람은 그것이 크게 보이고 그래서 불평하게 마련이다. 그렇지만 받는 사람에게는 그것이 별게 아닌 것으로 받아들여지는 법이다. 그래서 재분배가 커질수록 사회적인 불만은 커지고 경제능률 저하,

성장위축, 경제노화(經濟老化) 등 여러 가지의 부작용이 유발된다. 반면 재분배를 받은 사람은 이것이 공짜로 주어지는 것이기 때문에 낭비가 생기고 의타심(依他心)과 나태를 조장하기 쉽다. 그래서 재분배율이 높을수록 경제에 활력이 약해지는 폐단이 생기게 마련인 것이다.

이런 점에서 의도하는 수준의 분배공평을 실현함에 있어서 가급적이면 1차 분배의 공평에 역점을 두고 재분배는 보완적인 범위로 축소하는 것이 경제발전을 위해서는 바람직한 것이며 개도국의 경우 특히 그러하다. 그렇다면 1차 분배를 잘하기 위해서 어떻게 할 것인가.

① 무엇보다도 완전고용이 이루어져야 한다. 일자리의 보장은 인간의 기본욕구에 관련된 것이다. 그리고 완전고용이 전제되어야만 정당한 노동의 대가를 받을 수 있는 것이기 때문에 일자리의 보장은 공평분배의 핵심과제이다. 고용증대를 위해서는 일정수준의 투자와 성장이 이루어져야만 하는 것이므로 경제성장 그 자체가 공평분배의 대전제라는 것을 이해하여야 한다.

② 물가안정이 보장되어야 한다. 인플레가 소득을 역류적으로 분배한다는 것은 주지하는 바이며 이런 점에서 인플레는 공평한 1차 분배를 저해하는 가장 보편적 요인 중의 하나이다. 인플레율이 높은 나라에서 소득분배가 공정하게 이루어질 수 없는 것이다.

③ 교육기회균등(教育機會均等)이 보장되어야 한다. 빈부에 관계없이 모든 사람이 본인의 능력과 노력 여하에 따라서 교육을 받을 수 있는 동등기회를 부여하는 것은 기회균등을 실현하고 1차 분배를 공정하게 하는 데 매우 중요한 역할을 한다. 교육의 기회균등이 이루어지면 소득계층의 유동화가 실현되고 그만큼 재분배의 필요성이 감소한다. 그래서 교육의 사회화는 자본주의체제에서 가장 중요한 공평분배수단이라 할 수 있다.

④ 시장자유경쟁이 보장되어야 한다. 생산요소에 대한 공평한 보수가 지급되려면 시장의 자유경쟁이 전제되어야 한다. 생산의 독과점이나 기업의 과대집중은 소득의 공평분배를 저해하며 노사간(勞使間)에도 공정한 경쟁관계가 있어야 정당한 노동의 몫이 찾아지는 것

이다.

⑤ 끝으로, 경제정의가 보장되어야 한다. 부동산투기와 같은 불로소득이 보호되거나 특정계층에 특혜를 주는 경제정책이 수행된다면 분배의 공정은 기대할 수 없는 것이다.

지금까지 1차 분배의 공정(公正)을 이룩하기 위한 방법에 관해서 알아보았다. 1차 분배를 공정하게 하면 재분배의 필요성은 그만큼 감소한다. 그러나 1차 분배는 시장에서 이루어지는 것이므로 공정한 소득분배를 위해서는 어떤 경우에도 재분배에 의한 보완적 조정이 필요한 것이다.

재분배의 방법은 조세에 의한 것과 사회보장에 의한 것으로 대별할 수 있다. 조세에 의한 것은 부유층으로부터 더 많은 세금을 거둬들이는 것을 내용으로 하고, 사회보장에 의한 방법은 가난한 계층에게 보다 많이 지급하는 것을 내용으로 한다. 그러나 많은 개발도상국의 현실은 아직 사회보장제도를 본격적으로 실시할 수 없는 상태에 있다. 한편 조세면에서는 부유층의 절세, 기업에 대한 감면세(減免稅), 재산소득과 상속재산의 탈세, 종합소득세제(綜合所得稅制)의 미정착 등으로 오히려 재산소득자와 부유층이 세금을 덜 내는 경우가 허다한 실정이다. 이렇게 되면 재분배정책이 개발도상국에서는 오히려 **역재분배정책**(逆再分配政策)으로 되어버리는 예가 허다하다.

2-2 기능별 분배

국민소득의 분배가 어떻게 되어 있는가를 보는 데 있어서는 두 가지의 시각이 있다. 그 하나는 국민소득이 생산에 참여한 생산요소, 즉 노동과 자본에 대해서 어떻게 분배되고 있는가 하는 것인데 이것을 **기능별 분배**(Functional Distribution)라고 한다. 또 하나는 [표 10-1]에서 본 바와 같이 국민소득이 국민 개개인에게 어떻게 분배되는가를 소득계층별(所得階層別)로 보는 것인데 이것을 **계층별 분배**(Size Distribution) 또는 **인적분배**(Personal Distribution)라 한다. 그러면 먼저 경제가 발전함에 따라 소득의 기능별 분배가 어떻게 되는가 하는 것부터 쿠즈네츠(S. S. Kuzents)의 분석을 중심으

로 하여 알아보기로 하자.[2)]

소득의 기능별 분배는 노동과 자본에 대한 분배를 말하며 노동에 대해서는 피용자보수(被傭者報酬), 자본에 대해서는 이윤·지대·임료·이자 등이 있다. 이러한 자본에 대한 분배소득을 자산소득(資産所得) 또는 자본소득이라 한다. 그런데 현실적으로 분배통계는 노동소득과 자본소득으로 바로 양분되지 않고 피용자보수·자영업소득·자산소득 등으로 분류되고 있다. 그 이유는 농가나 구멍가게·약국·세탁소 등 이른바 비법인 기업들은 그 소득이 자본소득과 노동소득으로 나누어지지 않고 서로 결합되어 있기 때문이다.

[표 10-2]는 이러한 기능별 소득분배의 장기추세를 나타내고 있다. 이 표에서 노동소득과 자본소득으로 양분한 것은 자영업소득을 추정에 의해서 자기노동소득과 자본소득으로 양분하여 얻은 추계치이다.

[표 10-2]에서 먼저 소득분배를 분배항목별로 보면 모든 나라에서 피용자보수의 비중이 지속적으로 증가한 반면 자영업소득과 자산소득의 비중은 다 같이 감소추세를 나타내고 있음을 볼 수 있으며, 특히 자영업소득(自營業所得)의 비중감소가 더욱 두드러지게 엿보인다. 예컨대 영국의 경우 1860년대와 1950년대의 약 1세기 동안에 피용자보수는 47%에서 70%로 증가하고 자영업소득은 17%에서 9%, 자산소득은 36%에서 21%로 각각 감소하였다. 이러한 추세에 나타난 특징을 요약하면 다음과 같다.

① 노동소득에 대한 분배율은 모든 나라에서 경제가 발전할수록 상승하고 있는데 그 이유는 여러 가지로 설명할 수 있다. 우선 생산구조가 농업에서 비농업으로 이행하고 이를 반영하여 자영업자들이 피용자화하게 되는데 이러한 흐름이 주로 노동소득비율의 증가로 반영된다.

이와 동시에 중요한 것은 경제발전에 따른 자본축적률(資本蓄積率)의 상승과 기술의 발전이 모두 한편에서는 노동생산성을 높이고 한편에서는 노동의 자본에 대한 교역조건을 개선시켜서 노임이 상

2) 박 승, 「S. S. 쿠즈네츠」, 유풍출판사, 1982, pp. 174~188.

[표 10-2] 기능별 소득분배의 장기추세 (국민소득에 대한 %)

국 별	분배항목별				생산요소별		
	피용자 보 수	자영업 소 득	자 산 소 득	합 계	노 동 소 득	자 본 소 득	합 계
영 국							
1860~1869	47	17	36	100	54	46	100
1954~1960	70	9	21	100	75	25	100
프 랑 스							
1853	36	46	18	100	56	44	100
1954~1960	59	29	12	100	81	19	100
독 일							
1895	39	45	16	100	53	47	100
1954~1960	60	22	18	100	71	29	100
미 국							
1899~1908	54	24	22	100	76	24	100
1954~1960	69	12	19	100	81	19	100

자료: S. Kuznets, *Modern Economic Growth,* p. 168.

대적으로 더 상승하게 된다는 점이다. 이런 점에서 경제발전은 장기적으로 볼 때 궁극적으로 생산요소 가운데 자본보다도 노동을 가진 사람에게 그 과실을 귀착시키게 된다고 말할 수 있다.

② 자본에 대한 분배율은 경제가 발전할수록 떨어진다. 왜 그런가. 우선 경제가 발전할수록 자본이 축적되어 노동의 증가율보다 자본의 증가율이 높다. 그 결과로 1인당 자본량(K/L)은 추세적으로 높아지게 된다. 그뿐 아니라 거의 모든 기술발전은 자본을 많이 쓰고 노동을 절약하는 쪽으로 진행한다. 그 결과 자본생산성보다도 노동생산성을 상승시키고 이윤율과 이자율은 내리게 하고 노임은 계속 오르게 하는 것이다.

한편 새 기술이 출현하고 기술과 상품의 라이프사이클이 날로 단축화되어 감에 따라 자산과 물질의 가치가 급속하게 감가되는 반면 노동의 가치는 올라가는 현상이 생긴다. 그래서 예컨대 노동의 값인 노임은 추세적으로 올라가고 자본의 값인 금리는 내려가는 것이다.

③ 자영업소득은 경제가 발전할수록 그 비중이 가장 뚜렷하게 감소한다. 이것은 경제발전이 자영업의 해체를 촉진하기 때문인데 가장 크게 감소하는 부문이 농가들이다. 도태되는 자영업자들은 그 대부분이 피용자화하며, 따라서 그 소득도 노동소득으로 전환된다. 그리고 경제발전과정에서의 자영업의 입지가 축소됨과 동시에 자영업자들의 상대소득이 피용자에 비해서 떨어지는 추세가 나타난다.

2-3 계층별 분배[3)]

우리는 앞에서 경제가 발전함에 따라 소득의 기능별 분배가 어떻게 되는가에 대해서 알아보았다. 그런데 기능별 분배보다도 누구나 더 깊은 관심을 가지게 되는 것이 계층별 분배이다. 그러면 경제발전단계에 따라 소득의 계층별 분배는 어떻게 되는가. 이에 대해서는 여러 사람의 연구가 경제개발의 초기에는 악화하고 후기에는 개선된다는 점과 경제가 발전된 선진국일수록 소득분배가 균등하다는 데 일치하고 있다. 그러면 여기서는 쿠즈네츠의 연구결과를 중심으로 다른 연구결과들을 종합하여 경제발전과 계층별 소득분배의 관계를 살펴보기로 한다.

경제발전단계와 계층별 소득분배의 관계는 [그림 10-2]와 같이 나타낼 수 있다. 이 그림의 종축에는 소득분배의 평등도, 횡축에는 시간 또는 1인당 소득이 각각 표시되고 있다.

① 먼저 **전통사회**는 경제근대화가 시작되기 전의 농업사회이다. 소득수준이 낮아서 사람들은 대부분이 생존수준에서 생활한다. 소득격차는 주로 토지소유의 격차에 기인하는 데 전통적으로 농업은 비

3) 박 승, 「S. S 쿠즈네츠」, 유풍출판사, 1982, pp. 169～172, 188～191; S. S. Kuznets, *Modern Economic Growth,* pp. 177～186; Idem, "Economic Growth and Income Inequality," *AER,* March 1955; Hollis B. Chenery et al., *Income Inequality; Some Dimensions of the Problem,* Development Research Center, IBRD, Washington D. C., 1974.

[그림 10-2] 발전단계와 소득분배

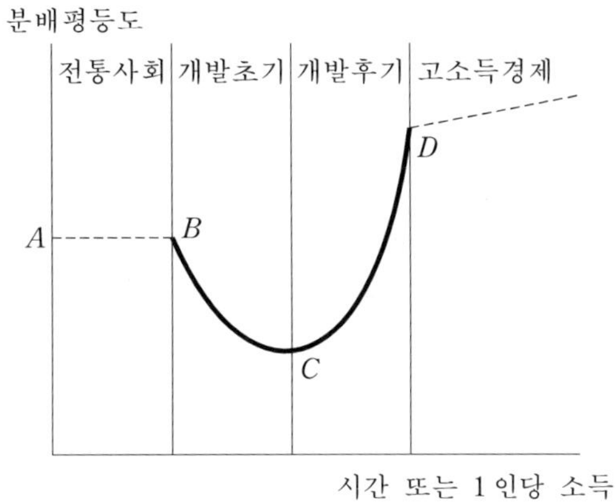

농업보다도 소득분배가 균등하다는 특징이 있다. 그래서 전통사회는 소득수준은 낮지만 소득격차는 그렇게 크지 않다.

② 그러다가 경제개발이 시작되면 개발 초기의 소득분배는 악화하여 BC구간이 보여 주는 바와 같이 분배평등도가 떨어진다. 이처럼 소득분배가 개발 초기에 악화하는 원인은 다음과 같이 크게 두 가지로 간추릴 수 있다.

먼저 경제개발을 위한 노력과 정책들이 모두 소득분배를 불균등화하는 방향으로 작용한다. 개발 초기에는 형평보다도 자본축적이 강조되고 복지보다도 성장에 치중하지 않을 수 없기 때문이다. 구체적으로 말해서 개발 초기에 나타나는 개발인플레, 강제저축, 그리고 저노임 등은 모두 저소득층에게 불리한 것이며 생산·투자·수출 등에 대한 특혜적인 지원에서는 저소득층이 소외될 수밖에 없다.

다음으로는 개발 초기의 경제발전에서 나타나는 구조변화와 환경이 소득격차를 확대하는 방향으로 작용하게 된다는 점이다. 농업부문의 소득분배는 비농업보다도 균등한 데 경제발전에 따라 농업의 비중이 계속 감소한다. 그리고 인구면에서 보면 공업화 초기에는 출생률은 줄지 않고 사망률만 감소하여 인구가 크게 증가하는데 이러한 인구증가율은 저소득층일수록 높아서 이들의 상대소득을 떨어뜨린다. 한편 공업화 초기에는 예컨대 지가상승(地價上昇)의 경우처럼 여러 가지 형태의 횡재(橫財)와 투기의 기회가 주어지게 되는데 이러한 기회는 저소득층일수록 얻기 어려운 것이다.

쿠즈네츠는 저근대화과정에서 이와 같이 소득분배가 악화한 시기를 영국의 1780~1850년, 미국과 독일의 1840~1890년이었다고 지적한다. 그리고 소득분배가 개선되기 시작한 것은 영국의 경우 19세기 후반부터 였으며 미국과 독일은 제1차 세계대전 이후부터라고 한다.

③ 경제개발의 후기에는 소득분배가 균등화한다. 앞에서 말한 개발 초기, 즉 *BC*구간은 후진국에서 중진국수준으로 가는 과정이며 여기서 말하는 개발 후기, 즉 *CD*구간은 중진국에서 선진국으로 가는 과정이라 할 수 있으며 이런 점에서 개발 후기는 **발전성숙기**라 할 수 있다. 이 시기에는 소득분배를 악화시키는 요인도 있지만 분배를 개선시키는 힘이 월등하게 작용한다는 것이다. 그러면 이 단계에서는 어째서 소득격차가 줄어들게 되는가를 간추려 보자.

첫째로, 고용기회가 확대하여 구조적 실업이 없어질 뿐 아니라 노동직종이 단순노동으로부터 고급기술직으로 고급화한다. 저소득계층에 대해서는 빈곤의 최대문제가 실업이라는 것은 두말 할 필요가 없다. 그뿐 아니라 노동의 직종이 고급화하면 노동자의 **중산층화현상**이 촉진된다.

둘째로, 정부정책이 불균등촉진적인 내용의 것으로부터 균등화촉진적(均等化促進)인 것으로 바뀌게 된다. 개발 초기의 개발정책은 강제저축, 개발인플레, 투자와 생산에 대한 특혜지원 등으로 빈부격차를 확대한다고 지적한 바 있다. 그런데 개발성숙단계에 이르면 이러한 정책들은 이 이상 필요치 않게 되고 이에 따라 정책기조도 성장편향적(成長偏向的)인 정책에서 탈피하여 차츰 복지쪽으로 중심이 이행된다. 그래서 누진적 종합소득세제의 실시, 상속세와 재산세의 중과, 사회보장제의 실시, 금리인하와 독과점규제 등 소득분배를 균등화시키는 내용의 정책이 추진된다.

셋째로, 구조적 실업이 없어지고 인력부족 현상이 나타나는데 이에 따라 기술혁신이 광범위하게 추진된다. 그런데 기술혁신은 한편에서 노동생산성을 높여 노임상승을 뒷받침하고 한편에서는 이미 축적된 자산과 물질의 가치를 떨어뜨려 빈부격차를 축소시킨다. 건축기술이 바뀌고 생활양식이 변화함에 따라 불과 30여 년 전에 지은 주택의 건물값도 제대로 쳐주지 않는 경우를 생각하면 될 것이다.

넷째로, 산업간 또는 부문간 생산성의 평준화경향이 나타난다. 경제개발 초기에는 농업과 공업, 도시와 농촌 등 각 부문에 불균형이 확대되고 이중구조가 커지게 마련이다. 그러나 개발성숙단계에서는 그러한 격차를 축소시키려는 균형성장정책(均衡成長政策)이 추구된다.

끝으로, 교육기회의 균등화를 들 수 있다. 개발 초기의 저소득단계에서는 선택된 사람만이 고등교육을 받을 수 있지만 중진국단계를 넘어서게 되면 거의 모든 국민이 고등교육을 받을 수 있는 기회를 가지게 된다. 자본주의 경제체제에서 최대의 균등화요인이 교육기회의 균점이라는 것은 이미 지적한 바 있다.

쿠즈네츠는 이처럼 개발 후기에 소득분배가 개선된 여러 나라의 실례를 들고 있다. 영국의 경우 상위소득 5% 인구의 소득점유율을 보면 1880년 46%, 1910년 43%, 1929년 33%, 1938년 31%, 1947년 24%로 하락하였다. 미국의 경우를 보면 하위소득계층 40%의 인구가 차지하는 소득점유율이 1929년의 13.5%에서 제2차 세계대전 직후에는 18%로 상승하고 상위소득 5%의 인구가 차지하는 소득비율은 같은 기간에 31%에서 20%로 하락하였다.

④ 경제가 선진국단계에 들어서면 소득분배는 고도로 균등화된 수준에서 안정적이고도 완만하게 개선되어가는 추세를 나타낸다. 그림의 D점 이후가 여기 해당된다. 그런데 소득분배의 균등화에는 어떤 한계가 있다는 것을 유의해야 한다. 그 한계란 그 이상의 균등

화를 추구하면 결국 지나치게 결과평등(結果平等)으로 기울게 될 수밖에 없고 그렇게 되면 사회는 발전의 활력을 상실하게 되는 상태를 말한다.

지금까지 경제발전과 소득분배의 관계에 대해서 설명하였는데 이 그림에서 D점은 B점보다 훨씬 상위에 있다는 것을 주목할 필요가 있다. 다시 말하면 경제개발이 초기에는 소득분배를 악화시키지만 이것은 일시적인 현상일 뿐이고 전체적으로 볼 때 공업화는 소득분배를 획기적으로 균등화시키게 된다는 점이다. 이런 점에서 볼 때 경제근대화과정은 성장에 따르는 전체 소득의 증가와 소득분배의 균등화가 동시적으로 일어나는 현상이며 이 두 가지는 장기적으로 볼 때 표리의 관계에 있는 것이다.

경제발전과 소득분배의 관계가 개발 초기에는 역상관이고 개발 후기에는 정상관의 관계에 있다는 쿠즈네츠의 주장은 한국의 경험에서도 확인할 수 있다. 앞 절에 제시한 [표 10-1]에서 보면 1965년에 비하여 1980년의 소득분배는 불평등이 심화되었으나 그 뒤 1988년과 1996년치를 보면 소득분배는 계속 개선되고 있음을 볼 수 있다. 그리고 이러한 분배구조를 그림에서 보면 U자 모양을 하고 있기 때문에 이를 흔히 **U자형분배가설**(U Hypothesis)이라고 한다. 그런데 이 그림에서 종축에 분배불평등도를 표시한다면 그림의 모양은 U자를 뒤집어 놓은 것이 될 것이다. 그래서 이것을 **역U자형분배가설**(Inverted U Hypothesis)이라고도 한다. 쿠즈네츠는 1955년 미국경제학회의 회장연설에서 소득수준과 소득불평등도 사이에는 역U자형의 관계가 있다고 말한 바 있다.

2-4 한국의 소득분배

세계 여러 나라들의 소득분배상태는 어떤가. 그리고 한국의 소득분배는 다른 나라에 비해서 어떤 상태에 있는가를 알아보기로 하자.

[표 10-3]은 세계은행의 자료에서 30개 나라를 뽑아 이들의 소득분배상태를 10분위 분배율로 비교한 것이다. 10분위 분배율은 최하위소득 40%에 드는 소득계층의 소득총계를 최상위소득(最上位所得) 20%에 드는 소득

[표 10-3] 소득분배의 국제비교(1996년) (10분위 분배율 %)

45% 이상(평등분배국)		45% 이하(불평등 분배국)	
오스트리아	75.7	중　국	32.2
스 웨 덴	70.0	필 리 핀	31.2
벨 기 에	69.9	페　루	28.0
노르웨이	68.8	태　국	27.1
핀 란 드	67.6	나이제리아	26.1
헝 가 리	62.0	예　멘	25.4
독　일	60.6	베네수엘라	25.2
한　국	**55.8**	말레이지아	24.0
러 시 아	52.4	도미니카	22.7
캐 나 다	51.9	니카라과	21.9
영　국	51.0	세 네 갈	17.9
프 랑 스	49.6	칠　레	16.6
이 집 트	49.1	케　냐	16.3
인도네시아	47.3	남아공화국	14.4
오스트레일리아	46.9	브 라 질	12.7

자료: 세계은행, *World Development Report*, 1999년판.

계층의 소득총계로 나누어 계산한 것이다. 따라서 이 비율이 높을수록 소득분배는 평등하고 낮을수록 불평등함을 나타낸다. 그리고 10분위 분배율이 45% 이상인 나라를 소득분배가 평등한 나라, 그리고 45% 이하인 나라를 불평등한 나라로 분류하였는데 그 결과를 정리하면 다음과 같다.

① 소득분배는 선진국일수록 균등하고 후진국일수록 불균등하다. 선진국 중에서는 특히 사회보장이 잘 되어 있는 북구와 기타 유럽지역의 소득분배가 가장 균등하며 후진국 중에서는 남미 아프리카 중동지역 등의 불균등이 가장 심하다.

② 러시아, 헝가리, 이집트 등 과거 사회주의 국가들의 소득분배는 그 소득수준에 비해서는 상대적으로 균등하다.

③ 한국의 소득분배는 한국의 소득수준을 감안할 때 매우 균등한 편

에 속한다.

여기서 우리는 한국의 소득분배가 상대적으로 균등하다는 사실에 대해서 좀더 논의할 필요가 있다. 우리와 유사한 발전단계에 있는 다른 나라들과 비교할 때 한국의 소득분배가 매우 고른 편에 속한다는 사실에 대해서는 많은 연구결과가 일치하고 있다. 길리스(Malcolm Gillis)와 그의 공저자(共著者)들은 미국에서 대학의 경제발전론 교재로 널리 읽혀지고 있는 그들의 저서에서 한국의 소득분배는 타국과 비교할 때 매우 균등하며 한국은 고도성장과 균등분배를 함께 이룩하는 데 성공한 대표적인 사례라고 지적하고 있다.[4] 그리고 세계은행의 여러 보고서와 아델만(Irma Adelman)의 논문에서도 같은 결론을 도출하고 있다.[5]

빈부격차의 심각성은 인간생활에 필요한 의·식·주, 세 가지 가운데 어디에 걸려 있느냐 하는 것과 관련이 있다. 가장 심각한 빈부격차는 의식이 문제되는 빈부격차이고 열심히 일을 하려는 사람도 일터가 없거나 노동대가가 낮아서 의식의 문제가 해결되지 않는 빈부격차이다. 오늘날 대부분의 개도국들이 바로 이러한 문제에 당면하고 있는 것이다. 그러나 한국은 의(衣)와 식(食)의 빈부격차는 크게 문제되지 않고 이제 주택문제도 거의 해결되어가는 단계에 이르렀으며 이런 점에서 한국의 빈부격차문제는 선진국형이라고 보아야 할 것이다.

그렇다면 한국의 소득분배는 왜 다른 나라보다 고르게 되었는가. 그리고 소득분배가 상대적으로 균등한 데도 불구하고 왜 한국인들은 빈부격차가 매우 심각하다고 생각하는가 이런 문제들에 대해서 좀더 살펴보기로 하자.

---

4) Malcom Gillis, Dwight H. Perkins, Michael Roemer, Donald R. Snodgrass, *Economics of Development,* W. W. Norton & Company, 1987, p. 89.

5) Joel Bergsman "Growth and Equity in Semi-Industrialized Countries," *World Bank Staff Working Paper,* No. 351, 1979, Also Reprinted in Gerald M. Meier, *Leading Issues in Economic Development,* Fourth Edition, Oxford University Press, Inc., 1984; Irma Adelman and Sherman Robinson, *Income Distribution Policy in Developing Countries, A Case Study of Korea,* Stanford University Press, 1978; Irma Adelman and C. T. Morris, *Economic Growth and Social Equity in Developing Countries,* Stanford University Press, 1973.

먼저 한국이 공업화과정에서 높은 인플레의 경험, 강제저축에 의한 내자동원, 급속한 성장의 추구 등 소득격차를 확대시키는 요인이 많았음에도 불구하고 다른 나라에 비해서는 상대적으로 소득분배가 균등하게 된 원인은 다음 몇 가지로 요약해 설명할 수 있다.

첫째로, 농지개혁에 의하여 전근대적인 토지자본이 일찍이 해체되어 농업 내의 소득분배가 처음부터 비교적 균등했다는 점이다. 개발시점(開發始點)에서 소득불평등의 가장 큰 문제는 농업에 있는 것이다. 즉 농업의 토지소유가 집중되어 있을수록 지주와 소작인 사이의 소득격차가 커지게 되는데 심각한 분배불평등을 가진 나라는 대개 이러한 농업구조가 지배하는 경우가 많다. 그런데 한국은 1950년의 토지개혁을 통해서 전통적인 토지자본을 해체함으로써 농업 내부에서의 소득격차를 줄이는 데 성공했고 한편 농산물가격지원정책을 통해서 농업과 비농업의 소득격차를 어느 정도 줄이는 데 기여했다고 볼 수 있다.

둘째로, 물질자본 축적에 앞서서 인간자본을 축적했다는 점이다. 소득불평등을 결과하는 근본원인의 하나는 교육기회의 불평등이다. 그런데 우리 나라는 높은 교육열로 인해서 공업화에 착수하기 이전에 이미 폭넓은 교육의 균등이 이루어졌으며 이로 인하여 충분한 인간자본을 가지고 경제개발을 시작할 수 있었다는 것은 소득분배의 평준화에 크게 기여했다고 볼 수 있다. 한국은 이미 1960년대에 초등학교취학률 100%를 기록하였다. 그리고 상급학교진학률은 2000년 현재 중학교에서 고등학교가 이미 100%, 고등학교에서 대학이 65% 수준을 기록하여 교육수준이 선진국의 상위에 진입하였다.

셋째로, 성장이 노동집약적 수출로 주도됨으로써 성장의 고용흡수력(雇傭吸收力)과 임금상승력이 컸다는 점이다. 무역이 분배에 미치는 효과는 수출품의 요소집약도(要素集約度)에 의존한다. 즉 수출품이 자본보다 노동을 많이 투입하는 것이면 수출은 자본보다도 노동을 더 흡수할 뿐 아니라 상대적으로 자본의 가격보다도 노동의 가격을 더 올리는 역할을 하게 되는 것이다.

끝으로, 개발 초기의 공업화가 내자(內資)보다도 외자에 의해서 주도되었다는 점이다. 이것은 두 가지 의미에서 소득분배를 평준화시켰다고 볼 수 있는데 그 하나는 외자도입이 자본소득보다도 고용과 임금인상을 통해서 노동소득에 더 유리하게 작용하였다는 점이고 다른 하나는 성장속도를 주어진 것으로 놓고 볼 때 외자도입이 없었더라면 강력한 강제저축으로 분배불평등이 더 심화될 수밖에 없었으리라는 점이다.

지금까지 한국의 소득분배가 비교적 균등하게 된 원인을 설명하였다. 그런데 한국인들은 다른 어떤 나라보다도 한국의 빈부격차에 대해서 더 많은 욕구불만을 가지고 있다. 그리하여 한국의 빈부격차문제는 다른 어떤 나라에서보다도 심각한 사회문제가 되고 있다는 것 또한 사실이다. 그러면 그 원인은 어디 있는가.

첫째로, 한국인의 평등에 대한 의식구조는 기회평등보다도 결과평등에 대한 욕구가 강렬하다는 점이다. 함께 대학을 나와 입사했으면 월급도 같아야 하고 승진도 같이 해야만 된다고 생각한다. 이것은 오랫동안 유교적 윤리와 연고주의적(緣故主義的) 문화, 그리고 대가족제도에서 비롯된 평등의식으로서 한국의 역사적 전통과 문화적 유산에 기인한다. 이와 같은 문제는 개인주의적 윤리와 보편주의적 문화 속에서 성장한 서구문명과 다른 점이다. 예컨대 수백 년 동안 서구문명을 받아들인 아시아의 필리핀이나 남미제국에서는 그토록 심각한 소득격차에도 불구하고 이것을 받아들이고 승복하는 경향을 엿볼 수 있다.

둘째로, 한국의 급속한 공업화과정에서 경제정의와 도덕성이 관철되지 못 했으며 이로 인하여 불로소득과 부당한 부(富)의 축적이 빈부격차의 큰 원인이 되었다는 점이다. 성장과정에서 나타난 특혜적 지원과 부동산 투기자들의 성공적인 축재 등을 그 예로 들 수 있다. 그래서 한국의 빈부격차가 큰 사회문제가 되고 있는 것은 격차 그 자체보다도 그 당위성(當爲性)의 문제, 즉 그 격차가 정당하게 설명될 수 있는 원인에 의해서 생긴 것인가 하는 데 있다.

셋째로 한국 빈부격차문제의 본질은 소득격차가 아니라 자산격차인데 한국의 자산격차는 소득격차보다도 월등히 크다는 사실이다. 1988년의 경우 하위 40% 계층의 소득점유율은 전체 소득의 20%였지만 자산점유율은 전체 자산의 7%에 불과했으며 상위 20% 계층의 소득점유율은 42%였지만 자산점유율은 60%에 이르렀다. 이러한 자산소유의 불평등은 그 뒤 오히려 확대되는 추세에 있다.

끝으로, 한국의 빈부격차는 사회적 고속변화 속에서 매우 짧은 기간 동안에 형성되었다는 점이다. 사람들은 대대로 나보다 잘 사는 이웃에 대해서는 이것을 당연한 것으로 받아들인다. 그러나 엊그제까지 나보다 못 살다가 갑자기 큰 돈을 벌어서 나보다 잘 살게 된 이웃에 대해서는 승복하지 않으려 한다. 그뿐 아니라 대대로 부유하게 살다가 갑자기 가난하게 된 사람도 자기보다 잘 살게 된 이웃에 승복하지 않으려 한다. 요컨대 한국의 빈부격차는 20세기 후반의 고도성장과정에서 불과 한 세대 동안에 일어난 급격한 위치치환현상(位置置換現像)을 통해서 결과된 것이기 때문에 비록 그 격차가 작다 하더라도 이에 대한 욕구불만은 크게 나타나는 것이다.

3. 임금과 생산성

3-1 임금과 생산성의 관계

자본주의경제에서 소득분배의 균등성은 기본적으로 근로자들의 생활에 달린 것이고 근로자들의 생활은 임금수준에 의해서 결정된다. 그렇다면 임금은 어느 정도 오르는 것이 바람직한 것인가.

적정임금이란 개념은 근로자들의 생활보장이라는 측면에서 볼 수도 있고 기업의 지불능력이라는 차원에서 생각할 수도 있으며 국민경제의 성장목표나 복지목표와 연관하여 고려할 수도 있을 것이다. 그러나 가장 보편적이고 기본적인 기준은 분배의 공정이라는 측면에서 보는 것이며 이러한 시각에서 보는 적정임금은 노동생산성만큼 지불하는 것이다. 여기서 말하는 임금은 물론 실질임금을 말한다. 그러면 어째서 노동생산성만큼 임금을 지불하는 것이 공정한 것인가, 그리고 이러한 **생산성임금론**이 그대로 적용될 수 없는 제약조건들은 어떤 것인가에 대해서 알아보기로 하자.

가령 한 사람의 노동자가 하루 성냥 1갑을 생산한다고 치자. 성냥 1갑은 100원이며 원료 40원, 임금 50원, 이윤 10원으로 구성되어 있다. 그런데 기술혁신이 되어서 그 사람이 이제는 하루 2갑의 성냥을 생산하게 되었다. 그러면 이 사람의 노동생산성은 100%가 증가한 것이며 생산성만큼 노임을 받는다는 것은 그 사람의 노임이 50원에서 100원으로 오르게 된다는 것을 뜻한다.

그러면 노동생산성의 증가는 어디서 오는 것인가. 여기에는 세 가지가 있다. 그 하나는 교육이나 훈련을 통해서 노동의 질이 높아지는 것이고, 다음으로는 자본을 투자해서 1인당 자본장비율(資本裝備率)이 높아지는 것이며, 또 하나는 기술발전으로 생산효율이 높아지는 것이다. 통상적으로는 이들 세 가지가 서로 하나가 되어 노동생산성을 높이는 힘으로 작용한다.

생산성만큼 임금을 받게 된다면 그것이 함축하는 의미는 어떤 것인가. 이 문제는 두 가지로 압축해서 설명할 수 있다.

첫째로, 생산성만큼 임금을 받는다는 것은 노동이 생산에 기여한 만큼의 제 몫을 받게 된다는 것을 뜻한다. 만일 생산성보다 더 받으면 다른 생산요소의 몫, 예컨대 이윤의 몫을 침식하게 되는 것이고 생산성보다 덜 받으면 노동이 받아야 할 몫을 그만큼 타생산요소에게 빼았긴다는 것을 의미한다. 그런 경우를 두고 **노임착취**(Wage Exploitation)라 한다. 앞의 예에서 성냥 생산이 1갑에서 2갑으로 되었을 때 노임이 50원에서 90원으로 상승하는 데 그쳤다면 10원은 이윤소득자에게 넘어간 것이 된다.

둘째로, 임금이 생산성증가율만큼 오른다는 것은 국민소득의 기능별 분배에 있어서 **노동소득분배율**이 변하지 않는다는 것을 의미한다. 따라서 만일 임금상승률이 노동생산성 증가율보다 앞서 간다면 노동소득분배율은 오르게 될 것이며 노동생산성의 증가율보다 낮다면 노동소득분배율은 하락하게 될 것이다.

그러나 이와 같은 생산성임금론(生產性賃金論)을 실제 적용하는 데 있어서는 많은 문제점과 제약이 있다. 이 때문에 생산성임금론은 특수한 전제들이 충족되는 경우에만 그 실제적용에 타당성이 있다고 할 수 있다. 그러면 어떤 문제들이 있는지를 간추려 보기로 하자.

첫째로, 노동생산성의 절대금액을 계산할 수 없다는 데서 오는 문제가 있다. 생산성임금론은 노동이 생산에 기여한 것만큼 노임을 지불해야 한다는 것이므로 이론상 여기에 이의가 있을 수 없다. 그러나 생산물 속에 체화되어 있는 노동의 기여분이 금액으로 얼마인지는 계산할 방법이 없으며, 다만 그 증가율만 알 수 있을 뿐이다.

예컨대 앞의 성냥생산에 관한 예에서 성냥 1갑은 100원이지만 그 가운데 노동의 기여분이 얼마인지는 그 누구도 알 수 없다. 100원 가운데 50원은 노임으로 지급하였는데 이것은 기업가가 그렇게 지급한 것뿐이지 노동의 기여분이 50원인지 60원인지는 확인할 방법이 없는 것이다. 다만 완전경쟁·완전고용경제에서는 장기적으로 노임이 노동생산성에 수렴할 것이기 때문에 그러한 경험을 통해서 노동생산성의 절대금액을 유추할 수 있을 따름이다.

그렇기 때문에 생산성임금론은 결국 노동생산성 증가율만큼 노임도 올려야 한다는, 말하자면 금액으로서가 아니라 증가율로서 양자가 같아야 한다는 내용이 될 수밖에 없다. 그런데 이것은 당초의 임금이 정당하다는 전제, 다시 말하면 당초의 임금액이 노동생산성 금액과 같다는 전제 위에서만 정당성을 지니는 것이다. 그런데 과거에 부당한 저임금이 지배적이었다면 임금을 생산성증가율과 같게 올리더라도 그것은 계속 부당한 저임금일 수밖에 없는 것이다.

둘째로, 구조적 실업이 존재하는 개도국의 경우 기업의 노동수요는 독과점상태에 있게 되며, 따라서 생산성만큼의 임금을 주지 않고 생존임금만 주더라도 얼마든지 노동력을 구할 수 있게 된다. 이러한 상황에서 생산성임금론은 실현이 불가능하다. 그래서 생산성임금은 완전고용이 전제되고 노동시장이 경쟁적인 상황 아래서만 실현될 수 있는 것이다.

이 문제는 노동소득분배율과 관련시켜 좀더 설명할 필요가 있다. 임금이 노동생산성 증가율과 같게 증가하면 국민소득에서 노동소득분배율은 변화하지 않게 된다는 것을 앞에서 지적한 바 있다. 그런데 구조적 실업이 있는 사회라면 현재의 노동소득분배율은 지나치게 낮기 때문에 이것을 더 올려야 하며, 따라서 임금상승률은 노동생산성의 증가율보다 높아야 하는 것이다.

셋째로, 생산성증가율이 산업마다 다르다는 데서 생기는 문제점이 있다. 예컨대 공업은 농업보다, 대기업은 중소기업보다 생산성이 높다. 그래서 으레 임금상승은 생산성이 높은 산업들이 주도한다. 그런데 노동력은 특정 산업에서만 일하라는 딱지가 붙어 있는 것이 아니고 유동성이 있기 때문에 생산성이 낮은 산업도 같은 수준의 임금을 주지 않고는 사람을 쓸 수가 없는 것이다.

이론적으로는 나라 전체를 평균해서 1인당 국민소득 증가율이 곧 국민 전체의 노동생산성증가율이므로 노임을 1인당 소득증가율만큼 올리면 될 것이다. 그러나 실제로는 각 산업의 형편이 있기 때문에 그렇게 될 수 없는 것이다. 그래서 농업도 공업이 주는 만큼, 중소기업도 대기업이 주는 만큼 따라가지 않고는 사람을 쓸 수가 없는 것이다. 그 결과로 이들 저생산성부문(低生産性部門)은 더 심각한 경영난을 겪게 되는 것이다.

그렇기 때문에 결과적으로 저생산성부문은 임금이 생산성보다 높고 고생산성산업일수록 그 반대의 현상이 지배한다. 그래서 산업별로 본다면 노동생산성만큼 임금을 지급한다는 원칙이 그대로 지켜지기 어렵다는 것을 알 수 있다.

3-2 경제발전과 임금

노동에 대한 공평한 소득분배는 노동생산성만큼 임금을 지불하는 것이라는 점을 앞에서 살펴보았다. 그러나 현실적으로 노동시장은 노사쌍방이 노동조합과 사용자단체(使用者團體)를 각각 조직하여 노동의 공급과 수요가 다 같이 독과점(獨寡占)되는 상태에 있다. 그래서 노임은 이들간의 협상에 의해서 결정되고 있다. 그러면 이러한 상황이 지배하는 경제발전과정에서 노임과 노동생산성의 관계는 어떻게 진행되는가.

먼저 [그림 10-3]에서 완전고용이 보장되어 있는 선진국의 경우를 먼저 보기로 하자. 이 그림에서는 단체협약에 의해서 실제로 결정되는 임금

[그림 10-3] 선진국의 노동생산성과 임금

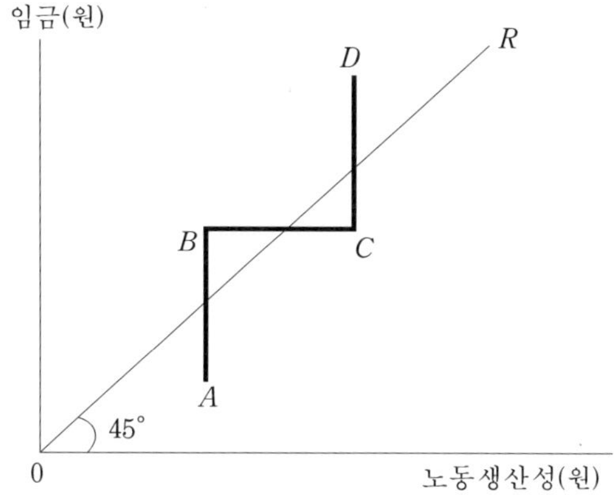

이 노동생산성을 앞서기도 하고 뒤지기도 하지만 완전고용이 보장되는 경제여건에서는 노임과 노동생산성의 괴리가 결코 장기적으로 지속될 수는 없으며, 따라서 임금상승이 갈 수 있는 반경은 결국 노동생산성의 신장폭에 의해서 결정된다는 것을 설명하는 것이다. 노동생산성의 증가는 노동의 질 향상, 자본투자의 증대, 기술혁신 등 세 가지에 의해서 이루어진다는 것을 앞에서 지적한 바 있다.

그러면 그림으로 돌아가 보자. OR선은 노동생산성금액과 임금이 일치하는 생산성임금선이다. 노동조합이 임금투쟁에 성공하여 A에서 B점으로 임금을 올렸다고 하자. 임금이 생산성을 초과하는 현상이 오래 지속되면 기업은 이윤이 감소하고 산업의 경쟁력이 떨어지게 된다. 그 결과는 생산감소와 투자감소로 연결된다.

여기서 기업은 자구책을 강구하게 될 것이다. 그 자구책은 한쪽에서 고용감축, 그리고 다른 쪽에서 원가절감(原價節減) 등 합리화노력을 포함하는 개념으로서의 기술혁신이며 통상적으로는 이들 두 가지가 결합되어 노동절약적 기술혁신으로 나타난다. 이렇게 되면 노동생산성은 오르게 된다. 그러나 고용이 감소하기 때문에 노임은 따라오르지 못하고 제자리걸음하여 B점은 C로 이동하게 된다. 그래서 이제 노임은 오히려 생산성보다도 낮게 되는 것이다.

노임이 생산성보다도 낮게 되는 C점에서는 기업이윤이 증가하고 경쟁력이 강화되기 때문에 현재의 기술수준에서 생산과 고용을 늘리게 된다. 이렇게 되면 임금상승의 여건은 성숙되는 것이며 이를 이용하여 노동조합은 C에서 D점으로 임금을 밀어올릴 수 있다.

이와 같이 임금과 생산성은 서로 앞서기도 하고 뒤지기도 하면서 경제성장이 이루어진다. 이들 양자는 단기적으로 괴리될 수 있지만 장기적으로는 수렴할 수밖에 없다. 그리고 노동조합의 단체행동에 의한 임금인상이 노동생산성을 초과할 경우 그것이 단기적으로 생산을 위축시키게 되는 것은 사실이지만 긴 안목에서 볼 때 이것은 기술혁신을 통하여 생산성을 도약시키는 촉매제가 될 수 있다는 점을 간과해서는 안 될 것이다.

지금까지 우리는 완전고용이 이루어지는 선진국경제를 전제하였다. 그러면 구조적 실업이 지배적인 후진국의 경우에는 어떻게 되는가를 [그림 10-4]에서 보기로 하자.

이 그림에서 H점은 완전고용점이다. 따라서 OM구간은 구조적 실업이 존재하는 후진적 경제이며 M점을 넘어서는 완전고용이 보장되는 선진적인 경제를 나타낸다. H점까지는 대중적인 실업이 존재하기 때문에 임금은 생산성에 의해서 결정되지 않고 생존비에 의해서 결정된다. 그러므로 그림에서 TH선은 **생존임금선**이며 HR은 **생산성임금선**이다. 그리고 실제 그때그때의 임금은 $ABCD\cdots$로 진행된다. 그래서 THR로 이어지는 굴절선은 중심임금선(中心賃金線)이라 할 수 있다.

이 그림에서 H점에 도달할 때까지는 실제 지불되는 임금이 모두 생산성임금선(OR)보다 낮다는 사실을 확인할 필요가 있다. 그리고 완전고용점인 H를 지나서야 생산성임금이 실현될 수 있으며 이 부분에 대해서는 이미 [그림 10-3]에서 설명한 바 있다.

이상과 같은 분석을 통하여 우리는 노동생산성이 증가할 때 반드시 그만큼 임금이 따라 오를 것인가 하는 질문에 대답할 수가 있다. 생산성이 증가한 만큼 임금도 오르는 경우는 완전고용이 지배하는 경우이다. 기업가가 이렇게 임금을 주게 되는 것은 그렇게 하는 것이 이윤을 극대화하고

[그림 10-4] 후진국의 노동생산성과 임금

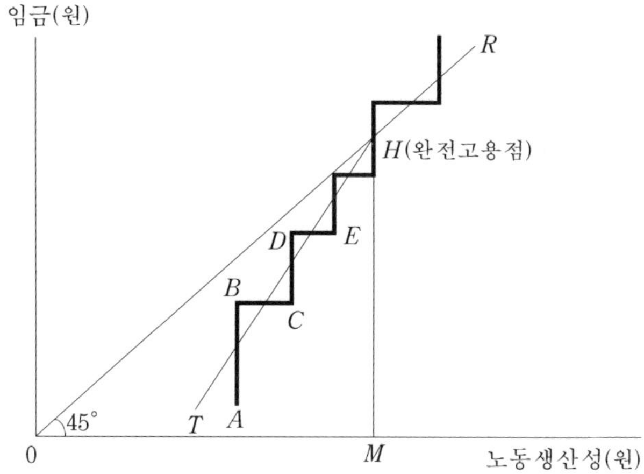

또 그렇게 주지 않고는 인력을 구할 수가 없기 때문이다.

그러나 구조적 실업이 존재하는 경우 임금은 생산성만큼 주지 않고 따라서 생산성이 오른다고 반드시 임금이 따라 오르지는 않는 것이다. 대중적인 실업이 존재하는 경우에는 노동의 수요는 제한되어 있는데 노동의 공급은 크게 남아서 기업가는 생산성만큼의 임금을 지불하지 않고도 얼마든지 사람을 구할 수가 있기 때문이다. 즉 실업자들끼리 일자리를 얻으려고 경쟁을 하게 되고 이 결과로 임금수준을 생산성보다 낮게 떨어뜨리게 되는 것이니 이런 경우의 기업은 노동수요를 독점하는 지위에 서게 되는 것이다.

4. 경제발전과 사회복지

4-1 새로운 복지문제의 제기

모든 사람들이 생존수준에서 사는 전통사회에서는 복지문제가 제기되는 일이 없다. 생존유지 자체가 문제이기 때문이다. 그런데 산업화가 진행되어 살기가 편해질수록 복지에 대한 욕구불만이 폭발하고 복지문제가 큰 사회문제로 제기되는데 이것은 어떻게 보면 역리적(逆理的)인 현상같기도 하다.

경제발전에 따른 산업화는 양과 질의 양면에서 복지에 대한 새로운 필요를 창출한다. 산업화에 따라 제기되는 새로운 빈곤문제가 바로 현대적 빈곤문제의 본질이라고 볼 수 있으며 따라서 현대적 복지문제는 산업화과정과 밀접한 상관관계에 있다. 그러면 산업화가 진행됨에 따라 복지에 대한 새로운 수요가 어떻게 나타나는가에 대해서 알아보기로 하자.

① 산업화에 따라 전체 취업자 가운데 피고용자의 비중이 크게 증가할 뿐 아니라 그 구성이 크게 달라진다는 점이다. 전체 노동인구 가운데 피용자가 점하는 비율을 보면 일본은 1955년의 43%에서 1970년에는 62%로 늘었으며 한국의 경우에는 1963년의 31%에서 1979년 47%, 1988년 57%로 계속 증가하였다. 1997년 현재 이 비율이 한국은 61%, 일본은 62%, 미국은 64% 임을 감안할 때 한국의 피용자비율은 이미 선진국수준에 있음을 알 수 있다. 그뿐 아니라 피용자의 구성을 보면 비농업화와 도시화의 현상이 꾸준히 진행된다. 그래서 산업화에 따라 도시의 피용자, 그리고 비농업의 피용자를 중심대상으로 하는 새로운 빈곤문제가 제기된다.

② 산업화는 불가피하게 직업의 불안을 불러일으키게 된다. 특히 산업화로 인한 실업은 그 이전의 잠재실업과는 달리 겉으로 나타나는 완전실업이 주종을 이루게 된다는 점에서 심각한 문제를 제기하게 된다. 농촌이나 영세자영업(零細自營業)의 잠재실업은 가족노동을 중심으로 하기 때문에 생존을 위협하지는 않지만 현대적인 실업은 생존 자체를 위협하는 것이기 때문이다.

③ 산업화가 진행됨에 따라 **노령화문제**와 질병문제에 새로운 사회적 수요가 발생한다. 소득의 증가와 병행하여 인간의 평균수명은 갑자기 연장된다. 그러나 가족제도는 대가족제도가 붕괴되고 **핵가족제도**로 개편되면서 노인에 대한 가족부양제도는 와해되기 시작한다.

그래서 노령문제는 심각한 사회문제로 부각되기 시작한다.

한편 사람의 질병은 의학의 발전으로 전통사회에서 만연되던 전염병·말라리아·홍역·폐병 등은 많이 치유되어 감소하지만 그 대신 직업병·성인병·산업재해·정신질환 등이 크게 증가한다. 그뿐 아니라 이들 질병의 치료는 그 동안 개인의 책임이라는 사고에서 사회적 책임이라는 방향으로의 전환이 이루어지게 된다.

④ 경제발전이 진행되면서 산업화에 따른 생활환경의 파괴, 도시화에 따른 과밀과소문제(過密過疎問題), 불균형성장에 따른 특정 계층 또는 특정 지역의 낙후문제 등이 생긴다. 산업공해문제·도시교통문제·도시주택문제 등이 그 사례이며 정신적 불안·마약문제·범죄문제 등 새로운 사회문제가 발생하게 된다.

4-2 복지욕구와 그 특징

산업화에 수반하여 사람들의 기본수요를 위한 물질생산에 소요되는 노동시간은 계속 감소한다. 이것은 그만큼 시간적인 여유가 생긴다는 것을 뜻한다. 한편 사람들의 지능이 계속 개발됨에 따라 사람들의 욕구는 지속적으로 고도화할 뿐 아니라 그것을 구현하려는 강력한 의지를 가지게 된다. 산업화에 따른 이러한 욕구변화는 다음 몇 가지로 나누어 볼 수 있다.

① 인간의 본능은 자기보존·자기발전·자기우위(自己優位) 등 세 가지로 크게 나누어 볼 수 있다. 이러한 본능을 바탕으로 하여 사람들은 생활안정·건강·직업·교육·사회참여·상대우위 등 여러 가지의 욕구를 가지고 있다. 그런데 산업화가 진행될수록 인간의 본능은 자기보존에서 자기우위쪽으로 계속 그 중심이 이행하는 경향을 나타내며 이에 따라 인간의 욕구도 더욱 강렬하게 노출된다.

② 생활에 대한 인간욕구의 변화과정도 생존·편리·향락 등 세 단계로 나누어 볼 수 있는데 산업화가 진행될수록 향락욕구쪽으로 이행한다. 이것을 경제발전적 측면에서 본다면 생존욕구는 경제성장으로 대응하고 편리욕구는 분배균등으로 대응하면 되지만 향락욕

구단계에서는 사회보장정책으로 대응하지 않으면 안 된다.

③ 산업화에 따라 빈곤문제는 절대적 빈곤에서 상대적 빈곤으로 그 중심문제가 이행한다. 절대적 빈곤문제는 소득의 수준문제이며 자기생활에 대한 개선욕구로 나타나게 되는데 대체로 산업화의 초기에 이 문제가 중요성을 지닌다. 이런 경우 많은 사람들은 자기의 빈곤이 천부적인 것으로 체념하거나 자기의 능력부족으로 자책하는 경향을 나타내기 때문에 **절대적 빈곤**이 중심과제가 되는 단계에서는 이것이 사회적 불만으로 노출되는 경향은 그다지 크지 않다. 문제를 자기 스스로 해결하려고 노력하게 되어 불만보다는 근면으로 대응하려는 성향이 나타나는데 이러한 절대적 빈곤은 경제가 성장할수록 점감하게 마련이다. 이러한 빈곤문제의 해결을 위한 대응책은 고용기회 확대라 할 수 있다.

이와 달리 **상대적 빈곤문제**는 소득의 격차에서 오는 것이며 이것은 자기우위욕구(自己優位欲求)에서 나오는 것이다. 산업화가 진행되어 대중적 생존문제가 어느 정도 해결된 단계에서 표면화하는 경향이 있다. 상대적 빈곤이 중심과제가 되면 빈곤은 숙명이나 나태에서 오는 것으로 보지 않고 사회적 책임으로 보는 인식이 커지게 되며 따라서 사회적 해결을 요구하게 된다.

인간복지적 차원에서 본다면 절대적 빈곤문제가 훨씬 심각한 것임에도 불구하고 사회적 차원에서 본다면 상대적 빈곤이 더욱 심각한 문제가 되는 이유는 전자의 경우와 달리 후자의 경우는 그 책임을 사회에 돌리고 불만이 사회적으로 노출되는 속성이 있기 때문이다. 이러한 상대적 빈곤문제는 성장할수록 더욱 크게 부각되기 마련이며 이에 대한 대책은 고용이나 성장보다도 복지정책을 통한 재분배가 중요한 의미를 갖는다.

이상과 같은 인간욕구의 변화로 인하여 산업화가 어느 정도 진행이 되면 복지에 대한 욕구가 폭발적으로 일어나게 된다. 그러면 이 단계에서 국민들의 복지욕구는 어떤 특징을 가지는가.

① 저부담·고수혜욕구(高受惠欲求)로 치닫는다. 사회보장은 높은 수준

을 바라면서 부담은 낮게 하려는 것이다. 예를 들어 의료보험의 경우 보험혜택을 높이고 의료서비스의 질도 높이도록 바라면서도 보험료부담을 올리는 데는 찬성하지 않는 것이다. 이 때문에 재정적자와 인플레가 유발되는 일이 많다.

② **보장수준의 불가역성현상**이다. 사회보장이 일단 실시되면 한번 보장해 준 수준은 그 뒤에 상황이 바뀐다 하더라도 이것을 감축하고 후퇴시키기가 매우 어렵게 된다는 것이다. 이 점은 기대와 욕망의 불가역성 또는 소비수준의 불가역성(不可逆性)과도 밀접한 관계가 있다.

③ 자조정신이 쇠퇴하고 의존정신이 커지는 경향이다. 사회보장이 확대될수록 사회보장제도는 자조원칙에서 멀어지고 복지의 사회화가 촉진되어 능력별부담 필요수혜(必要受惠)의 원칙이 적용되는 방향으로 이끌어진다.

그 결과로 국민들은 사회보장비를 자신들이 거출부담한다는 생각으로부터 정부가 일방적으로 주는 것이라는 인식이 커지고 이에 따라 모든 사회보장이 무료로 제공되기를 희구하는 경향이 강력하게 작용한다. 이 때문에 사회보장이 자조보험중심에서 조세중심으로 이끌어지는 현상이 나타나게 되고 무거운 재정부담과 이로 인한 재정적자문제를 야기하는 경우가 생기는 것이다.

④ 사회보장수혜의 집중화현상과 이로 인한 거부반응이 생긴다. 사회보장제도에는 여러 가지의 분야가 있지만 구호·노령·폐질(廢疾)·의료 등 모든 사회보장지급이 특정 계층에 집중되어 중복수혜가 불가피한 추세로 되어버린다. 예컨대 노동불능노령자의 경우 연금대상인 동시에 구호대상이 되고 또 건강이 나쁜 경우가 많으므로 의료보호의 대상이 되는 경향이 있다. 이와 같은 사실은 국민 가운데 사회보장비를 집중적으로 부담하는 사람과 집중적인 수혜자가 다르다는 것을 의미한다. 그런데 이런 경우 수혜자는 사회보장의 혜택과 그 누진적 확대를 당연한 권리로 생각하는 데 반해서 주로 생산계층인 집중적 부담자는 저축과 생산의욕의 감퇴를 가져오고

무거운 부담에 거부반응을 나타내게 된다.

4-3 경제발전과 복지정책의 교훈

인간의 복지욕구는 전통적 사회나 산업화 초기에는 자제되는 경향이 있다. 빈곤을 자기의 책임으로 생각하거나 숙명으로 여기게 된다. 이러한 풍토하에서는 성장에 복지가 후행하게 되며 복지증대는 성장의 결과로 나타난다.

그러나 일정한 발전단계를 지나면 절대적 빈곤문제가 일단 해결이 되고 빈곤문제는 상대적 빈곤으로 그 중심과제가 이행하게 마련이고 빈곤문제가 개인책임에서 사회책임으로 옮겨진다. 이 단계에 이르면 복지욕구는 확산되기 시작하는데 일단 이 단계에 접어들면 경제성장보다 복지욕구가 선행하기 쉽다. 이렇게 되면 그 사회는 복지를 확대하는 정책을 써서 욕구에 응분의 충족을 주려고 노력하게 되는데 이러한 욕구충족이 이루어지면 보다 높은 단계의 욕구를 추구하게 되어 그 결과는 이른바 **고부담고복지의 악순환**을 초래하는 경우가 있다.

사회보장이 경제능력보다 지나치게 부풀게 되는 이른바 과복지(過福祉)의 상황에 이르게 될 경우 그 악순환의 진행과정은 [그림 10-5]와 같다. 즉 욕구확산(欲求擴散)에 부응하여 고율의 사회보장을 하려면 그 결과로 불가피하게 담세율이 높아지고 공공부문이 확대하며 나아가 재성적자가 확대된다. 이처럼 높은 부담으로 높은 사회보장을 주면 자립정신이 쇠퇴하고 의존심이 증대되며 시장경제영역이 축소된다. 이 때문에 노동의욕과 투자의욕이 감퇴하고 생산능률이 떨어지며 산업의 경쟁력이 약화되는 결과를 낳는다. 이렇게 되면 경제성장은 둔화하여 저성장경제화하고 생산능률 저하로 인플레가 유발되며 나아가 정치적 불안을 조성할 수 있다. 욕구는 팽창된 가운데 이처럼 성장이 둔화하고 인플레가 생겨 줄 것이 줄어들면 불만은 더욱 커지게 되고 이에 따라 보다 높은 사회보장을 정부에 요구하게 된다. 이와 같은 일련의 악순환은 20세기 후기에 한때 영국을 비롯한 서구선진국에서 경험한 바 있으며 여기서 **영국병**이란 말이 나온 일도 있

[그림 10-5] 고부담고복지의 악순환

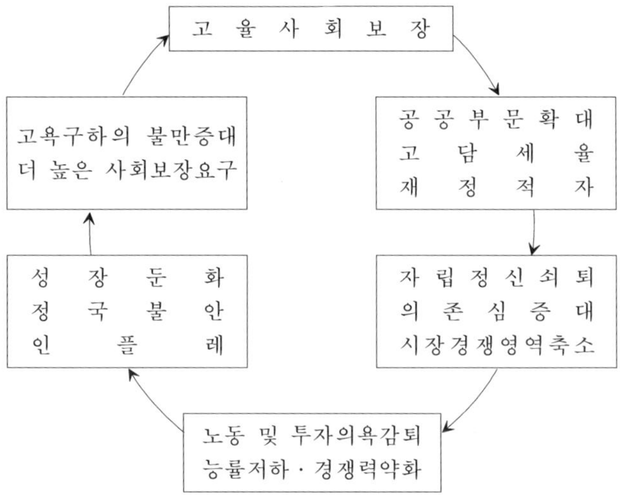

었다.

지금까지 복지가 성장을 지나치게 앞서가는 경우의 문제점에 대해서 언급하였는데 그 반대로 복지수준이 경제성장보다 지나치게 낙후된다면 어떤 문제에 당면하는가.

먼저 복지의 지나친 낙후는 지속적인 성장 자체를 제약한다. 복지가 뒤떨어지면 교육과 국민건강이 낙후되고 노동의욕이 감퇴하여 생산둔화와 산업경쟁력의 약화를 초래한다. 그리고 내수기반(內需基盤)을 위축시켜 산업성장을 저해하게 되는데 내수기반이 취약한 상태에서 계속 수출주도로 성장을 이끌면 성장과 국민생활 사이의 괴리는 더 커지는 모순에 당면한다. 저노임에 의존하는 초기단계에는 그런대로 **복지낙후형성장**이 가능하지만 성숙단계의 경제발전을 위해서는 성장과 복지의 균형이 있어야 한다.

다음으로 경제성장에 대한 국민적 참여를 얻을 수 없으며 이로 인하여 정치적·사회적 불안을 조성하고 국력의 낭비를 결과한다. 국민의 단합된 호응과 참여 없이 경제개발에 성공할 수는 없는 것이다. 더구나 성장의 과실이 국민들이 납득할 만한 수준으로 국민들에게 환원되지 않으면 경제의 도덕성이 흔들릴 뿐 아니라 국민들의 성장에 대한 의욕과 활력은 감퇴될 수밖에 없다.

그래서 개발도상에 있는 나라에 있어서는 경제성장과 복지수준의 균형유지가 매우 중요하다. 그리고 이 균형이 어떤 형태로 유지되어야 할 것인가 하는 것은 발전단계에 맞추어 그 분수를 찾아야 할 것이다.

5. 사회보장제도

5-1 사회보장제도의 개관

사회보장제도는 조세와 더불어 소득재분배의 기본수단이다. 조세가 부유한 계층과 가난한 계층 사이의 소득을 재분배하는 것과는 달리 사회보장제도는 질병시(疾病時)와 건강시, 노후와 젊을 때, 실업시(失業時)와 일할 때 사이의 소득을 재분배하는 것이다.

영국의 비버리지(W. Beveridge)는 인류의 복지를 저해하는 해악을 다섯 가지로 나누고 이들 해악요인(害惡要因)을 제거하는 것이 사회복지정책의 목적이라고 하였다. 5대해악이란 빈곤(wants)·질병(disease)·무지(ignorance)·불결(squalors)·무위(idleness) 등이며 사회복지정책은 빈곤에 대해 소득보장을, 질병에 대해서 의료를, 무지에 대해서 교육을, 불결에 대해서 주택과 환경을, 그리고 무위에 대해서 직업을 제공하는 것이라고 주장하였다.

이러한 해악을 제거하려는 사회복지정책의 내용과 방향은 여러 가지로 다를 수 있다. 각국의 복지정책들을 유형별로 나누면 크게 보아 독일을 중심으로 하는 **비스마르크**(Bismark)형과 영국을 중심으로 하는 **비버리지**(Beveridge)형으로 대별할 수 있다.

세계에서 최초로 근대적 개념의 사회보장제도를 실시한 것이 독일 비스마르크 치하에서의 1880년대였는데 이 때 실시한 제도의 흐름이 오늘날 비스마르크형으로 불리어 일본·오스트리아·벨기에, 그리고 한국 등으로 전파되었다. 한편 영국에서는 1948년에 비버리지(W. Beveridge)에 의한 통합적 사회보장체제가 제안되어 채택됨으로써 오늘날 영국의 사회보장제도를 낳게 하였을 뿐 아니라 사실상 현대사회보장제도의 원조가 되었는데 이를 가리켜 비버리지형이라고 부르고 있다. 비버리지형은 뉴질랜드·네덜란드 및 스웨덴 등 북구국가(北歐國家)에 전파되어 있다.

양제도의 기본적인 차이점은 비스마르크형이 직장 및 직능 또는 지역별 공제조합을 중심으로 한 다기화(多岐化)된 분화체제를 지향하고 자조원칙을 중심으로 하여 자조보험중심체제인 데 반해서 비버리지형은 국민 전체를 하나의 대상으로 통합단일화하여 일반적이고 포괄적인 내용의 사회보장이라는 점이 다르다. 그러기 때문에 비버리지형에서는 자조보험보다는 조세중심적이며 전국민을 가입의무화하는 단일제도가 채택되고 있고 관리기구도 여기에 맞추어 단일화되어 있다는 특징이 있다. 그러나 제2차 세계대전 이후 각국의 사회보장제도가 발전함에 따라 비스마르크형 국가들도 비버리지형으로 수렴하여 오늘날에 와서는 양자간의 차이가 좁혀지고 각국의 제도가 비버리지형으로 단일화되는 추세를 나타내고 있다. 우리나라도 2000년부터 의료보험이 통합단일화되는 등 그러한 방향으로의 변화를 보이고 있다.

사회보장제도는 그것을 운영하는 방법과 보장의 성격에 따라 여러 가지 형태로 나눌 수 있다.

먼저 비용의 부담방법면에서 보면 **보험중심제**와 **조세중심제**로 구분된다. 보험중심제(保險中心制)는 자조원칙(自助原則)을 근본으로 하는 것인데 여기에는 강제보험제와 임의보험제가 있다. 조세중심제는 사회책임원칙을 근본으로 하며 능력별 부담과 필요분배가 그 기본정신이라고 할 수 있다. 조세중심제에 있어서는 개개인의 임의적 선택이 허용되지 않는다.

다음으로 사회보장제도의 가입 및 적용대상면에서 본다면 임의제(任意制)와 강제제로 대별된다. 임의제의 경우는 일반적으로 **부담액비례수혜원칙**이 적용된다. 이와 달리 강제제는 능력별 부담·평등수혜를 원칙으로 하며 사회보장에 있어서는 기본수준의 보장을 대상으로 하는 경우가 많다.

끝으로, 사회보장이 사후대책적이냐 사전예방적이냐에 따라 구빈적 제

[그림 10-6] 사회복지의 체계

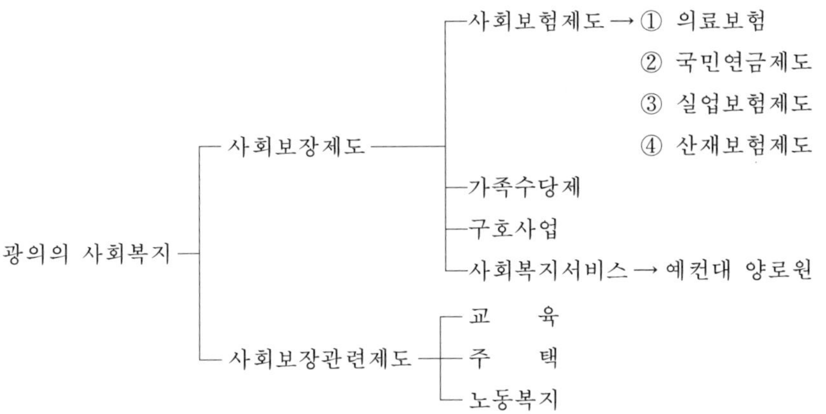

도(救貧的 制度)와 방빈적 제도(防貧的 制度)로 나눌 수 있다. 전자의 경우는 빈민에 대한 소득 및 의료보장 등이 해당되고 후자는 건강시 가입하는 의료보장, 또는 노후를 위한 연금제도 등이 해당된다. 그리고 보장형태면에서 보면 현금 또는 현물로 지급하는 소득보장, 의료제공과 같은 서비스보장 등으로 나눌 수 있다.

이러한 사회복지제도의 체계를 그림으로 보면 [그림 10-6]과 같다. 우리가 흔히 일컫는 광의의 사회복지제도는 사회보장제도와 사회보장관련제도(社會保障關聯制度)를 포괄하는 개념이다. 사회보장제도는 사회보험제도·가족수당제도·구호사업·사회복지서비스 등으로 세분된다. 이 가운데 가장 핵심이 되는 것이 사회보험제도인데 여기에는 의료보험·국민연금·실업보험·산업재해보험 등이 포함된다. 이 가운데서도 가장 기본이 되는 것이 바로 의료와 연금이다.

한편 사회보장관련 제도는 교육·주택·노동복지문제 등을 포함하며 좀더 범위를 넓히면 물가안정·생활환경·교통·통신 등도 포함시킬 수 있다.

5-2 의료보험제도

경제발전에 따라 질병의 내용에 있어서도 변화가 일어난다. 공업화 이전 사회에 있어서의 질병은 각종 전염병과 말라리아·홍역·폐병 등이 주종을 이루었다. 그러나 공업화가 진행됨에 따라 생활환경이 청결해지고 위생·방역·의료 등의 기술발전으로 이러한 질병이 차츰 쇠퇴하거나 없어지는 반면에 공업화가 유발하는 현대사회의 새로운 질환이 늘어나 이것들이 주종을 이루는 질병의 대체현상이 일어나고 있다. 그러한 공업화 이후의 질병으로는 공장작업환경과 공해 때문에 발생하는 직업병, 도시의 과밀과 생산과정의 분업화 때문에 생기는 각종 정신신경질환, 정신적 불안과 갈등으로 빚어지는 각종 중독질환, 그리고 각종 성인병 등이 열거될 수 있다.

사회복지적 차원에서 볼 때 의료문제는 예컨대 연금이나 실업보험과 같은 여타 부문과는 다른 특수성이 있다. 그러한 특수성으로서는 다음과 같은 세 가지를 지적할 수 있다.

① 의료는 인간생명의 존립 자체에 관한 문제이기 때문에 인간복지의 가장 기본이 되는 것일 뿐 아니라 시간적으로 유예하거나 연기할 수도 없는 절대성을 특징으로 한다. 그러기 때문에 의료보험은 다른 어떤 것보다도 우선되어야 할 뿐 아니라 보장의 정도에 한계를 그을 수가 없다. 예를 들어 장기치료를 필요로 하는 고질적 환자에게 비용이 많이 드니 일정기간만 치료를 받도록 할 수는 없는 것이며 완치될 때까지 보장을 해 주어야 한다.

② 의료가 인간생명 자체에 관한 것이기 때문에 의료보장은 완전평등하여야 하며 소득이나 신분 또는 기타의 사항에 따라 차별해서는 안 된다. 가령 빈곤의 경우 사회보장은 어떤 최저선의 평등만 보장하고 그 이상의 소득격차는 불가피한 것으로 받아들여야 할 것이지만 의료의 경우에는 최저선의 평등이란 무의미하며 최고평등을 보장하여야 한다. 이 말의 뜻은 질병이 있을 경우 질병의 경중에 대해서는 차별이 타당하지만 같은 질병에 대해서는 소득과 관계없이 완전한 평등수혜가 이루어져야 한다는 것을 뜻한다.

③ 의료는 영리의 대상이 되어서는 안 된다. 이와 같은 의료의 사회성은 두 가지 요인에서 귀결된다. 그 하나는 의료가 인간의 생명 자체와 직결된 것이라는 사실 때문이며 다른 하나는 의료의 수급면에서의 독점성 때문이다. 일반상품이나 용역생산물의 경우 공급자와 수요자는 스스로의 정보와 판단에 의해서 서로 선택권이 있으며 그러기 때문에 평등경쟁을 기본으로 한다. 이와는 달리 의료는 그 수요가 절대적인 것일 뿐 아니라 그 수요에는 전문적 지식과 설비를 필요로 하는 것이기 때문에 수요자의 선택권은 없으며 공급자(의사)가 수요와 공급을 일방적으로 결정하게 된다. 즉 치료의 필요유무·치료방법·비용 등을 모두 공급자가 결정하게 되기 때문에 의료는 공급자에 의한 독점이 지배한다. 이와 같은 사유로 의료의 사회성이 강조되기 때문에 의료에는 정부의 개입이 정당화되는 것이다.

그렇기 때문에 거의 모든 나라에서 사회보장제도를 실시할 때 의료는 가장 완벽하게 보장하려고 노력하는 경향이 있다. 그러나 개발도상국의 경우에 이 제도를 도입하는 데 있어서는 많은 애로에 당면하게 된다. 그러면 어떤 문제들이 있는가.

① 첫째로, 시설과 전문의사의 확보문제이다. 의료에 대한 수요는 잠재적으로 거의 무한하나 하겠지만 전면전인 의료보험제도가 실시되지 않는 상황에서 이러한 잠재적 수요가 주로 부담능력의 한계 때문에 억제되어진다. 이런 상황에서 의료보험제도가 실시되어 의료비부담을 사회화할 경우 잠재적인 의료수요는 폭발적으로 현재화(顯在化)하여 병원시설과 전문의사의 심각한 부족문제를 야기하게 된다. 이러한 부족문제는 전국적인 절대적 수용능력면에서도 나타나지만 특히 지역별 또는 부문별 불균형이 더 큰 문제로 제기된다. 예를 들면 일반병원보다도 종합병원으로 환자가 몰려 병원간에 일종의 과밀과소현상이 생길 수 있으며 도시에 병원과 의사가 집중하여 농촌과 지방에는 무의촌이 있는 경우가 흔히 나타난다. 이러한 현상 때문에 의료보험은 있어도 의료수혜는 사실상 어려운

상황이 나타날 수 있다.

② 다음으로 **의료재정문제**이다. 의료보험을 광범하게 실시하게 되면 의료기관의 독립채산이 어렵게 되는 경우가 많다. 이 문제를 극복하자면 보험료부담을 늘려야 하는데 통상적으로 의료보험료의 인상은 많은 사회적 거부반응에 부딪쳐 그 실현이 어렵다. 그뿐 아니라 의료기관의 채산성악화의 원인이 의료비부담의 사회화에 기인하는 병원경영상의 어려움에도 있는 것이기 때문에 이 문제는 고질적 요인화하는 경향이 있다. 의료기관을 국공영화하는 경우도 있으나 그럴 경우 재정적자요인은 오히려 커질 가능성이 높다. 그리하여 의료보험의 재정은 갈수록 적자가 커지게 되는 경향이 있고 이 적자는 결국 국가부담으로 귀착되어 재정적자의 큰 요인이 되는 경우가 많다.

③ 끝으로, 의료의 사회보장화가 수반하는 의료의 낭비와 과용문제(過用問題)가 있다. 의료가 절대적인 우선성이 있다고 해서 과용과 낭비를 묵인해서는 안 될 일이다. 이러한 낭비는 예컨대 경미한 환자가 의료를 과용하는 경우와 의료기관이 수입증대를 위해서 불필요하게 입원이나 투약을 과용하는 경우로 대별될 수 있다. 이러한 현상은 의료비의 자기부담률이 낮을수록 심화하게 된다.

5-3 연금제도

(1) 경제개발과 노령문제

국민연금제도는 노령·사망과 유족 등에 대한 보장을 포괄적으로 담고 있는 것이 일반적인 경향이지만 이 가운데서도 노령보장(老齡保障)이 가장 중추적인 비중을 차지한다.

산업화는 필연적으로 노인문제를 심각한 사회문제로 제기하게 되는데 그 원인은 우선 소득증가에 따른 평균수명의 연장과 대가족제도의 붕괴에 있다고 볼 수 있다. 평균수명의 추이를 보면 일본의 경우는 1935년의 35세에서 1980년에는 77세 그리고 2000년에는 80세로 급증하였으며 우리

[표 10-4] 인구노령화의 속도

국 별	총인구 중 60세 이상 인구의 비율과 그 도달연도		소요연수
	8%	18%	
프 랑 스	1788	1965	177
스 웨 덴	1860	1963	103
영 국	1910	1966	56
서 독	1911	1965	54
일 본	1955	1995	40
한국(추정)	1983	2008	25

자료: 세계통계연감.

나라의 경우에도 1926~1930년의 34세에서 1942년 45세, 1965년 62세, 1988년 70세 그리고 2000년에는 75세로 증가하고 있다. 한편 평균수명의 연장과 이에 따른 노령화현상은 뒤늦게 경제발전을 이룩하는 나라일수록 급진적인 형태로 나타나고 있는데 이러한 현상은 [표 10-4]에서 볼 수 있다. 즉 총인구 중 60세 이상 인구가 점하는 비율이 8%에서 오늘날 선진국수준인 18%까지 이르는 데 소요되는 연수가 서구선진국들의 경우에는 모두 50년 이상인 데 비해서 일본은 40년, 그리고 한국은 25년으로 단축될 것으로 예상되고 있다.

이와 같은 노령화추세와 병행하여 사회구조면에서는 전통적인 대가족제도가 무너지고 산아제한 핵가족화현상이 나타나게 된다. 산아제한은 전체 인구 중 노령자의 비율을 더욱 높게 하는 요인으로 작용하게 됨은 두말 할 필요가 없다. 그리고 핵가족화가 빚어내는 결과는 노인을 가족 내에서 부양하는 전통적 관습을 붕괴시켜 노인문제를 사회문제로 해결하지 않을 수 없는 상황을 결과하는 것이다. 특히 개도국의 경우에는 청년층이 모두 도시로 진출하는 흐름이 작용하기 때문에 농촌에는 노동능력이 없거나 노년층만 남게 되어 도시뿐 아니라 농촌의 노인문제가 심각한 과제로 제기되는 경향이 있다.

그러면 사회적으로 노인문제에는 어떻게 대응해야 하는가. 이 문제는 노년기의 라이프 사이클과 관련이 있다. 노년기는 대체로 세 단계로 구분되는데 제 1 기는 향노기(向老期)로서 55~59세를 말하며, 제 2 기는 초노기로서 60~64세를 말하며, 65세 이후는 제 3 기의 후노기(後老期)에 해당한다. 이에 대한 대책은 향노기에는 정년의 연장이 당면과제가 된다. 초노기는 젊은이와 같이 정상적인 가동능력은 없지만 아직 가동을 휴식할 연령은 아니다. 따라서 이들에게 부분적인 소득보장과 더불어 적합한 직업이나 일거리를 마련해주는 것이 중요하다. 그 다음의 후노기는 가동휴식단계(稼動休息段階)라 할 수 있으며 스포츠나 취미생활을 주로 하도록 해야 한다. 그러기 때문에 후노기에는 생활비전액을 연금으로 보장해 주어야 한다.

(2) 노인문제의 특징

그러면 사회보장적 측면에서 볼 때 노인문제는 어떤 특징이 있는가. 사회보장수요는 특정 계층에 집약적으로 나타나는 경향이 있다는 사실을 앞에서 지적하였거니와 노인문제가 바로 그러한 부문의 하나가 되고 있다. 왜 그런가 하는 것을 요약하여 보자.

① 노령문제는 바로 빈곤문제와 직결된다. 노령자는 가동능력(稼動能力)이 없기 때문인데 이 때문에 노령에 대해서는 소득보장을 필요로 한다. 선진국 경우를 보면 고령자세대(高齡者世代)의 80%가 1·4분위소득계층(최하 25% 소득계층)에 해당되고 있는데 이처럼 빈곤문제가 노령자계층에 집중적으로 나타나는 현상은 어느 나라나 거의 공통되는 일이다.

② 노령자는 의료의 집중적 수요자이며 이 때문에 의료보장의 필요가 높다. 노령자에게 질병이 많고 의료보호의 필요가 높은 것은 당연한 일이지만 특히 노인병은 장기불치인 경우가 많다. 이 때문에 노인들에게 사회적으로 의료보장을 주는 경우에는 대개 장기적 치료와 장기적 입원을 필요로 하는 경우가 많기 때문에 노인의료의 사회적 부담은 한층 높을 수밖에 없다.

③ 노령자는 활동의욕을 가지고 있지만 노동효율이 떨어지기 때문에 고용을 기피하는 현상이 생긴다. 이 때문에 노인복지는 단순한 소득보장만으로는 미흡하며 일거리의 제공을 보장하여야 한다. 이러

한 욕구는 소득이나 생활과는 별개의 것이며 노인들의 직업욕구 또는 활동욕구를 충족시켜 주지 않으면 사회에서 소외감을 갖게 될 뿐 아니라 노화와 건강악화를 오히려 촉진하는 요인이 된다.

(3) 연금제도와 사회적 부담

경제성장이 진행되어 절대적 빈곤문제가 어느 정도 해결되면 사회복지정책은 **고복지고부담형**을 지향하게 되는 경향이 있다. 이 단계에서 두드러지게 나타나는 현상은 노인문제를 중심으로 한 연금제도가 사회보장정책의 중핵적 과제(中核的 課題)로 등장한다는 것이다.

연금제도는 두말 할 것도 없이 비가득시(非稼得時)를 위해서 가득시에, 그리고 노령자를 위하여 젊은 가득세대가 그만한 저축을 하게 되는 것이다. 따라서 연금제도가 발전하면 할수록 가득세대(稼得世代)의 부담은 커지게 되기 마련이다. 그리하여 오늘날의 서구사회에서 보는 바와 같이 2인 또는 3인의 가득자가 한 사람의 노령을 부양하는 결과가 되고 이에 따라 가득자는 소득 가운데 무거운 부분을 연금기금에 내야 하는 결과가 되어 이것이 노동의욕을 떨어뜨리고 생산성을 저하시키는 결과를 빚는 수가 많다.

연금제도를 처음 도입해서 그것이 진행되는 라이프 사이클을 보면 도입 초기의 일정기간은 거출금은 쌓이고 수혜조건에 해당하는 자는 적어서 적립금이 누적되는 현상이 나타난다. 도입 후 얼마의 기간 동안 어느 정도의 적립금이 쌓이느냐 하는 것은 제도의 내용에 따라 다르지만 대체로 본다면 도입 후 10년 내외의 기간이 여기에 해당한다. 이럴 경우 연금적립금은 중화학건설이나 주택건설 등을 위한 투자재원으로서 활용될 수 있으며 그러기 때문에 이 기간 동안은 연금제도가 오히려 경제성장을 촉진하고 경제안정에도 보탬이 되는 수가 많다.

일본의 경우 1960년대의 고도성장기에 연금제도의 본격적인 실시를 보게 되었는데 이 때 일본은 중화학공업건설을 당면과제로 하고 있어서 연금적립금이 그 중요한 자금원의 하나가 되어 그 당시의 고도성장에 크게 기여했던 사실이 그 예라 할 것이다.

그러나 그러한 기간을 지나면 연금적립금은 점감하고 결국에는 연금

재정이 적자화하여 중요한 재정적자 원인이 되는 경우가 많다. 그 이유는 가득세대에 대한 부담부과에 한계가 있는 한편 연금수혜대상자가 급격히 늘어나고 연금에 의한 보호수준의 상향을 요구하는 경향이 나타나기 때문이다. 이 단계는 바로 연금에 의한 사회보장이 오히려 경제를 노화시키고 감속성장(減速成長)을 불가피하게 하는 시기라고 볼 수 있는데 오늘날의 서구사회가 그러한 단계라고 볼 수 있다. 이 단계가 어느 정도 지속되면 결국 연금부담과 연금재정은 한계에 부딪치게 되어 그 이상의 연금복지 확대가 어려운 상황이 되며 최근 일부 선진국에서 보는 바와 같이 연금복지의 감축을 불가피하게 하는 수가 있다.

5-4 기타의 사회보장제도

(1) 실업보험

이 제도는 19세기 말부터 단편적으로 시행되어 왔지만 근대적 의미의 **실업보험제도**가 본격적으로 실시되기 시작한 것은 제2차 세계대전 이후이다. 따라서 사회보장제도 중 가장 뒤늦게 도입된 제도로서 오늘날에도 선진국을 중심으로 일부국가에서만 시행되고 있는 실정이다.

이 제도의 시행현황을 보면 대부분의 농민과 자영업자 및 일용자 등은 강제보험대상에서 제외하는 것이 일반적이다. 보험료의 부담형태를 보면 미국과 이탈리아처럼 전액 사용자가 부담하는 경우, 뉴질랜드처럼 전액 국가가 조세로 거출하는 경우, 기타의 유럽제국과 일본 등 대부분국가에서 보는 것처럼 노·사·정 삼자의 공동부담형태 등이 있다. 이럴 경우 정부의 부담은 행정비와 일부보조금 등 명목적인 부담에 그치는 경우가 많다.

실업보험제의 실시에 있어서 문제되는 것은 사회 전체로 볼 때 수혜자 수가 매우 적은 반면 경기변동에 따라 수혜대상자의 수가 심히 불안정하고 거출과 지급 등, 이 제도운영이 매우 번거롭다는 점이다. 그리고 특히 문제가 되는 것은 이 제도를 악용하고 태만을 조장할 우려가 있다는 것이다. 어느 나라나 수혜대상에서 쟁의실업중(爭議失業中)이나 자발적 실업을 제외하는 등 악용방지에 노력하고 있지만 그러한 폐해는 계속 늘어나고 있어서 실업보험제도 자체를 없애야 한다는 일부 여론까지 대두되고 있다.

(2) 산업재해보험

산재보험(産災保險)은 산업화의 산물이라 할 수 있다. 산업화에 따라 공장노동이 일반적 노동형태가 되고 작업환경의 악화와 작업위험도의 증가경향으로 인하여 작업과 관련된 각종 질병과 재해에 대한 보상의 필요가 커지게 된 것이다. 그래서 산재보험은 사회보장제도 중에서 역사가 가장 오래된 것일 뿐 아니라 오늘날 선후진국을 막론하고 거의 모든 나라가 산재보상제도를 실시하고 있다. 우리 나라에서는 1963년에 산재보상보험법(産災補償保險法)이 처음으로 제정 실시되었는바 1960년의 공무원연금법, 1961년의 생활보호법과 더불어 가장 먼저 도입된 제도이다.

그러나 산재율(産災率)의 추이를 보면 공업화 초기에는 증가현상을 보이지만 일정한 수준을 넘어서면 작업환경과 안전도의 향상으로 산재율이 계속 떨어지는 경향을 나타내고 있다. 그리하여 이 제도는 오늘날 개도국에서 중요한 비중을 점하고 있고 선진국에서는 점차 이 제도의 기능이 위축되어 가는 현상을 볼 수 있다. 특히 선진국에서 이 제도의 기능이 위축되고 있는 것은 산업재해발생률이 떨어진다는 사실에도 있지만 의료보험이나 연금제도가 발전됨에 따라 산재에 대한 대부분의 의료보장과 소득보장이 이들 타제도에 의해서 충족될 수 있기 때문이다. 그리하여 영국과 같은 나라에서는 이 제도를 아예 폐지하고 국민연금보험과 의료보험에 그 기능을 분산흡수하고 있는 나라도 있다.

산재보험제도의 일반적 내용을 보면 철저한 가입의무제가 적용되고 보험료의 부담은 예외 없이 사용자가 전액부담하고 있다. 지급(支給)은 산재로 인한 질병치료, 노동불능기(예컨대 입원시)중의 소득급여, 폐질시의 생활비지급, 사망시의 유족연금 등을 대상으로 하는데 전술한 바와 같이 의료보험과 연금제도가 발달한 나라에 있어서는 그 대부분의 보상을 의료보험과 연금에서 해 주고 있다.

산재보험제도에서 산재율은 산업별로 각양각색인데 예컨대 광업은 아주 높고 서비스업은 매우 낮다. 그뿐 아니라 그 나라 경제의 발전도에 따라 산재율이 다르고 또 다른 사회보장제도가 어느 정도 발전되어 있느냐에 따라 산재보험의 위치가 달라지기 때문에 산재보험제도는 국별로 매우 다양한 특징을 지니고 있다.

(3) 가족(아동)수당제도

이 제도는 현재 주로 선진국에서 실시하고 있으며 이에 대응하는 개도국의 제도는 구호사업이라고 볼 수 있다.

원래 이 제도가 선진국에서 실시될 때는 저소득자녀(통상적으로 16~18세 이하)에 일정한 현금수당을 지급하는 것으로서 후진국의 빈민구호사업과 유사한 것이었다. 그러던 것이 경제가 성장하여 절대적 빈곤문제가 거의 해결되는 단계에 이르자 이 제도는 빈민구호적 성격에서 성장기의 미성년자보호라는 차원으로 변질하게 되었다.

그리하여 오늘날 서구의 대부분 선진국들은 소득과 관계없이 16~18세 미만자(재학생은 졸업시까지)에 대하여 가구당 자녀수에 따라 비례적 또는 누진적 현금수당을 지급하고 있다. 이 제도의 시행에 있어서 재원은 전액 국고재정으로 충당하고 있는 것이 일반적이다.

(4) 구호사업

빈민구호의 대상은 절대빈곤이기 때문에 구호사업제도는 후진국일수록 중요한 의미가 있고 선진국일수록 의미가 적은 제도이다. 소득수준이 낮고 아직 각종 사회보장제도가 본격적으로 도입되지 못한 후진국은 아직도 이 제도가 사회보장정책의 중핵을 이루고 있는 경우가 많다. 그러나 선진국의 경우에는 이러한 구호제도가 아예 없어진 나라가 많다.

이 제도는 최저생계비 이하의 절대빈곤자, 즉 주로 극빈자·장애자·노령자에게 소득보장·의료보장·시설 등을 무료로 제공하는 것이다. 소요경비는 전액 국비 또는 지방자치단체의 재정부담이며 실시국들은 이들 저소득자에 대한 구호를 법률사항으로 규정하고 있다. 경제가 성장할수록 절대빈곤은 줄어들고 따라서 구호사업이 가족수당화하는 경향이 있다 함은 전술한 바이다.

(5) 사회복지서비스

그 밖에 사회보장제도로서는 보호를 필요로 하는 사람에게 시설과 서비스를 제공하는 사회복지서비스제도가 있다. 노령자를 위해서는 양로원이나 노인정(老人亭)과 같은 시설을 제공하고 노인학교·소일거리의 제공 등 서비스를 제공하며 아동들을 위해서는 급식·안전보호조치·교육·정상발육을 위한 각종시설과 서비스가 주어져야 한다. 한편 부녀와 모자의 보호를 위해서는 윤락여성대책, 독신녀 및 그 자녀를 위한 시설과 서비스가 필요하며 신체장애자를 위해서는 각종 특수교육·의료·직업보도 등에 대한 시설과 서비스가 필요하다.

이러한 사회복지서비스는 경제발전과 관계없이 그 수요가 계속 늘어나는 추세에 있다. 그리고 경영주체면에서 본다면 공영체(公營體)와 민영체가 있으나 어느 나라나 민영체인 경우에도 그 재원의 대부분은 국고에서 지원하고 있고 나머지를 종교단체나 민간자선단체가 부담하고 있다.

제11장

경제발전과 구조변화

1. 이중구조의 확대
2. 경제발전과 인구구조
3. 생산구조의 변화
4. 국민생활과 의식구조
5. 기술개발

제11장

경제발전과 구조변화

1. 이중구조의 확대

한 사회에 하나의 양식(Style)이 지배할 때 우리는 이것을 동질적 사회(Homogeneous Society)라 하고, 두 개 이상의 양식이 존재하여 대립할 때 이것을 이질적 사회(Heterogeneous Society)라고 말한다. **이중구조**(Dual Structure)란 경제·사회·문화 등 모든 면에 작용하는 이질적 구조를 가리킨다. 예컨대 한 나라에 여러 개의 언어가 사용되거나 여러 개의 다른 금리가 존재할 경우이다.

이중구조라고 할 때는 이질적인 양식들이 각각의 세력을 형성하며 서로 대립관계에 있는 경우를 말한다. 따라서 **다양화**(Diversification)란 말과 혼동해서는 안 된다. 다양화는 서로 다른 것들이 존재하되 그것들이 서로 대립관계에 있지 않고 조화와 보완의 바탕 위에서 공존하는 경우이다. 예를 들면 사람마다 옷감과 색깔이 다른 옷을 입는 것은 다양화이지만 한 국민이 양복 입는 집단과 한복 입는 집단으로 갈라져 있다면 이것은 이중구조이다. 또 여러 개의 종교가 존재하여 서로 집단을 형성하고 있지만 종교가 정경(政經)으로부터 분리되어 대립보다는 조화의 관계에 있으면 이것은 다양화이다. 그러나 서로 다른 종교가 정치와 경제의 주도권을 놓고 대립하는 경우라면 이것은 이중구조이다.

그래서 이중구조는 하나의 사회에 수혜집단과 피해집단, 참여계층과 소외계층, 성장부문과 낙후부문이 공존하면서 이해대립을 나타내는 형태로 존재한다. 이러한 이중구조는 **경제적 이중구조**와 **사회적 이중구조**로 크게 나눌 수 있다.

경제적인 면에서는 생산·기술·분배면의 이중구조를 지적할 수 있다. 생산에 있어서는 전통적 산업과 근대화산업, 성장산업과 사양산업, 그리고 성장지역과 낙후지역의 이중구조가 있을 수 있다. 기술면에서는 기술수준의 격차가 커서 단층을 이루는 경우인데, 예컨대 같은 농업 안에서도 트랙터로 하는 농업과 호미로 짓는 농업이 공존하는 경우이다. 한편 분배면에서는 수혜계층과 소외계층이 대립하는 경우이다.

한편 사회적 이중구조는 수입된 외래생활양식과 국내의 전통적 생활양식 사이의 이중구조, 전통적 부문과 근대화된 부문간 가치관의 이중구조, 도시와 농촌간 생활양식의 이중구조, 인종·언어 또는 종교에서 오는 이중구조의 형성 등이 있을 수 있다.

이러한 이중구조는 다시 경제발전과정에 수반하여 생기는 것과 경제발전과 관계없이 존재하는 것으로 대별할 수 있다. 예컨대 생산 또는 기술면의 이중구조 등은 전자에 해당되고 인종·종교·관습·언어의 차이에서 오는 이중구조는 후자에 속한다. 경제발전과 관계없이 존재하는 이중구조는 일반적으로 경제발전뿐 아니라 모든 면에 유해한 이중구조이며, 그 치유에 있어서도 경제적인 노력만으로는 치유될 수 없는 성질의 것이다. 이에 비해서 경제발전과정에서 파생되는 이중구조는 발전을 오히려 촉진하는 요인이 될 수도 있으며 경제발전으로 치유될 수 있는 이중구조이다.

그러면 경제발전과정에서 이중구조는 왜 생기는가. 이것은 사회의 변화가 빠른 데 비해서 모든 부문간의 가동성이 불완전하고 적응능력에 차이가 있기 때문이다. 즉 이중구조는 변화율이 빠를수록, 그리고 가동성이 제한될수록 커지는 것이다. 같은 물이지만 바다물과 백두산천지의 물은 높이가 크게 다른데 이것은 서로 흐르지 못하도록 막혀 있기 때문이라는 것과 같은 이치이다.

경제개발의 목표는 근대적 동질사회를 이룩하는 것이다. 그러기 위하여 경제개발의 과정은 동질적 전통사회를 교란시켜 새로운 이중구조를 창조하고 그 다음에는 이 기존이중구조를 제거하고 또 새로운 이중구조를 창조하는 과정을 계속 되풀이하는 것이다. 예컨대 모든 사람들이 영리를 위해서가 아니라 생활을 위하여 농사를 짓는 전통사회를 가상하여 보자. 이 사회는 비화폐적이며 전통적 수준에서 동질적이다. 그러나 경제개발로 공업이 일어나고 도시가 형성되면 여기에 전통적 부문과 근대적 부문, 그리고 비화폐경제와 화폐경제 사이의 이중구조가 생긴다. 이것이 생기는 이유는 농업이 공업의 생산성과 공업의 생산양식을 따라가지 못하기 때문이다. 즉 생산요소의 가동성이 없기 때문이다.

이러한 이중구조는 점점 확대되지만 어느 단계에 가면 농업인구의 이동과 농업의 기계화 등으로 그 격차가 줄어들게 될 것이다. 그러나 이러한 이중구조가 차츰 제거되는 과정에서 새로운 이중구조, 예를 들면 공업내부에서 성장산업과 사양산업의 이중구조가 새로 창조되어 확대되는 것이다. 이처럼 경제개발과정에서 이중구조는 일반적으로 확대되기 마련이지만 긴 눈으로 볼 때 이것은 근대적 동질사회로 가기 위한 과도적인 현상이라고 볼 수 있다. 이런 점에서 이중구조의 존재는 그것이 한편에서는 경제개발에 저항하는 힘으로 작용하지만 한편에서 보면 경제개발을 촉진하는 압력으로 작용하는 양면성을 지니고 있다.

2. 경제발전과 인구구조

2-1 경제발전과 인구증가[1)]

생산을 하는 것도 사람이고 생산물을 소비하는 것도 사람이다. 그만큼

1) 박 승, 「S. S. 쿠즈네츠」, 유풍출판사, 1982, pp. 84~89.

인구증가는 인류의 경제발전에 밀접한 연관을 가지고 있다. 그러면 경제발전과정에서 인구는 어떻게 증가하여 왔는가.

먼저 우리 나라의 경우를 보기로 하자. 한반도의 인구는 고려 중기에 해당하는 1100년경 250만으로 추정되며 1807년(순조 7년)의 인구는 756만(176만 호)이었다.[2] 약 7백 년 걸려서 3배가 된 것이다. 그 뒤 1913년의 인구는 1천 5백만이었으니 배증하는 데 약 110년이 걸린 셈이다. 그리고 1949년에 3천만이 되었으니 36년만에 배가 되었고, 1984년에 6천만이 되었으니 그 뒤 35년만에 다시 배가 된 셈이다. 여기서 우리는 인구증가가 우리 세대에 가까워질수록 가속화되어 온 역사적 사실을 확인할 수 있다. 금세기에 있어서 인구의 자연증가율을 보면 1930년의 1.8%에서 그 뒤 2% 내외 수준을 유지하다가 1960년의 2.8%를 정점으로 차츰 하락하여 1985년 이후에는 1%수준에 머물고 있다. 이러한 과정에서 평균수명은 1926~1930년 34세, 1936~1940년 43세, 1970년 65세 2000년 75세로 계속 급격한 상승을 나타냈다.

세계 인구의 흐름은 어떤가. 서기 원년의 세계 인구는 논자(論者)에 따라 차이가 있으나 대체로 210~250백만 인으로 추정된다. 아담과 이브가 서기 전 50만 년에 인류를 창조해 냈다고 한다면 서기 원년까지의 인구증가율은 매 10년마다 0.004%에 해당된다. 서기 1,000년부터 셈한다 하더라도 1650년까지의 650년 동안의 인구증가율은 매 200년마다 20%씩 늘어난 셈이다. 그런데 경제근대화가 시작된 이후의 인구증가율을 매 10년증가율로 보면 1750~1800년 4.5%, 1800~1850년 5.3%, 1850~1900년 6.5%, 1900~1930년 7.8%, 1930~1950년 14.3%, 1950~1960년 20.0%로 계속 상승하여 왔다. 이런 점에서 볼 때 인구증가가 본격적으로 시작된 것은 최근 2백여 년 동안의 현상이며 인구증가는 경제성장과 동시현상으로 나타난 것임을 알 수 있다.

2) 사료에 서기 1100년경 고려의 인구는 210만으로 되어 있으나 그 당시 고려의 영토에서 제외되었던 함경도와 평안북도의 일부를 감안한 한반도의 인구는 약 250만으로 추정된다. 이들 사료에 의하면 1460년대의 한반도 인구는 400만(70만 호), 1428년(세종 28년)의 한양 인구는 11만(1만 9천 호)이었다. 이병도(李丙燾)「국사대관」및 기타 사료참조.

[표 11-1] 세계인구의 증가추세

연도(서기)	세계인구(억 인)	인구배증에 소요된 연수
1	2.5	
		1,650
1650	5	
		200
1850	11	
		80
1930	20	
		45
1975	40	
		35
2010	80	

자료: Harold F. Dorn, "World Population Growth," in Philip M. Hauser(ed.), *The Population Dillemma*, Englewood Cliffs, N. J., 1963.

이와 같은 사실은 [표 11-1]에서도 확인할 수 있다. 세계 인구가 배증하는 데 소요되는 기간을 보면 최근에 이를수록 가속적으로 단축되어 왔음을 알 수 있다.

그러면 이와 같은 세계인구의 장기추세에는 어떤 특징이 있는가. 쿠즈네츠(S. S. Kuznets)의 연구를 중심으로 하여 요약하여 보기로 하자.

① 세계 인구의 급격한 증가는 경제근대화가 시작된 1750년경부터 시작되어 최근에 올수록 더욱 가속화되었는데 특히 1850년대 이후 두드러지게 나타났다. 그래서 인구증가는 경제성장과 동일차의 양륜(兩輪)처럼 동시에 나타난 현상이며 이를 분리해서 생각할 수 없다. 다시 말하면 영국산업혁명 이후 경제근대화의 특징은 인구가 증가하면서 1인당 소득도 꾸준히 증가하여 왔다는 점이다.

② 1750년대 이후 세계 인구의 변화를 지역별 또는 국가별로 보면 인구변동이 경제변동과 맞물려 움직인다는 것을 알 수 있다. 인구증가의 가속화현상은 맨 먼저 유럽에서 일어나고 여기서 인구가 북미나 오세아니아(大洋洲) 등 신경지(新境地)로 확산되었다. 그리하여 유럽의 인구증가율은 19세기 후반을 정점으로 내려가기 시작하여 20세기에 와서는 다른 지역보다 낮게 되었다. 한편 남미·아시아·아프리카 등 이제야 뒤늦게 경제개발을 시작하는 지역들은 20세기에 들어서서야 인구의 급상승 현상이 시작되어 그 추세가 아직도

꺾이지 않고 진행되고 있다.

③ 인구가 급격하게 증가하는 이유를 보면 출생률의 상승보다도 사망률이 감소하기 때문이다. 사망률은 소득증가와 의료기술발전으로 크게 하락하였다. 사망률은 유아와 노령자가 높고 중장년층(中壯年層)은 낮아서 연령별 사망률곡선은 U자형이다.

④ 사망률의 하락현상을 보면 선진국의 과거 경험은 사망률이 장기간에 걸쳐 점진적인 속도로 떨어졌는 데 비해서 오늘날의 개도국들은 단기간에 급속도로 하락하고 있다는 차이가 있다. 예컨대 스웨덴의 경우 18세기 중간의 사망률이 연 3%였는데 이것을 1% 포인트 내리는 데 약 1세기가 걸렸다. 그런데 오늘날의 개도국에서는 사망률을 1% 내리는 데 10년 또는 20년밖에 걸리지 않는 일이 허다하다.

⑤ 경제성장이 이루어져 소득수준이 어느 수준을 넘으면 출산율이 감소하게 되는데 출산율의 감소는 어떤 강제력에 의해서가 아니라 사람들의 자발적인 의사결정으로 이루어졌다. 자발적인 의사결정은 근대화에 따른 생활환경의 변화와 의식구조의 변화에 주로 기인한다. 많은 나라에서 산아제한을 강제화하고 결혼을 늦게 하도록 하는 일이 있었는데 이것은 출산율을 목표수준으로 내리게 하는 데 소요되는 시간을 단축하기 위한 것이다.

2-2 인구증가와 경제성장

그러면 인구증가는 경제발전과 어떤 상관관계를 가지고 있는가. 자산항목인가 아니면 부채항목인가.

16세기 전후의 경제사상을 지배해 온 중상주의(Mercantilism)에 있어서는 인구증가를 무역이익과 함께 국부 또는 국력의 기본요소로 보았다. 그러나 18세기 고전파경제학자(古典派經濟學者) 맬서스(Thomas Robet Malthus)는 먹을 것은 산술급수적으로 증가하는데 인구는 기하급수적으로 증가하는 경향이 있어서 세계경제는 인구증가 때문에 그 성장이 정체되는 때가 올 것을 경고한 바 있다. 이와는 달리 19세기의 마르크스(Karl H. Marx)는 경제성장의 정체(停滯)는 **자본의 유기적 구성**(Organic Composition of Capital)의 고도화에 따른 이윤율의 감소와 노동수요의 감소에 기인하는 것이지 인구증가에 있는 것이 아니라고 주장한다. 한편 20세기의 현대경제학에 이르러서는 논자에 따라 인구를 유효수요라는 긍정적 측면에서 보는 사람과 실업이라는 부정적 측면에서 보는 사람으로 갈라지고 있으나 대체로 부정적인 면으로 보는 경향이 많다.

그러면 오늘날 후진국의 경제개발이라는 측면에서 보면 어떠한가. 여기에도 인구증가를 경제성장의 부채항목으로 보는 견해와 자산항목으로 보는 견해가 대립하고 있다.

인구증가가 경제성장에 있어서 부채항목이라고 보는 **인구비관론**은 주로 인구가 1인당 소득수준을 산출할 때 제수(除數)가 된다는 점과 인구압력 때문에 실업문제가 더 심각하게 된다는 데 기초를 두고 있다. 이러한 인구비관론(人口悲觀論)은 오늘날 대부분의 후진국에서 받아들여지는 경향이 있으며 이 때문에 많은 나라가 산아제한에 노력하고 있다고 볼 수 있다.

인구증가가 경제개발을 촉진한다고 보는 **인구낙관론**으로서는 허쉬만(A. O. Hirschman)[3]과 쿠즈네츠를 대표적으로 들 수 있는데 우선 허쉬만의 견해를 들어보면 다음과 같다.

인구증가 때문에 1인당 소득은 내려가는 에스컬레이터를 걸어서 올라가는 사람처럼 항상 제자리걸음한다는 인구비관론자의 주장은 경제발전을 평면적이고 정태적으로 보기 때문이다. 1인당 소득산출에 있어서 인구는 제수가 된다는 산술적인 눈으로 인구를 보아서는 안 된다. 보다 동태적으로 관찰한다면 내려가는 에스컬레이터를 걸어올라가 항상 그 자리에 있더라도 얼마 있다가 뛰어 올라갈 수 있는 좋은 다리운동이 될 수도 있지 않은가. 즉 인구가 증가하면 생활수준이 떨어지고 교통혼잡, 주택과 의료의 부족 등을 결과하지만 이것이 바로 경제개발의 필요성을 크게 하고 문제를 제기하며 그래서 잠자는 개발능력을 일깨우는 힘으로 작용하는 것이다.

---

3) A. O. Hirschman, *The Strategy of Economic Development*, Yale University Press, 1958, pp. 176～182.

사람은 적고 따먹을 열매는 많은 사회는 개발을 필요로 하지 않으며 사람은 많은데 따먹을 열매는 모자라는 나라에서 경제가 개발되는 이유는 바로 여기에 있다는 것이다.

그러면 인구압력은 어떻게 경제개발을 촉진하는가? 인구압력은 (i) 갑자기 일어날수록, (ii) 도시화와 결합된 것일수록, (iii) 교육된 것일수록, (iv) 잠자고 있는 개발능력이 많은 상태에서 일어날수록 인구증가가 경제개발을 추진하는 힘은 커진다.

인구증가가 경제개발의 추진력으로 작용하는 과정은 세 단계로 나눌 수 있는데, 첫단계는 인구증가 때문에 제자리의 1인당 소득을 지키기에도 급급하며 이 때는 인구가 개발압력을 축적하는 데 공헌하는 시기이고, 제2단계는 이 잠자는 개발압력이 현실적인 추진력으로 작용함으로써 1인당 소득이 증가하는 단계이며, 그 다음의 마지막 단계는 자립적 성장단계로서 경제는 스스로의 힘에 의하여 지속적으로 성장하고 경제성장은 인구압력과 관계가 없어지는, 다시 말하면 인구증가가 그 이상 경제성장촉진 요인으로 작용하지 않는 단계이다. 그래서 허쉬만은 인구압력은 경제개발에 부채항목이 아니라 자산항목이라고 보는 것이다.

한편 쿠즈네츠(S. S. Kuznets)[4]는 과거 2백여 년간의 역사적 경험을 바탕으로 하여 인구증가와 경제발전의 관계가 서로 촉진하는 연관성을 가지고 있다고 주장한다. 다시 말하면 인구증가와 경제발전은 동시현상이기 때문에 경제성장이 인구증가를 유발하고 인구증가가 경제성장을 유발하는 관계에 있다는 것이다. 그러면 경제의 근대화과정에서 인구증가는 왜 경제성장을 촉진하게 되었는가에 대한 그의 의견을 요약하여 보기로 하자.

① 인구의 연령별 분포가 보다 생산적인 계층중심으로 이행한다. 이것은 인구증가가 주로 사망률의 감소에 기인하기 때문이다. 생산적인 연령계층을 15~59세라고 본다면 이들 계층인구가 총인구에서 차지하는 비율은 꾸준히 증가하여 왔다.

---

4) Simon S. Kuznets, *Quantitative Aspacts of the Economic Growth of Nations*, chapter I, Published as a Supplement to E.D.C.C. October 1956; Idem, "Population and Economic Growth," *Proceedings of the American Philosophical Society*, 3(June), 170~193; 박 승, 「S. S. 쿠즈네츠」, 유풍출판사, 1982, pp. 75~84.

② 인구의 장기추세를 보면 유아사망률(幼兒死亡率)과 출산율이 다 같이 감소하고 있는데 이것은 모두 성장을 촉진시킨다. 유아사망률의 감소는 정신적·물질적인 막대한 낭비를 제거시켜 줄 뿐 아니라 부모들의 노동생산성을 높여 준다. 한편 출산률의 감소로 인하여 보다 많은 인구가 생산적 노동에 참여할 수 있게 되었다.

③ 보다 많은 인구는 생산에 유용한 인간의 지식과 기술의 축적을 촉진하고 규모경제(Economies of Scale)를 가능케 한다. 그뿐 아니라 인구증가는 시장을 확대시키고 신상품의 개발을 촉진시키며 노동력의 가동성(可動性)을 높이는 힘으로 작용한다. 그렇기 때문에 다 같이 1인당 소득이 제자리걸음하는 경제라 하더라고 인구가 증가하는 나라는 인구도 늘지 않는 나라보다 경제발전의 전망이 훨신 밝다고 보아야 한다는 것이다.

쿠즈네츠는 이와 같은 인구와 경제성장의 상관관계를 역사적 측면과 횡단적 측면에서 다 같이 계량검증하였는데 그 결과는 정상관으로 나타났다. 즉 인구증가율이 높은 나라는 1인당 소득증가율도 높고 인구증가율이 낮은 나라는 1인당 소득증가율도 낮다는 것이다.

장기간의 근대화과정에서 인구증가는 경제발전을 촉진하였다는 쿠즈네츠의 주장이나, 인구증가가 경제발전을 촉진시키는 압력으로 작용한다는 허쉬만의 견해는 설득력이 있다. 그러나 경제근대화는 일어나지 않고 인구만 늘어나는 경우도 있다. 많은 후진국들이 그러한 문제의 경험을 가지고 있다. 경제성장이 일어나기 전에 사망률만 감소하여 인구증가가 선행하는 단계에 흔히 볼 수 있는 현상이다. 그뿐 아니라 늘어나는 인구를 교육시킬 수 없는 나라, 자본이나 자원의 증가가 인구를 따라갈 수 없는 나라, 그리고 인구가 늘어도 경제나 사회의 조직과 구조가 성장촉진적인 방향으로 움직여 주지 않는 나라도 있을 수 있다. 이러한 경우의 인구증가는 경제성장과 괴리되어 나타나는 것이기 때문에 성장에 부채항목이라 할 수 있다.

쿠즈네츠도 이를 시인하고 있다. 그러나 그러한 현상은 특정 시기나 특정 지역에서 과도적으로 존재할 수 있는 예외적 현상일 뿐 결코 장기적으로 지속될 수는 없다는 것이다. 이런 점에서 인구와 경제성장의 역사적인 상관관계는 정상관(正相關)이지만 경제발전의 특정 단계, 특정 지역에서는 인구가 성장을 저해하는 요인으로 작용할 수 있다는 것이다.

끝으로, 단순한 인구증가와 **인간자본**(Human Capital)의 증가와는 구별하여야 한다. 인구가 많아도 교육과 훈련이 없고 과학과 기술을 습득할 수 없으면 인간자본은 오히려 부족할 수 있다. 인간자본의 증가는 경제개발의 필요를 낳을 뿐 아니라 개발추진력으로 작용할 수 있지만 교육과 훈련을 수반하지 않는 단순한 인구증가는 경제개발의 필요만 낳고 추진력으로 작용하기는 어려운 것이다.

2-3 소득증가와 인구구조

인구와 소득의 관계를 보면 인구증가가 소득수준에 영향을 미칠 뿐 아니라 소득수준이 인구증가에 영향을 미치기도 한다. [그림 11-1]은 경제개발과정에서 인구증가의 유형을 나타낸 것이다.

경제개발에 들어가기 이전의 정체경제에서는 출산율도 높고 한편 의료제도의 미개발로 인하여 사망률도 높아서 인구증가율은 매우 낮다. 이러한 인구유형은 **다산다사형**이라고 할 수 있으며 연령별 구조는 피라미드와 같은 모양을 나타낸다.

[그림 11-1] 경제발전과 연령별 인구구조

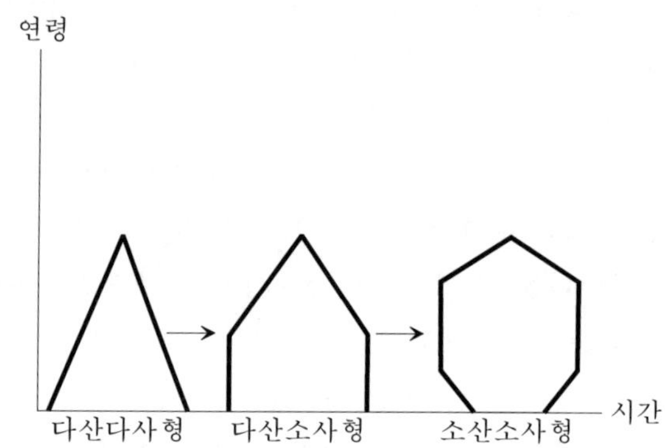

경제개발이 진행되면 의료시설이 발전하여 사망률은 크게 감소한다. 그러나 대가족제도의 관념은 남고 소득증가에 따른 부양능력의 상승으로 출산율은 계속 높은 수준을 유지한다. 그래서 인구증가율은 2~3%로 급격히 늘어나며 이 때문에 평균수명은 늘어나고 연령별 구조는 청년기 이하 인구의 비중이 현저히 커지게 된다. 이 단계는 **다산소사형**이라고 말할 수 있다.

경제개발이 성숙단계에 이르면 사망률은 더욱 감소하지만 대가족제도의 붕괴, 교육비 부담의 증가, 자기세대 중심의 편안한 생활을 누리려는 욕망 등이 작용하여 출산율도 크게 감소한다. 그리하여 인구증가율은 연 1% 또는 그 이하 수준으로 내려가고 평균수명은 더 늘어나게 된다. 연령별 인구구조는 청년 및 중년층 이상의 비중이 커져서 칠각형의 항아리 모양을 나타내는데 이 단계는 **소산소사형** 인구구조라고 말할 수 있다. 한국은 이미 1980년대에 이 단계에 진입하였다.

그러면 경제개발과정에서 지역별 인구구조는 어떻게 달라지는가. 경제개발이 진행될수록 인구의 도시집중이 일어나며 이러한 인구이동의 속도는 대체로 공업화의 속도에 비례한다. 인구이동에는 예컨대 좋은 기후를 찾아간다든가 하는 여러 가지 이유가 있겠으나 가장 지배적인 것은 보다 높은 소득을 얻기 위해서이다. 이런 점에서 본다면 인구는 임금이 낮은 데서 높은 데로 이동하고 장래의 소득전망이 작은 데서 큰 데로 이동하기 마련이다. 또한 인구의 가동성을 보면 교육을 받은 사람일수록 가동성도 크다.

경제개발과정에서는 대체로 공업이 농업보다 성장률이 높고 잠재실업은 농촌에 있기 마련이므로 인구의 도시집중화는 필연적이다. 이러한 인구이동이 일어나면 농촌에는 보호를 필요로 하는 노년층, 그리고 교육받지 못한 사람이 남고, 젊고 교육받은 사람은 도시로 몰려드는 현상이 일어나며 이것은 농촌과 도시의 소득격차를 크게 하는 원인의 하나로 작용하게 된다.

농촌인구의 이농(離農)과 도시화는 노동생산성을 평준화시키는 작용을 하는 동시에 도시의 수용능력 부족으로 주택·교통·통신·상하수도 등 사회간접자본의 부족현상을 일으키고 사회적 안정을 흔들리게 하는 측면도 있다. 그런데 인구의 도시집중이 경제발전에 어떤 영향을 미치는가 하는 것은 인구이동의 성격에 따라서 크게 다르다. 즉 공업부문의 투자가 늘고, 그래서 노동수요가 증가함에 따라 인구의 이농과 도시집중이 생기는 경우는 **끄는 형**(Pull Type Migration)의 인구이동이라고 보겠는데 이런 경우는 사회적 혼란은 적고 생산성증대효과는 크다고 볼 수 있다. 이와 다른 경우는 농촌에서 도저히 농촌인구를 부양할 수 없기 때문에 무작정 농촌을 떠나 도시로 몰려드는 **미는 형**(Push Type Migration) 인구이동인데 이 경우에는 생산성의 증가를 수반하지 못하고 잠재실업을 **현재실업화**함으로써 사회적 혼란을 크게 하기 마련이다. 일반적으로 공업화과정에서는 이 두 가지 형의 인구이동이 함께 나타나는 것이 보통이지만 정책적 견지에서 본다면 가급적 끄는 형의 인구이동으로 유도할 필요가 있다.

3. 생산구조의 변화

3-1 산업구조와 취업구조

경제가 발전하면 **산업별 소득구조**와 노동력의 **산업별 취업구조**는 어떻게 변화하는가. 그리고 산업별 노동생산성은 어떻게 되는가. 이러한 문제들에 대해 쿠즈네츠의 연구를 중심으로 하여 살펴보기로 하자.

[표 11-2]는 경제발전과정에서 국내총생산의 산업별 구성비가 어떻게 변화하는가를 보여 준다. 이 표에서 광공업은 광업·제조업·건설업·교통통신업·전기수도위생업 등을 포함한다. 이 표는 경제가 발전할수록 산업별 생산구성이 농림수산업(農林水産業)에서 제조업(광업포함)으로, 그리고 제조업에서 서비스업으로 이행한다고 한 콜린 클라크(Colin Clark)의 주장을 뒷받침한다고 보겠는데 그 내용은 다음과 같이 요약할 수 있다.

① GDP에서 차지하는 농림수산업의 비중은 모든 나라에서 지속적으

[표 11-2] 산업별 GDP 구성비의 장기추세 (총 GDP에 대한 %)

국 별	농림수산업	광공업[1)]	서비스업	합 계
1. 미 국				
1839	44.6	24.2	31.2	100.0
1953	4.3	45.3	50.4	100.0
1997	2.0	36.8	61.2	100.0
2. 프 랑 스				
1896	25.0	46.2	28.8	100.0
1963	8.4	51.0	40.6	100.0
1997	2.3	35.7	62.0	100.0
3. 스 웨 덴				
1861～1870	38.3	22.6	39.1	100.0
1963～1967	6.5	54.5	39.0	100.0
1997	2.1	40.6	57.3	100.0
4. 이탈리아				
1861～1870	54.3	20.3	25.4	100.0
1950～1952	25.8	45.5	28.7	100.0
1997	3.4	48.1	48.5	100.0
5. 한 국				
1953	47.3	14.3	38.4	100.0
1998	4.9	50.4	45.7	100.0

자료: S. S. Kuznets, *Economic Growth of Nations*, pp. 99～142 및 UN, *International Statistics Yearbook*.
1) 광업, 제조업, 건설업, 전기수도업, 교통통신업을 포함

로 감소하여 오늘날 선진국들은 그 비중이 2% 수준에 불과하다. 그리고 그 감소하는 속도는 후발국일수록 빠르다. 예컨대 미국은 그 비율이 1839년의 45%에서 158년 뒤인 1997년에는 2%로 줄었는데 한국의 경우에는 1953년부터 1998년까지 불과 45년 동안에 그 비율이 47%에서 5%로 감소하였다.

② 광공업은 경제발전의 초기에는 급성장하여 GDP에서 차지하는 비

중이 크게 증가하지만 발전이 성숙단계에 진입하여 선진국수준에 가까워지면 그 비중이 오히려 감소하기 시작한다. 그 이유는 광공업 중에서 건설업·교통통신업·전기수도위생업 등의 비중은 지속적으로 증가하지만 제조업과 광업은 경제발전이 어느 수준을 넘어서면 그 비중이 감소하기 때문이다. 우리나라의 경우에도 제조업의 비중은 1953년의 9%에서 1988년의 32%까지 상승하였지만 그 이후로는 해마다 감소하는 추세에 있다.

③ 서비스업은 경제가 발전할수록 모든 나라에서 그 비중이 지속적으로 증가한다. 그리하여 오늘날 선진국들은 서비스업의 비중이 대체로 60% 내외에 이르고 있다. 다만 한국의 경우는 아직도 광공업의 비중이 서비스업보다도 더 높고 이탈리아는 비슷한 수준에 있는 데 이것은 이들이 상태적으로 후발국이기 때문이라 하겠다.

그러면 노동력의 산업별 구성은 어떻게 변화하는가. [표 11-3]은 지난 100여 년간 여러 나라들의 산업별 취업구조(産業別 就業構造)가 어떻게 변화하고 있는가에 대한 장기추세를 나타내 주고 있는데 이 표에 나타난 결과와 쿠즈네츠의 연구결과를 종합하면 다음과 같다.

① 경제발전에 따라 노동력은 농업에서 비농업으로 이동한다. 농업노동력의 비중이 감소한다는 것은 그만큼 많은 사람들이 먹는 것 문제를 해결하는 데서 해방되어 보다 높은 생활수단을 생산할 수 있게 되었다는 것을 뜻한다. 예컨대 미국은 1820년의 농업인구비율이 70%였지만 그 때보다도 농업인구비율이 3%도 안 되는 오늘날 더 풍요로운 식생활을 하고도 수출까지 하고 있는데 이것이 바로 경제발전의 본질이라 할 수 있다. 그래서 1인당 소득과 농업인구비율은 역상관관계(逆相關關係)에 있다.

그리고 농업부문의 노동력이 감소하는 속도는 후발국일수록 빠르다. 표에서 보면 예컨대 미국에서 전체 취업자 가운데 농업취업자의 비율을 61.6% 포인트 내리게 하는 데 1839년부터 158년이 걸렸지만 한국에서는 그와 비슷한 52%포인트 내리게 하는 데 불과 35년이 소요되었던 것이다.

[표 11-3] 산업별 노동력의 장기추세 (전체 노동력에 대한 %)

국 별	농림수산업	광 공 업	서비스업
1. 미 국			
1839	64.3	16.2	19.5
1965	5.7	38.0	56.3
1997	2.7	30.0	67.3
1839 년비 1997 년(% 포인트)	−61.6	+13.8	+47.8
2. 프 랑 스			
1856	51.7	28.5	19.8
1962	20.0	43.6	36.4
1997	4.7	32.9	62.4
1856 년비 1997 년(% 포인트)	−47.0	+4.4	+42.6
3. 스 웨 덴			
1860	64.0	18.8	17.2
1960	13.8	52.7	33.5
1997	2.8	32.7	64.5
1860 년비 1997 년(% 포인트)	−61.2	+13.9	+47.3
4. 일 본			
1872	85.8	5.6	8.6
1964	27.6	37.4	35.0
1997	5.3	39.4	55.3
1872 년비 1997 년(% 포인트)	−80.5	+33.8	+46.7
5. 한 국			
1963	63.0	17.4	19.6
1980	34.0	35.4	30.6
1998	11.0	38.0	51.0
1963 년비 1998 년(% 포인트)	−52.0	+20.6	+31.4

자료 및 산업분류는 [표 11-2]와 같음.

② 농업이 전체 인구에서 차지하는 비율은 전체 소득에서 차지하는 비율보다도 높다. [표 11-2]와 [표 11-3]을 비교하여 보면 미국의

농업은 전체 인구의 2.7%가 전체 소득의 2.0%를, 프랑스의 농업은 4.7% 인구가 2.3%의 소득을, 스웨덴의 농업은 2.8% 인구가 2.1%의 소득을, 그리고 한국의 농업은 11.0%의 인구가 4.9%의 소득을 각각 차지하고 있다. 이것은 농업의 노동생산성과 1인당 소득이 비농업보다 그 만큼 낮다는 것을 말하는 것이다.

③ 광공업의 노동력 비중은 경제발전의 초기에는 계속 증가하지만 발전이 성숙단계에 들어서서 어느 수준을 넘어서면 그 비중이 감소하기 시작한다. 그 이유는 광공업 중 건설업·교통통신업·전기수도위생업 등은 그 노동력 비중이 계속 증가하지만 광업과 제조업의 비중은 발전이 어느 단계를 넘어서면 감소하기 때문이다. 한국의 경우 제조업의 노동력 비중은 1963년의 7.9%에서 1989년에는 27.8%까지 증가하였으나 그 뒤로는 해마다 감소하는 추세에 있다.

④ 서비스업의 노동력 비중은 경제가 발전할수록 모든 나라에서 지속적으로 증가한다. 그리하여 서비스업은 최대의 고용흡수산업이다. 선진국의 경우 서비스업의 고용점유비율은 전체의 60%를 넘는다.

그러면 끝으로 산업별 노동생산성이 경제발전과정에서 어떻게 변모하는가를 보기로 하자. [표 11-4]는 노동생산성의 장기추세를 나타내고 있는데 쿠즈네츠는 이러한 시계열자료와 횡단분석결과(橫斷分析結果)를 종합하여 다음과 같이 요약하고 있다.

① 농업의 노동생산성은 비농업보다 그 절대수준이 낮다. 그러나 농업과 비농업간의 상대적인 생산성격차는 발전단계에 따라, 또는 나라에 따라 확대되기도 하고 축소되기도 한다. 표에서 보면 과거 약 100년 동안 농업과 비농업간의 생산성격차가 미국에서는 좁혀지고 프랑스에서는 확대되었으며 스웨덴과 일본에서는 대체로 보합하였음을 볼 수 있다.

② 산업간의 생산성격차는 경제가 발전할수록 축소된다. 특히 농공간의 생산성격차는 선진국일수록 좁고 후진국일수록 크게 나타난다.

[표 11-4] 산업별 노동생산성의 장기추세

	노동생산성(전산업 평균=1)		생산성격차 (B/A)
	농림수산업(A)	비농림수산업(B)	
1. 미 국			
1839	0.75	1.45	1.93
1964	0.67	1.02	1.52
2. 프 랑 스			
1896	0.59	1.33	2.25
1963	0.44	1.14	2.59
3. 스 웨 덴			
1860	0.75	1.58	2.11
1960	0.52	1.08	2.08
4. 일 본			
1879～1883	0.75	2.25	3.00
1959～1961	0.42	1.28	3.05

자료: 박 승, 「S. S. 쿠즈네츠」, 유풍출판사, 1982, p. 154.

3-2 기업집중과 생산독점

1950년대만 하더라도 우리 나라의 빙과류는 자그만한 기계 한두 대를 가진 수많은 영세업자(零細業者)들이 전국 방방곡곡에서 생산해 냈고 이것은 어린 소년들이 통에 넣어 길거리에서 팔았다. 그 때는 아이스크림이라는 것도 없었다. 그런데 지금은 어떤가. 몇 개의 대기업이 생산을 과점하고 시장을 지배하고 있다.

아이스크림시장이 그럴 때 다른 것들은 어떻겠는가. 섬유에서부터 전자·자동차 등등 거의 모든 상품생산이 대기업에 의해서 독과점되어 있으며, 생산기업들은 여러 가지 형태로 결합되어 기업집중(企業集中) 현상이 나타나고 있다. 그래서 **기업집중**과 **생산독점**은 표리의 상관관계를 가지고 있다. 경제발전과정에서 기업형태는 개인기업으로부터 합명회사(合名會社)·합자회사·주식회사의 단계로 발전하면서 기업자본의 대형화가 이루어지게 된다. 그리고 이들 대형화된 기업들은 산업경쟁력을 강화하기 위하여 서로 결합하여 기업집단을 형성하게 되고 그 결과 생산의 독과점이 생기게 되는 것이다.

이와 같은 **기업결합**은 수직형, 수평형, 복합형 등으로 나눌 수 있다. **수직형결합**(Vertical Integration)은 생산과정의 전후연관관계에 있는 기업끼리의 결합, 예컨대 원료 또는 부품생산업체와 제품생산업체간의 결합을 말한다. **수평형결합**(Horizontal Integation)은 동일제품 또는 비슷한 제품을 생산하는 기업, 예컨대 맥주 생산기업과 포도주 생산기업간의 결합을 말하며, **복합결합**(Conglomerate Integration)은 아무런 관계가 없는 기업들끼리의 결합으로서 예컨대 한국의 재벌그룹들은 여기에 해당된다.

한편 기업집중을 조직형태, 즉 개별 기업의 독립성유무(獨立性有無)라는 측면에서 보면 결합하는 기업들이 법률적·경제적 양면에서 모두 독립성을 갖는 **카르텔**(Cartel), 양면에서 모두 독립성을 상실하는 **트러스트**(Trust), 그리고 법률적으로는 독립성을 가지지만 경제적으로는 독립성을 상실하는 **지주회사**(Holding Company)나 **콘체른**(Konzern) 등으로 나눌 수 있다. 카르텔은 예컨대 독립된 시멘트 회사들이 판매가격을 담합(談合)하는 경우와 같이 기업의 독립성을 유지하면서 특정 기업활동에 관한 사항을 서로 협약하는 기업연합으로서 가장 약한 기업결합형태이다. 카르텔의 통제력을 강화한 것이 트러스트이다. 트러스트는 시장독점을 목적으로 하는 기업합동을 말하는데 이것은 대체로 다른 기업들을 합병하는 형태를 취하게 된다. 결합하는 기업들이 완전히 독립성을 상실하므로 그 자체로서는 가장 강력한 것이지만 이것은 사실상 한 기업의 규모확대나 다름이 없고 그 규모확대에는 제약이 많기 때문에 그 국민경제적인 영향력은 그다지 크지 않다고 볼 수 있다.

여기에 비해서 콘체른은 서로 다른 산업의 여러 기업들이 형식적으로는 법률적 독립성을 가지고 있지만 하나의 집단으로 결합하여 실질적으로 독립성을 상실하게 된다. 시장지배가 그 직접적인 목적이 아니라는 점에서 카르텔이나 트러스트와는 다르다. 그리고 기업결합의 규모와 영향력이 크고 그 목적도 매우 포괄적인 자본지배 또는 산업지배에 있다는 점에서 기업집중과 생산독점의 최고형태라 할 수 있다. 콘체른의 기업지배는 지주회사(持株會社)를 통한 주식매수와 경영참여를 통해서 이루어지는 것이 흔한 일이며 통상적으로 콘체른기구는 그의 지주회사를 통해서 그룹 내 기업들을 지휘통제한다. 그리고 지주회사는 상호출자방법에 의해서 자본액의 몇 배수에 해당하는 지배권을 창조하기 때문에 콘체른은 기업집중을 비약적으로 촉진하게 된다. 한국의 재벌들은 넓은 의미로 볼 때 여기에 포함될 수 있는데 콘체른보다 그 통제력이 더 강하다는 것이 특징이라 할 수 있다.

기업의 집중과 생산의 독과점은 자본주의적 경제발전의 필연적 귀결이다. 경제근대화의 역사를 보면 집중은 자유경쟁 아래서 자본의 생리이며 모든 나라에서 그러한 집중화현상이 나타나고 있는 것이다. 그러면 이와 같은 기업집중과 생산집중 등 산업집중은 왜 일어나는가. 여기에는 개발정책적 요인과 시장경쟁적 요인으로 나누어 설명할 수 있다.

먼저 개발정책적 측면에서 보면 개발도상국의 공업화정책이 대기업화를 촉진하고 기업결합을 유도하는 방향에서 이루어지는 일이 많다는 점이다. 구체적인 예를 들면 수입제한 등의 산업보호정책을 써서 경쟁을 제한하면 국내생산의 독과점이 유발된다. 특히 소규모경제국에서는 시장규모가 작기 때문에 생기는 이른바 **자연독점**(自然獨占)이 생겨 산업집중현상이 가속화된다.

그뿐 아니라 정부의 투자정책·저축정책·수출정책 등은 한결같이 대기업에 특혜를 주고 대기업지원적인 방향으로 이끌어지는 경향이 있다. 그래서 자본주의경제의 개발과정에서는 항상 정부와 재벌의 밀착과 결합이 문제되는 일이 허다하다. 뒤늦게 공업화를 하는 나라일수록 경제개발이 대기업중심으로 추진되는 경향이 있다. 그래서 거셴크론(A. Gerschenkron)은 뒤늦게 경제개발을 하는 나라일수록 산업집중도가 크다고 주장한 바 있다(제3장의 3참조).

또 한 가지는 자본주의적인 시장경쟁이 기업집중을 유발하게 된다는 점이다. 기업의 경쟁력을 결정하는 요인에는 여러 가지가 있지만 그 가운데서도 가장 중요한 것이 규모경제와 기술수준이다. 그런데 규모가 큰 기업집단일수록 이 두 가지의 경쟁에서 유리한 경우가 많다. 그리하여 중소기업은 대기업에, 그리고 단일기업은 기업집단에게 당해내지 못하고 흡인되어 가는 것이다.

이러한 산업집중은 사회적인 관점에서 많은 폐해를 유발한다. 경제의 독과점을 유발하여 시장경쟁을 저해할 뿐 아니라 소득과 자산 분배면에서 경제력집중을 심화시킨다. 그뿐 아니라 기업집단 안의 기업끼리 상호출자(相互出資)·상호지급보증·부당내부거래 등을 통해서 경제효율을 떨어뜨려 오늘과 같은 세계화시대에는 경쟁력을 가지기 어려운 것이다. 그리하여 지나친 산업집중과 독과점을 다스리기 위한 제도적 장치를 나라마다 마련하고 있는 것이다.

4. 국민생활과 의식구조

4-1 국민생활의 변화

공주(公州)에 있는 박물관에 가 보면 그 곳 무녕왕릉(武寧王陵)에서 출토된 유물들이 진열되어 있다. 그런데 1500년 전에 임금님 내외분이 쓰던 물건들이 1950년대 우리들의 어머님과 할머님들이 쓰시던 것과 어쩌면 그렇게도 같을 수 있는가를 보고 놀랄 것이다. 손잡이가 달린 숯을 쓰는 다리미·인두·심지를 만들어 불을 켜는 들기름 등잔… 저자도 광복 후 이들과 더불어 자랐기 때문에 역사적인 향수(鄕愁)와 친근감을 느끼게 된다. 그러나 그렇게 긴 세월 동안 국민생활에 변화가 없었다는 것은 그만큼 경제발전이 없었다는 것을 뜻하는 것이다.

그런데 20세기 후반의 우리 한 세대 동안에 숯다리미는 전기다리미로, 들기름 등잔은 전기불로 바뀌고 인두는 불필요하게 되어 우리 주변에서 사라져버린 것이다. 이러한 변화는 물론 그 동안의 고속경제발전이 유발한 것이다. 경제발전의 속도가 빠르면 빠를수록 그것은 인간생활의 환경과 내용에 변화를 촉진한다. 경제발전에 따라 생산이 늘고 산업구조가 바뀌고 노동의 생산성이 증가하면 인간생활면에서도 이에 상응하는 변화가 있게 마련이다. 그러한 변화는 여러 가지가 있겠지만 여기서는 노동력의 직종별 구조변화(職種別 構造變化), 도시화, 그리고 소비구조의 변화 등 세 가지 측면에서 살펴보기로 한다.

(1) 직종별 취업구조

경제가 발전할수록 전체 노동력 가운데 피용자들이 점하는 비중이 커진다는 사실을 전장에서 언급한 바 있다. 그런데 이와 더불어 매우 중요한 사실은 경제발전에 따라 사람들의 직업구조가 생산성이 낮은 부문으로부터 높은 부문으로 꾸준히 고도화하여 이러한 작용이 인간생활의 질적향상을 선도해가고 있다는 점이다.

그러면 이러한 추세를 [표 11-5]에서 보기로 하자. 이 표에서는 직업구조의 장기추세가 어떻게 변화하는가를 엿볼 수 있다. 우선 미국의 경우를 보면 가장 생산성이 낮은 농업생산직이 전체 취업자에서 차지하는 비중은 지난 97년 동안에 23.6%에서 2.7%로 크게 떨어진 반면 가장 생산성이 높다고 할 수 있는 전문직·기술직·사무직의 비율은 10.5%에서 46.5%로 크게 늘어났다. 그리고 그 중간에 위치하는 판매직·서비스직이나 비농업생산직의 비중을 보면 판매직·서비스직은 증가하고 있고 비농업생산직은 감소하고 있다. 이와 같이 볼 때 경제발전에 따른 **직종구조변화**는 단

[표 11-5] 근로자의 직종별 취업구조변화 (전체 취업자에 대한 %)

	미국		한국	
	1900	1997	1966	1998
전문직·기술직·사무직	10.5	46.5	7.8	20.8
판매직·서비스직	18.1	25.6	17.4	33.4
비농업생산직	47.8	25.1	16.7	29.5
농림수산생산직	23.6	2.7	58.1	16.3
합 계	100.0	100.0	100.0	100.0

자료: 미국에 관한 자료는 S. S. Kuznets, *Modern Economic Growth*, p. 192.

순노무직으로부터 생산성이 높은 그 위의 상위직종으로 노동력이 꾸준히 이동하는 고도화 현상이 나타나고 있음을 볼 수 있다.

한국에서의 흐름도 미국의 경험과 대세면에서 같다. 다만 미국에서는 비농업생산직의 비중이 감소하고 있으나 한국은 그 비중이 아직 증가하고 있다는 점, 한국에서는 아직도 농업인구의 비중이 높기 때문에 노동력의 직종별 이동현상이 훨씬 더 진전되어야 한다는 점, 그리고 미국의 변화속도에 비해서 한국은 훨씬 더 빠르게 직종별 취업구조변화가 일어나고 있다는 점 등이 다른 점이라 할 것이다.

사람들의 직업구조가 이처럼 갈수록 고도화하고 있는 이유는 산업화와 기술발전에 따라 고생산성노동(高生産性勞動)에 대한 수요가 늘고 교육과 훈련을 통한 인력개발이 추진되기 때문이다.

한편 취업자들의 노동연령을 보면 교육기간의 연장을 반영하여 취업에 들어가는 연령이 늦어지는 한편 평균수명의 연장으로 일하는 전체 기간, 즉 가득기간(稼得期間)은 더 길어지고 있다. 이런 점도 인간의 생산성을 높이는 요인의 하나로 지적할 수 있다.

또 한 가지 특기할 만한 것은 여성들의 노동참여율이 높아지고 있을 뿐 아니라 특히 고생산성직종에 대한 여성들의 진출이 크게 늘고 있다는 사실이다. 그리고 각 직종별 취업자 가운데 여성들의 점유비율을 쿠즈네츠의 자료에서 보면 서비스나 가사직과 같이 생산성이 상대적으로 낮은 직종에서의 여성점유율은 감소하고 있고 반면 전문직·기술직·사무직·판매직 등 생산성이 상대적으로 높은 직종에서의 비중은 꾸준히 상승하고 있다.

지금까지 살펴본 바와 같은 직종별 취업구조(就業構造)의 변화는 경제발전과 인간생활과의 관계에서 매우 중대한 의미를 함축한다. 그것은 자본주의적인 경제발전과정에서 국민생활수준의 향상은 노동의 직능별 취업구조 고도화를 통해서, 다시 말하면 노동력이 꾸준히 저생산성부문에서 고생산성부문으로의 이동을 통해서 이루어진다는 점이다. 마르크스(K. Marx)는 자본주의경제가 발전할수록 노동자는 빈곤해진다고 생각했는데 이것은 그가 망치를 든 노동자만 생각하고 컴퓨터를 조작하는 노동자, 그리고 머리로 일하는 노동자의 비중이 날로 커진다는 사실은 생각하지 못한 것이다. 그런데 오늘의 경제발전은 직업구조가 고도화함에 따라 노동생산성이 꾸준히 증가하여 노동자가 중산층화하는 길이 열려 있는 것이다.

(2) 도 시 화

경제발전은 산업의 도시화, 인구의 도시화, 생활의 도시화를 촉진한다. 1920년 이후 도시화율을 [표 11-6]에서 보면 총인구 가운데 인구 5만 이상의 도시에 사는 사람의 비율은 미국 · 일본 · 한국에서 다 같이 꾸준히 증가하고 있다.

이 표에서 보면 미국과 일본의 도시화율이 1920년에는 큰 차이가 있었으나 2000년에는 같은 수준이 된 것을 볼 수 있는데 이것은 일본의 발전속도가 그만큼 빨랐다는 것을 함축한다. 한국의 도시화율은 1920년에는 3.3%에 불과하였으나 2000년에는 86.2%에 이르러 이미 선진국 수준을 앞지르게 되었다. 그러면 왜 이렇게 도시화가 촉진되는가. 이 문제는 생산과 생활의 양면에서 설명할 수 있다.

우선 생산면에서는 소득과 노동력의 비농업화이동(非農業化移動)과 표리의 관계에 있다. 비농업의 생산과 투자는 토지로부터 분리되어 시장과의 거리, 노동과 자본을 조달하는 데 있어서의 편익, 교통 · 통신 등 사회간접자본의 편익 등에 의해서 그 입지가 결정된다. 한편 생활면에서는 고용기회에 대한 접근이 용이하고 의료 · 교육 · 문화 · 정보 등 여러 가지 면에서

[표 11-6] 인구의 도시화추세 (인구 5만 이상 도시의 총인구에 대한 %)

연 도	미 국	일 본	한 국
1920	51.2	18.1	3.3
1940	56.5	37.9	11.6
1960	63.1	63.5	28.3
1980	73.7	76.2	56.9
2000	77.2	78.9	86.2

자료: UN, *International Statistics Yearbook*, 1999.

도 도시생활이 유리하기 때문에 도시생활을 선호하는 것이다.

그리하여 경제발전에 따른 생활의 근대화는 생활의 도시화라는 형태로 전개된다. 그러면 도시화는 인간생활에 어떤 변화를 유발하게 되는가.

① 생산과 생활의 분업화와 전문화를 촉진하고 교환경제의 폭을 넓힌다. 도시화 이전에는 집에서 하던 일, 즉 음식 만드는 일, 옷을 만드는 일, 집을 짓고 수리하는 일 등등이 도시사회에서는 모두 분업화되어 전문인에 의해서 하게 된다. 그리고 이것이 생산성과 소비수준을 높이게 된다는 것은 두말 할 필요가 없다.

② 생활양태를 생존추구에서 편리추구(便利追求) 또는 향락추구(享樂追求)쪽으로 이행시킨다. 이것은 물질적 생활수단의 공급능력이 커진다는 데도 기인하지만 소비에 대한 전시효과(展示效果)가 작용하기 때문이다.

③ 도시화는 전통적인 생활관행과 대가족제도로부터의 탈피를 촉진하고 개인주의와 합리주의에 의한 생활환경을 조성한다. 대가족제도를 근간으로 하는 전통사회의 문화는 많은 사람이 좁은 곳에 모여 사는 도시생활에는 맞지 않기 때문이다.

④ 도시화는 인간생활의 질을 떨어뜨리는 새로운 문제들을 제기한다. 지가상승과 주택난, 그리고 교통난은 도시화가 불러오는 최대의 문제점이다. 동경이나 서울처럼 땅값과 집값이 폭등하여 평생 벌어도 집을 마련하기 어려운 상황이 되면 고성장·고소득하의 빈곤이 유발될 것이다. 도시교통의 마비, 심각해지는 공해, 의료와 교육 등 생활간접자본의 애로, 범죄와 마약문제, 새로운 도시빈민문제 등은 도시화에 따른 사회적 비용이라 할 수 있다.

(3) 소비구조의 변화

경제발전에 따라 국민들의 소비구조는 어떻게 달라지는가. [표 11-7]은 한국을 포함한 몇 나라의 장기추세를 나타내고 있다. 이 표에서 보면 **엥겔의 법칙**(Engel's Law)[5)]이 모든 나라에서 확인되고 있다.

5) 독일의 사회통계학자 엥겔(Chistian Lorenz Ernst Engel, 1821~1896)은 소득이 증

[표 11-7] 민간소비구조의 장기추세 (총민간소비에 대한 %)

국 별	음식물비	의류·주거·광열비	서 비 스
1. 미 국			
1869~1889	39.3	33.9	26.8
1950~1959	29.4	25.8	44.8
1998	14.0	33.2	52.8
2. 노르웨이			
1865~1875	52.2	30.7	17.1
1950~1959	38.4	26.9	34.7
1998	20.6	34.4	45.0
3. 캐 나 다			
1870~1890	37.9	43.6	18.5
1950~1959	32.0	31.4	36.6
1998	13.5	36.5	50.0
3. 한 국			
1953	68.1	20.1	11.8
1998	18.1	27.4	54.5

자료: S. S. Kuznets, *Modern Economic Growth*, p. 266 및 OECD 통계

즉 총소비지출 중 음식물비의 비중은 모든 나라에서 예외 없이 지속적으로 감소하고 있다. 그리고 의료·보건·교통·통신·교육·오락·여행 등을 포함하는 서비스 항목은 문화비라 하겠는데 이것의 지출비중은 모든 나라에서 꾸준히 크게 증가하고 있다. 한편 의류비·주거비·광열비 등은 인간생활에 필요한 물건비(物件費) 중 음식료품을 제외한 부분이라 하겠는데 그 지출비중은 나라에 따라 또는 시간에 따라 증감이 엇갈리고 있으며 엥겔의 주장대로 큰 변동 없는 안정적 추세를 나타내고 있다.

이와 같이 볼 때 소비지출구조(消費支出構造)의 장기적 추세는 음식물

가함에 따라 음식물비의 비중은 점감하고 교육비·공과금·보건비·휴식비 등 문화비의 비중은 점증하며 의복·주거·광열비 등의 비중은 크게 변동하지 않는다고 주장하였는데, 특히 소득증가에 따라 음식물비의 비중이 점감하는 현상을 엥겔의 법칙이라 한다.

비의 비중이 꾸준히 줄고 그것이 서비스에 대한 지출 쪽으로 이동하는 것으로 특징지어진다고 볼 수 있다. 이러한 현상은 국민소득의 비중이나 고용 노동력의 비중이 모두 농림수산업으로부터 서비스업 쪽으로 이동하는 추세와 맥을 같이 한다고 하겠다. 그리고 이것은 경제가 발전하여 노동생산성이 향상됨으로써 식생활문제 해결에 필요한 노동시간이 갈수록 줄어들고 여기서 남는 노동시간이 생활의 질을 높이는 데 투입되고 있음을 말하는 것이다. 그러면 경제발전과정에서 이러한 소비구조 변화를 유발하는 요인들은 어떤 것인가.

① 경제성장과정에서 소득과 노동력이 꾸준히 농업에서 비농업으로 이동하고 인구의 도시화가 촉진된다는 것을 지적하였는데 이러한 변화는 바로 인간의 소비환경(消費環境)에 변화를 유발한다. 인구의 도시집중이 소비구조에 미치는 영향에 대해서는 앞에서 언급한 바 있다.

② 기술발전이 인간의 소비생활에 영향을 미친다. 기술발전은 꾸준히 새로운 소비욕구를 불러일으키고, 또한 새로운 공급능력을 창출하기 때문이다. 예컨대 냉동식품의 출현은 새로운 식품소비혁명을 불러일으켰으며 합성섬유·자동차·전자제품 등 새 상품이 나올 때마다 인간의 소비패턴에는 변화의 충격이 있었다. 그리고 21세기에 들어선 오늘날 인터넷과 디지털 혁명이 우리들의 생활과 소비형태에 얼마나 큰 변화를 유발하고 있는가를 보면 알 수 있는 일이다.

③ 경제가 발전할수록 직종별 취업구조가 고도화하고 소득분배가 균등화한다는 것을 앞에서 지적한 바 있는데 이것이 소비수준의 향상과 소비구조의 고도화를 유발하는 요인이다. 취업구조가 고생산성화하면서 소득분배가 고르게 된다는 것은 소득능력이 높아지면서 그것이 평준화한다는 것을 뜻한다. 그렇게 되면 문화비 지출증가의 대중화가 가능케 되는 것이다.

4-2 의식구조의 변화

경제발전에 따른 생산력의 변화는 의식구조의 변화를 유발하고 의식구조의 변화는 생산력의 변화를 가져온다. 이런 점에서 물질구조와 의식구조는 표리의 관계라고 할 수 있지만 이들이 반드시 같이 가는 것은 아니다. 역사적인 발전과정에서 보면 경제발전에 따른 생산력의 변화에 의식구조의 변화가 상당기간 따라가지 못하는 경우가 통상적이며 특히 경제발전 속도가 빠를수록 그러한 적응부족문제(適應不足問題)가 심각하게 제기된다. 자본축적에 성공하여 물질적 풍요를 누리면서도 의식구조와 사회적 윤리는 전근대적인 상태에 있어서 물질과 정신의 이중구조가 깊은 상태에 있는 사회를 독일의 사회학자 베버(Max Weber)는 **천민자본주의**라 하였다.

이러한 현상은 물질과 정신의 상호 작용에 있어서 시차(Lag)가 작용하기 때문이다. 그리고 고속변화기에 이 시차로 인하여 의식구조가 경제발전을 따라가지 못하게 되는 이유는 물질발전의 압축은 비교적 용이하지만 정신 발전의 압축은 매우 어렵기 때문이다. 그래서 이러한 현상은 단기간의 고속성장으로 경제발전이 압축성장 형태로 일어나는 경우에 흔히 나타난다.

그러면 경제발전과정에서 의식구조는 어떻게 달라지게 되는가를 간추려 보기로 하자.

① 농업사회·집단주의문화·대가족사회·군주절대권력의 틀 속에서 형성된 정신중심의 전통적 가치관은 경제발전과 더불어 붕괴되기 시작한다. 그리고 현세주의(現世主義)·평등주의·개인주의·합리주의에 바탕을 둔 물질중심의 새로운 가치관으로 대체된다. 역사적으로 볼 때 정치·경제·사회의 각 부문에서 자유·평등·개방경쟁의 시민사회가 열리기 시작한 것은 경제 근대화 이후의 일이다.

② 사람들의 욕구가 다원화하고 확산되는 다원화사회가 열린다. 생산력이 생존수준에 있을 때 사람들의 욕구는 생존욕구를 넘을 수 없다. 그러나 생산력이 커지고 인간이 신분차별과 같은 전통적 속박에서 해방됨으로써 인간의 욕구는 다원적으로 확산하게 되는 것이다.

생존욕구는 향락욕구·자기우위욕구로 발전하고 숙명론적 인식은 강력한 평등욕구로 대체된다. 그리고 사람이 추구하는 성취에 대한 기준도, 예컨대 벼슬을 해야 한다든가 부자가 되어야 한다든가 하는 **단선적 사회**에서 벗어나 운동선수·기업가·음악가·화가 등등 자기의 적성을 계발할 수 있는 일이라면 어떤 것이든지 대등하게 성취감을 느끼는 이른바 **다원적 사회**(多元的 社會)를 지향하게 된다.

③ 소득이 증가하면서 빈곤의 개념이 변화한다. 우선 소득증가에 따라 **생활비의 고정비화**(固定費化)현상이 생긴다. 가난할 때에는 음식물비만 꼭 지출해야 하는 고정비이고 나머지들, 특히 교통비·교육비·의료비 등 문화비는 있으면 쓰고 없으면 안 써도 되는 변동비라고 생각했다.

그런데 소득이 증가할 뿐 아니라 소득분배가 평준화되면서 음식물뿐 아니라 모든 경비가 안 쓸 수 없는 고정비로 변해가는 것이다. 전화를 안 쓸 수 있는가. 버스를 안 탈 수 있는가. 자녀교육을 안 시킬 수 있는가. 병이 났을 때 병원에 안 갈 수 있는가… 이렇게 모든 소비지출의 신축성이 없어지기 때문에 한번 올라간 소비수준은 내려갈 수 없는 불가역성(不可逆性)이 생기고 이로 인하여 소득이 늘어 잘 살게 되어도 불만과 빈곤감은 줄지 않는 것이다.

한편 근대사회 빈곤문제의 핵심은 **도시빈곤문제**에 있다. 이는 경제발전이 도시화로 나타나기 때문이다. 도시화에 따른 주택문제·교육문제·고용문제·범죄와 마약문제 등으로 인해서 심각한 빈곤은 도시에 있으며 이러한 도시의 빈곤문제는 앞에서 본 바와 같이 매우 복합적인 요인이 결합되어 나타나게 되는 것이다.

이와 같이 한편에서는 소득증가와 소득평준화가 일어나면서도 한편에서는 생활비의 고정비화, 생활의 도시화, 도시에서의 소비전시효과, 도시에서의 빈곤문제 등이 제기되는 환경이 전개됨으로써 **절대빈곤**은 감소하지만 상대빈곤감은 더 커지게 마련이다. 절대빈곤이 문제되는 시대에는 빈곤을 숙명으로 생각하거나 자기책임으로 생각한다. 그뿐 아니라 절대빈곤을 해결하자면 불평할 틈도 없이 부지런히 일을 해야 한다. 그러나 **상대빈곤문제**는 자기우위욕구에서 나오는 것이기 때문에 그러한 방법으로 해결되지 않는다.

그래서 상대빈곤은 불만을 사회에 확산시키게 되며 **빈곤사회책임관**으로 연결된다. 인간적 측면에서는 절대빈곤이 더 절실한 문제이지만 사회적 또는 정치적 측면에서는 상대빈곤이 더 큰 문제가 되는 것은 이 때문이다.

④ 경제발전에 따라 인간의 수명은 길어지지만 그 밖의 모든 것, 즉 물질·기술·정보 등의 수명은 단축된다. 그리고 단축되는 속도는 경제의 성장속도에 비례한다. 불과 1년 전에 산 자동차·텔레비전·양복 등은 쓰지 않고 그대로 두었다 하더라도 시간이 지남에 따라 감가된다. 1950년대까지만 하더라도 여자들이 시집갈 때에는 평생 입을 옷과 버선 등 이른바 농지기라는 것을 해 갔는데 오늘날 이것이 없어진 것은 바로 물질의 수명단축현상 때문이다. 영국의 산업혁명 당시 제임스 와트(J. Watt)는 1769년에 증기기관을 발명하여 이것을 1785년에 처음으로 면방적기계(綿紡績機械)의 동력으로 이용하였는데 그 뒤 50년간의 기술수명을 가지고 있었다. 오늘날 같으면 3~4년, 경우에 따라서는 1~2년 안에 더 좋은 새 기술이 발명되어 기존 기계나 기술은 죽어버리는 세상이 되었다.

이와 같은 **라이프 사이클**(Life Cycle) **단축화현상**은 여러 가지 점에서 인간생활과 의식구조에 영향을 주게 된다.

첫째로, 장래에 대한 감가할인율(減價割引率)이 높기 때문에 내일에 대한 가치비중이 낮아지고 오늘의 중요성이 커진다. 그래서 미래지향적 가치관이 줄고 현실지향적 가치관과 현세주의적 생활이 지배한다.

둘째로, 노동력의 수명은 길어지고 물질수명(物質壽命)은 짧아지기 때문에 소득분배를 평준화시키는 요인이 된다.

셋째로, 물질·기술·정보 등이 단명화하여 우리를 둘러싼 환경이 크게 변화하게 되면 우리 인간의 의식과 능력은 이를 수용하고 따라가기 어렵게 된다. 그뿐 아니라 장래에 대한 보장이 무너지고 이에 따라 불안이 커지게 된다. 그래서 인간이 환경변화에 따라가지 못하는 데서 생기는 이른바 **적응위기**(Adaptation Crisis)가 발생한다.

이 문제는 산업사회에서 매우 중대한 의미를 가지는 것이다. 예를 들어보자. 산업화 이전 같으면 한번 배운 기술이나 지식은 평생 써먹어도 늘 새로운 것이었으며 따라서 깊은 숙련(熟練)을 인정받았다. 그런데 오늘날을 어떤가. 주판을 잘 하는 사람은 컴퓨터가 나오면서 직업을 잃었다. 어떤 기계를 다루는 기술자는 더 성능이 좋은 새 기계가 나오면서 그는 다시 배우기 시작해야 하는 원점으로 되돌아간다. 이런 일이 어디 한두 가지이겠는가. 여기서 산업사회의 생활인은 직업에 대한 불안, 자기의 지식과 경험의 무용화에서 오는 좌절감 등을 겪어야 하는 것이다.

⑤ 지금까지 설명한 모든 것들은 산업사회에서의 세대차로 집약되어 사회에 투영된다. 세대차는 환경변화에 대한 적응부족에서 오는 것인데 이것은 근본적으로 산업사회에서의 경제발전속도가 우리의 의식구조가 수용하지 못할 만큼 빠르기 때문에 생기는 것이다. 이런 점에서 세대차는 산업사회의 산물이며 발전속도가 빠를수록 세대차도 커지는 것이라고 말할 수 있다.

본장 4-1 맨 앞에서 무녕왕(武寧王)이 쓰시던 다리미와 등잔에 대한 얘기를 한 바 있다. 그와 똑같은 다리미와 등잔을 쓰신 우리들의 부모님과 1500년 전의 무녕왕 사이에는 다리미와 등잔에 대해 세대차가 없는 것이다. 그러나 낳으면서부터 전기다리미와 전등을 쓰고 사는 우리들과 우리 부모님 사이에는 무령왕과 우리 부모님 사이보다 더 큰 세대차가 있는 것이다. 세대차란 결국 의식구조의 차이이고 의식구조의 차이는 경험의 차이이고 경험의 차이는 경제발전도의 차이에서 오는 것이기 때문이다.

이와 같은 세대차는 변화속도가 클수록 크게 나타날 것은 당연하며 세대차가 클수록 사회적인 갈등과 혼란을 경험하게 된다. 그러나 이러한 세대차는 고속발전사회의 속성이며 고속발전 사회가 불가피하게 치러야 할 비용이다. 그래서 이것은 과도기적 현상일 뿐 아니라 한편에서는 발전촉진요인(發展促進要因)이 될 수도 있는 것이다.

5. 기술개발

5-1 기술개발이 왜 중요한가

사람이 하는 일을 로봇이 대행해 준다. 생산공정(生産工程)은 전산시스템으로 자동제어(自動制御)되어 인간노동의 숙련이 예전처럼 필요하지 않게 되었다. 자본도 마찬가지다. 거액의 자본으로 구입하는 집채만한 크기의 기계가 하는 일을 이제는 손가락만한 전자장치가 대행해버린다. 다시 말해서 그 동안 노동과 자본이 하던 생산기능을 기술이 대신하고 있으며 이 때문에 그 동안 중(重)·후(厚)·장(長)·대(大)의 생산시설은 경(輕)·박(薄)·단(短)·소(小) 쪽으로 변화하고 있다. 근래에 와서 생산함수에 노동과 자본 이외에 기술을 생산요소로서 추가하고 있는 경향은 이러한 흐름을 반영한 것이라 할 수 있다.

쿠즈네츠(S. S. Kuznets)는 경제발전이란 이노베이션(Innovation)에서 오는 것인데 이노베이션을 주도하는 것은 과학기술의 발전이라고 하였다. 그래서 역사발전의 주역은 과학기술의 발전이며 경제뿐 아니라 정치발전이나 사회발전까지도 궁극적으로는 과학기술에 의해서 그 변화의 폭이 결정된다는 것이다.

경제성장에 있어서 기술의 역할이 어떤가에 대해서 쿠즈네츠는 구미 선진국의 1850~1950년 사이의 100년간에 걸친 근대화과정을 통계적으로 추적하였다. 그 결과 생산을 위한 노동투입(勞動投入)은 매년 0.3%씩 감소하였고 1인당 자본투입량은 연평균 1.52%씩 증가하여 이를 가중평균한 총생산요소투입량(總生産要素投入量)은 0.49%씩 증가하였다는 것이다.

그런데 이 기간중 연평균 1인당 소득증가율은 1.98%에 달하였다. 따라서 경제성장을 생산요소의 투입증가로 인한 것과 그 나머지, 즉 생산요소의 생산성증가로 나누어 본다면 1인당 소득성장률 1.98% 가운데 전자가 0.49% 포인트로서 25%, 그리고 후자가 나머지 1.48% 포인트로서 75%를 차지한다는 것이다. 생산요소의 생산성증가는 그 대부분이 기술발전으로 인한 것이니만큼 쿠즈네츠가 내린 결론은 경제성장의 거의 4분의 3은 기술발전에서 온다는 것이다.[6] 그 뒤 많은 학자들에 의해서 이와 유사한 연구결과가 발표되었다.

그러면 새로운 기술이 개발될 때 경제에 어떤 변화를 주게 되는가를 [그림 11-2]에서 보기로 하자.

이 그림에서 그림 (A)는 개별기업의 생산비용을 나타내고 그림 (B)는 이들이 생산하는 상품의 전체 시장수급을 나타내고 있다. 그림 (A)에서 AC는 평균비용, 그리고 MC는 한계비용을 나타내며 이들 기업은 경쟁적 시장에서 생산하고 있다고 가정한다. 먼저 모든 기업은 다 같이 AC_1의 비용곡선을 가지고 있고 다같이 e_1점에서 생산하고 있다고 하자. 즉 OC_1의 단위비용으로 각 기업은 Oq_1을 생산하고 있으며 이 때 시장 전체로서는 그림 B의 OQ_1이 P_1의 가격으로 공급되어 E_1점에서 수요와 공급이 균형을 이루고 있다.

이 때 여러 기업 가운데 갑(甲)이라는 기업이 새로운 생산기술을 개발하였다면 어떻게 될까. 갑의 비용곡선은 AC_2로 내려올 것이며 다른 기업들이 모두 e_1, 즉 C_1의 비용으로 생산하는데 갑만은 e_2, 즉 C_2의 비용으로 생산할 수가 있게 된다. 그래서 갑은 경쟁적 우위(競爭的 優位)를 확보하게 된다. 만일 갑이 생산을 무한히 늘릴 힘이 있고 값을 C_2에서 받는다면 다른 기업들은 일시에 도산할 것이다. 그러나 갑의 생산능력에 한계가 있으므로 당분간 값을 C_1에서 받으면 갑은 막대한 이윤을 얻게 될 것이며 서서히 다른 기업들은 몰락하고 갑의 생산은 늘어날 것이다.

이러한 과정을 그림 (B)에서 보면 경쟁적 시장에서의 공급선은 한계비

6) 박 승, 전게서, pp. 109~118.

[그림 11-2] 기술혁신의 효과

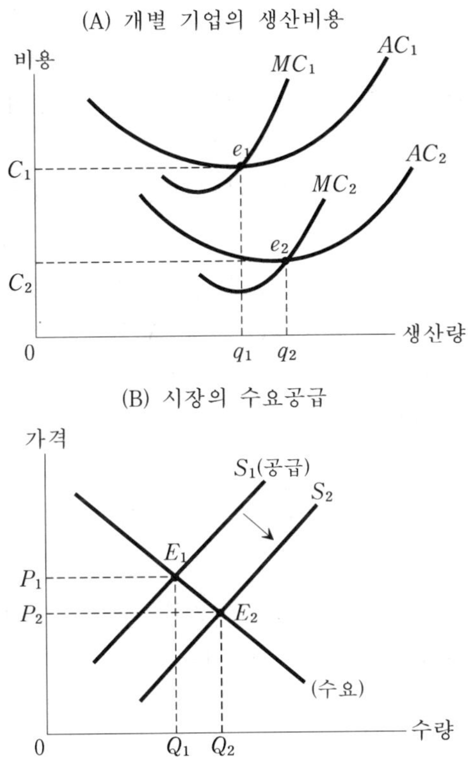

용선(MC)이므로 갑의 기술혁신으로 공급선은 당초의 S_1에서 S_2로 이동하고 수급균형점은 E_1에서 E_2로 옮긴다. 즉 사회 전체로서의 생산은 Q_1Q_2만큼 더 늘어나고 가격은 P_1에서 P_2로 떨어지게 되므로 갑의 기술혁신과 이로 인한 일부 타기업의 도산은 사회 전체의 후생을 증대시킨다고 볼 수 있다.

5-2 기술발전의 형태

기술발전이란 무엇을 뜻하는가. 이 말은 즉 똑같은 양의 생산요소(예컨대 노동과 자본)를 가지고 보다 양질(良質)의, 또는 많은 양의 생산이 가능하게 되었음을 뜻한다. 이 말을 뒤집어 보면 기술발전이란 전과 똑같은 양의 생산을 위해서 전보다 적은 양의 생산요소가 투입된다는 뜻이 된다. 즉 생산함수의 효율화 또는 생산요소의 생산성증가를 의미한다.

그런데 기술이 발전할 경우 생산요소의 사용비율, 즉 자본·노동비율(K/L: Capital Labor Ratio)이 어떻게 달라지느냐에 따라서 **자본집약적 기술**(Capital Intensive Technology), **노동집약적 기술**(Labor Intensive Technology), **중립적 기술**(Neutral Technology) 등으로 나눌 수 있다. 자본집약적 기술은 상대적으로 자본을 더 사용하게 됨으로써 K/L 비율이 올라가는 경우이고 노동집약적 기술은 그와 반대되는 경우이며, 중립적 기술은 K/L 비율이 변동하지 않는 경우이다.

이것을 [그림 11-3]에서 보기로 하자. 노동과 자본의 상대가격, 즉 임금 w와 이자율 i의 비율은 일정하다고 가정하며 따라서 그림에서 w/i의 비율인 β의 각도는 가격선 CD나 AB가 같다. 곡선 $I_0 \cdot I_K \cdot I_N \cdot I_L$ 등은 모두 동일한 생산량을 나타내는 생산등량선(生産等量線)인데 I_0는 기술혁신 이전의 등량선이고 I_K는 자본집약적 기술혁신의 경우, I_N은 중립적 기술

[그림 11-3] 기술발전의 유형

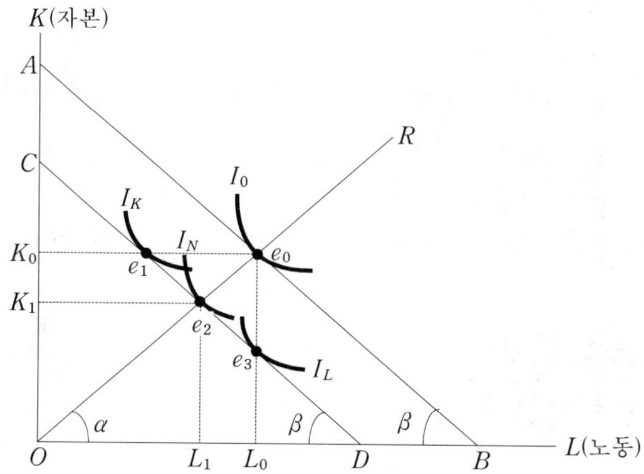

혁신의 경우, I_L은 노동집약적 기술혁신의 경우이다. 이들 네 개의 등량선이 위치는 각각 다르지만 꼭 같은 생산량을 각각 나타내고 있으며 이 사실을 알아야만 이 그림이 이해된다.

기술발전이 있기 전에 생산이 e_0에서 되고 있다고 하자. 즉 K_0의 자본과 L_0의 노동을 들여 I_0만큼을 생산하는 것이며 자본·노동비율(K/L)은 원점에서 그은 직선의 각으로 나타나므로 이 경우의 K/L비율은 α로 그림에 나타나 있다. 이 때 중립적인 기술진보가 있다고 하면 등량선은 I_0에서 I_N으로 이동하고 생산점은 e_0에서 e_2로 옮겨진다. 즉 전보다 적은 K_1의 자본과 L_1의 노동을 들여 전과 같은 양을 생산하는 것이며 그래서 기술발전이라고 부른다. 그리고 전과 비교할 때 사용하는 자본과 노동의 비율, 즉 α의 각도는 변함이 없으므로 이를 중립적 기술이라고 말한다. 만일 기술혁신으로 생산점이 e_0에서 e_1으로 옮겨진다면 이것은 전에 비하여 노동보다 자본을 상대적으로 더 사용함을 뜻하는 것이며, K/L비율, 즉 원점과 e_1을 잇는 직선의 각은 커지게 되는데 이 경우를 자본집약적 기술이라고 한다. 노동집약적 기술의 경우는 생산점이 e_0에서 e_3로 가는 경우인데 이 경우는 설명하지 않아도 이해가 될 것이다.

5-3 규모의 경제

'한 덩어리로 된 백만 원은 만 원씩 백 개로 나누어진 백만 원보다 더 쓸모가 있다'는 말을 많이 듣는데 이것이 바로 **규모의 경제**(Economies of Scale)이다. 곰탕집에서 하루 곰탕 한 그릇만 파는 경우보다는 열 그릇, 열 그릇보다는 백 그릇을 파는 경우가 단가가 싸게 먹힐 것이다. 그러나 하루 10만 그릇을 만든다고 하면 원가는 오히려 오르게 될 것인데 이 경우는 **규모의 비경제**(Diseconomies of Scale)라고 말한다.

규모의 경제는 생산·투자·구입·판매 등 네 부문에 작용한다. 생산규모의 경제는 앞에 든 곰탕의 예에서 보았고 투자규모의 경제는 투자규모가 커질수록 생산물 단위당 투자원가(投資原價)가 싸게 되는 것을 말한다. 원료를 사들일 때 많이 살수록 싸게 살 수 있는 것은 구입규모의 경제이

[표 11-8] 철강산업의 규모경제 (단위: 1969년 미 달러)

	연 산 10만 톤	연 산 50만 톤	연 산 100만 톤	연 산 150만 톤
톤당 투자원가	75	53	37	30
톤당 생산원가	95	75	68	65

자료: United Nations Economic Commission for Latin America, February 1966(Mimeo), Quoted in Joel Bergsman, *Brazil*, Oxford University Press, 1970, p. 196.

며 제품을 팔 때 한 사람이 한 개를 배달하는 것보다는 여러 개를 배달하는 것이 판매비가 절약되는 것은 판매규모의 경제이다. 이상 네 가지 중에서 생산과 투자의 규모경제는 실물적인 것이므로(즉 생산함수와 직결된 것이므로) 이것을 **실물적 규모경제**(Real Economy of Scale)라 하고 구입과 판매에서 오는 규모경제는 가격과 관련된 것이므로 이를 **가격적 규모경제**(Pecuniary Economies of Scale)라고 한다.

그러면 규모의 경제가 실제로 어떻게 작용하는가 하는 것을 [표 11-8]에서 보기로 하자. 이 표는 국제연합의 남미경제위원회(United Nations Economic Commission for Latin America)에서 강철산업을 표본으로 하여 조사한 것이다. 이 표를 보면 강철산업의 규모를 연산 10만 톤에서 150만 톤으로 늘리면 톤당 투자원가는 1965년을 기준으로 하여 볼 때 75달러에서 30달러로 떨어지고 생산원가는 95달러에서 65달러로 각각 내려감을 알 수 있다.

이러한 자료를 거울삼아 규모경제와 그 효과를 그림으로 나타내면 [그림 11-4]와 같다. 먼저 그림 (A)는 기업의 생산비용이 생산규모가 커짐에 따라 어떻게 변하는가 하는 것을 가상적으로 그린 것이며, 그림 (B)는 규모의 경제가 작용할 때 그 생산물의 시장공급이 어떻게 되는가를 나타낸 것이다. 그림 (A)에서 Q_1 이하의 규모로는 생산이 불가능하다. 1년에 10대를 생산하는 자동차공장은 있을 수 없지 않은가. 그래서 이 비용곡선은 A점 위에서는 수직이 되고 있는데 이것은 한계비용이 무한함을 의미한다. 그 이하의 규모로는 기술적으로 생산이 불가능하기 때문에 A점을 **최소규모**(Minimum Scale)라 한다.

[그림 11-4] 규모경제와 판매시장

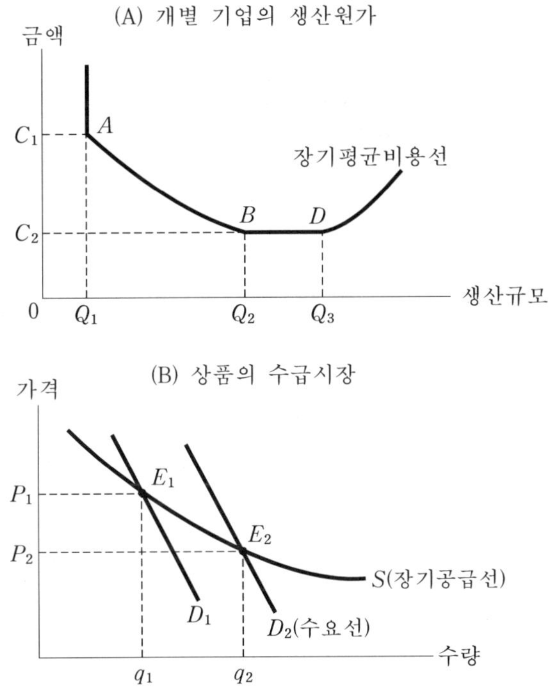

규모를 Q_1에서 더 늘리면 생산비용은 B점에 이르기까지 계속 내려가고 B점에서 비용은 최소가 된다. 그래서 A에서 B까지 구간의 모든 점들은 기술적으로 생산은 가능하지만 최적규모는 아니기 때문에 이를 **과소규모**(Undersized Scale)라고 한다. 생산비용은 B점에서 최소가 되어 이것이 D점까지 계속되는데 B와 D구간 위의 모든 점은 모두 **적정규모**(Optimal Scale)이며, 특히 B점은 수많은 적정규모점 가운데 가장 작은 규모이기 때문에 이를 **최소적정규모**(Minimum Optimal Scale)라 한다. D점을 넘어서 규모가 커지면 생산단가는 오히려 상승하게 되므로 D점부터는 규모의 비경제(非經濟)가 시작되는 것이다.

규모의 경제가 작용하면 이 생산물의 장기적 공급선은 그림 (B)에서 보는 바와 같이 수요선과 마찬가지로 하향선(下向線)이 된다. 경제이론교과

서에서 늘 공급선은 상향선으로 취급되고 있기 때문에 이처럼 내려가는 공급선은 다소 생소하게 느껴지겠지만 후진국의 근대적 산업부문에서는 이러한 하향적 공급선이 매우 흔하다는 사실을 유의할 필요가 있다. 그러면 일반적으로 우리가 배운 장기 공급선은 왜 상향하는가를 먼저 알 필요가 있다. 공급선이 상향하는 것은 생산비용이 체증한다는, 즉 규모의 비경제가 적용된다는 가정 때문이다. 다시 말하면 생산규모가 그림 (A)의 Q_3 보다 크다고 보기 때문이다. 그러기 때문에 수요가 늘면 더 공급해야 하는데 그러자면 생산단가가 상승하므로 가격을 더 비싸게 받아야 하는 것이다. 일반적으로 선진경제에서는 규모의 경제를 충분히 실현하고 있으므로 상향적 공급선이 그대로 적용된다고 볼 수 있다.

그러나 후진국에서는 근대적 부문일수록 규모의 경제를 실현하지 못하고 있으며 많은 산업이 과소규모에서 생산하고 있다. 이런 경우 그림 (A)의 A 점에서 B 점에 이르기까지는 공급선이 그림 (B)에서 보는 바와 같이 아래로 내려가기 마련이다. 그림 (B)에서 수요가 D_1 에서 D_2 로 증가한다고 가정하자. 그러면 균형점은 E_1 에서 E_2 로 옮겨지고 수요량은 q_1 에서 q_2 로 늘고 가격은 오히려 P_1 에서 P_2 로 떨어지는 결과를 볼 수 있다. 즉 수요가 늘면 생산자는 더 생산하게 되는데 생산규모가 늘면 규모의 경제 때문에 생산원가가 떨어져서 값을 먼저보다 덜 받아도 종전과 같은 이윤을 낼 수 있게 된다는 뜻이다.

이런 점에서 본다면 과소규모하에 있는 후진국들은 금후 규모의 경제를 개발할 가능성을 가지고 있으며 이 가능성을 어떻게 실현시키느냐 하는 것이 경제개발에 있어서 전략적인 중요성을 가지고 있다고 볼 수 있다.

그러면 후진국에서는 왜 규모경제를 실현하지 못하는가. 과소규모(過小規模)의 요인으로서는 자본부족 · 시장부족 · 기술부족 등을 지적할 수 있다. 자본이 작아 대규모투자를 감당할 수 없고 자본이 있더라도 판로가 없어 대량생산이 어렵다. 또한 규모가 커질수록 높은 기술이 있어야 하는데 기술면에서도 애로가 있다. 그래서 규모경제를 실현하는 문제에 있어서도 빈곤의 악순환이 작용한다고 볼 수 있다.

5-4 기술개발과 산업경쟁력

경제성장에 있어서 기술이 얼마만큼 중요한 역할을 하는가 하는 것은 경제의 발전단계에 따라 다르다. 경제성장에 기여하는 요인은 노동이나 자본과같은 생산요소의 공급량증가와 생산요소의 생산성증가, 즉 기술혁신으로 나누어 볼 수 있다는 것을 앞에서 지적한 바 있다. 그런데 경제성장에 있어서 기술이 얼마만큼 기여할 것인가 하는 것은 결국 그 나라의 경제성장이 위에 언급한 두 가지 중 어느 쪽에 주로 의존하는 단계에 있는가 하는 데 따라 결정된다.

이러한 시각에서 볼 때 경제성장에 있어서 기술의 역할은 **초기적 발전단계**에서보다도 후기단계, 즉 **성숙발전단계**에서 더 중요한 것이다. 좀더 좁혀서 말하면 방대한 실업이 존재하는 경제에서는 기술이 크게 문제되지 않지만 구조적 실업이 없어지는 완전고용경제에서는 기술발전의 속도가 바로 경제성장반경을 결정하게 된다는 것이다. 왜 그런지를 좀더 부연해 보기로 하자.

대중적 실업과 자본부족이 지배하는 개발초기단계(開發初期段階)에서는 노동이나 자본과 같은 생산요소의 공급을 계속 늘릴 수 있을 뿐 아니라 인건비가 싸기 때문에 기술개발의 필요를 크게 느끼지 않는다. 그리고 기술개발에는 자본이 많이 들고 실패 위험이 크며 시간도 오래 걸리기 때문에 기술개발을 서두르는 것은 능률원칙에도 어긋난다.

실업이 많기 때문에 노동력은 얼마든지 공급할 수 있으며 특히 노동력을 더 쓰더라도 임금이 오르지 않는다는 무기가 있다. 한편 자본쪽에서는 초기적 성장과정에서 저축이 계속 증가할 것이며 저축이 모자라면 외자라도 도입해서 자본공급을 늘릴 수 있다. 그리고 이렇게 자본공급이 추세적으로 늘어나 자본부족문제가 완화되면 금리가 지속적으로 떨어지게 마련이다. 그래서 개발 초기단계에서는 노동이나 자본의 투입을 다 같이 늘리기 쉬울 뿐 아니라 저임금과 금리하락의 이점을 누릴 수 있는 것이다. 이러한 이점들이 작용하는 한 기술혁신이 없더라도 생산과 투자는 확대될 수 있고 경제성장은 지속될 수 있다.

그러나 구조적 실업이 없어지고 자본부족이 없어지는 성숙발전단계(成熟發展段階)에서는 그러한 이점은 사라진다. 구인난시대(求人難時代)에 들어갈 뿐 아니라 저축률도 그 이상 증가하지 않거나 오히려 내려간다. 저임금은 해소되고 높은 임금상승이 지속될 뿐 아니라 금리하락도 한계에 이르러 정지된다. 이렇게 되면 생산요소의 투입증대나 생산요소가격의 하락을 통한 성장유인력(成長誘引力)은 사라져 버린다. 결국 기술혁신에 의해서 생산요소의 생산성을 높이는 길이 유일한 성장의 돌파구가 되는 것이다.

이와 같은 문제를 [그림 11-5]에서 좀더 연구해 보기로 하자. 이 그림은 완전고용상태에 있는 나라의 경우를 나타내고 있는데 횡축에는 자본량, 종축에는 자본의 한계생산력, 즉 투자수익률(投資收益率)을 나타낸다. MP_1, MP_2, MP_3 등은 서로 다른 기술수준 T_1, T_2, T_3에서의 자본한계생산력을 나타낸다. 지금 이 나라의 자본량은 K_1, 현재기술수준 아래서의 자본한계생산력은 MP_1으로 각각 표시된다면 투자는 A점에서 결정되고 투자수익률은 A 또는 R로 나타난다.

그런데 경제발전에 따라 자본이 축적되어 자본량이 K_2로 늘어났다고 하자. 그러면 완전고용상태에 있어서 자본만 증가하고 노동은 증가할 수

[그림 11-5] 성숙단계의 경제성장과 기술혁신

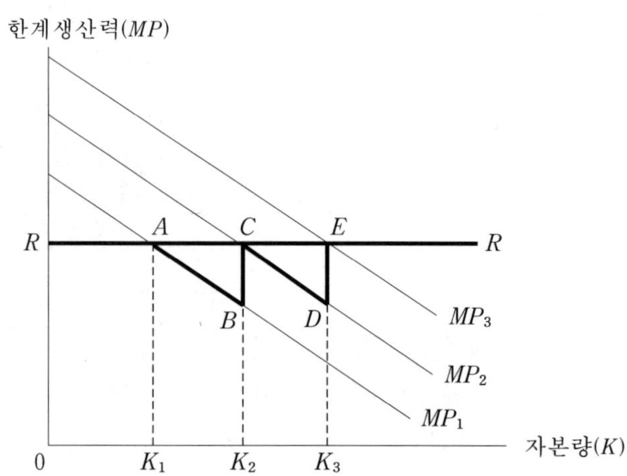

없기 때문에 투자수익률은 A에서 B로 떨어지게 된다. 자본의 한계생산력이 하향(下向)하는 것은 자본이 증가할 때 노동이나 기술과 같은 다른 생산요소는 고정되어 있다는 전제(前提) 때문이다. 그러나 자본이 K_1에서 K_2로 증가할 때 노동이나 기술과 같은 다른 생산요소가 따라 증가한다면 자본의 한계생산력선은 MP_1에서 MP_2로 이동하게 되는 것이다. 그런데 실업이 없어지면 노동력의 공급증가는 불가능하게 되므로 기술개발에 의존할 수밖에 없는 것이다. 따라서 기술혁신이 일어나 투자유인(投資誘因)을 MP_1에서 MP_2로 확대하였다면 B점을 다시 C점으로 밀어올려 투자수익률의 하락을 방지할 수가 있다. 이와 같이 자본축적에 부응하여 기술혁신이 계속 뒷받침해 준다면 투자수익률은 $ABCDE$를 따라 움직일 것이며 그 장기적인 추세선은 RR선이 될 것이다. 만일 대규모의 실업으로 노동의 무한한 공급이 가능하다면 자본증가에 따른 투자수익률의 하락을 막아주는 역할은 기술개발이 없더라도 실업노동력이 해 줄 수 있다. 그러나 완전고용단계에서 그 역할은 기술에 의존할 수밖에 없는 것이다.

지금까지 이 그림에서 설명한 것은 기술축적이 계속 이루어져 투자수익률을 일정하게 유지해 주는 경우의 예이다. 그러나 만일 기술발전이 미흡하다면 투자수익률은 장기적으로 하락하여 경제발전은 그 속도가 둔화될 것이며 반대로 기술혁신이 더 빠른 속도로 진행된다면 투자수익률은 오히려 상승하여 경제발전의 속도를 더 가속화시킬 수 있을 것이다.

이상에서 설명한 바와 같이 완전고용점을 지난 성숙단계의 경제는 투자유인의 감소와 고임금시대의 개막으로 특징지어지는데 이 단계에서 경제성장이 주저앉지 않고 성장을 지속화하는 비결은 기술혁신을 통해서 이러한 제약을 극복하는 것이다. 1990년대 이후의 한국경제가 바로 이 단계에 해당된다고 볼 수 있다.

제12장

한국경제의 개발모형

1. 한국경제개발의 초기여건
2. 한국경제의 초기적 개발모형
3. 21세기 한국경제의 발전

제12장

한국경제의 개발모형

1. 한국경제개발의 초기여건

경제개발에 있어서의 초기여건(初期與件)은 그 나라의 자연적 부존여건(賦存與件)·사회적 여건·그리고 역사적 후진도 등 세 가지에 의해서 주어진다. 이 가운데 역사적 후진도는 공업화에 들어가는 시기의 선후를 말하는 것으로서 역사적 후진도에 따라 경제개발의 여건이 다르게 된다는 것은 이미 제 1 장 3-1에서 설명한 바 있다.

한국은 위의 세 가지에 대한 한국으로서의 특수성을 가지고 있으며 그것들이 우리 경제개발의 특수한 초기여건을 형성한 것이다. 그러면 한국경제개발의 초기여건은 어떠하였는가.

① 좁은 국토, 과잉인구, 좁은 시장, 구조적 실업, 그리고 부족한 부존자원 등이 한국경제의 기본환경이었으며 여유 있는 자원이 있다면 그것은 노동력뿐이었다. 특히 지하자원뿐 아니라 농토자원까지도 절대부족상태인 한국과 같은 나라가 실업노동력이라는 자원만을 가지고 어떻게 경제개발을 수행할 수 있을 것인가 하는 점에서 한국은 좋은 표본이라고 할 수 있다.

② 농업잉여(農業剩餘)의 축적이 불가능한 여건에서 경제개발을 수행해야 했다는 점이다. 이 말은 즉 원시축적 없이 공업화에 들어갈 수밖에 없음을 뜻하며 따라서 농업성장은 공업화의 선행요건이 아니라 후행적 결과(後行的 結果)로 나타나게 되는 개발형이 됨을 의미한다. 이에 관해서는 이미 제4장에서 상세히 언급한 바 있다. 공업화에 선행하여 농업축적이 이루어질 수 없었던 이유는 우리나라 농업이 과잉인구하의 영세한 생계농업이었다는 점, 원료나 축산농업이 아니라 주곡농업(主穀農業)이었다는 점, 농업의 생산성 증가에 앞서서 소비압력의 증가가 선행하였다는 점 등을 지적할 수 있다. 이와 같이 농업부문의 원시축적이 불가능했다는 사실은 외자의존형 개발, 강제저축 중심의 내자동원, 공업화편향적 개발(工業化偏向的 開發) 등을 불가피하게 하였다고 볼 수 있다.

③ 한국은 오랜 역사에서 외세에 의한 지배와 식민지로서 수탈당한 외세종속(外勢從屬)의 역사적 경험을 가지고 있으며 광복 후에도 국토분단과 이로 인한 정치·경제·사회적인 갈등과 긴장이 지속되는 가운데서 경제개발을 수행해야만 하였다. 그래서 한국의 경제개발은 정치적 독립을 성취하여야 할 뿐 아니라 남북통일을 이룩하고 또 여기에 사전대비하여야 한다는 많은 경제외적(經濟外的) 차원의 과제를 지고 있는 것이다.

④ 오랜 유교의 전통을 근간으로 한 아시아적 가치관, 즉 혈연·학연·지연(地緣)을 중시하는 연고주의(緣故主義), 사리보다 인간적 친분관계의 중시, 충효사상에 뿌리를 둔 권위존중 사상, 높은 교육열 등을 바탕으로 한 사회적 환경에서 경제개발을 추진하였다는 점이다. 이러한 사실은 한국경제의 발전에 많은 자산과 부채를 함께 물려주었다. 그러한 가치관이 개발 초기의 보호주의적 성장시대에는 연고주의에 의한 강력한 성취동기(成就動機)와 높은 교육열에 의한 양질의 인적자본을 매개로 하여 고도성장을 유발하는 추진력이 되었으나 개방체제하에서 선진화를 추구하는 단계에 들어서서는 오히려 극복해야 할 장애요인(障碍要因)으로 지적되고 있다.

⑤ 사회적 동질성(社會的 同質性)이다. 근대화부문과 전통적 부문간에 일어나는 경제적 이질성은 경제발전의 부산물인 동시에 오히려 경제발전을 촉진하는 역할을 할 수도 있지만 인종·언어·문화·관습·종교 등에서 일어나는 사회적 이중구조는 국민적 단결을 저해하고 낭비를 초래하여 경제개발을 어렵게 하는 요인이 되고 있다. 다행히도 우리는 단일민족에 말과 글이 같고, 문화·관습이 같으며, 종교는 근대화에 저항요인이 아니라 오히려 촉진요인으로 작용할 수 있었던 것이다.

⑥ 종합적으로 볼 때 개발시점(開發始點)에서 우리 나라는 노동부존국이기 때문에 노동집약적 생산방법을, 그리고 소규모의 자원부족국이기 때문에 경제는 개방을 지향하고 내수보다 수출에 중점을 두지 않을 수 없었던 것이다. 노동력을 무기로 공업성장과 수출을 양축으로 하여 우리 나라 경제가 그 동안 성장해 왔다는 사실은 이러한 경제 바탕의 특수성에서 기인한다고 볼 수 있다.

2. 한국경제의 초기적 개발모형

2-1 기본모형

한국경제의 초기적 발전과정을 잘 설명해 주는 발전이론으로서는 제 3 장 3 절에서 설명한 거센크론(A. Gerschenkron)의 상대적 후진도에 따른 약진이론과 제 5 장 3 절에서 설명한 넉시(R. Nurkse)와 루이스(W. A. Lewis)의 실업인구에 의한 자본축적론이라 할 수 있다. 그러한 이론적인 바탕 위에서 추진된 한국의 경제발전은 후발국으로서의 대표적인 성공사례라 하겠는데 그러한 성공이 어떻게 이루어질 수 있었는지를 보기로 하자.

[그림 12-1]은 우리 나라 **경제개발의 기본모형**을 나타내기 위한 것이다. 잠재실업을 가진 인구과잉후진국(人口過剩後進國)에서는 어떻게 자본을

[그림 12-1] 한국경제개발의 기본모형

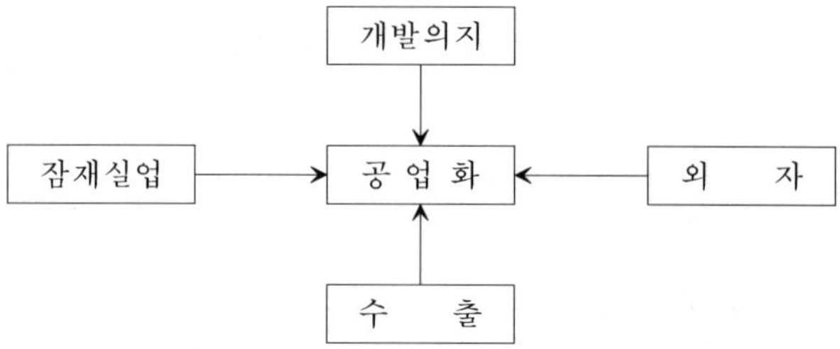

공급하여 놀고 있는 두 손을 움직이도록 하느냐 하는 것이 기본문제라 함은 여러 차례 강조한 바 있다. 놀고 있는 손은 하나의 성장잠재력이지만 자본이 주어질 때까지는 경제성장에 있어서 부채항목이 될 수밖에 없기 때문이다. 우리 나라의 경제개발이 성공적이었던 비결은 놀고 있는 잠재실업의 두 손을 움직이도록 함으로써 성장잠재력으로서 잠자고 있는 노동력을 성장추진력화하였다는 데 있으며 이것을 가능케 한 것이 바로 외자라고 볼 수 있다. 이런 점에서 노동력을 **개발잠재력**이라 한다면 외자는 잠자는 잠재력을 일깨워 준 인화제에 비유할 수 있으며 이 두 가지의 결합이 곧 한국경제성장의 기본축이 되고 있다고 볼 수 있다.

놀고 있는 두 손을 움직일 수 있게 한 인화제(引火劑)의 구실을 국내자본 아닌 외자가 하게 된 것은 앞서 본 바와 같이 농업부문의 원시축적이 불가능했었다는 우리 경제의 특이한 여건에서 오는 것이며 국내자본의 축적을 기다리지 않고 바로 외자도입으로 공업화에 들어감으로써 공업화의 시점(始點)을 앞당길 수 있었고 또 기술도입 등 낙후주자(落後走者)가 얻을 수 있는 모방의 이점을 최대한으로 활용할 수 있었다고 볼 수 있다. 이런 점에서 우리 나라 경제개발에 있어서 외자의 역할은 매우 중요하였다고 평가할 만하다.

그러나 놀고 있는 손에 자본이 주어진다고 반드시 경제가 개발되는 것은 아니다. 여기에는 이 두 가지를 결합시켜 생산력화시키는 힘이 필요하다. 많은 후진국들이 충분한 잠재실업과 외자를 가지고도 경제개발에 실패하는 이유는 바로 이 두 요소를 결합시키는 데 실패하기 때문이다. 우리 나라의 경우 이 두 가지를 효율적으로 결합시켜 개발추진력으로 승화시킨 힘은 바로 한국민의 **개발의지**(Development Will)였다고 볼 수 있다. 개발의지는 어떤 대가를 지불하고라도 가난을 극복해야 한다는 국민적 자각, 자본축적과 확대재생산을 추구하는 기업가정신, 그리고 성장과 투자에 대한 유인정책(誘因政策)을 써서 국민적 잠재력을 경제개발에 동원하고 결합시키는 정부역할 등이 하나가 되어 이루어진 것이다. 그리고 여기서 투자를 충분히 수용할 수 있는 흡수능력이 생긴 것이니 이 개발의지는 잠재실업과 외자를 효율적으로 결합시켜 개발추진력화시켰다는 점에서 결합제(結合劑)에 비유할 수 있다.

이렇게 해서 투자가 되고 생산이 이루어질 경우 그 배출구, 즉 판로가 없으면 경제개발은 성공할 수 없다. 우리 나라의 경우에는 이것을 수출에서 찾았던 것이다. 판로를 수출에서 찾을 수밖에 없었던 것은 목표성장률이 높은 데다가 자원은 적고 국내시장은 좁다는 점에서 당연한 귀결이라고 볼 수 있다. 판로를 수출에 의존할 경우 기본적인 문제점은 국제경쟁력이라 하겠는데 우리의 경우 국제경쟁력은 저노임과 정부지원에 의해서 크게 힘입어 왔다고 볼 수 있다.

이렇게 본다면 우리 나라 경제개발과정의 특징은 저노임의존형(低勞賃依存型)·외자의존형·정부주도형·수출선도형이었다고 말할 수 있고 이러한 네 가지 힘이 합해져서 농업보다 공업, 내수보다 수출에 편향된 불균형성장을 해 왔다고 볼 수 있다. 그러면 다음에서는 각 항목별로 좀더 상세히 보기로 하자.

2-2 노동력의 역할

우리 나라의 노동력은 그 질이 우수할 뿐 아니라 공급능력에 있어서도 매우 풍부하였다는 점에서 다른 후진국의 노동력과는 다르다. 공업화 초기단계에 있어서 우리 나라 인력의 우수성은 널리 인정되고 있는 일이지만 1960년 전후의 몇 가지 지표로 보면 우선 15세 이상의 문맹률은 10%

정도에 불과하여 개발도상국으로서는 가장 낮았다. GNP에 대한 교육비부담률을 보면 대체로 선진국은 5%, 후진국은 1~2%인데 우리 나라는 4% 이상으로 아시아에서는 일본과 더불어 선진국과 같은 수준이었다.

한국의 인력개발도를 하비슨(F. Harbison)의 계산에 의한 **하비슨종합지수**로 보면 한국은 준선진국(準先進國)에 포함되며 아시아에서는 일본 다음으로 높았다.[1)]

그런데 이처럼 우수한 인력은 거의 대부분이 잠재실업상태에 있었다. 총인구 중 농업인구의 비율이 1949년에 71%였고 1960년에도 58%에 이르렀다는 통계가 이를 입증한다. 이처럼 한국의 과잉인구는 생산수단의 절대적 부족으로 인해서 생기는 이른바 구조적 실업하에 있었기 때문에 노동의 공급은 거의 무한한 상황에 있었던 것이다.

그러면 이처럼 양질의 풍부한 노동력은 우리 나라 경제개발에 어떻게 작용하였는가. [그림 12-2]는 이것을 종합적으로 나타내기 위하여 고안된 것이다. 먼저 노동시장이 경제개발과정에서 어떻게 변모하는가를 보기로 하자. 그림의 가로줄에는 공업부문의 고용량 또는 시간을 재고 있는데 공업부문의 고용량은 시간의 함수로 보고 있는 것이며, 세로줄에는 노동의 비용(임금) 또는 노동의 한계생산력이 표시된다. 그래서 이 그림에 나타나는 곡선들은 각각 그 뜻은 다르지만 넓은 의미에서는 모두 노동의 공급선 또는 임금선이라고 말할 수 있다. 그런데 AS구간에서는 노동의 공급선이 하나인데 왜 A점에 이르기까지는 세 개의 다른 노동공급선이 나오는가. 이것이 바로 잠재실업을 가진 단계와 완전고용을 누리는 단계의 차이이다. 즉 A점까지는 잠재실업을 가지고 경제개발을 추진하는 단계의 경우이고, A점을 넘어서서는 **완전고용단계**이다. 그러면 그 내용을 좀더 자세히 알아보기로 하자.

그림에서 OL_1A를 연결하는 **기회비용선**(Opportunity Cost of Labor)은 공업부문에서 일자리를 얻는 농촌노동력이 만일 공업부문으로 이동하지 않고 그대로 농촌에 남아 있다고 가정할 때 농촌에서 얼마만큼 농업생산에

1) Frederick Harbison & Charles A. Myers, *Education, Manpower and Economic Growth*, 1964, 참조.

[그림 12-2] 발전단계와 노동력의 역할

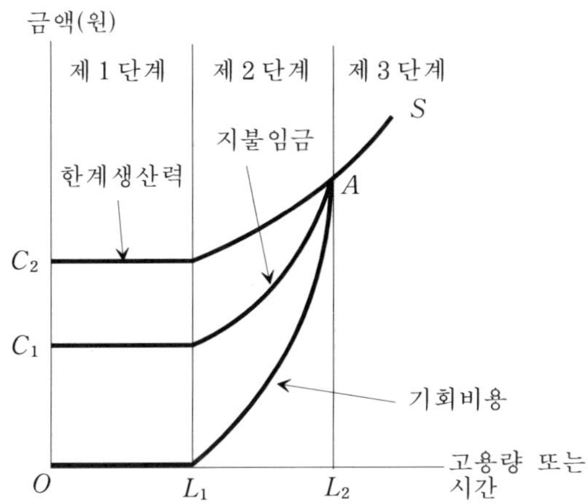

보탬을 줄 것인가, 즉 농업부문의 한계생산력을 나타낸다. 이것은 OL_1구간에서는 영(0)이 되고 있는데 이것은 농촌에 실업인구가 너무 많아서 농촌에서 노동력을 빼내더라도 농업생산에는 아무런 영향을 미치지 않는다는 것을 뜻한다. 즉 이 사람이 농촌에 그대로 있는 한 이 사람의 한계생산력은 영(0)이라는 뜻이다. 공업으로 이동하는 농촌노동력의 기회비용이 영인 OL_1 구간을 **무한노동공급**(Unlimited Supply of Labor)이라고 하는데 이 그림에서는 이것을 제 1 단계로 분류하였다. 그 다음에는 L_1으로부터 완전고용점까지 즉 L_1L_2 구간인데 이 구간에서는 기회비용이 영보다 클 뿐 아니라 점점 증가하고 있다. 즉 공업에서 고용이 계속 증가하면 농촌노동력이 계속 빠져나가게 되는데 어느 점(여기서는 L_1 점)을 넘어서 노동력이 빠져나가면 농촌에 노동력 부족이 일어나기 시작하고 따라서 이런 경우 농업노동이 공업으로 이동하면 불가피하게 어느 정도 농업생산의 감소를 대가로 지불해야 하는 것이다. 이 단계는 **제한적 노동공급**(Limited Supply of Labor)이라고 하며 이 단계를 이 그림에서는 제 2 단계라 하였다. 그리고 L_2 이후의 완전고용단계는 이 그림에서 제 3 단계로 분류하였다.

다음으로, 그림에서 C_2A를 연결하는 한계생산력선(Marginal Productivity

Curve)은 농업의 잠재실업이 공업부문에 고용될 경우 공업부문에서 얼마만큼 생산에 기여하느냐 하는 공업부문의 한계생산력을 나타낸다. 만일 공업부문의 고용주가 농촌에서 온 노동력에 대하여 그의 한계생산력만큼 임금을 주는 등가교환(等價交換)이 될 수 있는 경우라면 바로 이 한계생산력선 C_2A가 임금선(賃金線)이 될 것이다. 다시 말하면 한계생산력선 C_2A는 공업부문이 근로자의 한계생산성만큼 임금을 지불할 경우의 임금선 또는 노동공급선이다.

C_1A를 연결하는 **지불임금선**은 농촌으로부터 이동해 온 노동에 대하여 공업부문이 실제로 지급하는 임금을 나타내는 선이다.

그러면 왜 한계생산력선과 기회비용선은 다르고 왜 지불임금선은 그 중간에 위치하는가. 경제가 제 1 단계, 즉 무한노동공급단계에 있다고 가정하고 예를 들어보자. 갑(甲)이라는 사람이 농촌을 떠나 을(乙)이라는 회사에 일자리를 얻었다. 갑은 부모와 형제가 있는데 농토는 작아서 갑이 농촌에 있으나 없으나 그 집의 농업생산에는 아무런 영향을 미치지 않는다. 즉 생산에 도움을 주지 못하고 가족들이 생산한 것을 나누어 소비한 것이며 따라서 이 사람의 농촌에서의 한계생산력은 영(零)이다. 따라서 사회적인 관점에서 볼 때 이 사람이 공업부문에서 일하고 한푼의 월급도 받지 않는다고 하더라도 잃는 것이 없으며 단 한푼이라도 월급을 받는다면 그만큼 득이 될 것이다. 기회비용을 사회적 비용이라고 하는 이유는 여기에 있다.

그러나 이 사람이 농촌을 떠나 을이라는 회사에서 일을 하면 이 사람은 예컨대 매달 100만 원 만큼씩 생산에 기여한다. 이 100만 원이 그림에서는 OC_2의 길이로 표시되고 있는 것이다. 그러면 이 회사는 이 사람에게 얼마의 월급을 줄 것인가. 기회비용으로 보면 한푼도 줄 필요가 없고 생산성으로 보면 100만 원을 주어야 한다. 그래서 실제 지급되는 임금은 도시에서의 생존비가 기준이 되며 예컨대 50만 원을 지급한다고 하면 이것이 그림에서는 OC_1으로 표시되고 있는 것이다.

그러면 잠재실업자의 고용으로 경제성장에는 어떤 효과가 나오는가. 그림에서 한계생산력선과 기회비용선의 간격으로 표시되는 면적은 농촌에서 놀고 있는 실업자를 공업부문에서 고용함으로써 얻는 총소득증대효과를 나타낸다. 이 소득증가는 단순히 노동력을 이동시키는 데서 오는 것이므로 사회적인 관점에서 보면 거저 생기는 사회적 초과소득이라 할 수 있다. 여기서 말하는 초과소득(超過所得)이란 일을 하지 않고 소득을 얻었다는 뜻이 아니라 기업가와 근로자가 생산성만큼 임금을 주고 받는 등가교환을 했을 경우에 비해서 그만큼 사회적 소득이 더 창출된다는 것을 뜻한다.

이 사회적 초과소득은 두 가지로 갈라지는데 하나는 한계생산력선과 지불임금선의 차(즉 C_1C_2 구간)로서 이것은 공업부문의 기업가에게 저임금 때문에 생기는 초과이윤의 형태로 돌아가는 몫이며 또 하나는 지불임금선과 기회비용선의 차(즉 OC_1 구간)로서 이것은 농촌을 떠나 공업부문에서 일자리를 얻은 잠재실업자에게 임금으로 떨어지는 몫이다.

이 사회적 초과소득이 바로 폭발적인 힘을 갖는 잠재실업의 경제성장효과이며 이것이 바로 한국경제의 고도성장을 이끈 기본추진력이었다. 이것이 바로 부채항목으로서의 잠재실업이 자산항목으로서 개발추진력화(開發推進力化)함을 나타내는 것이며 완전고용단계에 가면 이것이 없어진다는 것을 유의할 필요가 있다.

그러나 이러한 잠재실업에 의한 성장추진력은 고용이 증대하고 잠재실업이 감소함에 따라 차츰 감소하게 된다. 이것은 그림에서 보면 사회적 초과소득(한계생산력선과 기회비용선의 격차)은 L_1 점을 지나서 제한적 노동공급하에서는 점점 감소하게 되는데 이것은 농촌의 잠재실업이 차츰 감소하여 공업부문의 고용을 늘리려면 부득이 농업생산을 어느 정도 희생하거나 또는 농업의 기계화 등으로 농촌의 자본비용을 늘려야 한다는 것을 뜻한다. 그리고 완전고용점인 L_2에 이르면 이러한 성장추진력은 모두 없어지고 세 갈래의 노동공급선은 단일선이 되어버린다. 이러한 과정을 본다면 잠재실업을 추진력으로 하는 경제성장은 경제가 개발될수록 저임금 노동력에 의한 경제성장의 뒷받침이 점점 약화함을 볼 수 있다.

한국의 발전과정에서 본다면 대체로 1960년대까지는 제1단계, 1970년대와 1980년대는 제2단계, 그리고 1990년대부터는 구조적 실업이 없어지고 완전고용이 지배하는 제3단계에 해당된다고 볼 수 있다. 이런 점을 감안할 때 1980년대까지의 한국경제의 성공이 상대적인 저임금을 주축으로 한 것일진대 1990년대 이후 이를 대체할 성장추진력을 찾지 못하면 경제성장은 위기에 당면할 수밖에 없었던 것이다.

2-3 외자의 역할

우리 나라의 경제개발과정에서 외자는 어떤 역할을 수행했으며 이것이 다른 나라의 경우와는 어떤 기본적 차이가 있는가. 결론부터 말해서 한국의 외자는 다른 나라에 비하여 경제개발에 훨씬 크게 공헌하였다고 볼 수 있는데 왜 그런가 하는 것을 [그림 12-3]에서 자세히 보기로 하자(이 그림은 제7장 3-2에서 설명한 것을 종합한 것에 불과하므로 이해가 안 되는 부분이 있으면 제7장을 참조할 것).

이 그림의 횡축에는 자본(K), 종축에는 자본의 한계생산력(MP) 또는 자본에 대한 보수(r)가 표시되고 있다. 지금 우리 나라의 자본한계생산력선이 MP_1이라 하고 OK_1만큼의 국내자본이 있다고 하자. 그러면 생산은 A에서 이루어지고 GNP는 $OEAK_1$으로 둘러싸인 면적이 되며 이것이 ΔErA는 노임으로 분배되고 rAK_1O는 이윤으로 분배된다. 균형상태에서 자본의

[그림 12-3] 한국개발 초기의 외자효과

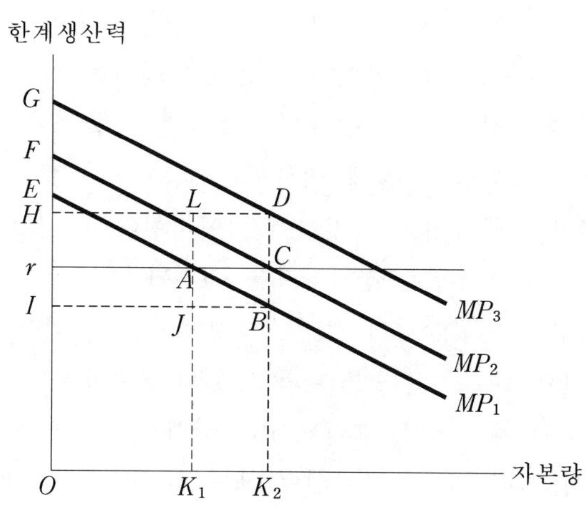

보수율은 자본의 한계생산력(그림의 rO)과 같고 자본의 보수율에 자본량(OK_1)을 곱하면 이윤이 된다는 것을 상기하면 쉽게 이해될 것이다.

이 때 K_1K_2 만큼의 외자가 들어왔다고 하자. 만일 우리 나라가 완전고용상태에 있다면 생산점은 B 점이 될 것이지만 무한한 잠재실업이 존재한다면 자본의 한계생산력선은 MP_1 에서 MP_2 로 이동하여 C 점에서 생산이 이루어질 것이다. 왜 그런가 하면 자본이 증가할 때 자본의 한계생산력이 A 에서 B 점으로 떨어진다는 것은 자본한계생산력의 정의가 그러하듯이 자본만 늘고 노동은 고정되어 있다고 가정하기 때문이며 이 노동력고정(勞動力固定)의 가정은 완전고용의 경우에만 타당성이 있다. 무한한 잠재실업이 있으면 자본이 증가할 때 실업자가 새로 고용되는 것이므로 노동도 증가하며 따라서 K_1K_2 만큼 외자가 들어와도 자본의 한계생산력은 감소하지 않기 때문이다.

무한한 잠재실업이 있을 뿐 아니라 외자가 단순한 국내자본과 동질의 자본을 추가하는 것이 아니고 나아가 규모의 경제, 기술혁신, 연관효과와 같은 이른바 **개발효과**(Development Effect)를 수반하는 경우에는 어떤가. 이런 경우 외자는 전체 자본의 생산성을 오히려 높이고 외자도입으로 자본의 이윤율이 감소하는 것이 아니라 오히려 증가하게 될 것이니 이런 경우 외자도입으로 자본의 한계생산력선은 MP_3 로 이동할 것이며 따라서 K_1K_2 의 외자도입이 있으면 생산점은 D 점이 될 것이다. 이런 경우는 외자도입으로 투자수익률이 A 에서 D 점으로 오히려 상승한다는 것을 유의할 필요가 있다. 이것이 바로 한국 외자의 경우이다. 다시 말하면 한국에는 충분한 잠재실업이 존재하였기 때문에 외자도입에 따른 자본공급증가에도 불구하고 기업의 투자수익률을 하락시키지 않았을 뿐 아니라 나아가 기술도입효과·연관효과·규모경제효과 등 개발효과가 컸기 때문에 투자수익률을 오히려 상승시키는 작용을 한 것이다.

그러면 구체적으로 외자도입이 일어날 때 생산이 B 점에서 되는 경우와 D 점에서 되는 경우는 경제성장에 어떤 차이가 생기는가. B 점 생산이 되는 경우 GDP는 $OEBK_2$ 로 둘러싸인 면적이 될 것이고 이것은 외자의 자본보수로서 JBK_2K_1 만큼 외국에 지불하면 GNP의 순증은 ΔAJB 가 될 것이다. 한편 소득의 분배를 보면 ΔEBI는 노임, $OIJK_1$은 자본소득으로 분배되어 외자도입 전과 비교할 때 노동소득은 증가하고 자본소득은 축소되어 소득은 평준화하나 자본축적에는 역효과를 주게 된다.

D점에서 생산이 이루어질 때 어떻게 될 것인가는 똑같은 방법으로 비교할 수 있다. 결국 B점 생산에 비해서 D점 생산은 기업의 투자수익률이 BK_2에서 DK_2로 높아지고 GNP의 순증가는 AJB에서 $GDLAE$(K_1LDK_2는 외자의 자본보수로 지불)로 크게 늘어난다. 그리고 분배면에서는 자본소득($OHLK_1$)과 노동소득(GDH)이 다 같이 증가하게 된다는 것을 확인할 수 있다. 그래서 한국의 외자도입은 자본축적과 고도성장에 견인차의 역할을 수행했던 것이다.

2-4 개발의지

경제개발에 있어서 성패를 가름하는 본질적인 요인이 **개발의지**라는 것을 제 1 장 3-3에서 상세히 설명한 바 있다. 한국이 공업화를 성공적으로 시동시킨 데 대해서 공업화에 실패한 다른 나라와의 본질적 차이점을 지적한다면 그것은 한국이 다른 나라에서 볼 수 없는 강력한 개발의지(開發意志)를 가지고 있었다는 점이다.

개발의지는 경제개발에 대한 국민적 합의(國民的 合意)이며, 경제개발을 위한 국민역량의 결합이며, 경제개발에 대한 성취동기(Achievement Motivation)이다. 그래서 개발의지의 본질적인 내용은 다음 두 가지로 부연하여 설명할 수 있다.

첫째로, 경제개발은 많은 불이익·불편·희생이 수반되기 때문에 기득권세력으로부터 많은 저항에 당면하게 된다는 것을 제 1 장 3-2에서 언급한 바 있다. 개발의지는 이러한 불편과 희생을 감내하고 경제개발을 추진해야 한다는 국민적 합의를 이룩하여 경제개발에 대한 저항을 극복해 주는 힘이다.

개발의지는 국민적 역량과 경제개발의 잠재력을 경제발전의 추진력으로 결합시키는 행동의지이다. 경제발전의 추진력으로 결합시킨다는 것은 경제개발을 위해서 국민과 정부와 기업의 힘을 결합시키고 생산과 투자를 위해서 생산요소를 결합시킨다는 것을 말한다. 그런데 우리 나라의 경우 국민·기업·정부는 삼위일체(三位一體)가 되어 강력한 개발의지를 형성하였으며 그것이 한국의 경제개발을 성공적으로 시동시켰던 것이다.

한국인들은 경제개발에 대한 합의를 이룩하였고, 하면 된다는 자신감을 가지고 있었으며, 경제적 지위향상에 대한 성취동기가 매우 강하였다. 그렇게 될 수 있었던 데는 높은 교육수준에서 오는 자각, 유교의 전통에서 오는 높은 윤리관과 후대를 위해서 당대를 희생할 수 있다는 미래지향적 가치관이 바탕이 된 것이다. 농지개혁으로 지주계급이 해체되고 사회적 균질성이 높아서 경제개발에 대한 저항이 비교적 작았다는 점, 그리고 방대한 실업이 존재하여 공업화에 대한 압력이 컸다는 점도 공업화에 대한 합의를 촉진시킨 요인으로 지적될 수 있다.

다음으로, 한국 기업인들의 왕성한 축적정신을 들 수 있다. 기업인들은 생산기술의 습득과 자본의 조달, 그리고 환경변화에 대한 적응능력에 있어서 뛰어난 재능을 발휘하였으며 기업확장과 축적에 강한 성취동기를 가지고 있었다. 이러한 한국 기업들의 왕성한 축적정신은 기업의 과당경쟁과 기업윤리상의 문제를 제기하기도 하였으나 공업화의 초기에 그러한 기업정신이 크게 공헌한 것만은 부인할 수 없다.

끝으로, 경제개발을 성공시킨 개발의지의 핵심은 정부의 주도력이었다. 국민개개인이나 기업의 개발의지는 분산된 것이고 서로 상충될 수 있는 것이기 때문에 이를 조정하고 하나로 결합시키는 정부의 역할이 중요하다. 경제개발은 어떠한 정치체제하에서도 가능한 것이지만, 그러나 강력한 근대화의지와 강력한 행정력이 없는 정부 아래서는 경제개발이 이루어지기 어려운 것이다.

미르달(G. Myrdal)에 의하면 경제개발과정에 있어서는 전근대적인 요소로부터의 도전과 기대상승(Rising Expectation)으로부터 오는 도전을 받게 되는데 정부가 이것을 이겨낼 수 있는 힘을 가지지 못하면 경제개발은 성공하기 어렵다고 한다.[2] 그러한 힘을 가지지 못한 나라를 그는 연성국가

2) Gunnar Myrdal, *The Challenge of World Poverty*, Pantheon Books, N.Y., 1970, Chapter

(Soft State)라고 부르고 있다. 즉 연성국가(軟性國家)는 법의 위력과 집행력이 약하고 그 나라 국민의 준법정신이 약하며 부패가 성행하여 행정의 침투력이 약하고 개혁에 대한 의지가 약한 나라를 가리키는데 대부분의 아시아국가, 특히 남아시아국가들은 연성국가에 속한다고 하였다. 경제개발을 위해서는 행정력이 강력한 침투력을 가져야 한다고 강조하고 연성국가가 되지 않게 하기 위해서는 대규모의 행정 및 사회개혁을 추진해야 한다고 주장한다.

경제개발의 초기단계에서 정부의 개발의지가 추구해야 할 방향은 크게 두 가지로 나눌 수 있는데 그 하나는 국가적 역량을 생산과 투자쪽으로 몰아주는 일이며 다른 하나는 국민들의 소비욕구를 당분간 적성선에서 억제시키는 일이다. 그래서 강력한 행정력이 필요하다고 하는 것이다. 그런데 한국에서는 이러한 정부역할이 개발 초기단계에서 비교적 잘 수행될 수 있었으며 그것이 공업화를 시동시는 데 크게 기여하였던 것이다.

3. 21세기 한국경제의 발전

3-1 초기적 발전의 성공

경제발전을 역사적으로 볼 때는 우리 세대에 가까워질수록 성장이 가속화되어 왔으며, 경제발전을 공간적으로 본다면 한·중·일을 중심으로 하는 아태지역은 20세기 후반부터 세계에서 가장 높은 경제성장이 이루어지고 있는 지역이라는 것을 제 1 장 4 절에서 언급한 바 있다. 이것은 20 세기 후반을 살고 있는 한국의 우리 세대가 바로 경제발전의 중심에 서 있음을 의미하는 것이다.

한국의 긴 역사를 돌이켜보면 왕조(王朝)는 바뀌고 세대는 달라져도 항상 우리의 역사를 지배했던 두 가지 흐름이 있었다. 그 하나는 배고픔이

7 and 12.

었으며 다른 하나는 외세에 의한 피침(被侵)과 종속이었다. 그런데 20세기 후반에 와서부터 이 두 가지 슬픈 유산이 청산되고 있는 것이다.

역사를 소급해 보면 18세기 이후의 근대화과정에서 한국은 세계사의 흐름 속에서 오랫동안 소외되어 왔었다. 역사적으로 볼 때 공업화의 시점은 영국이 1760년대, 미국·프랑스·독일 등이 대체로 19세기 초, 그리고 일본은 1860년대였다. 한국이 본격적으로 공업화단계에 들어간 것이 1960년대부터라고 본다면 영국은 우리보다 200년, 미국·프랑스·독일 등은 150년, 그리고 일본은 100년 앞서간 셈이다.

영국에서 산업혁명이 시동될 무렵 한국은 조선말 영조(英祖, 재임기간 1724~1776)와 정조(正祖, 재임기간 1776~1800)의 통치시대였다. 그 때 한국은 임진왜란(1592년)과 병자호란(1636년)의 상처가 채 아물지도 않은 상태에서 당쟁에 여념이 없었다. 동인(東人)과 서인(西人)이 갈리고 다시 동인은 남인(南人)과 북인(北人), 그리고 서인은 노론(老論)과 소론(少論)으로 갈려서 엎치락 뒤치락, 서로 물고 물리는 피나는 당파싸움을 하고 있었던 것이다.

일본은 정치적 독립을 유지하면서 1860년대부터 경제근대화에 들어갔는데 그 때 우리는 어떠했던가. 그 때 우리는 고종(高宗, 재임기간 1863~1907)의 재임시대였으며 실질적인 통치권은 대원군(大院君)에게 있었다. 일본·청나라·러시아 등 외세에 의존하여 나라가 조각나고 쇄국(鎖國)과 개국으로 국론이 분열된 상태에서 우리끼리 싸움을 계속하다가 드디어 나라까지 잃고 말았었다. 1866년 프랑스와의 **병인양요**(丙寅洋擾), 1871년 미국과의 신미양요(申未洋擾), 1876년 일본에게 나라를 개방하기로 한 강화조약 체결, 1882년 수구세력에 의한 **임오군란**(壬午軍亂)과 그 여파로 맺은 미·영·독과의 통상조약, 1894년 **갑오경장**(甲午更張)과 **동학운동**, 1905년 **을사보호조약**(乙巳保護條約), 1910년 한일합방 등의 역사일지가 이를 말해 주고 있다.

그리하여 한국은 경제근대화에 있어서 낙후된 주자가 되었다. 그러나 20세기 후반에 이룩한 한국의 발전속도는 세계 어느 나라가 경험한 것보다도 높았으며, 다른 나라가 100년 이상 걸려서 해낸 공업화도약을 반세기도 못 되는 기간에 이룩해 낸 것이다. 세계 선후진국간의 소득격차는 날

[표 12-1] 각국의 1인당 GDP 비교 (단위 : 미 달러)

	1960	1995	배 수
한 국	80	10,823	135
미 국	2,800	27,621	10
영 국	1,370	18,965	14
프 랑 스	1,340	26,403	20
서 독	1,320	29,562	22
일 본	460	39,640	86
필 리 핀	160	1,055	7
이 집 트	130	1,020	8
태 국	100	2,834	28
파키스탄	80	460	6
인 도	75	340	5

로 커지고 있는 추세인데 한국은 예외가 되었다.

그러면 이것을 [표 12-1]에서 확인하여 보자. 이 표는 1960~1995년의 35년 동안 한국과 선진국, 그리고 한국과 시발점에서 형편이 비슷했던 다른 개도국들과의 소득변화를 비교한 것이다. 35년 동안의 소득배수(所得倍數)를 보면 한국이 월등하게 높다는 것을 보여 준다. 한미간의 소득비율은 1960년에 1 : 35에서 1 : 2.5로, 영국 · 프랑스 · 독일과의 소득비율은 대체로 1 : 17에서 1 : 2.5로 크게 좁혀졌다. 한편 다른 개발도상국과 비교하여 보면 1960년에는 소득수준이 우리와 유사하거나 한국보다 높았던 나라들이 1995년에는 한국과 매우 큰 소득격차를 나타내고 있다.

한국은 이처럼 고도성장을 이룩하여 선진경제권을 향하여 접근하고 있을 뿐 아니라 외채의존으로부터 채권국으로의 전환, 소득분배의 상대적인 균등성, 그리고 물가안정을 이룩했다는 점에서도 다른 개도국의 모범이 되고 있으며 외국의 경제발전론 교과서에서도 한국이 고도성장과 소득분배의 상대적 균등을 동시에 실현한 모범사례로 널리 소개되고 있다는 것을 제10장 2-4에서 소개한 바 있다.

오랜 가난과 외세종속의 역사를 가진 한국이 뒤늦게 공업화에 참여했으면서도 이처럼 성공적인 도약을 이룩한 것은 몇 가지 교훈이 되는 의미를 가지는 것이다.

첫째로, 후진국 경제개발에 있어서 자유경제체제의 우월성을 입증하였다는 의미가 있다. 후진국개발문제를 놓고 사회주의적인 개발방식과 종속이론의 주장 등 많은 논쟁이 있다는 것을 제 2 장에서 언급한 바 있다. 그런데 사회주의적인 개발방식을 채택한 동구권의 나라들이나 종속이론의 권고를 받아들인 남미국가들이 다 같이 경제개발에 실패한 현실은 한국경제의 성공과 좋은 대조를 이루는 것이라 하겠다.

둘째로, 개방체제하의 외향적 성장이 성공한 하나의 사례로 꼽을 수 있다. 한국은 처음부터 국제무역과 외자도입에 적극 참여하였다. 외자도입을 적극 추진하고 수출주도적인 성장정책을 채택함으로써 낙후주자(落後走者)가 가지는 모방이익(模倣利益)의 극대화에 성공한 셈이다. 이 점은 봉쇄체제하의 수입대체정책(輸入對替政策)으로 세계경제와 담을 쌓고 지내온 나라들이 대부분 기술의 낙후·외환위기·저생산성 등으로 국내산업성장과 고용증대에 실패했던 사례와 대조되는 것이다.

끝으로, 한국의 경험은 경제개발에 있어서 부존자원의 유무는 그렇게 중요한 것이 아니며, 중요한 것은 개발의지 등 사람의 노력이라는 점을 확인시킨 것이다. 경제개발은 어떤 환경, 어떤 나라에서도 일어날 수 있으며 경제발전에 어떤 선행요건도 필요치 않다는 것을 보여 준 것이다. 한국이 가진 자산이 있었다면 경제개발에 대한 결의와 근면을 가진 노동력뿐이었다. 모든 것이 그렇지만 경제개발도 결국 사람이 하는 것이다. 한국경제의 성공은 바로 이 평범한 진리를 확인시켜 준 것이다.

3-2 발전환경변화와 대응과제

그런데 이렇게 잘 나가던 한국경제가 1997년에 주저앉았다. 보유외환이 바닥이 나서 국가의 부도위기, 즉 대외지불불능사태(對外支拂不能事態)에 직면하게 된 것이다. 그래서 우리 나라는 1997년 11월 국제통화기금(IMF)

에 구제금융을 호소하여 IMF 관리체제하에서 겨우 그 위기를 넘길 수 있었다. 이를 계기로 수많은 기업의 도산이 줄을 이었고 실업률은 8%에 이르러 우리 경제는 심각한 불황 속에서 좌절과 고난의 구조조정과정(構造調整課程)을 겪어야만 했던 것이다. 그리고 이 충격은 우리 나라 경제발전의 기본틀이 바뀌는 전환점이 되었다.

그러면 이 IMF 위기는 왜 오게 된 것인가. 여기에는 대내적 요인과 대외적 요인이 있다. 먼저 대내적으로는 1990년을 전후하여 우리 나라가 완전고용점에 도달하여 인력부족단계(人力不足段階)에 진입하게 되었다는 점이다. 이러한 사실은 저임금에 의한 그 동안의 성장엔진이 무력화하였음을 뜻한다. 이 단계에서 경제성장이 어떤 위기에 당면하게 되는가 하는 것은 이미 제11장 5-4에서 설명한 바 있다. 그런데 이러한 발전 단계적인 전환이 때마침 1988년의 올림픽, 올림픽을 전후하여 나타난 막대한 규모의 외환흑자와 이에 따른 국내통화팽창, 그리고 1987년 대통령 직접선거 이후의 민주화물결 등과 맞물려 상승작용을 하게 됨으로써 우리 경제는 과소비·과투자로 치닫고 욕구와 외형만 팽창하는 이른바 거품경제현상을 유발하게 된 것이다. 이 결과는 임금의 급상승, 시민들의 욕구분출과 과격한 노사분규, 그리고 인플레와 땅값·집값·주식값의 폭등으로 나타났으며 이것은 다시 저임금에 주로 의존했던 기업경쟁력을 약화시키고 기업부채를 눈덩이처럼 커지게 하였던 것이다. 1986년부터 1996년까지의 10년간을 보면 우리 나라 비농업부문 임금은 연평균 15%(실질임금은 7%)씩 상승하여 단숨에 저임금국에서 고임금국으로 바뀌게 되었다. 1986년을 100으로 한 1996년의 임금지수는 미국 일본 등 선진국들이 대체로 130 이었던데 비해서 우리 나라는 무려 390에 이르렀던 것이다.

이러한 상황에서 우리 경제를 외환위기로 치닫게 한 직접적인 요인은 경제개방, 그 중에서도 특히 자본시장개방(資本市場開放)이라는 대외적 요인이었다. 1990년을 전후하여 독일이 통일되고 소련이 해체됨으로써 동서냉전은 종식되고 세계경제는 시장경제로 통합되었다. 이를 계기로 하여 1995년에 세계무역기구(WTO)가 출범하고 세계경제는 보호체제에서 개방체제로의 새로운 시대를 맞이하게 되었다. 앞서 본 바와 같이 고임금·고

부채·과투자의 거품경제 속에서 경쟁력을 잃어버린 우리 산업들은 오랜 세월 동안 보호질서의 온실에서 보호를 받다가 하루 아침에 개방체제에 노출되면서 중소기업·재벌기업 할 것 없이 수만 개의 기업이 도산하는 사태에 직면하게 되었던 것이다.

자본자유화는 외환위기의 직접적인 도화선(導火線)이었다. 자본자유화로 인해서 선진국으로부터 대규모의 단기성 투기자금이 우리 나라 자본시장에 유입되었고 이 자금은 그 동안 주가상승 등 거품을 주입하는 촉매제 구실을 해 왔다. 그런데 우리 경제가 주가하락과 연쇄적인 기업부도 그리고 금융기관부실화 등으로 경기가 하강국면에 들어설 기미를 보이자 그 동안에 몰려든 외국 투기자금들이 한꺼번에 빠져나갔던 것이고 그래서 외환이 일시에 바닥이 나 손을 들게 되었던 것이다. 우리뿐 아니라 아시아의 여러 나라들과 멕시코 등 많은 나라들이 이러한 외환위기를 경험한 바 있는데 그 경위는 대체로 우리와 비슷하였다.

지금까지 1997년에 겪은 경제위기가 어떻게 촉발되었는가에 대해서 간단히 살펴보았는데 이 위기는 단순히 외환부족이나 경기변동에 기인한 현상이 아니었다는 점을 유의해야 한다. 이것은 한국경제가 초기적 성장(도약단계)을 성공적으로 마무리 짓고 이제 성숙단계(선진화 단계)에 진입하는 전환점에 서 있을 뿐 아니라 국내외의 성장환경도 크게 바뀌어서 지금까지의 성장방식으로는 경제발전이 불가능하게 되었음을 말하는 것이다. 한국경제는 그 동안 수많은 위기를 겪어 왔지만 1997년의 IMF위기는 이런 점에서 과거의 다른 위기와 근본적으로 다른 것이다. 그렇기 때문에 21세기의 한국경제는 성장엔진을 새로운 성장환경에 맞는 것으로 대체해야 하고 발전전략도 바꾸어야 하는 것이다. 이것이 우리 경제 선진화의 당면과제이다. 그러면 21세기 우리 경제의 성장환경은 어떻게 달라지고 있는가.

첫째, 국제환경이 보호시대에서 완전개방시대(完全開放時代)로 이행한다. 지난 세기에 이루어진 개방은 특정 지역 그리고 특정 대상(주로 상품)에 국한된 매우 제한적인 개방이었다. 그런데 21세기에 들어서서는 개방이 지구 전체에 확산될 것이며 대상도 상품은 물론이고 자본과 사람까지도 자유롭게 이동하는 완전개방시대가 열리게 될 것이다. 이렇게 되면 60억 인구는 한 가족이 되고 이 지구는 한 마을이 되는 것이다. 이 사실은 두 가지의 중요한 의미를 함축한다. 그 하나는 사람과 지역은 차별해서 안 되고 모든 것은 능력경쟁으로 판가름한다는 것이다. 국가나 인종 그리고 지연·학연·혈연에 의해서 차별해서는 안 된다. 그리고 개방적인 무한경쟁을 통해서 경쟁력이 없으면 퇴출되는 적자생존(適者生存)의 질서가 지배하게 되는 것이다. 한국의 연고주의 문화는 이러한 질서와 상충한다는 사실을 유의해야 한다. 또 다른 하나는 능력경쟁에 의한 적자생존의 법칙이 적용되어 경쟁력이 없는 것은 퇴출(退出)될 수밖에 없는데 경쟁력을 결정하는 것은 비교우위가 아니라 절대우위라는 사실이다. 비교우위론(比較優位論)은 국경이라는 경제적 장벽이 있을 때를 전제로 하는 것인데 그러한 장벽이 없어지면 모든 승부는 절대우위에 의해서 결정되는 것이다. 다시 말하면 세계 제일만이 살아 남게 되는 것이다.

둘째, 기술의 판이 주판시대·아날로그시대에서 디지털시대·인터넷시대로 바뀐다. 지구상의 모든 정보가 현지의 실시간으로 모든 사람 모든 지역에 전달된다. 바야흐로 시간과 공간의 장벽을 극복하려는 인간의 숙원이 풀어지는 것이다. 이 변화는 우리에게 엄청난 충격을 주게 된다. 생산은 노동과 자본이라는 두 가지의 유형적 생산요소(有形的 生産要素)에 의해서 이루어진다는 지금까지의 생산이론은 지식이라는 무형적 요소중심의 새로운 이론으로 대체된다. 유형재는 쓸수록 없어지지만 지식은 쓸수록 쌓여지므로 생산은 수확이 체감하는 것이 아니라 체증한다. 생산의 결정요소는 경험과 숙련이 아니라 창의와 속도이다.

셋째, 경제는 저임금·고금리시대에서 고임금·저금리시대로, 그리고 고수익·고성장시대에서 **저수익·저성장시대**(低收益·低成長時代)로 넘어간다. 노동과 자본의 투입증대를 통한 고도성장시대는 지나고 이제 노동의 생산성향상에만 의존해야 하는 저속성장시대에 들어간다. 기업의 경우에도 고임금·저수익 환경에서는 차입성장이나 양중심(量中心)의 확대성장은 불가능하게 된다. 인구의 노령화현상은 급진적으로 진행되어 사회보장 부담이 급증하고 일은 되도록 덜하고 생활은 더 향락하려는 욕구가 확산된다.

이렇게 되면 한편에서는 복지공급을 확대하고 한편에서는 욕구를 자제토록 하는 노력이 함께 이루어지지 않으면 안 된다.

끝으로, 국민생활은 의식주문제를 중심으로 한 양의 시대에서 환경·교육·의료·교통·사회보장·휴식공간과 같은 공공재를 중심으로 하는 질의 시대로 바뀐다. 이렇게 되면 두 가지의 큰 문제가 생긴다. 그 하나는 의식주문제는 경제만 성장하면 해결될 수 있지만 삶의 질문제는 특별한 대책을 세우지 않는 한 경제가 성장할수록 오히려 나빠진다는 것이고 다른 하나는 의식주문제는 개인재산으로 개개인이 해결할 수 있지만 사회공공재 문제는 개인적으로는 해결할 수 없으며 사회재산축적을 통해서 공동체적으로 노력해야만 해결이 가능하다는 것이다.

그러면 이와 같은 새로운 환경에 적응하기 위해서 우리는 무엇을 어떻게 해야 할 것인가.

첫째로 우리의 의식구조와 가치관부터 바꿔야 한다. 의식주 문제를 해결하기 위한 그 동안의 초기적 경제발전은 전통적 의식구조(傳統的 意識構造)하에서 물질적 축적만으로 이룩할 수 있었다. 그러나 앞으로 가야하는 선진화과정은 의식개혁이 선행되지 않으면 안 된다. 우리의 전통적 의식구조는 흔히 말하는 아시아적 가치관이라 할 수 있다. 이를 다시 부연하여 설명하면 사회 전체보다도 혈연·학연·지연과 같은 특정 부분을 더 중시하는 연고주의 가치관(緣故主義 價值觀), 매사에 있어서 사리(객관)보다도 인간적 친분관계(주관)를 더 중시하며, 교육열이 매우 높은데 교육의 목적은 시민교육이 아니라 출세교육이고 교육방법은 암기중심이며, 오랜 충효사상의 영향을 받아 권위를 존중하고 관료적이며, 의사결정에 있어서는 합의를 중시하고 최선에 대한 선택보다도 유교의 중용정신에 따라 절충을 선호하며, 민족과 문화의 단일성을 자랑으로 여겨 문화의 다양성과 친화성이 부족한 것 등으로 요약할 수 있다. 이러한 우리의 전통적 가치관에는 높은 교육열이나 인간중심사상 등 좋은 점도 많이 있으나 경제발전적 측면에서 본다면 배타적이고 차별적이고 폐쇄적인 요인이 많은 것이다. 이러한 가치관은 보호주의와 민족주의시대의 산업화 초기단계에서는 그것이 강력한 성취동기로 작용하여 고도성장을 유발할 수도 있었던 것이다. 그러나 그러한 가치관이 오늘과 같은 세계화시대에서도 경쟁력을 창출할 수 있다고 보기는 어렵다. 이런 점에서 우리는 세계화시대에 맞고 선진화단계에 맞도록 우리의 의식과 가치관을 보편주의와 세계주의·개방주의·합리주의적인 방향으로 고쳐야 할 것이다.

둘째로 우리 경제의 모든 부문이 **절대우위의 경쟁력**을 확보하도록 해야 한다. 상대우위의 경쟁력이나 특정 부문만의 경쟁력으로는 일류국이 될 수 없다. 모든 산업, 모든 기업, 모든 조직, 모든 사람이 경쟁력을 가져야 한다. 이러한 경쟁력을 결정하는 것은 이제 자본이나 노동이 아니라 지식(과학기술과 정보)이며 따라서 지식축적을 위해 투자를 집중해야 한다. 이와 더불어 모든 자원과 조직은 최대의 경쟁력이 창출될 수 있도록 유연하게 흐르고 재배치되도록 해야 한다. 이것은 무엇을 뜻하는가. 우리 사회에서 경쟁력이 없는 부분은 끊임없이 도태되어 이 자원이 경쟁력이 있는 부분으로 재배치되어야 한다는 것을 뜻한다. 그렇기 때문에 끊임 없는 개혁과 구조조정이 이루어져야 하는 것이며 여기서 오는 창조적 파괴의 고통을 감내해야 하는 것이다.

셋째로 선진적인 복지사회 기반을 확고히 구축해야 하며 그러기 위해 사회저축(社會貯蓄)과 사회재산을 축적하는 데 온 나라가 나서야 한다. 우리 나라는 이제 의식주가 문제되는 단계를 지났다는 것을 앞에서 지적한 바 있다. 이것은 우리가 이제 본격적으로 복지추구시대에 들어간다는 것을 뜻한다. 복지문제는 크게 두 가지로 나누어 생각할 수 있는데 하나는 환경·교통·교육·의료·휴식공간과 같은 사회공공재(社會公共財)를 공급해 주는 것이고 다른 하나는 사회보장을 주는 것이다. 두 가지 모두 사회재산으로 공급되는 것이며 사회재산은 사회저축으로 마련되는 것이다. 사회저축이란 조세·사회보험료 부담·유산의 사회환원·각종 기부금·각종 사회봉사 등으로 이루어지는 저축을 말한다. 선진국에서는 이러한 사회저축이 국민저축의 대부분을 차지하고 있는 것이다. 그런데 우리의 경우에는 개인저축만 내 저축이고 개인재산만 내 재산이라고 생각한다. 사회저축과 사회재산은 내 것이 아니라고 생각하기 때문에 이를 기피하는 것이다. 그래서 개인저축은 많으나 사회저축은 적으며 개개인은 부유하면서도 사회는 가난한 것이다. 그래서 예컨대 수원지를 깨끗하게 관리하는 사회적 노력에는 외면하고 개개인은 개인재산으로 정수기를 사서 수도꼭지에 달아 맑은 물을 마시려 하는 것이다. 그리고 교육세를 내서 대학시설을 확충하는 데는 소홀하고 그 대신 과외수업을 시켜 자녀교육문제를 해결하려고 하는 것이다. 이런 식으로 우리의 복지문제가 해결될 수 없다는 것은 명백하지 않은가. 이러한 문제를 시정하지 않으면 우리 국민생활의 선진화는 이룩할 수 없는 것이며 이런 점에서 사회공동체적 연대의식이 경제운용에 있어서의 중심가치가 되어야 하는 것이다.

인명색인

사항색인

ㄱ

ㅊ

저자약력

1936년생
서울대 경제학과 졸업
뉴욕주립대(Albany) 경제학박사
중앙대 교수, 정경대학장
한국국제경제학회장
금융통화위원
대통령 경제수석비서관
건설부장관
한국경제학회장
前 한국은행총재

저 서

한국경제성장론(日新社, 1969)
S. S. 쿠즈네츠(裕豊出版社, 1982)
한국경제정책론(博英社, 1983)
근대경제성장론(쿠즈네츠著 共譯, 1987)
한국경제의 두 얼굴(고려원, 1996)
한국경제의 역동성은 위기에서 나온다(한국은행, 2006)
하늘을 보고 별을 보고(한국일보사, 2010)

제 2 전정판
경제발전론

1977년 6월 5일 초판발행
1990년 1월 30일 전정판발행
2000년 6월 20일 제 2 전정판발행
2013년 2월 10일 중판발행

저 자 박 승
발행인 안 종 만
발행처 (주) 박영사
서울특별시 종로구 평동 13-31번지
전화 (733)6771 FAX (736)4818
등록 1959. 3. 11. 제300-1959-1호(倫)

저자와 협의하여 인지첩부를 생략함

www.pybook.co.kr e-mail: pys@pybook.co.kr

정 가 28,000원 ISBN 978-89-7189-004-2